D1127168

A E
*&* I

# El Imperio eres tú

Autores Españoles e Iberoamericanos

Esta novela obtuvo el Premio Planeta 2011,
concedido por el siguiente jurado: Alberto Blecua,
Ángeles Caso, Juan Eslava Galán, Pere Gimferrer,
Carmen Posadas, Carlos Pujol y Rosa Regàs.

# Javier Moro

# El Imperio eres tú

*Premio Planeta*
*2011*

Obra editada en colaboración con Editorial Planeta – España

Ilustraciones de las portadillas: Akg-images /Album y The Granger Collection.

© 2011, Javier Moro
© 2011, Editorial Planeta, S. A. – Barcelona, España

Derechos reservados

© 2011, Editorial Planeta Mexicana, S.A. de C.V.
Bajo el sello editorial PLANETA M.R.
Avenida Presidente Masarik núm. 111, 2o. piso
Colonia Chapultepec Morales
C.P. 11570 México, D.F.
www.editorialplaneta.com.mx

Primera edición impresa en España: noviembre de 2011
ISBN: 978-84-08-10482-7

Primera edición impresa en México: noviembre de 2011
Segunda reimpresión: marzo de 2012
ISBN: 978-607-07-0987-6

Impreso en los talleres de Litográfica Ingramex, S.A. de C.V.
Centeno núm. 162, colonia Granjas Esmeralda, México, D.F.
Impreso en México – *Printed in Mexico*

*A mi madre*

Basta un instante para hacer un héroe,
y una vida entera para hacer un hombre.

ROMAIN ROLLAND

Su vida marcó la historia de dos continentes.

# INTRODUCCIÓN

—

*22 de abril de 1500*

*El almirante portugués Pedro Alvares Cabral llegó a la costa america-
na por casualidad. Los vientos caprichosos del Atlántico le habían
impedido seguir la ruta prevista, la de su antecesor Vasco de Gama,
que pasaba por el cabo de Buena Esperanza para acabar en la India.
La travesía de Cabral había sido dramática porque, a la altura de
África, uno de los barcos de su flota desapareció en el mar con ciento
cincuenta marineros a bordo de los que nunca se encontró el rastro. Lo
realmente inquietante de aquel accidente fue que el buque se había
hundido sin motivo aparente, ni siquiera lo había hecho como consecuencia de un temporal. Luego, buscando vientos propicios para poner rumbo al cabo de Buena Esperanza, Cabral derivó hacia el oeste.
Pronto sus marineros encontraron masas de algas largas y enrevesa-
das en la superficie del mar y vieron volar unos pájaros panzudos. Esa
misma tarde, avistaron tierra. Fondeados en una espléndida bahía
tropical, Cabral envió a uno de sus oficiales a explorar la playa y el
río. Nada más pisar la arena, el portugués se encontró con un grupo
de indios tupi, que le miraban con asombro y cierto recelo. Desde la
distancia, el oficial intentó hablar con ellos, pero el sonido de las olas
silenciaba su voz. Entonces se le ocurrió la idea de lanzarles una gorra
roja, luego les tiró un gorro de hilo que llevaba puesto, y después un
sombrero negro. Pasaron unos segundos eternos antes de que los indios
reaccionasen. Unos segundos de expectación máxima previos al momento en que no sólo dos grupos de hombres, sino dos pueblos, dos
continentes, iban a encontrarse, ocho años después de la llegada de los
españoles a América. De pronto, uno de los indígenas lanzó al lugar
donde estaba el oficial un collar de plumas de tucán rojas y naranjas.*

*Otro salió de la espesura vegetal ofreciendo una rama cubierta de abalorios blancos que parecían perlas. El oficial estaba extasiado ante el aspecto de aquellos indígenas: iban semidesnudos, sus cuerpos estaban pintarrajeados con tintes de color rojo y negro, la cabeza tocada de penachos de plumas multicolores y el pelo cortado a la misma altura que el flequillo, encima de las orejas. Las mujeres le fascinaban, aunque también le violentaba el espectáculo abierto que ofrecían «sus partes genitales».*

*Al anochecer, Cabral recibió a dos indígenas en el castillo de popa de su barco. La luz de unas antorchas realzaba su collar dorado, la elegancia de su uniforme y su prestancia. Sentado en un ancho e imponente sillón con una alfombra a sus pies, se llevó un chasco al comprobar que los indios no le prestaron la más mínima atención. Obviamente no tenían jefe, ni siquiera una jerarquía. Los marineros les mostraron una cabra, pero los indios permanecieron indiferentes. Luego les trajeron una gallina que les dio tanto miedo que no quisieron cogerla con sus manos. Les ofrecieron pan, pescado hervido, dulces, miel, higos secos..., pero no probaron bocado, y cuando lo hicieron lo escupieron.*

*En última instancia, lo único que impresionó a los indios fueron los objetos de oro y plata que vieron en el barco. A la mañana siguiente, indicaron con el brazo hacia tierra para decir que también allí había oro y plata. Ese mensaje no cayó en saco roto. Inmediatamente, Cabral decidió dejar en tierra a dos presidiarios que llevaba en el barco y que habían sido condenados a muerte en Lisboa, para que aprendiesen el idioma y las costumbres de los nativos. Fue un momento trágico en la historia del descubrimiento porque ni los indios querían a esos dos intrusos, ni los presidiarios deseaban quedarse allí, a merced de lo desconocido. Cabral, sin embargo, fue implacable. La flota a su mando zarpó hacia la India, y dejó a aquellos dos infelices llorando en la playa. De esa manera el almirante tomaba posesión de esa tierra para Portugal, y quedaba plantado el germen de un nuevo país continente. En realidad, el primer descubridor había sido el español Vicente Yáñez Pinzón, quien mes y medio antes de la llegada de Cabral fue el primer europeo en llegar a la costa de Pernambuco y en explorar la desembocadura del Amazonas. Sin embargo, en virtud del tratado de Tordesillas de 1494 que repartía aquel territorio entre España y Portugal, a Pinzón no le correspondía reclamarlo para la corona españo-*

*la. El nombre de Brasil llegaría más tarde, en el siglo XVI, cuando los primeros colonos empezaron a exportar un árbol que usaban los indígenas para extraer sus tintes y pintarse de aquella manera que tanto fascinó al oficial portugués, y que llamaron pau-brasil, por desprender un color rojizo al hervirse en el agua, lo que sugería las llamas de un fuego o las brasas del carbón ardiendo. De Terra do pau-brasil acabaría abreviándose a Brasil.*

# PRIMERA PARTE

—

Quienes cruzan el mar cambian de cielo,
pero no de alma.

Horacio

1

*Río de Janeiro, 1816*

Pedro de Braganza y Borbón acababa de cumplir dieciocho años y estaba enamorado. Era un chico delgado y fibroso, con grandes ojos negros y brillantes y mirada lánguida. Bucles de pelo castaño enmarcaban su rostro de piel bronceada por la vida al aire libre, iluminado por una sonrisa siempre alegre. Era un adolescente impulsivo, muy activo y bien dotado para el ejercicio físico. Sin ser muy corpulento, daba la impresión de ser más alto de lo que en realidad era. En aquella corte ceremoniosa y feudal de Brasil se le consideraba un príncipe excéntrico: se bañaba desnudo en la playa, se hacía amigo de los carpinteros del taller del palacio y le gustaba trabajar con las manos, a pesar de que los trabajos manuales eran considerados cosa de esclavos. Sabía lazar los potros con ayuda de los peones y herrar los caballos mejor que un profesional. Le gustaba ir de caza con su hermano Miguel, cuatro años menor que él, a disparar a los caimanes que se arriesgaban a dormir la siesta en el brazo de un río, o a perseguir a jaguares y ciervos hasta la selva virgen que se extendía, densa y opaca, por los alrededores de Río de Janeiro. Miguel era más bajo y fornido, y sus ojos eran un poco saltones. A primera vista, nadie diría que eran hermanos.

Los cortesanos, que siempre habían sido el blanco preferido de sus gamberradas, no ahorraban adjetivos para describirlos: tunantes, vagos, granujas, pícaros, pillos, etc. En una ocasión, el almirante de la escuadra británica les regaló dos cañones de bronce fundido en miniatura montados en sus cureñas. Los chicos esperaban horas en su cuarto y disparaban a las piernas de los que pasaban por el pasillo del palacio. Más de un cortesano acabó con quemaduras en las pantorrillas. Ni los criados ni sus propios padres consiguieron saber nunca cómo se procuraban la pólvora. A diferencia de Pedro, que daba la cara, Miguel era huidizo y mentiroso. Siempre que podía se escudaba en su hermano mayor, por quien sentía una mezcla de admiración y envidia. Además de ser el mayor, todo le salía bien. Sin esperanza de subir un día al trono por tener una posición muy inferior a la de Pedro en la línea de sucesión, nada reprimía sus impulsos maliciosos: adiestraba perros para que atacasen a los visitantes y era rencoroso, soberbio y tiránico con el servicio.

Les gustaban los juegos violentos, les excitaba sentir el aguijón del peligro, y eso les duró toda la vida. Cuando eran adolescentes, las carreras de carruajes que hacían en las nuevas calzadas del reino eran el terror del vecindario. Corrían alocadamente, a riesgo de perder el equilibrio y salir despedidos, e incluso llegaban a chocar sus ruedas para hacer descarriar al otro, atizando a los caballos sin importarles a quiénes atropellaban ni los puestos de venta de fruta que aplastaban ni la gente que ensuciaban con el barro que salpicaban ni la extenuación de sus caballos cubiertos de sudor. Salieron milagrosamente ilesos de varios accidentes. Una vez pasado el susto, volvían a empezar porque necesitaban la emoción del riesgo como aire para respirar. Invariablemente ganaba Pedro, lo que provocaba la rabia de Miguel.

—Es normal que gane yo —le decía para consolarle—. Tú eres más pequeño. Espera un poco y verás cómo me acabas ganando.

Pero Miguel odiaba que se lo recordasen. Ganar a Pedro era su deseo más ferviente, que luego de adulto se transformaría en una obsesión.

Siendo niños, en cuanto podían sustraerse a la vigilancia de los preceptores y criados, ambos se perdían en el inmenso parque que rodeaba el palacio de San Cristóbal, sede de la monarquía portuguesa trasladada a Brasil, situado a cinco kilómetros del centro de Río de Janeiro. Jugaban al escondite, trepaban a las palmeras y cogían cocos frescos que luego abrían de una pedrada para sorber la leche. A veces se cruzaban con algún cazador que traía una onza viva o monos con pelajes sorprendentes y ojos desorbitados e iban a admirarlos a través de los barrotes de una jaula. Pero lo que más les gustaba era jugar a la guerra, sin sospechar que algún día tendrían que librarse una de verdad. En la selva circundante, cada uno dirigía su propio ejército de niños esclavos. Se enfrentaban en cruentas batallas y se atacaban con cuchillos, palos, piedras, tirachinas y frondas. La saña que desplegaban en los combates era espeluznante para la edad de los combatientes, y el número de heridos, altísimo. Después de un cuerpo a cuerpo feroz, numerosos muchachos acababan con la cabeza descalabrada, chorreando sangre brillante sobre su piel negra, y otros con brazos fracturados o cortes en el abdomen. Algunos perdían el conocimiento por contusiones en la cabeza, mientras que Pedro y Miguel, tomándose por generales, repartían órdenes, distribuían las tropas, arengaban a sus soldaditos y les espoleaban si les veían acobardarse. Y siempre ganaban los ejércitos de Pedro, para gran desaliento del pequeño Miguel, que no dudaba en castigar con dureza a sus soldados-esclavos, a quienes achacaba siempre la causa de la derrota. Aquel juego cruel acabó el día en que Miguel, usando un mosquete, dejó malherido a uno de los soldaditos esclavos. Entonces intervinieron los preceptores reales y dieron orden de disolver aquellas huestes infantiles.

Ambos hermanos habían crecido un poco a la buena de Dios, producto de un entorno familiar donde casi nadie daba importancia al saber y a la cultura, en un ambiente donde se consideraba lo más natural del mundo que el hijo de un europeo o criollo tuviese su propia esclava para su disfrute sexual, donde lo que se valoraba era que los jóvenes anduviesen pronto con mujeres, que fuesen conquistadores, desfloradores de mocitas y que utilizasen gestos y palabras obscenas para no ser tildados de afeminados. Eso era válido en todo el espectro social, de la plebe a la corte.

Antes de llegar a Brasil, cuando aún vivían en el palacio donde nacieron, allá en Queluz cerca de Lisboa, las criadas brasileñas, con su piel canela y su desparpajo, habían contribuido eficazmente al despertar de sus sentidos. De la sexualidad precoz de Pedro habían sido víctimas las doncellas que de niño le lavaban la ropa, le vestían y le acicalaban los días de gala. Rosa, la enana brasileña que se había convertido en mascota de su abuela la reina María, se dejaba manosear entre los muslos cuando no había nadie alrededor.

Aunque de pequeños hacían todo lo posible para huir de las restricciones que les imponía su condición de príncipes, Pedro y su hermano Miguel no tenían más remedio que asistir a las ceremonias oficiales. Ambos se aburrían, aunque Pedro las soportaba mejor. De niño hacía como su padre, extendía la mano para recibir los besos reverenciales de los adultos, pero pobre del chiquillo que se le acercaba porque entonces la levantaba bruscamente y le daba un fuerte manotazo en la barbilla. Y contenía la carcajada mientras los padres se llevaban a su estupefacto retoño para evitar un escándalo.

Le llamaban don Pedro desde que tenía uso de razón. Al principio, su destino no era ser el primero en la línea de sucesión, porque no era el primogénito. Eso es algo que le correspondía a su hermano mayor, que se llamaba Antonio. Hasta que un día, siendo muy niño, Pedro sintió un gran revuelo a su alrededor; vio a su madre llorar y a su padre invocar, con el puño alzado al cielo, la maldición de los Braganza, una leyenda nacida siglos atrás después de que un rey de Portugal agrediese a patadas a un monje franciscano que le pedía limosna. El fraile, en represalia, juró que jamás un primogénito varón de los Braganza viviría lo bastante para llegar al trono. Y aquella maldición se repetía, generación tras generación, con una precisión escalofriante. A través de un ventanal del palacio de Queluz, el pequeño Pedro vio alejarse un cortejo de gente vestida de negro por una alameda bordeada de cipreses, encabezado por un grupo de cortesanos que llevaba a hombros un pequeño féretro blanco. Le dijeron que en esa caja iba su hermano mayor derecho al cielo. Había muerto de fiebres a los seis años de edad. Dentro del palacio sólo se oía el alarido desesperado de su abuela, la reina María, que ya estaba senil. Más tarde, cuando regresaron los integrantes del cortejo y el ambiente se hubo serenado, unos potentes brazos le levantaron del suelo. Era su nodriza, que llevaba la cabeza cubierta con una mantilla negra y tenía los ojos enrojecidos; le miró fijamente a la cara, tan parecida a la de su hermano muerto, y le dijo: «Pedro, ahora tú, un día, serás rey.»

Entonces su vida cambió. Hasta ese momento, su padre no se había preocupado de dar a su hijo más formación que la que él había recibido como segundo en la línea de sucesión. Es decir, bien poca. ¿Para qué instilar nociones de historia, geografía o el arte de gobernar a un niño si en principio no estaba destinado a reinar? Ése era el razonamiento de la época.

Treinta años antes, tampoco don Juan había recibido una educación esmerada porque quien estaba destinado a reinar era su hermano mayor, José, un joven apuesto, inteligente, de carácter decidido e independiente que no pudo escapar a la maldición y murió a los veinticinco años de edad. De pronto, don Juan y su mujer Carlota Joaquina se vieron catapultados a un lugar de preeminencia, el de príncipes y futuros herederos del trono. Ella estaba feliz porque era ambiciosa, pero él se sentía desdichado. Más tarde, don Juan, o Juan el Clemente, como le llamaban sus vasallos, asumió la regencia cuando la reina María fue declarada incapaz de gobernar debido a su enajenación mental, pero lo hizo a regañadientes. Le daba pánico enfrentarse a responsabilidades para las que nunca se había sentido preparado y que nunca había deseado. Era un hombre indeciso, tímido, indolente, miedoso, chapado a la antigua. Nunca había mostrado interés especial ni por las letras ni por las ciencias ni por la forma de gobernar. De hecho, siempre redactó mal, con errores de ortografía y sintaxis. Toda su vida había vivido en compañía de frailes y, en el fondo, él se sentía también un poco monje. Aficionado a la música sacra, su mayor vicio era la glotonería, y si de joven le gustaba cazar, era sólo porque le permitía hartarse de carne de venado.

Al morir su hijo primogénito, don Juan quiso recuperar el tiempo perdido con Pedro y le designó un tutor que tuvo muchas dificultades para mantener la atención del niño, nada acostumbrado a estudiar. Una vez llegados a Brasil, siguió cuidando de que su hijo tuviera buenos maestros, hombres como fray Antonio de Arrábida, confesor y preceptor de religión, un hombre culto y piadoso, que supo inculcar en Pedro cierto respeto por el conocimiento humanista. O João Rademaker, un diplomático de origen holandés que hablaba casi todos los idiomas europeos y que le enseñó rudimentos de matemáticas, lógica, historia, geografía y economía política. Pero ninguno de los dos tuvo un ascendiente real sobre su espíritu indómito, ninguno le dejó su impronta. ¿Cómo hubiera sido posible, si nunca le exigieron más de dos horas de estudio formal al día? El esfuerzo de concentrarse le dejaba mentalmente agotado. Cuando se aburría con una lección, simplemente dejaba plantado al tutor y se largaba. Se iba a las cuadras reales a domar a sus potros y hacía restallar su grueso látigo de carretero mientras repartía órdenes entre los esclavos. El trato con la gente común le permitió muy pronto superar la conciencia de ser alguien excepcional. Comunicativo, curioso, alerta, nervioso, le gustaba reírse de los chistes verdes que le contaban en las cuadras, calles y plazas, ir de tabernas apenas frecuentadas por los europeos, y hacerlo disfrazado con una capa y un sombrero de ala ancha, haciéndose pasar por *paulista* para beber, jugar, cantar, puntear el *berimbao* o tocar la *marimba*. En los tugurios se divertía bailando el *lundu* angoleño, precursor impúdico de la samba que la Iglesia había prohibido porque empezaba por una «invitación al baile» en la que el hombre y la mujer se frotaban los ombligos. O corría a zambullirse desnudo en la playa. Cuando un día fue descubierto por un grupo de señoras de la corte, soltó una sonora carcajada, pero no corrió a taparse, sino que se plantó ante ellas, provocador, mostrando sus partes con insolencia y orgullo.

Su padre le reprendía poco, de manera que nunca permitió que su hijo se disciplinase. No lo hizo sólo por ser blando, o porque siempre estuviera demasiado concentrado en los asuntos de Estado como para ocuparse de su familia, sino porque sabía que Pedro, a pesar de lo revoltoso y sano que parecía, era víctima de un mal que había heredado del linaje de su madre, del lado español. Sólo se había manifestado una vez, y de forma suave, después de que su padre le hubiera reprendido por haberse portado mal en misa. El niño se quedó unos segundos con los ojos en blanco, presa de convulsiones, y un hilo de saliva corría por la comisura de los labios. Don Juan no necesitó hablar con médico alguno para adivinar la naturaleza de aquel mal. La epilepsia era una vieja conocida de la familia. El ataque había sido muy leve, pero todos sabían que esa enfermedad no tenía cura, y que volvería a manifestarse, tarde o temprano. Don Juan pensaba que no convenía contradecir al chico, enfrentarse a él o ponerle nervioso. Le habían contado que a Napoleón, de niño, evitaban castigarlo después de que una vez fuese obligado a comer de rodillas, lo que le había provocado un ataque epiléptico. El entorno de don Pedro sabía que no era grave y que se podía convivir con la enfermedad. ¿No decían que Sócrates también era epiléptico? ¿Que Napoleón padecía ataques los días de gran tensión? El caso es que, por este motivo, Pedro disfrutó de una libertad inusitada.

De su padre, Pedro había heredado una inteligencia sutil, una bondad natural, un cierto sentido de la supervivencia, la cicatería con el dinero y la afición por la música. Tocaba el clarinete, la flauta, el clavicordio y algo de violín. De su madre, la española Carlota Joaquina, hija de Carlos IV, heredó la pasión por los caballos, un fuerte espíritu de independencia, la sangre caliente y un insaciable apetito por los devaneos amorosos: desde criadas negras hasta hijas de altos funcionarios de la corte, todas estaban expuestas a su audacia cuando regresaba de sus cacerías y huroneaba en las habitaciones del servicio. Aunque últimamente las dejaba en paz, pues le daba por irse a la ciudad a ver a la muchacha que le quitaba el sueño. Nunca imaginó que su corazón daría semejante vuelco cuando vio por primera vez a esa bailarina francesa ejecutarse con tanta gracia en el Teatro Real de Río de Janeiro. A pesar de su corta edad, se creía fogueado en cuestiones de mujeres, pero nunca hasta entonces había sufrido la dentellada del amor.

## 2

Una noche, en la taberna La Corneta de la calle Violas, conoció al que sería su mejor amigo durante el resto de su vida. Vestido como los habitantes de São Paulo, los famosos paulistas conocidos por su espíritu conquistador e independiente, y acompañado por dos mozos de cuadra del palacio, estaban siguiendo el duelo de guitarra de dos cariocas (así es como llamaban a los oriundos de Río de Janeiro). Ambos competían por los aplausos del público, inventando versos a medida que rasgaban sus instrumentos. Uno de los músicos, un negro grandullón, debió de reconocer al príncipe porque le cantó unos versos irreverentes que hicieron reír a la multitud pero que enfurecieron a Pedro, quien al quitarse la capa reveló su identidad:

—Soy el príncipe heredero Pedro —dijo, antes de ordenar a su compañero—: ¡A por él! ¡Dale su merecido a ese negro!

Pero el guitarrista ya estaba huyendo, así como la mayoría de los hombres del local, mientras las mujeres se escondían debajo de las mesas para evitar ser aplastadas en el tumulto de la salida.

Uno de los que se habían mofado del príncipe adolescente permaneció en el tugurio, desafiante. Era un portugués de unos veinticinco años, que llevaba una especie de barretina. El mozo de cuadras de Pedro se abalanzó sobre él con el bastón alzado, pero el portugués lo evitó, lo agarró del pescuezo y lo tiró al suelo. Luego lo levantó por el cuello y el pantalón como si fuera un muñeco, se acercó a la puerta trasera del establecimiento y lo tiró al patio. Entonces, dirigiéndose al enfurecido príncipe, el hombre se quitó la barretina e hizo una reverencia pronunciada, describiendo un arco con su gorro y, casi tocando el suelo, dijo con un esbozo de sonrisa: «Francisco Gomes da Silva, para servir a su alteza.» Sorprendido y admirado por la teatralidad del parroquiano, Pedro estalló de risa:

—Qué bromista... ¡Menudo tipo eres!

Así fue como el príncipe encontró a su comodín, y así lo bautizó esa noche: el Chalaza, el Comodín. Don Quijote había encontrado a su Sancho Panza, sólo que el Chalaza era alto y de buen ver. Conocido por ser un gran contador de historias, era ingenioso y bromista, cantante de baladas, experto bailarín de *lundu*, mujeriego, bebedor y peleón. Tenía todas las cualidades para divertir a un príncipe. Juntos corrieron múltiples aventuras, siempre de noche y en tugurios de mala muerte. Para Pedro, el Chalaza, ocho años mayor que él, fue como un maestro de la mala vida y de la calle. Sus bromas les valieron serios problemas, y una vez el príncipe tuvo que rescatar a su amigo de una taberna en la que había provocado una pelea descomunal. Para sacarle de los apuros a los que su afición al licor de caña irremediablemente le conducía, el Chalaza siempre podía contar con el sobrio Pedro, que nunca fue bebedor.

Era lógico, pues, que los padres de la clase adinerada, tanto brasileños como portugueses, redoblasen la vigilancia sobre sus hijas cuando el príncipe merodeaba. En una ocasión, un acaudalado comerciante llegó a echarle de su casa, harto del acoso al que sometía a su hija. Poco antes de quedarse prendado de la francesa, le daba por acercarse a caballo a los palanquines portados por esclavos.

—Fíjate en los que tienen las cortinillas corridas —le había dicho el Chalaza—. Seguro que dentro viaja una mujer...

Desde lo alto de su montura, descorría la cortinilla y, si le gustaba la pasajera, se quedaba flirteando con ella.

Ahora que se había enamorado de la bailarina francesa no hacía esas cosas, aunque tampoco era la primera vez que una mujer del espectáculo le arrebataba el corazón. Ya le había ocurrido con la actriz Ludovina Soares, una belleza morena y vivaracha que pasó de gira por la ciudad. El Teatro Real, construido por su padre para dar a Río de Janeiro un aire cosmopolita, que buena falta le hacía, era un imán que atraía a artistas del mundo entero. Con sus ciento doce palcos y un aforo de mil personas, inspirado en el Teatro de la Ópera Cómica de París, la sala Favart, tenía una acústica impecable capaz de satisfacer la inclinación de los Braganza por la música, una pasión que les venía de antiguo. ¿No tenía el antepasado José I una sala de ópera en cada uno de sus palacios, en Lisboa, en Salvaterra y en Queluz? Cuando vivían en Portugal, los músicos y cantores de la capilla de la reina María eran reconocidos en toda Europa por su excelencia. Era tal la afición de don Juan por la música que no reparaba en gastos a la hora de hacer venir a los más famosos *castratti* de Italia. Vestidos de trajes de terciopelo púrpura, con sus rostros adiposos cubiertos de una gruesa capa de maquillaje, cantaban el *Miserere* de Pergolesi y los oratorios de Haendel con una gracia etérea que, según los expertos, rivalizaba con el coro de la Capilla Sixtina. Don Juan no se avergonzaba de llorar en público cuando oía esos cantos agudos que removían los cimientos de su ser.

Desde su inauguración hacía dos años, el teatro se había convertido también en el centro de todas las manifestaciones políticas y sociales, en el foco de la vida pública. Sin embargo, no olvidaba su vocación de sala de espectáculos, y todo el año ofrecía de manera regular un repertorio de óperas, sinfonías, ballets, dramas trágicos y comedias. Acudían músicos y compañías de teatro como la que había traído a Ludovina Soares.

Después de mucho insistir y de utilizar todas las argucias y la hábil intermediación del Chalaza, don Pedro consiguió que la actriz le concediese por fin una cita en su posada. Cuando el príncipe apareció a la hora convenida, Ludovina le abrió sigilosamente la puerta e hizo que la siguiese por un largo y oscuro pasillo. Ya estaba Pedro salivando ante la perspectiva de pasar las próximas horas en sus brazos y entre sus piernas cuando de repente, ante su sorpresa, se encontró en medio de una habitación repleta de gente: eran los actores de la compañía; cada uno llevaba una antorcha en la mano, y todos esperaban el honor de saludar a su alteza real. Ludovina le señaló un hombre que había a su lado:

—Te presento a mi marido.

Pedro se quedó lívido, con los ojos como platos. Pero entendiendo que había sido víctima de una broma, digna de las mejores del Chalaza, se tragó el orgullo y se unió a las risas de los demás... ¿Qué otra salida le quedaba? Al final, su sentido del humor le salvó de hacer el ridículo.

## 3

La bailarina francesa no le haría algo semejante, por la simple razón de que le quería. Era la primera vez que Pedro se sentía correspondido en el amor. La francesa no era una más de sus muchas conquistas, otra que se había rendido a sus pies incondicionalmente. Esta vez era distinto. Al principio, Noémie, así se llamaba la bailarina, se le resistió. «Dígale a ese príncipe de opereta que no me mande más mensajes», le espetó un día al Chalaza que, después de la función, le llevaba una nota escrita a mano para solicitarle una cita. Ese trato inusual, al que Pedro no estaba acostumbrado, no hizo más que espolearle. Adivinaba que la indiferencia de ella era sólo aparente y siguió insistiendo. Viendo que lo de los mensajes y los intermediarios no funcionaba, una noche se presentó en su camerino. Llevaba una flor en la mano:

—Acéptela, se lo ruego, como prueba de respeto hacia su talento —le dijo con la voz entrecortada por la emoción.

Noémie, todavía vestida con su tutú rosa grisáceo, se sintió halagada. Le miró con dulzura y un punto de ironía: le gustaban aquellos grandes ojos negros, los bucles del pelo que le daban un aire romántico y esa expresión de perro bueno que tan bien sabía exhibir Pedro cuando buscaba seducir. «Gracias», le dijo al coger la flor. Pero cuando Pedro le propuso una cita, ella declinó con un suave movimiento de cabeza.

El príncipe volvió a cortejarla todas las noches mientras duró el espectáculo. Le atraía enormemente que se comportase de manera diferente a las demás. No lograba quitarse de la cabeza sus rasgos finos, la nariz perfecta, los ojos color miel, el cutis de porcelana y las mechas rubias en el cabello, exótico detalle en un país de mulatas y negras. La última noche, cuando llamaron a la puerta del camerino y la bailarina la abrió, se encontró con un colosal ramo de flores, tan grande que apenas veía al esclavo que lo portaba. «Es de parte del príncipe heredero... Mi señor dice que quisiera saludarla.» Ella sonrió, y se quedó un rato pensativa. Esas flores olían al poderoso atractivo de Pedro. El hombre posó el ramo en el suelo, y la miraba fijamente, a la espera de una respuesta.

—Dígale que me espere fuera —respondió ella en un portugués impregnado de acento francés—. En seguida salgo.

Afuera, Pedro sintió que por fin la victoria estaba al alcance de la mano y se dedicó a esperar. La plaza del teatro parecía una feria. El calor tropical era sofocante. Olía al humo de las hogueras, a tierra húmeda y a estiércol. Había por lo menos un millar de caballos, mulas, burros y bueyes, además de varios centenares de esclavos que perseguían a sus animales para engancharlos a sus respectivos carruajes. Los más ricos tenían llamativas carrozas, que exhibían a la salida del teatro como signo de su elevado estatus social. El jaleo de la salida se magnificaba cuando los señores no encontraban su carruaje listo o cuando descubrían que sus criados estaban tan borrachos que no podían llevarlos a sus residencias, generalmente situadas a una o dos leguas de camino. Río de Janeiro no era una ciudad grande, apenas cincuenta calles en ángulo recto que daban a la plaza del Rocío, donde estaba la catedral, frente al mar tranquilo formado por la espectacular bahía de Guanábara. Pero muchos ricos preferían vivir en casas señoriales en lo alto de las colinas dispersas, donde también había monasterios, iglesias, un fuerte y un puesto de observación del ejército.

Cuando la plaza se vació, la bailarina seguía sin aparecer. Una sinfonía de sapos, grillos y cigarras que recordaba la proximidad de la selva fue remplazando el bullicio de la salida. Don Pedro, poco inclinado a la paciencia, estaba nervioso. Cansado de esperar, se metió en el edificio y, antes de llegar al camerino de su amada, se topó con otra actriz, mayor, que tenía un parecido sorprendente con la joven, y que le dijo:

—Es muy tarde ahora para Noémie, monsieur...

—Me dijo que la esperase, soy el príncipe heredero don Pedro...

—Y yo madame Thierry, la madre de Noémie —replicó la mujer.

No le dio opción a insistir. Derrotado, acabó en una taberna con el Chalaza y sus amigotes. Éstos le propusieron cortar por lo sano: sobornar a la madre para que él pudiese gozar del privilegio exclusivo de visitar a la hija. «Si nos consigues el dinero, nosotros hablamos con la madre, tú no tienes ni que presentarte...» ¿Se atrevería aquella mujer a rechazar dinero de parte de un miembro de la familia real? Todos excepto Pedro pensaron que era poco probable. La corrupción y el soborno formaban parte de lo cotidiano, de la cultura local. Nadie se escandalizaría por eso. Pedro, poco acostumbrado a no salirse con la suya, se dejó convencer y unos días más tarde les entregó unos *contos de reis*. El resultado, que le trasladaron con todo lujo de detalles, fue decepcionante: «¿Quién creéis que somos? ¿Unas fulanas?», les había increpado una furibunda madame Thierry, antes de echarles de su casa a empujones.

4

La presencia de madre e hija en la ciudad, como la de muchos extranjeros, se debía a la medida que había tomado don Juan como príncipe regente nada más llegar a Brasil en 1808. Decretó abierto el comercio de la colonia, que hasta entonces era un monopolio con Portugal, a todos los países del mundo. Durante trescientos años, Brasil había sido un territorio prohibido a los extranjeros; de ahí venía su aura de misterio.

A raíz de la disposición tomada por don Juan, primero llegaron comerciantes británicos. Traían tejidos, cuerdas, herramientas, maquinaria agrícola, cerámica, vidrio, tintes, resinas, cerveza en barril y hasta féretros. Los cariocas, acostumbrados a la escasez y a la mala calidad de los productos habituales, estaban maravillados ante la ingente cantidad de objetos baratos que las técnicas promovidas por la revolución industrial en Gran Bretaña hacían asequibles. Llegó de todo, hasta productos inútiles en Brasil como mantas de lana o patines de hielo. Las mantas acabaron siendo utilizadas como filtro para batear el oro y los patines acabaron de pomos en los portales de las casas.

Con la caída de Napoleón, comenzaron a llegar europeos de otras nacionalidades, sobre todo franceses y también francesas, que acompañaban a sus maridos ávidos de hacer fortuna. No eran grandes comerciantes como los ingleses. Eran más bien cocineros, panaderos, pasteleros, orfebres, modistas, peluqueros, cerrajeros y pintores, así como farmacéuticos y médicos con apellidos Roche, Fevre o Saisset. Las modistas se instalaron en la calle más concurrida de la ciudad, la estrecha rua do Ouvidor, así como los peluqueros, que miraban por encima del hombro a los barberos locales porque éstos también oficiaban de cirujanos y de dentistas en las calles provocando sangrías descomunales en sus pacientes. *«En Río de Janeiro —escribió un naturalista galo— todo el mundo piensa que todos los franceses son peluqueros, y todas las francesas, prostitutas.»* De ahí el celo de madame Thierry, que no quería que tomasen a su hija por lo que no era. Ambas eran actrices, y además trabajaban en el estudio del maestro de ballet Louis Lacombe, que les había cedido las habitaciones de la parte superior y que era responsable de los espectáculos de danza del Teatro Real. Daban clase de canto y baile a todos los que deseaban brillar en los salones. Formaban parte de la farándula, pero se tenían por gente respetable.

Incapaz de controlar su pasión, Pedro volvió a insistir, machaconamente, siempre procurando evitar a la madre. Pasaba por el estudio de danza, organizaba «encuentros casuales» en la calle, mandaba notas a Noémie, y ella, intoxicada por el deleite de tanto ardor amoroso, acabó engañando a su madre para verle a escondidas. Eran encuentros fugaces, al atardecer, en alguna calle desierta, siempre al abrigo de las miradas indiscretas. Encuentros llenos de emoción contenida. Poco tiempo tardó madame Thierry en enterarse:

—Ese chico no es para ti, por eso no quiero que lo veas.

—¿Por qué no es para mí?

—Porque no es de tu condición. Te usará y, cuando se canse, te tirará como una vieja colilla, ya verás. Es lo que hace con todas..., ¡menuda fama tiene!

—Me quiere, *maman*...

—¡Ilusa!...

La madre alzaba los ojos al cielo como signo de exasperación. La ingenuidad de su hija la sacaba de quicio. Lo peor es que se daba cuenta de que cada vez le resultaba más difícil controlarla. Noémie había encontrado su príncipe azul y estaba decidida a vivir hasta el final su propio cuento de hadas... ¿Qué podía hacer una madre contra eso?

Al principio, los enamorados mantuvieron su relación con cierta discreción. Se iban a pasear a las afueras de la ciudad, y recalaban en una de las muchas playas de los alrededores. Sobre la arena blanca y caliente se descubrieron desnudos por primera vez, rodeados de la belleza arrolladora y salvaje de la bahía con sus aguas turquesa, sus islas pequeñas, volcánicas, en forma de cúpulas que salían del mar como por encanto, algunas sólo roca, otras rodeadas de palmeras. Hasta entonces, una vez aplacada la fogosidad de los primeros encuentros amorosos, Pedro solía perder interés en sus conquistas. Ahora le ocurría al revés. Cuanto más trataba a Noémie, cuanto más compartían la intimidad, cuanto más conversaban, más le cautivaba. Su olor, sus ojos húmedos de placer, sus gemidos y sus palabras de amor en francés le hacían estremecerse. Y no se trataba sólo de su físico; de toda su personalidad emanaba algo muy distinto de las chicas que hasta entonces había frecuentado. Noémie era educada, lo que constituía una excepción en el panorama social de Río.

La mayor parte de las mujeres no sabían ni leer ni escribir ni tampoco realizar operaciones de cálculo. Se dedicaban exclusivamente a las labores de aguja. Lo peor es que parecían orgullosas de ser analfabetas cuando eran los maridos quienes favorecían esa ignorancia por simples celos, para impedir la correspondencia amorosa. A Noémie le gustaba leer, y cuando estaban solos en el modesto piso que compartía con su madre, y que tenía como sonido de fondo las notas del piano del estudio de abajo, declamaba versos de poetas franceses, páginas enteras de Corneille y Racine, ante su príncipe embelesado. Ella le enseñaba rudimentos de francés, le tocaba piezas de música que él desconocía, le hablaba de autores que nunca había oído mencionar antes, como el marqués de Sade, de las costumbres de la vida en Francia, y le corregía las cartas, porque Pedro nunca aprendió a escribir sin faltas ni siquiera en su lengua materna. En definitiva, le educaba a su manera, y él se dejaba llevar por ese cauce de amor que le proporcionaba conocimiento y a la vez una felicidad sin límite. Sí, era la mujer de su vida. Tan convencido estaba de ello que así la presentaba: «Mi mujer.» Inocente don Pedro, que creía ser un hombre libre.

Como el amor es igual que el agua, que siempre se abre camino entre los dedos, ni el sentido de la honra de madame Thierry ni las reticencias de algunos cortesanos, incluidos el príncipe regente y su mujer, consiguieron frenar esa relación. Pedro no podía estar un día sin ver a Noémie, y ella tampoco, y así se lo dijo ella a su madre, que soportaba la situación a regañadientes y que le contestó:

—Eres una inocente, te dejará el día menos pensado...

—No, no lo hará —le respondía su hija con lágrimas en los ojos.

—Lo hará porque es el príncipe heredero. Y tú no eres más que una cómica, y encima extranjera... Tonta de ti por dejarte manipular...

—¡No me manipula, me quiere!

—Lo único que le pido a Dios es que no te deje embarazada...

Pero Noémie ya no la escuchaba. Corría al encuentro de Pedro, que la esperaba en lo alto de su montura. Ella tomaba asiento en la grupa, de lado, agarrada a su cintura, y así recorrían los cinco kilómetros que separaban la ciudad del palacio real, un edificio de estilo moruno, pintado de amarillo con molduras blancas.

El palacio de San Cristóbal estaba en un alto en medio de una finca situada en una planicie. De un lado estaba la espléndida bahía; del otro el Corcovado, un pico de mil metros de altura que servía de orientación porque se veía desde todos los rincones de aquella geografía de ensenadas, colinas, playas, montañas y selva. La finca había sido el regalo de un acaudalado traficante de esclavos a don Juan cuando éste llegó a Río diez años atrás. En el centro de la finca se erigía San Cristóbal, que era más una casona grande que un palacio, y que tenía espectaculares vistas al mar y a la montaña. Nada más sentarse en el porche de la casa, frente a un paisaje de altas palmeras y jardines plantados de jacarandas, plataneros, naranjos, cafetales, mimosas y una enorme variedad de flores, don Juan supo que ése sería su lugar. Lo que veía desde aquella veranda era muy distinto al orden clásico que reinaba en los jardines de sus palacios de Portugal, pero era sensible a esta otra belleza exuberante y prístina. Más allá del jardín, bullía la selva tropical, un follaje denso donde destacaban orquídeas, helechos y lianas que trepaban por las laderas de las colinas.

Desde que el príncipe regente se instaló en San Cristóbal, el palacio sufrió varias remodelaciones para embellecerlo y agrandarlo. En el proceso se construyeron también invernaderos, aviarios, talleres, cuadras, casetas para los aperos de labranza, cocheras y casas para el personal de servicio. Con la complicidad de uno de los ebanistas del palacio, un esclavo liberado gracias a su habilidad con el serrucho y el formón, Pedro consiguió una habitación al fondo de uno de los talleres que habilitó para convertirla en su nido de amor. Allí pasaba la mayor parte del tiempo en compañía de Noémie. Contemplarla desnuda en la cama que él mismo había construido con ayuda de su amigo carpintero le hacía sentirse el hombre más feliz del mundo. Tocaba el aerófono de lengüeta, un tipo simple de clarinete, y ella se estiraba y se sentaba con las piernas cruzadas, como una cobra hipnotizada por la flauta de un encantador de serpientes. Pedro también le leía versos de la *Eneida* de Virgilio, que había aprendido con su maestro fray Arrábida durante la travesía desde Portugal, un texto que le había marcado porque la suerte de los troyanos obligados a escapar por la invasión de un ejército que había incendiado la ciudad la identificaba con la de todos esos portugueses que habían salido huyendo ante el avance de las tropas de Napoleón. Le recitaba sus propios versos, y aunque a ella le rechinaban los oídos, le felicitaba... Poco a poco la francesa fue descubriendo, bajo la corteza áspera y los modales salvajes de Pedro, su otra naturaleza sensible y vibrante.

Aunque era consciente de su rango, sabía ser delicado con los sentimientos de la gente. Entre los escasos cortesanos que mostraban una simpatía especial por el príncipe heredero estaba el conde de Arcos, a quien don Pedro mandaba notas firmadas: «Vuestro señor y amigo, como hombre y no como príncipe.» El conde le aseguraba que sabía de miembros de la corte que alentaban su historia de amor con la francesa. En realidad, los que le trataban de cerca y algunos cortesanos veían en esa relación una aventura que podía «civilizarle», apartarle de su vida disipada de seductor precoz. La joven bailarina no podía sospechar que parte de la corte tenía puestos sus ojos en ella, con la esperanza de que consiguiera alejar al príncipe heredero de sus amistades peligrosas, individuos en su mayoría de baja extracción social y moralidad dudosa como el Chalaza. Sin embargo, don Juan y sus ministros sólo veían en la bailarina una conquista pasajera del díscolo heredero, un capricho más, flor de un día. Tenían puestas sus miras muy lejos de aquel cuartucho situado al fondo del taller de carpintería del palacio.

5

Don Pedro se enteró de que su destino no le pertenecía el día de la muerte de su abuela, la reina María. Ese día tuvo que salir de su nido de amor para asistir al entierro. Conmocionado, siguió el cortejo al son lúgubre de los tambores prendidos de crespones negros. Según una antigua costumbre, símbolo de humildad cristiana, el féretro fue transportado a hombros por los Hermanos Pobres de la Misericordia desde el convento de las Carmelitas, donde había vivido la reina, hasta las puertas de la catedral, donde lo entregaron a los grandes del reino. En el interior, entre columnas labradas y recubiertas de pan de oro, entre figuras de ángeles que sujetaban calaveras y grandes cortinas de terciopelo negro, la familia real veló el cuerpo de la que desde hacía veinte años no era más que una sombra en medio de los vivos. Don Pedro recordaba el momento en que la vio desvariar por primera vez, allá en uno de los pasillos del palacio de Queluz, vestida con una bata y con el pelo desordenado, mojando el suelo con una regadera: «No quiero que estas flores tan bonitas se marchiten», decía vaciándola sobre la alfombra que lucía dibujos de orondas rosas.

Aquella reina no había podido soportar los cambios que amenazaban su mundo, el de las monarquías basadas en el poder absoluto. Cuando allá en Lisboa le llegó la noticia de que el rey Luis XVI había sido guillotinado, intuyó que ya nada volvería a ser lo mismo para las familias reinantes, que aquella muerte sellaba un antes y un después en la historia de la relación entre los reyes y sus pueblos. Aquella noche sufrió un ataque de locura.

Pedro, que era un niño, vio cómo su padre corría hacia la alcoba de la abuela, cuyos alaridos eran escalofriantes. Tumbada en la cama, con el rostro despavorido, musitaba entre sollozos: «¡Ay, Jesús, ay, Jesús! ¡Vienen a por nosotros, Juan! ¡Nos van a llevar a la guillotina, lo sé, lo sé! Pero estas llamas no me dejan salir, estamos perdidos... ¡Ay, Jesús!» El niño se conmovió mientras veía cómo su padre, que era una alma sensible, se ponía de rodillas y llorando imploraba sosiego a su madre delirante. También recordaba cómo del jardín llegaba el ruido de las castañuelas y la voz ronca de su madre, que le recriminaba a su marido no apresurarse a entrar en guerra contra Francia y sus revolucionarios... Los afectos de Pedro se inclinaban más hacia su padre, que le quería a su manera de hombre tibio y apático, pero con sinceridad, y eso el niño siempre lo había notado. Como también percibía la guerrilla conyugal que libraban sus progenitores, y que le provocaba un gran desconcierto. Sin embargo, compadecía a don Juan, porque le veía débil y siempre víctima del escarnio de su madre, que no ahorraba ocasiones de mostrarle su desprecio incluso ante los hijos.

La reina María vivió sus últimos años aterrorizada por la presencia del diablo que se le aparecía a cualquier hora del día o de la noche, y le daba sustos de muerte. Le dio por hacer cosas raras, como comer ostras y cebada todos los viernes y sábados o mantener conversaciones soeces salpicadas de palabrotas, lo que sacaba de sus casillas al puritano don Juan. Sin embargo, dentro de su locura, hubo momentos excepcionales, de gran lucidez, como cuando aconsejó a su hijo, quien ante la invasión de Napoleón dudaba si debía enviar a Pedro de avanzadilla a Brasil. «O vamos todos, o ninguno», dijo ella.

Y así se hizo. O cuando atravesaba la ciudad camino al puerto, el día de la partida, y las tropas francesas estaban ya a las puertas de Lisboa, y por la ventanilla de su carruaje sacó la cabeza erizada de cabello hirsuto y gritó: «¡Cochero, no vayas tan rápido! ¡Van a creer que estamos huyendo!»

Don Juan siempre se había portado con ella como un hijo ejemplar. Todos los días de su vida fue a visitarla, sin excepción. Los últimos los pasó enteramente a su vera y no quiso que su madre entrase en el otro mundo sin sentirle cerca. No tenía prisa en dejar de ser el príncipe regente para convertirse en Juan VI, soberano del Reino Unido de Portugal, Brasil y Algarve. Era sólo un cambio nominal, pues llevaba mucho tiempo ejerciendo de rey.

Carlota estaba deshecha porque ya no podía volver a España. ¡Con lo que le había costado convencer a su marido para que la dejase marchar después de tantos años de sufrimiento y frustraciones en Río! Don Juan lo había aceptado a regañadientes y contra el consejo de sus asesores:

—El comportamiento de su alteza es errático e impredecible —le habían recordado—. Sola en Europa, será imposible controlarla. Puede intentar presionaros, majestad, u orquestar otro golpe como ya lo intentó hace unos años...

Pero don Juan no les había hecho caso. Abrumado por la agonía de su madre, tenía tantas ganas de quitarse a su mujer de encima que había aceptado que viajase aprovechando que sus dos hijas mayores iban a casarse con sus tíos en España... Carlota había embarcado baúles y maletas en el *Sebastião*, y cenaba a bordo para soñar que ya estaba surcando los mares. Sin embargo, la muerte de su suegra había dado al traste con sus planes. La sucesión formal la convertía en reina y don Juan aprovechó esa circunstancia para dar marcha atrás:

—De ahora en adelante, tu presencia en Río resulta indispensable —le dijo dentro de la iglesia—. No puedes acompañar a las niñas, eres la reina y te tienes que quedar.

Muchos pensaron que las lágrimas que derramó Carlota durante el funeral se debían al dolor que sentía por la muerte de su suegra. Sólo los más allegados sabían la verdad.

## 6

A la salida de la misa de cuerpo presente, un ministro de don Juan se acercó a Pedro:

—Debéis saber que las gestiones para buscaros una esposa están avanzando a buen ritmo —le dijo—. Su majestad está haciendo grandes esfuerzos para conseguiros una bella princesa europea.

El ministro, que pensaba complacerle con esa noticia, se llevó un chasco al ver la reacción ofuscada de Pedro, que se dio la vuelta y le dejó plantado. La noticia de que su destino era una pieza que estaba siendo utilizada por la monarquía portuguesa como baza política no podía satisfacerle. Sí, sabía que su casamiento era cuestión de Estado, no de sentimientos. Sabía que debía servir para fortalecer el imperio, y que ése era el destino del príncipe heredero. Su destino. Sabía que no había lugar para el amor en el tablero de la geoestrategia mundial. Lo sabía todo, pero no lo aceptaba. Una pulsión interior se rebelaba contra ello. Él no quería princesas, ni poder, ni gobierno, ni prebendas, ni riqueza. Sólo quería estar con Noémie, sentir el arrebato de sus jadeos y sus suspiros de amor, escuchar el atronador galope de su corazón cuando la acariciaba.

Unos meses antes y sin que él lo supiese, la maquinaria diplomática se había puesto en marcha para encontrarle una esposa. Su padre soñaba con aliarse con un imperio capaz de hacer contrapeso no sólo a los españoles, sino también al poder de los ingleses, unos aliados valiosísimos en tiempos de guerra pero incómodos en tiempos de paz. Su intención era forjar una alianza con Austria, la potencia más poderosa e influyente del continente europeo, centro de la Santa Alianza de monarcas europeos. El emperador Francisco II tenía tres hijas casaderas. Don Juan, cuya corona representaba el imperio más rico de la tierra —aunque sólo en potencia—, estaba dispuesto a apostar fuerte para conseguir una de aquellas joyas. Aparte de las razones estratégicas y políticas, albergaba razones personales:

—Prefiero cualquiera de las tres hijas del emperador a todas las demás —le confesó al marqués de Marialva, diplomático encargado de negociar el matrimonio de Pedro—. Las prefiero por el carácter superior de Francisco, y por lo que sé de la buena educación de esas princesas. Una Habsburgo puede aportar a mi hijo un amplio abanico de idiomas, de conocimientos de las artes y las ciencias que tanto necesita...

El problema es que una de ellas estaba a punto de contraer matrimonio con un príncipe italiano, le informó el marqués, un hombre alto y de distinguida presencia, impecablemente vestido, que hablaba con la seguridad que le daba su alto linaje, su experiencia de diplomático y su gran fortuna personal. Otra, la más joven, había que descartarla porque aún no había alcanzado la pubertad. Quedaba la tercera archiduquesa, prometida a un príncipe alemán de bajo rango, un sobrino del rey de Sajonia. Se llamaba Leopoldina.

—Pues a por ella...

De modo que se decidió que el marqués marchase a Austria, uno de los países más cultos e ilustrados de la época, donde un músico llamado Beethoven estaba componiendo sus grandes sinfonías, para convencer al emperador Francisco de que el Reino Unido de Portugal y Brasil excedía en riqueza, poder potencial e importancia estratégica al reino de Sajonia. Si lo conseguía, le tocaba después negociar un contrato matrimonial con la archiduquesa.

—Habrá que echar toda la carne en el asador —apuntó el marqués.

—Gastad lo que sea necesario para causar buena impresión. —Era una recomendación sorprendente viniendo de don Juan, un monarca que vestía ropa remendada y era conocido por ser parco en sus gastos personales—. Tenéis que proclamar la leyenda de las riquezas de Brasil. Hay que aprovechar esta oportunidad para convencer a Europa de que Portugal ha resucitado en el Nuevo Mundo.

Don Juan quería que Europa entera se pasmase ante el vasto territorio en el que se había refugiado hacía diez años cuando, humillado por no poder defenderse por cuenta propia, había tenido que huir ante el avance de las fuerzas de

Napoleón, aliadas entonces con el rey de España. Desterrado de su propia capital, Lisboa, exiliado en tierras lejanas, oprimido por vecinos y aliados más poderosos, quería ahora conjurar aquella imagen de derrotado. Si para lograrlo era necesario vaciar las arcas públicas, estaba dispuesto a hacerlo. Por lo pronto, autorizó al marqués a sacar del tesoro las sumas necesarias al buen fin de la empresa, incluyendo reservas de diamantes y barras de oro. También confiaba en las listas voluntarias de donaciones que los ricos criollos se disponían a suscribir a cambio de favores, privilegios y honores.

La llegada oficial del marqués de Marialva a Viena con una «comitiva digna de un sultán y la pompa del Santo Padre» fue como la visita de un príncipe oriental de las Mil y Una Noches. Los vieneses que ocuparon los balcones y salieron a la calle para ver pasar la majestuosa procesión la recordarían durante generaciones. El emperador y la emperatriz de Austria, acompañados de otros miembros de la familia imperial, se desplazaron hasta la casa de un conde cercana a la puerta de Carintia para no perderse un solo detalle. De los cuarenta y un carruajes, veinticuatro habían sido especialmente construidos por el marqués de Marialva para la ocasión. Abría el cortejo un grupo de alabarderos a caballo, seguido de los carruajes de los ministros, consejeros de Estado, hidalgos de palacio; cada vehículo estaba tirado por seis caballos atendidos por cocheros vestidos de uniforme rojo y plata. Al final hizo su entrada el embajador marqués de Marialva, precedido y acompañado por un deslumbrante despliegue de criados y pajes, palafreneros, mensajeros de la corte, guardarropas y funcionarios de la Casa Real, algunos en monturas lujosamente enjaezadas con el escudo de armas de la casa de Braganza bordado en hilo de oro. *«Nunca ha recibido Viena una embajada tan suntuosa»*, escribió en un informe a don Juan esa misma noche, con la certeza de que el monumental farol de la monarquía portuguesa acabaría funcionando.

## 7

Esa visita a Viena era el colofón de una frenética actividad diplomática que había empezado dos meses antes. Primero, un diplomático portugués de la confianza del marqués había allanado el camino con el poderoso ministro Metternich, convenciéndole de la idoneidad de cambiar el príncipe de Sajonia por don Pedro como posible marido de Leopoldina. No fue difícil persuadir al pragmático Metternich. Como el emperador insistía en que su hija debía ser quien finalmente decidiese la elección de su marido, le tocó al marqués, en su primera visita a Viena, convencer a Leopoldina de la conveniencia de una boda con Pedro. Para crear un ambiente propicio a su argumentación, Marialva se había preocupado de distribuir entre funcionarios de la corte austriaca, del más bajo al más alto nivel, collares de oro, cajitas de tabaco incrustadas de piedras preciosas, pendientes de diamantes para las esposas, medallones de plata finamente labrados, relojes, etc. A los personajes relevantes que preferían obsequios menos vistosos les regaló, simple y llanamente, lingotes de metales preciosos. Con esa evidencia, sobraba alardear de las riquezas de Brasil y de su monarquía.

Luego llegó la prueba de fuego: la archiduquesa. El marqués se encontró frente a una chica rubia de diecinueve años, con ojos azules, tez muy pálida, de constitución fuerte sin ser gruesa, con labios carnosos, mejillas rosadas y un cuello más bien ancho. No le pareció guapa, pero tampoco fea. Se la veía muy educada y culta. Estaba rodeada de mapas de Brasil, de una edición de los viajes de Alexander von Humboldt sobre su expedición por el Amazonas y de libros sobre la historia de Portugal, lo que suponía un excelente presagio. La joven sudaba por la emoción, pero poco a poco consiguió vencer su timidez. Le confesó al marqués su amor por la naturaleza y, para apoyar sus palabras, le mostró entusiasmada sus colecciones de plantas, de flores, de minerales y de conchas.

—Coleccionar es una manía que he heredado de mi padre —dijo ella como disculpándose.

El marqués, hábilmente, barría para casa.

—Archiduquesa, si lo que os gusta es la naturaleza, como me confesáis, debéis saber que Río de Janeiro y Brasil entero son un paraíso en el que abunda todo lo que la vida animal tiene de delicado y bravío, del colibrí al jaguar. Hay ríos que parecen lagos, lagos que parecen mares y cascadas que rugen, y una luz tropical que deslumbra...

—Lo he oído y lo he leído, señor, y he de confesarle que siempre he sentido grandes deseos de ver el continente americano. Es un sueño que acaricio desde niña.

Las palabras «América» y «Brasil» irradiaban en aquella época un extraño y curioso encanto para todos los europeos. Aún más para alguien, como Leopoldina, apasionada por las ciencias naturales y por la lectura de libros de viaje. El marqués le entregó un retrato de don Pedro, hecho al carboncillo, diciendo:

—Su alteza es un hombre valiente, un gran jinete, un consumado músico, un hombre generoso y justo, y de buen ver, como podéis apreciar...

La archiduquesa miraba el retrato embelesada y con una sonrisa cándida. ¡Qué guapo le pareció! «Un físico así sólo podía ser el reflejo de una alma aún más bella», pensó la joven.

—¿Piensa su señoría que mi aspecto físico será del agrado de su serenísima alteza?

—Estoy convencido de ello, archiduquesa. En Brasil, todas las damas tienen el cabello negro. El contraste con vuestra apariencia será muy interesante.

Leopoldina sonrió levemente; le había gustado la respuesta del marqués. En seguida cambió de tema:

—¿Cuáles son los estudios a los que su alteza serenísima, el príncipe don Pedro, es más aficionado? —se atrevió a preguntar, sin dejar de mirar el retrato.

Algo apurado, el marqués tosió y luego cruzó las piernas. No era una pregunta fácil de contestar. Sin embargo, no dudó en aprovecharse de la ingenuidad de la princesa:

—Su alteza real es un estudiante muy aplicado en todas las materias que un príncipe debe dominar, incluidos los idiomas... No habla francés como vos, pero se defiende bien

—añadió impertérrito, para luego mentir aún más descaradamente—. Me alegra deciros que siente una gran inclinación por las mismas ciencias, incluida la mineralogía y la botánica, que la serenísima señora archiduquesa...

«*Aquellas palabras le agradaron mucho* —contaba en su informe el marqués— *y me dijo que esperaba poder ofrecer a su alteza una muy preciosa colección de minerales de Europa...*» En el mismo informe que mandó a Río de Janeiro, junto a un retrato al óleo que debía entregarse a don Pedro, el marqués de Marialva resaltó las admirables cualidades intelectuales y científicas de la archiduquesa, sus logros artísticos, su bondad natural, su afabilidad y distinción, pero apenas mencionó sus atributos físicos. Sólo apuntó que era «*de agradable presencia, color de carne admirable, mucha frescura, todas las indicaciones de una salud próspera*». En su segunda visita a la archiduquesa, unas semanas más tarde, el sibilino marqués escuchó por fin las palabras que tanto deseaba oír:

—Siendo la voluntad de mi padre la norma de mi conducta, señor, tengo la convicción de que el cielo me protegerá y me hará encontrar la felicidad en esta unión.

Aquello era un bálsamo para los oídos de Marialva. La fortuna que había gastado, muy por encima de las posibilidades reales de la monarquía portuguesa, estaba a punto de resultar una inversión provechosa. Por primera vez en la historia de los pueblos, una princesa europea se decidía a cruzar el océano Atlántico para residir en el Nuevo Mundo, que en aquel entonces estaba a una distancia de ochenta o noventa días de viaje. El obstáculo que faltaba por sortear era el miedo del propio emperador a enviar a su hija a un lugar tan lejano y desconocido, donde estaría amenazada por el clima tropical, y quizá por enfermedades desconocidas. Sin embargo, don Juan y Marialva habían previsto esa objeción y en las instrucciones dadas a sus diplomáticos especificaban que la princesa «*regresaría a Europa después de que la corona consiguiese preservar el reino de Brasil del contagioso espíritu revolucionario que asolaba a las colonias españolas*». Fijaron arbitrariamente un plazo de dos años. Una vez transcurrido ese tiempo, Leopoldina estaría de regreso en Europa. Era un subterfugio plausible, sólo destinado a tranquilizar a la familia de la archiduquesa, pero sin ningún fundamento real. Cuando se divulgó en Viena la noticia del compromiso nupcial, todo el mundo lamentó la suerte de la joven princesa, condenada a semejante separación de la familia y de la patria por razones de Estado. Pero ella estaba encantada con la idea de irse a América, y luchó con ahínco contra las fuerzas ocultas que se preparaban para sabotear esa unión.

8

Leopoldina había sido educada para asumir que el papel de las princesas era el de servir de ficha en el ajedrez de la política internacional. Siempre fue consciente de que su destino era el de obedecer a un ideal superior, la causa monárquica. El ejemplo de su hermana María Luisa, que había sido obligada a casarse con Napoleón, el gran enemigo de su familia y del Imperio austriaco, había llevado al paroxismo el concepto de las nupcias reales. Unos años antes, Napoleón, que se había divorciado de Josefina porque quería un heredero, había obligado a un derrotado y arrinconado Francisco II a darle una de sus hijas. El austriaco había tenido que ceder. Aquella humillación había marcado a Leopoldina. Pensar que la hermana que tanto quería debía convivir con el hombre que habían aprendido a odiar desde pequeñas, fue vivido como una tragedia. Las hermanas se mantuvieron muy unidas hasta que acabó la guerra, cuando María Luisa abandonó por fin a Napoleón.

Leopoldina veía su boda como algo útil e importante porque era el símbolo de una unión entre Europa y el Nuevo Mundo. Y porque no era impuesta como lo había sido la de su hermana: había podido negarse. Sin embargo, una vez hubo tomado la decisión y aunque el casamiento debía concebirse como un acto político, y no sentimental como en las familias burguesas, la archiduquesa se fue dejando llevar por la ensoñación. Veía que aquella oportunidad que le brindaba la vida tenía sentido porque siempre había querido conocer América, y porque tenía sentido que alguien apasionado por las

45

ciencias naturales acabase en el selvático y agreste Brasil. Como era muy religiosa, vio en ello la mano del Todopoderoso: *«Estoy convencida de que la providencia dirige de manera especial la suerte de nosotras las princesas y que someterse a la voluntad de los padres significa obedecer a Su voluntad»*, escribió a su tía María Amelia de Orleans.

Mientras los diplomáticos preparaban el acuerdo y las formalidades del contrato nupcial, la joven archiduquesa se inició en los rudimentos de la lengua portuguesa, que le parecía muy difícil de pronunciar, y a cultivar sus dotes musicales, porque sabía que eso agradaría a su familia política. Su preparación no se limitaba a asuntos intelectuales; también había sido educada para su nuevo estado de «mujer casada». Leía libros sobre la educación de los niños, consultaba con su hermana y sus amigas sobre las dudas que la asaltaban, hacía esfuerzos para tornarse *«más amable y comunicativa pues en el futuro no podré vivir como una ermitaña y la corriente del mundo me arrastrará»*, etcétera. Siempre le recomendaban que procurase cumplir todos los deseos de su marido, incluidos los más nimios, y conseguir la confianza de Juan VI, su suegro. Su futuro marido... No lo conocía y ya soñaba con él. No lo había visto nunca, y ya quería estar en sus brazos. No sabía quién era, y ya lo idealizaba. Joven e inocente, estaba enamorada del amor.

Al día siguiente de la entrada triunfal del marqués de Marialva en Viena tuvo lugar la ceremonia oficial de pedida en el palacio imperial. El diplomático subió la escalinata que conducía a los salones entre largas filas de guardias imperiales. Arriba, fue recibido por un grupo de aristócratas húngaros y austriacos. Todos los ministros y consejeros de Estado, los altos funcionarios de la corona, los príncipes y gran parte de la nobleza pasaron a la sala de los caballeros, donde un edecán acompañó al embajador hasta la sala del trono. Allí, bajo un dosel, esperaba Francisco II, vestido de uniforme de mariscal de campo. Después de los saludos protocolarios, Marialva leyó un discurso y el emperador le respondió con otras palabras que ensalzaban esa unión entre dos continentes, dos imperios, dos personas de «grandes cualidades». Al final hizo su aparición Leopoldina, vestida de blanco, con el pelo recogido en un moño, luciendo un maravilloso collar de perlas y una tiara de diamantes. Parecía una muñeca de porcelana, tan frágil, tan nerviosa, tan cándida. Le temblaban las manos y se trabó un poco al hablar antes de confirmar de viva voz el consentimiento dado por su padre. Como aquel día coincidía con el del cumpleaños del emperador, Marialva aprovechó la ocasión para entregar las condecoraciones y las insignias de órdenes militares que le había encomendado don Juan.

Sin embargo, el regalo más apreciado fue el que recibió la propia novia, su regalo de pedida, un retrato de don Pedro en forma de medallón rodeado de gruesos brillantes de altísima calidad. «Sólo en las fabulosas crónicas orientales se puede encontrar la descripción de algún objeto análogo que le fuese comparable», comentó el propio Metternich. «Jamás se han visto aquí piedras tan grandes», dijo la ayuda de cámara de la princesa.

A Leopoldina, mucho más que los diamantes y el medallón, le entusiasmó el propio retrato del novio, que apretó fuertemente contra el pecho: «*Acabo de recibir el retrato de mi muy amado Pedro* —escribió a su hermana María Luisa—. *No es extraordinariamente bello, como ya te dije, pero posee ojos magníficos y una nariz bonita... Su fisonomía expresa mucha bondad y carácter; todo el mundo afirma que es buena persona, amado por el pueblo y muy aplicado...*» Leopoldina había decidido enamorarse; el proceso era imparable y la engullía como si estuviese empantanada en sus propias arenas movedizas. Unos días más tarde, el amor le nublaba ya completamente el sentido crítico: «*El medallón del príncipe con su retrato casi me enloquece, no me canso de contemplarlo el día entero. Es tan bello como Adonis. Te lo aseguro, le amo.*» Su hermana quiso atemperar tanto ardor: «*Sólo puedo aprobar el paso que has dado; el mayor sosiego es hacer lo que pueda ser útil a tu padre y al bien del Estado, pero te ruego, en nombre de nuestro amor de hermanas, que no imagines el futuro demasiado bello...*» Vano consejo. La imaginación romántica de Leopoldina se había disparado, alimentada por todo lo que le habían contado los diplomáticos portugueses sobre Brasil y la familia real, y por el fasto que habían desplegado para que, precisamente, se forjase una ilusión favorable de su futuro.

Pero de pronto, el castillo de naipes se vio sacudido por unas revelaciones que casi lo derriban. Poco antes de la fecha fijada para la boda por poderes, un médico prusiano a quien el emperador Francisco II había solicitado información sobre las cualidades y el estado de salud del pretendiente, regresó de su viaje a Brasil con noticias desalentadoras. Vino diciendo que el príncipe era epiléptico y amoral: «Lo único que de verdad le interesa es el acto natural del sexo», declaró. Una bomba en la corte de Viena no hubiera causado mayor estruendo. Los cimientos de aquella operación matrimonial se resquebrajaron y más de uno pensó que el casamiento no se realizaría. La capital austriaca se convirtió en un hervidero de rumores.

El emperador convocó a sus consejeros para ver cómo podían abortar una unión tan poco conveniente, que podría abocar al sacrificio de una princesa. Para los diplomáticos portugueses y para el propio Metternich, la situación era muy violenta, teniendo en cuenta que las negociaciones estaban zanjadas y la fecha de la boda, fijada. Marialva intervino para admitir que el príncipe había padecido algún brote de epilepsia, aunque muy ligero y transitorio, tan anodino que no había merecido la pena ni mencionarlo. Pero rechazó con vehemencia las acusaciones de amoralidad. Según Marialva, el único defecto del príncipe era su juventud, y eso explicaba su fogosidad. ¿Merecía ser condenado por ello? Francamente, le parecía injusto. Aquella acusación de amoralidad sólo podía proceder de los enemigos de Portugal, y de los Borbones en particular, que pretendían frustrar el proyectado enlace. La más ardiente defensora de don Pedro fue Leopoldina, que no estaba dispuesta a dejarse arrebatar la felicidad que sentía al alcance de la mano. Se dedicó a repeler todas las insinuaciones «pérfidas e insidiosas» que buscaban arruinar el enlace. Escribió a su padre, afirmando que sólo había recibido «elogios y alabanzas» del «excelente carácter» de don Pedro por medio de su tía María Amelia, que a su vez había recibido esas informaciones del duque de Luxemburgo, a la sazón embajador francés en Río de Janeiro. ¿Dudaría el emperador de las palabras del embajador? Viena estaba invadida de tantos rumores que era imposible creérselos todos. ¿También había que creer que don Pedro era negroide, bajo de estatura y jorobado, como aseguraba uno de los cotilleos? Poco a poco, convenció a su padre de que no había que ceder ante las conspiraciones de los mensajeros británicos y de los ministros de la casa de Borbón contra su enlace. El emperador reconsideró su decisión, aconsejado por Metternich que miraba sobre todo el interés del Estado y que consideraba esas habladurías nimiedades en comparación con lo que estaba en juego. El interés de la dinastía y del imperio no podían sacrificarse por las palabras de un médico prusiano que quizá había sido manipulado por intereses enemigos... ¿Quién podía saberlo a ciencia cierta?

Al final, y para tranquilidad del emperador, se descubrió que parte de los rumores venían del mismo Río de Janeiro, y que tenían su origen en la madre del propio Pedro, Carlota Joaquina, quien al fracasar en su intento previo de salir de Brasil, lo había vuelto a intentar. «Procura conseguir la confianza del rey y evitar a tu suegra», recomendó el emperador a su hija, orgulloso de comprobar cómo, a sus diecinueve años, había respondido con coraje y decisión a todas las intrigas.

Carlota había escrito a su hermano en España, el rey Fernando VII, pidiéndole que interviniese ante Francisco II para que éste no diese su consentimiento a la boda antes de que la familia real portuguesa regresase a Lisboa. Se lo pedía en su doble condición de hermana y suegra, ya que su hija Isabel de Braganza iba a casarse con él. Estaba segura de que su estratagema podía funcionar porque imaginaba que el emperador de Austria preferiría tener a su hija en Lisboa en vez de en Río de Janeiro. Pero el ardid de doña Carlota se le volvió en contra porque su hermano no intervino, y a la vez terminó de convencer a los que pensaban que los rumores eran producto de sus manipulaciones.

La suya había sido una torpeza de mujer desesperada. El día de la partida de sus dos hijas mayores a España, Carlota quiso acompañarlas y permaneció a bordo del *Sebastião* todo lo que pudo, hasta dejar atrás el Pan de Azúcar. Agarrada a la borda, cerró los ojos: por un momento se encontraba donde siempre había querido estar desde que había llegado a Río, en la cubierta de un barco que la devolvía a Europa. Pero la ensoñación duró poco. Un bergantín abordó el buque. Venían a recogerla. Carlota se despidió de su hija Isabel, la que iba a casarse con su hermano Fernando, y de paso convertirse en lo que Carlota siempre soñó ser, en reina de España. La boda de su otra hija, María Teresa, sería con su primo Gabriel de Borbón. Con el corazón herido, Carlota desembarcó en Praia Vermelha y permaneció largo tiempo sentada en la arena, viendo cómo el barco desaparecía en el horizonte, llevándose sus mejores sueños y dejándola un poco más sola.

9

Mientras tanto, en Viena, se acercaba el día del casamiento por poderes. El acto religioso, que fue precedido por la renuncia de Leopoldina a la nacionalidad austriaca, fue fijado para el 13 de mayo, día del cumpleaños de don Juan. La archiduquesa, que era supersticiosa, consideró que era un día aciago, y rogó a Marialva que lo pospusiese. Su madre había fallecido un día 13 y también otro 13 Austria había perdido una gran batalla... Quizá no fuese la superstición lo que empujase a Leopoldina a pedir la elección de otra fecha, sino algún inexplicable presentimiento: «*No podéis imaginar* —escribió a su hermana— *cuántas ideas y sentimientos pasan por mi cabeza, dividida entre la alegría de mi enlace tan feliz y el dolor de la separación de todo lo que me es querido.*» Se debatía en un conflicto de emociones: «*Estoy llena de angustias, pero no desanimada, porque confío en la Divina Providencia que sin duda me dejará ser feliz, pues en caso contrario no habría recibido este destino.*» Marialva no pudo satisfacerla y el 13 de mayo de 1817 tuvo lugar en la Capilla Imperial del palacio de Viena el casamiento por poderes de la archiduquesa Leopoldina con don Pedro, príncipe heredero del Reino Unido de Portugal, Brasil y Algarve, representado por el archiduque Carlos, hermano del emperador y primer vencedor militar de Napoleón. La suerte estaba echada, ya no había vuelta atrás. Para Leopoldina daba comienzo el viaje de su vida.

Marialva, empeñado en celebrar la boda con mayor pompa y esplendor que nunca, había ordenado construir un palacio de verano en la finca imperial de Augarten con capacidad para entretener a dos mil personas. Los cuarenta platos del convite fueron servidos en bandejas y cubertería de plata sobre vajilla de la porcelana más fina. En la mesa de honor, excepto la cristalería de Bohemia, todo era de oro macizo: los cuchillos, los tenedores y los platos. Marialva observaba triunfalmente el asombro de sus invitados. Había conseguido emular el esplendor de las recepciones de los emperadores mogoles de la India que conocía por haber leído las crónicas de los primeros viajeros portugueses. El ufano marqués estaba henchido de orgullo: había realizado espléndidamente la tarea que le había sido encomendada por su rey.

Leopoldina se mostraba feliz, disimulaba sus dudas y sus miedos:

—No os preocupéis por el largo viaje —les decía a sus amigos—. Para mí no existe mayor placer en este mundo que ir a América.

A su hermana le escribió esos días lo siguiente: *«Sí, tengo valor, pues sería inútil tener miedo. El viaje no me asusta, creo que está predestinado.»* Su profunda fe en Dios explicaba que una joven como ella no tuviese miedo de enfrentar los peligros de un viaje tan largo a una colonia tan extraña y agreste como lo era Brasil en comparación con Europa en aquella época, dejando atrás todo lo que conocía y amaba, sus parientes, sus amigos, su confort, sus costumbres, su mundo. Leopoldina era profundamente devota y piadosa, pero no expresaba sus verdaderos sentimientos religiosos a casi nadie, excepto a sus amigas más íntimas y a sus hermanas. Durante su noviazgo se había dedicado a escribir en un cuadernillo forrado de seda verde una especie de diario religioso que llevaba el título de *Mis resoluciones – Viena 1817.* En el primer capítulo se comprometía a levantarse y acostarse *«siempre a la misma hora, evitando el exceso de sensualidad durante el reposo».* Los viernes y sábados prometía hacer algunas pequeñas mortificaciones, como *«prohibirme comer algún plato en el almuerzo, o esquivar alguna actividad divertida, pero todo eso sin que nadie lo note».* Más adelante, se comprometía a repartir el mayor número de limosnas posible, *«evitando gastar en todo lo fútil para poder auxiliar a un mayor número de desgraciados»*. Por formación y por carácter, era lo más opuesto a su marido que pudiera imaginarse: *«Mi corazón estará eternamente cerrado al espíritu perverso del mundo. También estarán lejos de mí el lujo nocivo, los ornamentos indecentes, las frivolidades y las* toilettes *escandalosas... Guardaré inviolablemente la fidelidad debida a mi marido y evitaré toda familiaridad con personas de otro sexo.»*

Así era la esposa que embarcó el 15 de agosto de 1817 a bordo del *Dom João VI*, un setenta y cuatro cañones de los cuales se habían sacado sesenta para hacer sitio y dar cabida a un nutrido séquito compuesto por damas de compañía, mayordomo, seis aristócratas húngaros, seis guardias austriacos, un bibliotecario, un consejero religioso y un capellán. Sus eminencias fueron recibidas por la tripulación en fila, y los marineros lucían uniformes de gala de terciopelo rojo y lanzaban vivas a la hija del emperador. Una orquesta encargada de distraerla durante la travesía y formada por dieciséis músicos ensayaba en cubierta mientras eran estibadas en la bodega cuarenta y dos cajas, de la altura de un hombre cada una, que contenían, aparte de su ajuar, su biblioteca, sus colecciones y regalos para su familia política. Para una joven que nunca había conocido otro ambiente que no fuese el de su familia, la despedida fue dura. En aquel momento, su entusiasmo romántico por el Nuevo Mundo y el amor que sentía hacia su marido desconocido fueron remplazados por el desgarro que suponía separarse de sus padres, de sus amigos, de los paisajes de castillos, verdes prados y montañas nevadas que la habían acompañado desde su más tierna infancia. A su llegada a Livorno de noche, vio el mar por primera vez. Luego descubrió los navíos iluminados, como dos flamantes colosos, reflejándose en las aguas tranquilas de la bahía. Se puso a temblar de emoción.

Sin embargo, no iba sola; en otro barco, el *Austria*, viajaba un grupo de científicos, protagonistas de la que se convertiría en la más famosa expedición científica de la época, encabezada por el botánico bávaro Von Martius, de veintitrés años, su colega Von Spix, un experto en mineralogía, un zoólogo, un entomólogo, y varios artistas, incluido el pintor Thomas Ender. La boda de Leopoldina sirvió de pretexto para que se iniciase una de las mayores aventuras científicas del siglo XIX, durante la cual los expedicionarios recorrerían más de diez mil kilómetros por el interior de Brasil, descubriendo tribus, catalogando especies desconocidas de animales y plantas, trazando mapas y describiendo minerales. Don Juan podía estar contento: su nuera no sólo aportaba el prestigio de su dinastía, sino también la cultura de Europa al corazón mismo de Sudamérica.

Cuando se levantó viento y llegó el momento de zarpar, el ancla quedó enrocada en el fondo, y los marineros tuvieron que efectuar difíciles maniobras para izarla, con un mar cada vez más encabritado. Al sacarla, vieron que venía enganchada a una ancla de piedra del tiempo de los etruscos. Como eran supersticiosos, interpretaron aquel percance como un mal presagio.


## 10


«¡Jodido hijo de su madre!», clamaba Carlota Joaquina refiriéndose a su hijo mientras se acicalaba para ir a San Cristóbal. Vivía lejos, a unos veinte kilómetros, en un lugar muy distinto a la finca de su marido, con otro tipo de encanto. Era una mansión tropical ubicada al borde de la playa de Botafogo. A Carlota le gustaba oír el oleaje desde su dormitorio; decía que la cercanía del mar le era saludable. Vivía con sus tres hijas pequeñas, y parte del tiempo con su hijo Miguel, el gamberro mayor del reino, que aunque oficialmente residía con su padre y su hermano en San Cristóbal, pasaba largas temporadas con ella. «Está muy enmadrado», comentaban los criados.

Salió muy maquillada para disimular el constante enrojecimiento de su nariz. Tenía el pelo rizado y ralo, el rostro afilado, y lucía una piel áspera por las cicatrices de viruela. Nunca le apetecía ver a su marido, pero esta vez era una necesidad. El problema era grave. Acababa de enterarse a través de una de sus peluqueras de que Pedro había dejado embarazada a la bailarina francesa, «esa puta», como la llamaba. Aparte de deslenguada, era dura y porfiada. Que no hubiera conseguido utilizar el pretexto de la boda para forzar el regreso de la familia a Portugal no significaba que estuviera en contra del enlace. Al contrario, era perfectamente consciente de que esa unión era un negocio buenísimo, y no estaba dispuesta a renunciar a que su hijo se convirtiese en yerno del emperador Francisco II en un momento en que, derrotado el imperio napoleónico, la Santa Alianza irrumpía como una gran potencia. Aquella boda no sólo representaba una oportunidad para enriquecer a su hijo, sino que esperaba que la influencia austriaca le amansara. Además, aquella unión traería algo de civilización a Brasil y acercaría al país a aquella Europa que tanto añoraba. Aunque siempre había despreciado Portugal, ese país pequeño y atrasado que, bajo la batuta de su marido, no había conseguido unirse con España, lo prefería mil veces a Brasil, «país de negros y piojos», como lo llamaba.

—¡Decidle al cochero que a San Cristóbal! —gritó a su criado mientras subía por una escalerilla especial que, al ser tan pequeña, necesitaba para subir a los carruajes.

No entendía por qué su hijo se rebelaba contra la anunciada boda. «Que tenga a esa puta francesa de amante, pero que se case con la austriaca, coño, lo uno no quita lo otro», le soltaba a su secretario. «¿No me casaron a mí cuando todavía era niña? Se suponía que mi boda debía servir para estrechar los vínculos entre países vecinos, y mira, ¡yo encerrada en Brasil, Portugal bajo la bota de los franceses y el Imperio español descoyuntándose!»

En la época en que fue decidida la boda de la infanta Carlota, los Borbones y los Braganza buscaban fortalecer la península Ibérica, amenazada por las rivalidades entre las grandes potencias de la época, Francia y Gran Bretaña. Su boda la habían urdido su abuelo, el rey de España Carlos III, y María I de Portugal, la reina loca que acababa de morir. Carlota siempre estuvo resentida por el hecho de que ni su padre ni su madre pareciesen afectados por perder tan pronto a su hija. Le costó entender que era ley de vida: los hijos de la realeza rara vez

54

tenían padres que les prestasen atención. Las princesas se casaban por deber, y punto. En sí mismo, aquello ya era considerado un gran honor. Sin embargo, la indiferencia de sus padres ante sus sentimientos de niña le dejó una llaga en el alma.

«Nunca..., nunca olvides que eres una Borbón», le había dicho su abuelo al despedirse bajo el porche del palacio de Aranjuez, un día soleado de primavera cuando Carlota Joaquina marchaba para Portugal a encontrarse con un marido que no conocía. Acababa de cumplir diez años. El monarca la miró directamente a los ojos como si quisiese subrayar la importancia de su último consejo y la apretó fuertemente contra su pecho. Nunca más volvería la niña a ese lugar, ni volvería a ver esa figura seria y austera que encarnaba la grandiosidad de un imperio a punto de extinguirse, y la nostalgia iba a carcomerle el corazón. Tampoco nunca olvidaría las palabras de su abuelo, al que adoraba. Toda su vida les fue fiel, aunque para ello tuvo que conspirar contra su marido, su familia política, su país de adopción. Hasta intentó usurpar el trono de su esposo para que los Borbones reinasen sobre la Península entera. Cuando Napoleón colocó a su hermano Fernando como rey, ella puso sus ojos sobre el trono de España. Luego quiso ser virreina de La Plata. Seguía elucubrando planes grandiosos para encontrar su lugar en un mundo que se desmoronaba.

—¡Ésos! —gritaba desde el interior de su carruaje a sus guardias de corps, que la escoltaban a caballo e iban siempre con el sable desenvainado—. ¡Me están faltando el respeto!

A su paso, todos los transeúntes debían apearse de sus monturas y, sombrero en mano, arrodillarse con una reverente inclinación. Los que se negaban eran amenazados por los escoltas de la reina, con el sable o con el látigo. En sus paseos diarios, obligaba hasta a los diplomáticos extranjeros y a los comandantes de los navíos de guerra a apearse de sus carruajes, lo que provocaba incidentes desagradables. El propio lord Strangford, el altivo embajador de Gran Bretaña, había recibido en 1814 varios latigazos por no estar de acuerdo con aquel protocolo que le parecía servil y anticuado. Con quien no pudo Carlota fue con el embajador de Estados Unidos,

Thomas Sumter, que en una ocasión fue insultado por uno de sus escoltas por no arrodillarse. Sólo se había quitado el sombrero. El americano, hijo de un héroe de la revolución contra Gran Bretaña, se encaró y mandó decirle que a partir de ese momento se defendería pistola en mano, y de hecho, en dos ocasiones más, obligó a los esbirros de Carlota a retroceder. Poco más tarde, la esposa de Sumter fue alcanzada por una pedrada que le causó una grave herida en el rostro; nunca se descubrió al autor, pero en Río todos sospechaban que doña Carlota había estado detrás del atentado. Sí, era vengativa y también peligrosa.

A pesar de todo esto, hubiera podido ganarse la simpatía de la gente si no hubiera sido por su desmedida soberbia. Su poco agraciado aspecto físico contrastaba con su altivez imperial. Apenas medía metro y medio, pero tenía una idea muy alta de sí misma: al fin y al cabo, sin contar con su herencia española, era tetranieta de Luis XIV, el rey sol, y tataranieta de Luis XV, los reyes más carismáticos de toda la historia de Francia. Esa sangre azul que hervía en sus venas le hacía menospreciar las ideas avanzadas que recorrían Europa y todo lo que tuviera que ver con el pequeño país donde le había tocado vivir nada más casarse, incluido su marido. ¿Qué eran los Braganza comparados con los Borbones? Unos advenedizos, meros nobles de provincia, según ella.


11


Don Juan estaba supervisando la construcción de un nuevo aviario en su pequeño Versalles tropical cuando le anunciaron la llegada de su esposa. Aquello no era una buena noticia. ¿Qué estaría tramando ahora? Carlota siempre había sido muy hábil a la hora de desenvolverse en el laberinto cortesano. Dominaba el arte de la intriga, que utilizaba para sus propios designios políticos. Don Juan se había resignado a la idea de que no cambiaría nunca. De niña, ya era experta en manipular a los mayores que la rodeaban para hacer siempre su santa voluntad.

Don Juan sabía que su mujer era capaz de cualquier cosa con tal de volver a Portugal cuanto antes, que no soportaba el clima tropical que, según decía ella, la estaba matando. Sabía que la reina unía su voz a muchas otras voces que desde Portugal reclamaban el regreso de la familia real a Lisboa. Desde la derrota de Napoleón, los portugueses no entendían por qué razón su país había de asumir el humillante papel de haberse convertido en colonia de su antigua colonia americana. De manera que llegaban mensajes y peticiones a Río de Janeiro para que don Juan regresase con la familia, y con ello devolviese el centro de gravedad del Imperio lusitano de nuevo a su antigua capital, Lisboa.

Lo que sucedía era que don Juan estaba muy a gusto en Brasil, consolidando su monarquía, y se negaba perentoriamente a volver, y aquello desesperaba a Carlota. Aquí era amado y respetado como nunca lo había sido antes, no tenía fronteras que defender y era el líder indiscutible de un mundo totalmente nuevo. Portugal le recordaba los años angustiosos en los que vivió presionado por Napoleón, ninguneado y agredido por su suegro Carlos IV y su cuñado el príncipe de Asturias (futuro Fernando VII), humillado por las exigencias de los ingleses y por las traiciones de su mujer y afligido por la inexorable decadencia de su madre. Fueron años de tormento y congoja.

Sin embargo, era más inteligente de lo que parecía y por eso confundía a los que le trataban, siempre dispuestos a equiparar su capacidad mental con su lamentable aspecto externo. Incluida su mujer. Al final, había salido victorioso tomando la decisión más difícil de su vida, la de desplazarse a Brasil con toda la corte. Por primera vez en la historia, un monarca europeo se había mudado a sus colonias, y con él, toda la elite del país, una décima parte de la población. Reacio a tomar decisiones, aquélla, la única importante en su vida, resultó un acierto, ahora que lo veía desde la distancia. Pero en aquel momento se creyó un rey indigno de la confianza que el destino y su nacimiento habían depositado en él, incapaz siquiera de estar a la altura de sus responsabilidades ni de defenderse, un rey a punto de ser barrido por el vendaval de la historia.

Aunque su marcha era un hábil repliegue estratégico, en ese momento y en esas circunstancias era difícil no verlo como una fuga y una deserción, y la reacción del pueblo que no entendía por qué su rey les abandonaba le hizo sufrir y dudar hasta el paroxismo. Cuando su suegro Carlos IV y su cuñado Fernando VII —que tanto le despreciaban— decidieron que la nación española debía continuar su resistencia en América, quisieron huir a México, pero ya era demasiado tarde. Ellos cayeron en las garras del tirano francés. Don Juan no. Había perdido su país —momentáneamente— pero había salvado su imperio. De él, Napoleón diría una frase que pasó a la historia: «Fue el único que me engañó.»

Ahora su país le reclamaba de nuevo, pero él se mantenía firme en su propósito. Decía que sólo volvería cuando las circunstancias lo permitiesen. Se había convertido en un experto en el arte de escabullirse, de decir algo y lo contrario al mismo tiempo, en dilatar eternamente el proceso de toma de decisiones.

Los esposos se tenían una mezcla de miedo mutuo, con un trasfondo de odio profundo y visceral. No vivían juntos desde hacía tiempo, desde que Carlota Joaquina aprovechó una depresión de su marido para intentar provocar un golpe de Estado y asumir la regencia de Portugal. Aquello fue la gota que colmó el vaso, aunque don Juan, que no era de temperamento rencoroso, reaccionó con indulgencia. La posibilidad de un divorcio, impensable en la muy católica familia de los Braganza, ni siquiera se planteó: los intereses y la estabilidad del Estado bien valían las jugarretas de su mujer. De modo que la liberó de toda culpa formal, pero aquello marcó el punto de ruptura definitivo en sus relaciones conyugales. Desde entonces vivieron tan alejados el uno del otro como les fue posible, aunque siempre guardaron las apariencias, *noblesse oblige*. En Río, Carlota solía ir muy pronto por la mañana a oír misa en la capilla de San Cristóbal; en todas las ceremonias oficiales ocupaba el trono a la izquierda del rey, pero rara vez acudía a la cena que reunía en la misma mesa a su marido y a sus hijos. Curiosamente, mantenían el formalismo en la correspondencia que se enviaban y que estaba salpicada de términos afectuosos. Carlota se dirigía a su marido con un *queridinho do meu coração* que no engañaba a nadie, y se despedía con *tu esposa que te ama*. Don Juan, por su parte, lo hacía con un *tu marido que te ama mucho, João*.

Sin embargo, los hechos hablaban por sí solos y esa relación de alejamiento era la comidilla de la sociedad colonial, muy conservadora, que se preguntaba cómo era posible que un matrimonio tan mal avenido hubiera tenido tantos hijos: seis hembras y tres varones. La respuesta era fácil de descubrir: no todos eran de don Juan. Y saltaba a la vista: ¿No había mencionado la mujer del general Junot, cuando éste era embajador de Francia en Lisboa, que «lo gracioso de esta familia es que ninguno de los hijos se parecen entre ellos»? Era de dominio público que Miguel, el hermano más joven de Pedro, era hijo de Carlota con..., unos decían que con el marqués de Marialva, otros con el jardinero jefe de Queluz. El caso es que Miguel creció con el marchamo de ser «el bastardo». De ahí la envidia que sentía por su hermano y el complejo de inferioridad que le corroía por dentro. En el fondo, siempre supo que, hiciese lo que hiciese, Pedro siempre le llevaría ventaja en la vida, excepto en el amor de su madre, al que Miguel se aferraba como auténtica tabla de salvación porque en esa relación privilegiada ganaba a su hermano. Sólo en el amor de su madre. De lo que estaba seguro don Juan es de que no era suyo, porque cuando nació llevaba dos años sin tener relaciones con su mujer. Aun así, siempre lo trató como un hijo más.

A través de la rejilla del aviario, don Juan la vio apearse del carruaje y se puso la mano en la oreja. Siempre que la veía lo hacía. Era un reflejo que venía de antiguo, desde el día en que la conoció, a su llegada a Portugal. Él tenía entonces dieciocho años. Pusilánime, tristón y feo, este hijo de sobrina con tío carnal carecía de los atributos que generalmente las mujeres, sobre todo la suya, solían admirar. Era blando, miedoso, panzudo, con las piernas cortas y gruesas como muchos de los Braganza. Nada de belleza viril, de coraje, de autoridad, de espíritu de decisión. Como le había llegado información sobre la esmerada educación de la niña, sobre su carácter nervioso e inteligente y sus dotes musicales y artísticas porque tocaba el arpa, la guitarra y bailaba danza andaluza, sentía mucha curiosidad por conocerla. *«La señora infanta es alta, con un cuerpo bien proporcionado, sus facciones son perfectas, tiene dientes muy blancos, y como hace poco ha tenido viruela, todavía le quedan algunas marcas en la cara pero afortunadamente éstas están poco a poco desapareciendo...»* Eso decía la carta que le había enviado el diplomático encargado de negociar su boda, y que había avivado su interés.

Pero ¡qué chasco se llevó al verla! Sintió coraje hacia el embajador, «ese mentiroso, como buen diplomático que es», pensó, como también ahora Leopoldina podría sentir inquina hacia el marqués de Marialva cuando conociese a su hijo Pedro. La historia se repetía: distintas familias, mismos engaños. Él se encontró frente a una de las niñas más feas que había visto en su vida. Cojeaba levemente porque tenía un lado de la espalda ligeramente más alto que el otro como consecuencia de un accidente de equitación, y era huesuda y angulosa. Ojos negros y hundidos, labios finos y amoratados, mandíbula afilada e hilera de dientes «desiguales como una flauta de pan» completaban el infausto retrato. Mudo de estupor, Juan tardó en asimilar lo que veía. La niña, que era muy perspicaz, debió de sentir la decepción que había socavado las ilusiones de su cónyuge. El caso es que cuando don Juan, ya recuperado del susto inicial, se acercó por fin a besarla y ella vio ese rostro regordete con doble papada, ojos saltones y un grueso labio inferior brillante de saliva, en lugar de tenderle la mejilla optó por darle un buen mordisco en la oreja. Juan pegó un grito y se llevó la mano a la cabeza. Con los ojos muy abiertos y una mueca de dolor en el rostro la siguió mirando, desconcertado, asustado, preguntándose cómo era posible que aquel sueño tan largamente acariciado se hubiera revelado una violenta pesadilla. El cirujano mayor del reino tuvo que acudir para intervenirle porque no paraba de sangrar. Aquel incidente no podía presagiar una feliz singladura matrimonial, decían los criados. Desde entonces, como vestigio de aquel viejo resquemor, se tocaba la oreja cuando la veía llegar.

Con los años, Carlota no había mejorado ni en su aspecto exterior, ni en su carácter. Sus facciones se habían endurecido, su cojera se había acentuado y tenía la piel más acartonada que nunca. Únicamente los ojos, pequeños y hundidos, mantenían su viveza. En cuanto al carácter, seguía siendo explosiva, ruidosa, proclive a los berrinches y de un orgullo descomunal. Se encontró a su marido rodeado de flamencos, garzas, guacamayas y loros de todos los colores.

—Juan, he venido a hablar de Pedro.

El monarca limpió sus dedos regordetes y grasientos sobre la solapa de su chaqueta raída. Se estaba comiendo con la mano un *galeto*, un pollito pequeño hecho a la brasa, uno de los muchos que engullía al día, y que además tenía la ventaja de caber en el bolsillo de su chaqueta. Cada vez que salía al jardín, se metía varios pollitos en los bolsillos. Chupaba los huesecillos y los escupía mientras escuchaba, bostezando permanentemente, con aire pasivo, la historia de «esa puta francesa» que había robado el corazón de su hijo. Carlota le miraba con una mezcla de asco y desprecio. «Sigue igual, fiel reflejo de su vestimenta», pensó. Don Juan aborrecía la ropa nueva y gastaba la que tenía hasta deshilacharla. No le importaba parecer un pobre hombre, pues sabía que nunca tendría ni la apariencia ni la compostura de un reluciente rey de España o de Francia, de esos que le gustaban a su mujer. Cuando los rotos en las rodillas eran descarados, los criados aprovechaban sus horas de sueño para hacer remiendos directamente sobre la ropa, y tenían mucho cuidado de no pincharle con las agujas al coser.

Aborrecía tomar decisiones, incluida la de ser severo con uno de sus hijos. De joven, las decisiones las habían tomado otros por él. Ni siquiera había tenido que vestirse solo desde que había nacido, ni que limpiarse siendo adulto: cuando salía de paseo y sentía algún retortijón, uno de sus criados desplegaba un inodoro portátil, otro le desabrochaba y le quitaba los calzones, le ayudaba a sentarse, mientras un tercero esperaba, palangana en mano, una señal de su majestad que indicaba el final de la evacuación. Hasta le eligieron esa mujer que le estaba hablando. Por norma, siempre optaba por ignorarla de antemano porque sabía que tenía lealtades distintas a la suya. Hasta con los hijos. Carlota tenía predilección por Miguel, de quien se sentía doblemente protectora quizá porque no era hijo de su marido. Por eso, todo lo que venía de su mujer don Juan lo tomaba con mucha cautela.

Sin embargo, esta vez tuvo que reconocer que el asunto era serio. El monarca frunció el ceño al enterarse de que su hijo había dejado embarazada a la francesa. Leopoldina estaba de camino. La situación era, pues, potencialmente muy peligrosa.

—Eres el rey, Juan. Tienes que expulsar a esa puta francesa de vuelta a su país. Y tienes que hacerlo ya.

Era increíble que, después de tantos años, ella siguiese intentando darle órdenes. Sólo por eso le apetecía hacer lo contrario. Así que ni montó en cólera contra su hijo, como esperaba Carlota, ni pensó tomar ninguna decisión drástica. Ella siguió:

—Tu hijo, como heredero, debe obedecerte y plegarse a las obligaciones de su cargo. Ya no es un niño.

El rey la miró. La historia de la francesita encinta le recordaba a su propia juventud. Él también había conocido el amor. También había dejado a su amante embarazada y también había tenido que renunciar. Pero eso no podía compartirlo con Carlota.

—Primero su majestad hablará con don Pedro —le soltó él, expresándose siempre en tercera persona, lo que exasperaba aún más a su esposa—, y luego veremos qué hacemos.


12


Don Juan entendía perfectamente a su hijo, sobre todo en ese preciso momento. Unas semanas antes de la muerte de su madre, le había llegado la noticia de que el amor de su vida, el único que había tenido, había enfermado en Porto Alegre, una ciudad al sur de Brasil. Era el único secreto en la vida de don Juan, un secreto que mantenía desde hacía muchos años, desde que la conoció allá en Queluz, después del nacimiento de Miguel, cuando se dio cuenta de que su matrimonio estaba abocado al fracaso. Se enamoró de una dama de compañía de su mujer, Eugenia de Meneses. Soltera, de mirada dulce y belleza discreta, había sido testigo privilegiado de la infelicidad de la pareja real.

Gracias a la valiosa colaboración de un sacerdote de la corte y de un médico del ejército, mantuvieron encuentros amorosos, siempre de noche, en una habitación de una ala apartada del palacio de Queluz. Envuelto en sus caricias, Juan se dejó mecer por un bienestar que nunca antes había conocido. Aquella mujer le hacía sentirse como un hombre de verdad, no como Carlota, que le humillaba. Fue por boca de Eugenia por la que don Juan oyó hablar por primera vez de las bondades de Brasil, el país donde ella había nacido y vivido sus primeros y también últimos años. Hasta ese momento siempre había considerado la colonia como un lugar atrasado, como un problema por los disturbios y rebeliones que buscaban la secesión de la metrópoli, más que como un lugar donde la vida podía ser grata y amable.

Aunque su sentimiento de culpa se veía aliviado porque sabía que, en ese mismo momento, Carlota probablemente estaría con uno de sus amantes, aquella relación le torturó porque iba en contra de los fundamentos de su fe católica. Para conjurar su mala conciencia, arrastraba sus pasos hacia la capilla. Arrodillado en su oratorio, entre lágrimas, apelaba a la misericordia del Todopoderoso, y le rogaba que perdonase la fragilidad humana y las tentaciones de la carne que tanto lo atormentaban.

Una noche, Eugenia le confesó que estaba embarazada. Contrariamente a lo que le sucedía a su hijo Pedro, mucho más joven y sobre todo libre de responsabilidades de gobierno, don Juan fue presa de un ataque de pánico. Hacía tiempo que traer hijos al mundo había dejado de ser fuente de alegría para él. En seguida pensó en las consecuencias, en el escándalo que dicha noticia podría provocar si se hacía pública, y tuvo miedo de poner en jaque su posición y la de la monarquía entera. Eugenia adivinó que el fruto de sus noches de amor que palpitaba en su vientre acababa de matar el romance. Ambos sabían que su relación era inviable a la larga, lo habían hablado antes. Pero habían preferido ignorarlo, hasta que la tiranía de la naturaleza vino a recordárselo brutalmente.

Juan recordaría toda la vida la noche en que la vio partir. Años después, aún sentía el dolor que le agarrotó el pecho en aquel momento, el desgarro de su corazón. Nunca más volvió a verla. Se hundió en una profunda depresión que los médicos de Lisboa llamaron «alienación de espíritu» y que estuvo a punto de costarle la vida. Pero nunca la olvidó. Asumió personalmente todos sus gastos, desde que ella salió de Portugal para ingresar en el convento de la Santísima Concepción de Cádiz y dar a luz a su hija secreta, hasta su enfermedad reciente en Porto Alegre. Aquellos envíos constantes de dinero eran un secreto sólo compartido entre aquella mujer, su hija, el contable mayor del reino y su majestad... Eran la prueba de su lealtad hacia aquel amor prohibido que había existido como una breve bendición. Con aquello a sus espaldas..., ¿cómo no iba a entender a su hijo?

Don Pedro apareció a mediodía, escoltado por dos guardias, los que habían recibido la orden de convocarle al comedor del palacio para almorzar. Como todas las mañanas, había estallado una violenta tormenta tropical. El rey ya no corría a esconderse a los sótanos del palacio nada más oír los primeros truenos, como le ocurría al principio de su estancia en Brasil. Don Juan había aprendido a apreciar esos chaparrones que refrescaban el ambiente y traían el olor de la selva hasta el interior del palacio. Pedro tenía el pelo alborotado, la ropa sucia y pegada al cuerpo porque venía de la montaña, donde había estado visitando a un personaje singular, el general holandés Dirk van Hogendorp, que vivía solo en su pequeña plantación a los pies del Corcovado. Hogendorp, que había sido durante muchos años gobernador de Holanda en Java, y acabó convirtiéndose en un valioso general de Napoleón, era un poco como el abuelo que Pedro no había tenido. Jugaban a estrategias militares mientras le hablaba de las ideas liberales que habían animado la Revolución francesa y que avanzaban, imparables, por el mundo. Ideas que ponía en práctica, como cuando compró un esclavo que en seguida liberó para convertirlo en empleado, un gesto cargado de significado que trastocó la mentalidad colonial del joven Pedro. Sí, los hombres eran todos iguales y la libertad era el bien más preciado, venía a decirle el holandés. Una lección que nunca olvidaría. Para Pedro, Hogendorp era una ventana abierta al mundo.

Pensaba que su padre le había convocado para reiterarle su enojo de que fuese a visitar al holandés. Le había repetido que no quería que su hijo se convirtiese en un príncipe liberal. Recelaba tanto de las ideas «subversivas» de Pedro que le había apartado de los asuntos de gobierno, por muy insignificantes que fuesen. Amaba a su hijo, pero ni él ni su círculo de cortesanos se fiaban de él. De manera que el joven chocaba con aquella élite inculta, medio analfabeta, disipada, obsesionada en conservar sus privilegios, más aficionada a los fados y a las corridas de toros que a leer o a estudiar.

El almuerzo en palacio era todo un acontecimiento. Asistentes del rey, visitantes, funcionarios reales y sus médicos se juntaban para estar presentes en el comedor, presidido por una mesa oval cubierta con un mantel que lamía el suelo. El protocolo señalaba que todos debían permanecer de pie cuando visitaban a don Juan o los príncipes a la hora del almuerzo. Cuando el cansancio de permanecer de pie durante horas se les hacía insoportable, la etiqueta permitía a los nobles de la corte, algunos distinguidos por sus servicios, otros de edad avanzada, ponerse de rodillas para cambiar de postura.

Esta vez don Juan comió a solas con su hijo, mientras los cortesanos se mantenían lejos de la mesa y susurraban entre ellos. Don Juan agarró el primero de los tres pichones que pensaba engullir. Comía con las manos y empujaba la comida con un poco de pan. Su hijo apenas probaba bocado.

—Pedro, le consta a su majestad que las historias de tu comportamiento...

—Si sólo he estado viendo al general Hogendorp; me ha enseñado sus mapas de estado mayor, me ha contado sus batallas... No hay nada malo en ello.

—No me refiero a eso, hijo mío, aunque sabes que no comulgo con las ideas de Hogendorp... Me refiero a tu comportamiento desaforado de los últimos tiempos; hasta en Europa se han enterado, y eso no está ayudando nada a nuestro gobierno...

—Majestad... —le interrumpió Pedro, y luego se calló como arrepintiéndose de lo que iba a decir.

—Eres el príncipe heredero, no te puedes comportar como un mozo de la calle.

—Lo sé, majestad...

Pedro bajó la vista y añadió:

—Pero es que, es que me he casado...

Al rey se le atragantó un muslo de pichón, y un camarero empezó a darle palmadas en la espalda hasta que se recuperó. Estaba rojo y tenía las venas de las sienes hinchadas.

—¿Cómo dices?

Pedro le contó que se había casado en la corte congoleña, según un ritual africano, en la playa, rodeado de individuos tan simpáticos y divertidos que parecían sacados de un cuento de fantasía. En Río, don Juan no era el único monarca ni la suya la única corte. Desde hacía años, existía una corte carnavalesca, africana, tolerada por las autoridades coloniales, con un rey negro, elegido por africanos emancipados y esclavos, y que usaba toda la parafernalia de la realeza europea: togas, coronas, un trono y cetros. Don Juan siempre le había tratado con el mayor decoro y la máxima cortesía, como correspondía a un rey, aunque fuese de pacotilla. No había festival o celebración pública a la que el rey negro no estuviese invitado. Los amigos de don Pedro —con el Chalaza a la cabeza—, ante su desesperación, le habían organizado esa «boda» a cuya legitimidad Pedro, en su ingenuidad, se aferraba ahora. El rey se relajó y sonrió.

—Puedes permitirte todas las bodas de ese tipo que quieras... Lo grave es lo otro...

—¿Qué es lo otro?

—Lo del embarazo.

Se hizo un silencio. Le hubiera gustado decirle que le entendía, que sabía por lo que estaba pasando, pero no podía. Un rey es rey antes que padre.

—Sí, eso es lo grave, y es lo que obliga a su majestad a tomar cartas en el asunto —continuó diciendo el monarca—.

Tienes que ser consciente de quién eres, hijo mío, de la enorme responsabilidad que tienes sobre tus espaldas.

—Pero si es su majestad quien no me deja hacer nada.

—Aún eres demasiado joven e impetuoso para ocuparte de asuntos públicos, hijo mío. Ya te llegará el día.

—¿Y si ya no quiero?...

Su padre le interrumpió y adoptó un semblante serio:

—Da igual que tú no quieras. Dios lo ha querido así. Su voluntad es más importante que la tuya, o que la de cualquiera de nosotros, mortales, incluyendo la de su majestad. Y tú lo sabes. Su majestad se ha dedicado en cuerpo y alma a mantener el Imperio unido para salvar a nuestro pueblo, nuestra esencia. No es fácil ser el más pequeño entre los grandes, sobrevivir a la codicia de los más poderosos cuando no puedes enfrentarte a ellos porque eres demasiado débil. Pero lo estamos consiguiendo, hijo mío querido...

No pudo reprimir un eructo. Se limpió la comisura de los labios con la servilleta bordada antes de continuar:

—Mira a nuestro alrededor, mira la patria de tu madre: Venezuela se ha separado de España en el 11, Argentina en el 16, dentro de nada le tocará el turno al virreinato del Perú... Es una hecatombe, hijo mío. Para evitarnos ese destino, nosotros debemos mantenernos unidos... Por eso tu boda es tan importante, porque servirá para continuar consolidando lo que hemos ganado, para que tú luego continúes esta sagrada tarea. Eso espera Dios de ti. Eso espera su majestad. No les falles.

Don Juan utilizaba un lenguaje afectuoso, pero a la vez firme. Pedro bajó la vista para evitar la mirada fija de su padre. Después de un silencio, el monarca dijo lentamente, recalcando cada palabra:

—Pedro, el Imperio somos nosotros. Será tuyo algún día.

El muchacho le escuchaba, serio y cabizbajo.

—Si tú has nacido en el seno de esta familia, es porque el Todopoderoso te ha ofrecido este destino. No lo desaproveches. Hay un solo Dios, tienes un solo padre. Hay muchas mujeres en el mundo. Estoy seguro de que la que te hemos escogido, después de enormes gastos y esfuerzos, te gustará mucho. Te hará mejor persona, reforzará el Imperio.

—¿Y mi hijo? —se atrevió a preguntar tímidamente Pedro.

—Su majestad pondrá todos los medios necesarios para que no le falte de nada, ni a él ni a «tu mujer», como la llamas. Lo hablaré con tu madre. Le ofreceremos una buena suma de dinero para que críe a su hijo lejos de aquí.

—¡No! —gritó Pedro—. ¿Por qué yo no puedo ver a mi hijo y conocerle?

Se hizo un silencio. El monarca lanzó un profundo suspiro. Miraba a su hijo con compasión:

—Porque eres el heredero, hijo de mi alma, y como tal, te toca someterte a los intereses del trono y de los pueblos que más tarde gobernarás. Me entiendes, ¿verdad?

—Pero...

Su padre volvió a interrumpirle, y ante la intensidad de su mirada, Pedro bajó la vista de nuevo.

—Puedes amar como un hombre, hijo mío —le dijo casi en voz baja—. Pero te tienes que casar como un príncipe.

Don Juan se secó la boca con una servilleta. Se había zampado sus pichones y se levantó para efectuar el lavado de sus reales manos. Fiel al ritual, Pedro le sujetó una bacinilla de plata mientras un ayudante, a falta de su hermano Miguel, le vertía agua en las manos. Don Juan añadió con voz grave:

—A menos, hijo... A menos que quieras perderlo todo. A ti te toca decidir entre el impulso del amor o el deber. Los Braganza siempre hemos escogido el deber. Su majestad espera lo mismo de ti. Para que puedas mantener la unidad de un gran imperio. Recuérdalo siempre, hijo mío querido: la unidad de la patria. Para eso estamos los reyes.

Muy a su pesar, don Juan le había dejado caer la amenaza velada de desheredarlo. Ya se encargarían otros de hacer ver a Pedro el detalle de lo que se arriesgaba a perder: rango, prebendas, dinero, privilegios... En resumidas cuentas: su identidad. Pero don Juan tenía la esperanza de que su hijo recapacitara pronto y que la sangre no llegara al río.

Cuando Pedro volvió al cuartito que había detrás del taller de carpintería, estaba muy alterado. Pocas veces había oído a su padre hablarle de ese modo, ni dedicarle tanto tiempo, aunque sus palabras, que había entendido perfectamente, no le habían convencido. Lo único que le guiaba era su instinto, que le arrastraba irremediablemente hacia los brazos de Noémie, con una fuerza arrolladora.

Se la encontró tumbada en la cama, llorando. Estaba asustada. Durante su ausencia, unos guardias reales habían aparecido para decirle que tenían que vaciar el taller, por orden de la reina.

—Por favor, no me abandones ahora... —le suplicó la joven entre sollozos.

—No lo haré, te lo juro —le contestó él.

—No me abandones nunca...

—Nunca.

La abrazó, le acarició la curvatura de la tripa y luego se acercó a darle un beso en el ombligo. Se quedó largo rato apoyando el rostro sobre su vientre, dando vueltas a las palabras de su padre, y pensando en aquel hijo cuyos movimientos imperceptibles ya podía sentir. Le hacía ilusión eso de ser padre. Deber, Imperio, unidad, voluntad divina..., para él, eran sólo palabras sin mucho sentido. ¿Qué peso tenían frente al sentimiento de plenitud que la relación con Noémie y su próxima paternidad le proporcionaban? Bien poco. Se rebelaba contra la idea de que no tuviese derecho a conocer el amor, como el común de los hombres, por el hecho de ser heredero de la corona. Él, que se había criado sin el calor del afecto de sus padres..., ¿tampoco tenía derecho a compensarlo con el afecto de una mujer? Le parecía injusto. Hasta entonces se había considerado un gran privilegiado; ahora empezaba a cuestionárselo. Fuera caía una tromba de agua, cuyo ruido acabó ahogando los sollozos de la bailarina.

## 13

La obstinada negativa de los amantes a romper su unión creó un ambiente enrarecido en la corte. Para el rey, para Carlota Joaquina y para los ministros —cada día más nerviosos— Pedro se había convertido en una piedra en el zapato. En un obstáculo inesperado y correoso porque no mostraba signos de dar su brazo a torcer. ¿Qué podía esperarse de un chico tan mal criado?, decían las malas lenguas. El muchacho notó la antipatía que suscitaba entre miembros del gobierno durante la misa de funeral por su abuela. A la salida, nadie se le acercó para compartir con él una noticia o un comentario. Notaba que le miraban de reojo, como si le acusasen de no cumplir su función. No le gustaba sentir el ostracismo de la corte. La mirada que intercambió con su padre dejaba pocas dudas sobre el estado de ánimo de su majestad. Y eso le afectaba porque le quería. Cuando volvió a San Cristóbal, el taller de ebanistería estaba cerrado con grandes planchas de madera clavadas en la puerta y las ventanas. No había ni rastro de Noémie.

—Vinieron los guardias reales, señor, sacaron todo lo que había dentro y se llevaron a su mujer... —le dijo el carpintero amigo.

Pedro se puso rojo de ira. Dijo cosas terribles, llamó zorra a su madre a voz en grito. El buen hombre se quedó pasmado. Nunca le había visto en ese estado de desesperación y descontrol.

—¿Adónde se la han llevado?

—No me lo dijeron, señor... Se fueron para la ciudad.

Habían dejado a Noémie en casa de su madre, en el apartamento que había encima del estudio de baile. Vencida y humillada, con un embarazo de cinco meses y un futuro incierto, temblaba de miedo al subir la escalera. Recordaba las advertencias de su madre y tenía miedo de volver a casa. Pero madame Thierry le abrió la puerta y, para su gran sorpresa, la estrechó entre sus brazos. A la joven le pareció una bienvenida demasiado efusiva. Se esperaba un severo reproche, hasta una paliza, pero no que la recibiese como si volviese de gira. Su madre le aseguró que la había perdonado.

Poco tiempo tardó en enterarse de la verdad. Su madre había recibido varias visitas de Carlota Joaquina. El hecho de que la reina se hubiera desplazado hasta su modesta vivienda había causado en la actriz una profunda impresión.

—Nos ha ofrecido riquezas superiores a lo que jamás pudiéramos desear —le contaba a su hija sin disimular su excitación—. Trajo las joyas más preciosas que puedas imaginarte:

unos collares de brillantes que parecían tener luz propia, ojalá los pudieras ver. Me pidió discreción, así que, por favor, no cuentes nada. Ni siquiera a Pedro, *d'accord?*

Noémie asintió con la cabeza.

—Me imagino que pondría alguna condición, ¿verdad?

—Sí, que le dejes.

Noémie bajó la vista y miró al suelo. La madre continuó:

Nadie da nada por nada, hija mía, eso deberías saberlo ya. La condición es que disfrutemos de todas esas riquezas... pero en Europa. Así nos podríamos reunir con tu hermana, en lugar de hacerla venir.

—No pienso aceptar. Estoy enamorada de Pedro, y él lo está de mí.

—¿Aún sigues con ésas? Pero ¿no te das cuenta de que los dos sois muy jóvenes, y de que nunca le dejarán que siga contigo? Es mejor sacar provecho de la situación, lo vas a necesitar, mírate... —le dijo señalando su tripa.

—No quiero saber nada de todo lo que me ofrecen, *maman.* Dentro de poco, Pedro vendrá a por mí y nos iremos...

—¿Adónde iréis? ¿Y ese niño, cómo lo vas a criar con todo el reino en contra?

—Nos iremos lejos.

—Estas soñando, Noémie. Eres joven y estás enamorada, es lógico. Pero te voy a decir más: la reina se ha comprometido a conseguirte un buen marido que se haga cargo de ti y del niño, un hombre de condición elevada cuya conducta y carácter sean una seguridad para tu futura felicidad.

—¡No me digas más, por favor! ¡No quiero oírlo!

Se produjo un largo silencio. Madame Thierry, vencida, movía la cabeza de lado a lado.

—Te estás buscando la ruina, hija mía, si es que no lo has hecho ya. Rechazas joyas, riquezas, un porvenir, lo rechazas todo por amor... ¡Qué pasión más admirable, sí! ¿Qué quieres, probar tu abnegación? ¿Morir por él si es necesario?

—Sólo quiero estar con él.

—En el fondo, qué egoísta eres, *chérie.* Yo me he sacrificado mucho por ti, y ahora que puedes hacer algo por tu madre, algo que nos saque de pobres, dices *merde.* Acabarás pagándo-

71

lo caro; la vida es dura. Las oportunidades, si pasan, sólo lo hacen una vez... En fin, tú verás.

No esperaba convencerla, pues ya conocía su insensata testarudez, pero pensó que de todas maneras algo se le quedaría. Y quizá, un día no muy lejano, entraría en razón. Antes de que fuese demasiado tarde.

La presión sobre los amantes seguía sin surtir efecto. Pedro se negaba a deshacerse de «su mujer», y lo decía alto y claro a los numerosos cortesanos y funcionarios que se lo sugerían, ahora sin el menor reparo. A pesar de las órdenes, de las amenazas de ser desheredado que recibía de su imperiosa madre, de la corte y del gobierno, siguió en sus trece y se puso el mundo por montera. Recogió a Noémie en casa de su madre y se fueron a vivir a las faldas del Corcovado, a una casita de campo rudimentaria que uno de sus amigos criollos le prestó. Consiguieron un esclavo para traer agua y ayudar en las tareas domésticas. Gozaban de una vista espectacular, única en el mundo, sobre aquellos promontorios e islas que surgían de la tierra en medio de un mar cuyo color abarcaba todas las gamas de azul y verde, según el tiempo que hiciese. A lo lejos se extendía la ciudad y el puerto, más allá San Cristóbal, a sus pies las playas de Botafogo y Catete, el Pan de Azúcar con su forma voluptuosa. Podían prever la llegada de una tormenta por la forma de las nubes, ver la entrada de los buques a la bahía de Guanábara, contar los barcos fondeados, seguir las bandadas de pájaros de agua que pasaban a su altura. Se creyeron libres y pasaron los primeros días en medio de una euforia que apenas podían disimular. Ninguno de los dos se detuvo a pensar en la osadía de lo que habían hecho. Luego, poco a poco, empezaron a tener miedo de ser descubiertos por retenes de la guardia real. La euforia se transformó en una sorda preocupación, que optaron por no mencionar, pero que planeaba sobre sus vidas como una ave de rapiña.

14

Allá arriba, la temperatura era más fresca, tanto que de noche era necesario abrigarse. Ésa era la parte agradable. La otra..., que era un poco como vivir en la jungla. Noémie se despertaba sobresaltada por los gritos de los animales salvajes que merodeaban, y Pedro saltaba de la cama con su fusil de caza listo para disparar. Poco a poco la falta de las comodidades mínimas hizo mella en sus estados de ánimo. El acceso era escarpado y difícil, las frecuentes lluvias inundaban la casa, era imposible librarse de la humedad y de los insectos. La ciudad, los amigos, la familia, la vida de los hombres quedaban muy lejos.

Lo más duro era cuando Noémie permanecía sola en caso de que él tuviera que acudir al palacio o a algún acto oficial. A pesar de contar con la compañía del esclavo, al caer la noche, siempre puntual en el trópico, era presa de los miedos más corrosivos. ¿Y si no le dejan volver? ¿Y si me pica una serpiente? ¿Qué hago si tengo una hemorragia? ¿Cómo será el parto? ¿Quién me ayudará? ¿Nacerá normal? Miraba su vientre y se preguntaba cómo podrían vivir en esa choza, y de aquella manera, una vez que hubiera nacido el niño. La soledad amplificaba el pavor. De la misma manera que la guardia real les había expulsado del taller de carpintería, podrían venir en cualquier momento a echarles de allí. ¿Y si lo hacían de nuevo cuando ella estuviese sola, como la última vez? Peor aún... ¿Y si decidían eliminarla? El poder de esa gente daba miedo. De pronto, las palabras de su madre le volvían a la memoria y sentía cómo sus certezas de amor empezaban a resquebrajarse. Presentía vagamente que algún día tendría que pagar por haber osado franquear el abismo social que la separaba de Pedro. Ése era su pecado. Ella, hija bastarda fruto de un amor de paso, había secuestrado el corazón del príncipe heredero de un imperio. Un crimen imperdonable.

Sin embargo, el hecho de pensar en renunciar al amor de Pedro le resultaba demasiado doloroso. Si en su ausencia se encontraba de pronto en el infierno, en su presencia alcanzaba el éxtasis. De modo que cuando lo veía volver por la ladera a caballo y luego, empapado de sudor y del rocío de las plantas, él se precipitaba hacia ella y respiraba sus besos, se le olvidaban como por arte de magia todas las angustias y todos los terrores. La vida volvía a ser bella y lo sería hasta los próximos espasmos de sus entrañas, hasta la visita de algún policía o la inspección de un jaguar, hasta la próxima noche de insomnio.

Una mañana en la que se había quedado sola con el esclavo que trabajaba la pequeña huerta detrás de la casucha, Noémie oyó la llegada de un caballo. Pensó que era Pedro, que regresaba antes de tiempo. Había acudido al entierro de su maestro, el diplomático holandés João Rademaker, que había sido envenenado por su esclava, un suceso que había sembrado la ciudad de luto y de miedo. Los brasileños acomodados eran muy sensibles a cualquier amago de rebelión de los esclavos, y semejante noticia, que transgredía el orden social imperante, causó un profundo pánico. En la memoria de todos pervivía el reciente recuerdo de la sublevación sangrienta de los esclavos de la isla de Santo Domingo, en el Caribe. No podían permitirse algo semejante en Brasil, un país cuya economía dependía completamente de la mano de obra esclava, imprescindible para trabajar las grandes haciendas del interior. Pedro, que veneraba a ese preceptor que le había enseñado lo poco que sabía del mundo, se sumió en un estado de profunda consternación.

De modo que Noémie salió a recibirle. Había pasado una mala noche, aquejada de náuseas que le habían hecho vomitar varias veces. Estaba cansada y dolorida, e iba a pedirle que la bajase a la botica, y quizá que la llevase a ver un médico en la ciudad.

Pero no era Pedro. Noémie se quedó estupefacta al ver galopar por el sendero a una mujer, a horcajadas, vestida con pantalón, chamarra, sombrero y con un fusil de caza a sus espaldas. Era la silueta inconfundible de Carlota Joaquina cabalgando en su preciosa yegua gris. Noémie sintió que un escalofrío le recorría el espinazo, como si todos los temores de sus noches en vela se confirmasen de pronto. La fama que precedía a la reina no auguraba nada bueno. Eran conocidas sus rabietas en las que obligaba a sus escoltas a repartir latigazos a quienes no se arrodillaban a tiempo a su paso. Pedro tampoco le había hablado nunca bien de ella. Sin embargo, Noémie se encontró frente a una mujer afable y campechana:

—Disculpe esta visita sin previo aviso, señorita Thierry...

—Pasad, señora...

Carlota entró en aquel cuchitril y disimuló la sorpresa que le produjo la pobreza en la que vivían su hijo y su amada. «Debían de quererse mucho para soportar esa indigencia», pensó. Unas gallinas picoteaban granos de maíz sueltos entre las rendijas de la madera del suelo. Los escasos muebles eran muy espartanos y no había ningún lujo. Miraba de reojo la tripa de la francesa, que ya abultaba de forma notable. Sí, ese vientre era lo que estaba causando una crisis insólita en el gobierno del imperio. Esta vez Carlota no utilizó amenazas, porque era demasiado lista para darse cuenta de que no surtían efecto sobre la joven y que exasperaban a su hijo. Ya no intentó sobornarla para alejarla de allí. Sabía que hablaba con una mujer enamorada, y decidió jugar la carta del corazón. Le alabó la intensidad de su amor, la pureza de sus motivos, la nobleza de su comportamiento. La llamó «ángel protector de mi hijo», lo que desconcertó a Noémie, que esperaba ser insultada:

—Quisiera pedirle un gran favor, y no lo haría si no estuviera convencida de que es usted una persona buena y honrada... ¿Me lo permite?

—Claro, señora —respondió Noémie, disimulando la vergüenza que le producía ser tratada con tanta deferencia por la reina en persona.

—Le ruego que mantenga esta visita en secreto. Que nadie sepa que he hablado con usted.

—Os lo prometo, señora.

Se hizo el silencio. Se oía un ladrido en la lejanía y la respiración jadeante de la yegua, fuera de la casa, intentando recuperarse de la subida. Doña Carlota frunció el ceño, como preparándose para decir algo transcendente.

—Quisiera decirle algo que seguramente ya sabe: la llegada de la archiduquesa Leopoldina es inminente...

A Noémie se le humedecieron los ojos. Sintió una tristeza

enorme, un abatimiento como el que debían de sentir los animales antes de ser llevados al matadero. Carlota sacó de un bolsillo un pañuelo de hilo bordado con las iniciales de la Casa Real y se lo ofreció. Luego prosiguió:

—No me cabe la menor duda de que usted le quiere mucho...

Noémie asintió con la cabeza.

—Déjeme hablarle como una madre que busca ayudar a su hijo... Si es cierto que usted le quiere, querrá usted que sea feliz, que tenga una vida plena, ¿cierto?

—Claro que sí —contestó la joven que se secaba con el pañuelo los gruesos lagrimones que resbalaban sobre sus mejillas.

—En eso estamos de acuerdo las dos. Así que, se lo ruego, ayúdele. No lo digo ni por mí ni por usted, señorita Thierry, lo digo por él. Le hablo con el corazón en la mano. El corazón de una madre. Pronto sabrá usted lo que eso significa...

Noémie sollozaba, casi en silencio. Todo se desmoronaba a su alrededor. Se daba cuenta de que estaba en un callejón sin salida.

—No permita que su majestad le deshere de —prosiguió Carlota—. Me consta que está a punto de hacerlo. Por eso he venido a verla, porque usted es la única persona que puede ayudar a Pedro. Sólo usted puede salvarlo.

Aquellas palabras arrasaron porque iban dirigidas a una mente ingenua y a la vez fatigada. Que la reina le hablase en ese tono, que llegase a degradarse rogándole guardar un secreto por la felicidad de su hijo, conmovió profundamente a la joven. Carlota fue muy hábil a la hora de pintarle un escenario donde cabían dos posibilidades: la felicidad de Pedro o la desdicha de ambos si seguían juntos. Se sobreentendía que ella, al quedarse encinta, había perdido el derecho a la felicidad. Salpicó su sermón con alusiones a las palabras pobreza, persecución, abandono, recalcando siempre el futuro glorioso del príncipe por encima del propio interés de la chica. Al final, Noémie estaba hecha un mar de lágrimas. Entendió que no podían seguir así, que nunca serían aceptados como marido y mujer, que con su amor desbocado estaba causando un perjuicio a su amado, que aquella bella historia de amor era un sueño del que había que despertar. Por el bien de él.

De modo que se resignó a dar su consentimiento para abandonarlo, pero puso la condición de no ser enviada a Francia. Faltaba poco para el parto y un viaje tan largo la asustaba. Además prefería quedarse en Brasil porque estaría más cerca de Pedro, por lo menos giraría en su órbita. Si no podía verlo, al menos oiría hablar de él. Carlota se lo agradeció efusivamente, en su nombre y en el de su majestad el rey, y le aseguró que pondría a su disposición todas las facilidades para que su traslado de Río de Janeiro hacia Pernambuco, en el norte de Brasil, se hiciese en las mejores condiciones posibles.

La desesperación del joven príncipe cuando regresó a su choza del Corcovado y se encontró con una carta de Noémie dirigida «A mon adoré» explicándole que había cedido por su bien, le hizo pegar un grito que retumbó en los cerros y riscos con un eco que acabó pareciendo un lamento. En la carta le pedía que no la buscase, que no intentase perseguirla, que aceptase con dignidad de príncipe la renuncia al amor que como hombre le estaba vetado. Asustados, bandadas de pájaros salieron volando en un aleteo frenético, se oyó el relincho de un caballo y el griterío ronco de unas guacamayas. Y luego se hizo el silencio, solamente interrumpido por el viento que azuzaba las ramas de las palmeras y el sollozo estentóreo de Pedro. Él, que siempre había despreciado a su padre porque tenía la lágrima fácil, era ahora puro llanto y se odiaba por ello. Él, que prácticamente no había sido obligado a respetar ningún límite en su educación, se encontraba por primera vez frente a un muro infranqueable. A él, príncipe heredero, no le estaba permitido ser dueño de su corazón. En aquel momento odió haber nacido.

# SEGUNDA PARTE

—

Me gustaría bailar un vals de vez en cuando.

DOÑA LEOPOLDINA

## 15

El gobierno de su majestad Juan VI había tomado todas las medidas necesarias para que la travesía del Atlántico le resultase a la archiduquesa Leopoldina lo más placentera posible. Sus camarotes se componían de un dormitorio con una cama suspendida para acompañar los movimientos del barco, un aseo con bañera, un vestidor, un comedor con sillas tapizadas de terciopelo azul, un salón decorado de pan de oro presidido por un sillón de piel de tigre fabricado en Bengala, y un magnífico piano bajo el retrato de don Pedro en un marco dorado. Siempre había a mano algún lavabo de oro, con su correspondiente jarra, también dorada. Todo ese lujo contrastaba con el resto del barco, una auténtica arca de Noé que los demás pasajeros austriacos, algo indignados, encontraban sobrepoblado y sucio. En efecto, para alimentar el exceso de tripulación, viajaban a bordo numerosas vacas, terneros, cerdos, carneros, cuatro mil gallinas, cientos de patos y, para distracción de los pasajeros, una docena de canarios. El hedor a animal que subía de las bodegas era insoportable. «*...Conseguí mantener el buen humor, que los demás perdieron, visto que no viajan por amor a su esposo*», escribió Leopoldina a su hermana desde la escala de Madeira.

Fue una travesía tediosa, interrumpida solamente por algunos temporales: entonces las sillas huían de las mesas con los comensales en ellas, los platos más exquisitos se derramaban en el suelo y los camareros se acercaban de rodillas para no caerse, disculpándose como si ellos fuesen causantes del mal tiempo. Al cruzar la línea ecuatorial, les invadió un calor diferente, impregnado de humedad, un cambio que les animó porque les acercaba al final. Luego, una mañana, sintieron algo raro en el ambiente. Algo inexplicable, como si el aire fuese distinto. El mar también parecía diferente, las olas eran más cortas. Vieron delfines dibujar arabescos con sus aletas en el agua. «Huele a tierra», dijo de pronto un marinero. Llegaban efluvios de hierba y olor a selva. Desde su camarote, Leopoldina esperaba ansiosa el momento en que divisaría la costa de Brasil. Como una aparición mágica, surgió primero un hilo de tierra en la lejanía, fino y borroso. Sintió un pellizco en el corazón. Sí, ése era el Nuevo Mundo con el que tanto había soñado. Desde el sillón de Bengala, siguió oteando el horizonte que fue transformándose con el correr de las horas en un paisaje más definido, dominado por farallones de piedra basáltica negra tocados de verde follaje tropical.

Ochenta y cinco días después de haber zarpado, el *Dom João VI* se acercaba por fin a la costa de Río de Janeiro, reconocible por el horizonte que dibujaban sus montañas que evocaban *«un gigante tumbado, con el perfil invertido de una cabeza humana».* Las corrientes y los alisios arrastraron suavemente la pequeña flota hacia la bahía de Guanábara, un paso de menos de dos millas de ancho, inconfundible por la presencia del Pan de Azúcar, una roca en forma de cono de cuatrocientos metros de altura coronada por una estrecha banda de tierra vegetal. Su masa imponente hacía que los demás barcos de la flotilla pareciesen de juguete. Estaba flanqueada por otro promontorio, dos veces más alto y cubierto de una tupida selva, el Corcovado. En enero de 1502, el navegante Gonzalo Coelho surcó esas mismas aguas en una carabela. Uno de sus oficiales, Américo Vespucio, confundió la entrada a la bahía con el estuario de un río, y de ahí le vino el nombre, Río de Janeiro, río de Enero. La ciudad propiamente fue fundada el 1 de marzo de 1565 bajo el nombre de San Sebastián de Río de Janeiro, en honor al santo protector del rey de Portugal.

Leopoldina, en cubierta, contemplaba muda de estupor esos roquedales escarpados con formas fantásticas, siempre distintas, bordeados de playas de arena blanca y deslumbrante, con filas de palmeras majestuosas que se recortaban sobre un cielo muy azul. Se oía romper las olas contra los riscos. Olía a mar, a vegetación, y luego a la pólvora de las salvas que desde las distintas fortalezas disparaban para saludar el paso del pabellón real. Bañados por la luz plateada de un sol intenso, los demás pasajeros compartían la fascinación por aquel espectáculo soberbio. Luego pasaron entre una ensenada semicircular subrayada por una playa y, del lado de tierra, una fila de casas solariegas *que evocan la felicidad y el reposo*, como escribió Leopoldina, quien todavía no sabía que una de ellas era la de su suegra. Avanzando siempre hacia la ciudad, surgían otras casas encaladas en las playas, conventos y ermitas en la cima de las colinas, luego la iglesia de Gloria y más allá un enjambre de tejados erizados de campanarios. Multitud de gente saludaba desde la orilla. Se intuía un ambiente alborotado y alegre en la ciudad.

El estruendo de las salvas acompañó la llegada y el fondeo de los buques, que desplegaban banderines y flámulas de todos los colores. En sus esquifes, jóvenes africanos se acercaron a ofrecer sus frutas a voz en grito. En el muelle, se izaron las banderas de Austria y del Reino Unido de Brasil, Portugal y Algarve e inmediatamente después repicaron las campanas de todas las iglesias, y aquello duró hasta el atardecer. Luego estallaron fuegos artificiales cuyo reflejo en las aguas tranquilas de la bahía dejó a todos, visitantes y cariocas, mudos de asombro. Al finalizar el espectáculo, hizo su aparición una barcaza engalanada y dorada, impulsada por cien remeros, tocados de cascos plateados y vestidos con chaquetas de terciopelo granate. A bordo se encontraban su majestad el rey y sus hijos; venían directamente de San Cristóbal. La embarcación se detuvo primero en el muelle para recoger a la reina y a sus hijas, para dar así a la comitiva austriaca y al pueblo la falsa imagen de una perfecta armonía familiar. Y juntos fueron a dar la bienvenida a la archiduquesa. Como don Juan tenía una herida infectada en la pierna, consecuencia de una picadura de garrapata, y no podía desplazarse a bordo del *Dom João VI*, fue Leopoldina la que se acercó a saludarles.

Al entrar en la barcaza, reconoció en seguida a Pedro y la condesa de Kunburg, su dama de compañía, notó un destello en los ojos de la joven, que a duras penas disimulaba la satisfacción de descubrir al marido que le habían conseguido. Alto, elegante, lucía uniforme de general. Sus largas y abultadas patillas enmarcaban su rostro de galán, realzado por el cuello alto, rojo y bordado de hilo de oro y la pechera recubierta de cruces y medallas. Le pareció mucho más guapo que en el retrato que le había dado Marialva. Espoleada por la emoción, sorprendió a todos lanzándose a los pies de sus majestades, que no esperaban tanta efusividad de una teutona. Éstos la ayudaron a levantarse y la abrazaron como si fuese una hija descarriada que volvía a casa después de un viaje.

—Todo está listo para el desembarque oficial, que tendrá lugar mañana por la mañana —le dijo don Juan—. Permítame presentarle a mi hija María Teresa...

Ambas cuñadas se enzarzaron en una conversación sobre plantas, mientras Pedro permanecía a distancia, observándolas. Leopoldina le desconcertaba. Esa chica era fuera de lo corriente, con unos ojos tan azules que eran casi violetas, con un cabello tan rubio que refulgía y un estilo germánico muy distinto a lo que estaba acostumbrado. En cuanto a belleza y gracia no podía sostener la comparación con su francesita exiliada a la fuerza a Pernambuco. Leopoldina tenía el labio inferior grueso, y un *pescoço robusto*, defectos apenas percibidos porque los disimulaban su jovialidad y su forma de vestir, pero que no escapaban a la sagacidad de Pedro, ya ducho en esas cuestiones. También le gustó su cutis, que era como una manzana rosada, su sonrisa dulce y que toda ella fuese pulposa.

Pedro fue el último en acercarse. Con el semblante serio, apenas se atrevía a mirarla a la cara, estaba intimidado. Al fin y al cabo, ahí tenía a la ex cuñada de Napoleón... Como no hablaba alemán y ella apenas hablaba portugués, intercambiaron los primeros cumplidos en francés, ese idioma que había aprendido a chapurrear con el amor de su vida.

—Éste es mi regalo de bienvenida —le dijo Pedro, entregándole una bolsita.

La archiduquesa la abrió y empezó a sacar diamantes montados en forma de racimos, de nudos de lazo, de penacho, en forma de garza... Al final, sacó una ave del paraíso incrustada de brillantes y con una corona de laurel en el pico.

—Son frutos de esta tierra —dijo el rey—. Su alteza ha llegado al país de las piedras preciosas.

Pedro y Leopoldina cruzaron miradas furtivas mientras duró aquella primera entrevista, que fue cordial y agradable dada la circunstancia. Al principio Pedro fue gratamente sorprendido por su sencillez y espontaneidad, que no esperaba en una mujer criada en la corte austriaca. Pero cuando ella empezó a desplegar su erudición buscando una discusión sobre clasificación mineralógica, la vio como un bicho aún más raro que los insectos de la colección de lepidópteros que traía bajo el brazo. En aquel momento podían haberle dicho que su mujer llegaba de otro planeta, y no de Europa, y se lo hubiera creído. Leopoldina, sin embargo, cegada por el amor que de antemano tenía a su esposo, nunca guardó rencor al marqués de Marialva por haberle mentido sobre el interés de su marido por los minerales.

16

Pedro apenas se había recuperado de la pérdida de su primer amor verdadero. Que pudiera haber otros en su vida, como le decían sus allegados, sólo era un pobre consuelo para una alma herida. Su sufrimiento se había magnificado por el hecho de saberla embarazada. Al final, al darse cuenta de que la partida estaba perdida, había llegado a una aceptación recalcitrante de su destino. El ejemplo que había instilado en él su padre le había ayudado a superar aquel trance: a pesar de su apariencia descuidada y su indecisión crónica, don Juan siempre había sido hombre de hábitos rutinarios, piadoso, trabajador y sobre todo entregado en cuerpo y alma a su deber. A su hijo le había transmitido algunas de esas cualidades. Luego el Chalaza también intentó ayudarle a olvidar a Noémie. Olvidar, nunca lo consiguió, pero se desfogó con prostitutas y amigas, mulatas calentitas que rivalizaban en las más dulces perversiones del amor para animar el humor triste del príncipe enamorado. A veces las abandonaba antes siquiera de desnudarlas, como si le bastase tener la seguridad de saber que podía conseguirlas. Añoraba tanto a Noémie que, siempre que podía, pasaba por la calle donde vivía su madre, y miraba al piso de arriba, como si su amada fuese a aparecer en el balcón. Un día, aquella añoranza le jugó una mala pasada. Iba a caballo por el centro cuando su corazón dio un vuelco al ver a una chica que salía del estudio de ballet de Louis Lacombe, donde vivía madame Thierry. Tenía un aire a Noémie, más mayor, pero sin su mismo encanto. Descubrió que era su hermana, que había venido a trabajar y a vivir a Río. Pedro fue incapaz de contenerse y cometió un error que pesaría sobre su reputación: intentó seducirla, en plena calle y a la luz del día, y al hacerlo le daba la impresión de que estaba hablándole a Noémie. En su atribulada mente, superpuso a las dos mujeres, sin darse cuenta de que estaba cometiendo una transgresión inaceptable. Se encontró con el rechazo de la hermana, que lo mostró de plano y con malos modos, lo que dejó al ufano príncipe hundido en la miseria moral más absoluta.

—¡Sinvergüenza! —oyó decir a madame Thierry desde lo alto del balcón.

La anécdota recorrió la ciudad como un reguero de pólvora.

—¡Menudo golfo! ¡Ese chico no vale nada...! —repetían al unísono las señoras en los salones y en las peluquerías—. No le ha bastado arruinar la vida a la una, que también lo intenta con la otra...

Aquel desliz le costó caro porque alimentó los rumores sobre su carácter donjuanesco, ligero, irresponsable e indigno de confianza. Una imagen que los miembros del gobierno y de la corte temían que acabase cruzando el océano...

Pero el caso es que Pedro añoró a Noémie durante muchos y largos días. Se enteró de que, bajo los auspicios del rey, había sido enviada a Recife, en el lejano nordeste del país, donde el gobernador de Pernambuco la puso al cuidado de un matrimonio formado por un oficial del ejército y su mujer, quienes habían sido generosamente indemnizados por don Juan, y Noémie, por su parte, había recibido una buena suma para la canastilla de la criatura. Hasta su madre tuvo derecho a una joya de parte de Carlota Joaquina. No más, porque madame Thierry había decidido permanecer en la ciudad y hacer venir a su otra hija en lugar de irse ella a Francia.

Sin embargo, el epílogo de aquella historia fue una cruel puñalada del destino. La recibió Pedro al enterarse de que su hijo había muerto a los pocos días de nacer. Loco de pena, atormentado por el sentimiento de culpabilidad, avergonzado por la pifia que había hecho con la hermana, pensó en escaparse e ir al encuentro de Noémie. Pero le fue materialmente imposible. Río entero estaba preparándose para la llegada de Leopoldina, don Juan había hecho obras en San Cristóbal y los miembros de la misión artística francesa estaban engalanando la ciudad a costa del erario público. Pedro se había convertido en el centro de atención de la vida social. Allá adonde iba, los mismos que le criticaban a sus espaldas por su comportamiento de mujeriego le felicitaban por su boda. Hasta le agradecían la dicha que ese enlace aportaría al pueblo. Prisionero de una malla invisible, pero bien sólida, que le encerraba en su papel de heredero, de nuevo le fue imposible huir.

Lo que hizo fue escribir al gobernador de Pernambuco, y le rogó que velase por la salud de Noémie, que cuidase de que no le faltase de nada. Y al final de la carta, le pidió un favor que mostraba, más que cualquier otra manifestación de dolor, la intensidad de su desgarro: quiso que el cuerpo de su hijo fuese embalsamado y le fuese enviado para su custodia. El gobernador le contestó que había organizado unos pomposos funerales en memoria del pequeño, y que le enviaría el cadáver momificado. Pedro lo recibió en un pequeño ataúd blanco, que guardó en sus aposentos de San Cristóbal como su reliquia más preciada.

17

El día siguiente a la llegada, a mediodía del 6 de noviembre de 1817, la familia real embarcó en el *Dom João VI* para almorzar con doña Leopoldina. Fiel a su naturaleza desafiante, Pedro convirtió la timidez de la víspera en galantería. A la erudición de su mujer pensaba responder con sus mejores armas de seductor. Se colocó el último de la cola para saludarla, y cuando ella le tendió la mano, se la cogió y no la soltó hasta llevarla a la mesa del comedor, donde le acercó una silla: *«En un momento dado, durante la comida* —escribió Leopoldina a su hermana—, *Pedro me guiñó un ojo y sentí que, debajo de la mesa, ponía su pierna encima de la mía. Su audacia fue más allá: cuando terminé mi discurso en la mesa, Pedro me susurró: "Qué pena que hasta mañana no tengamos permiso para bailar."»*

Después del almuerzo, los distinguidos pasajeros tomaron asiento en la barcaza, rodeada de multitud de embarcaciones más pequeñas ocupadas por miembros de la nobleza que escoltaban a la comitiva real, para acompañar la entrada triunfal de Leopoldina en Río de Janeiro. Desembarcaron sobre una rampa recubierta de una alfombra roja y pasaron bajo un arco, uno de los muchos construidos por los artistas franceses Debret y Montigny, un trampantojo de madera y yeso pero que parecía mármol con angelotes, alegorías de Viena y de Roma y alusiones a las posesiones imperiales de Portugal. Había sido idea de don Juan recrear el ambiente de una ciudad europea de fantasía que evocase el aplomo del viejo mundo. Saludaron a soldados y dignatarios mientras se dirigían a los carruajes que les esperaban al otro lado de la plaza, al principio de la rua Direita, la más ancha de la ciudad, bordeada de palmeras recién plantadas para la ocasión. Los adoquines de las calles habían sido cubiertos de arena para amortiguar los baches.

La familia real y los recién casados tomaron asiento en una carroza dorada y forrada de terciopelo granate, tirada por ocho caballos blancos con gualdrapas de terciopelo a juego. Detrás, don Miguel y las hermanas seguían en dos carruajes de seis caballos cada uno. En total formaban parte de la procesión noventa y tres carruajes, con sus respectivos lacayos de pie en las portezuelas. Una compañía de guardias a caballo y otra de alabarderos hacían de escolta. Banderas, tapices de damasco carmesí y estandartes flameaban sobre las fachadas encaladas de los edificios, y la calle estaba a rebosar de ciudadanos radiantes de alegría que hacían la genuflexión al paso de los vehículos reales. Desde los balcones, señoras de piel cetrina y cabello negro, ostentosamente vestidas, lanzaban guirnaldas de flores al paso de la carroza real. Lo mismo hacían los niños que, encaramados a lo alto de cada arco de triunfo, tiraban pétalos a puñados.

Entre aplausos del pueblo, acordes de música militar y el repique de las campanas, la procesión culminó en la Capilla Real, que estaba situada justo al lado del antiguo palacio de São Bento, un edificio cuadrado y austero que había sido residencia de los Braganza en los primeros tiempos de su estancia en Brasil, antes de que el matrimonio se desperdigase por los alrededores. La gran orquesta empezó a tocar en el momento en que doña Leopoldina entró en la capilla de la mano de su esposo, rodeada de cortesanos y acompañada por los obispos de Angola, Pernambuco, Santo Tomé y Mozambique. Los recién casados se arrodillaron frente al obispo de la corte, que pronunció la bendición nupcial, seguida de una misa de tedéum cantada y con música compuesta para la ocasión por el más famoso de los compositores de la época, Marcos Portugal. Para don Juan y su hijo, las misas eran una oportunidad de abandonarse al placer de escuchar música.

Aquélla fue una escena digna de la más brillante pompa europea, de no haber sido por el calor y los mosquitos. Las damas de compañía austriacas, que llevaban amplios escotes, tenían tales ronchas provocadas por las picaduras que parecía que las hubieran arañado. Los hombres brincaban como saltamontes para ahuyentar a los mosquitos que pugnaban por colarse entre las medias.

A continuación, los augustos invitados pasaron al palacio adyacente para el besamanos, costumbre completamente desconocida en la corte de Viena, y las damas austriacas se extrañaron de que fuesen obligadas a besar las manos del rey y de los príncipes. Luego se sirvió una interminable cena de Estado. Para responder a los vítores de la multitud concentrada en la plaza, los jóvenes esposos tuvieron que levantarse de la mesa varias veces y aparecer en el balcón. Era tanta la gente que parecía adorarles que se sintieron conmovidos. Sobre todo Pedro, que empezó a darse cuenta de que su boda le estaba sirviendo para dejar atrás su nefasta reputación. Respiró hondo:

en el aire flotaban aromas de hojas de mango, de la arena que cubría las calles, de pétalos de flores, de incienso y de canela.

El baile fue el broche final de un día agotador, especialmente para don Juan, cuya llaga en la pierna le hacía sufrir. En honor a Leopoldina, la orquesta tocó un vals, un ritmo que apenas se oía en Brasil. Pedro cogió del brazo a su mujer, cuyos ojos estaban húmedos de la emoción porque aquello le recordaba a su Viena natal. Un, dos, tres... Juntos dieron los primeros pasos; él se dejaba llevar por la pericia de ella y así abrieron el baile. A la mayoría de los presentes aquella escena les pareció digna de la más refinada corte europea, pero no así a los austriacos. En Brasil la gente sudaba profusamente, y el olor se mezclaba con el de pescado podrido, porque así olía el pegamento que se usaba para sostener el armatoste de alambre que sujetaba el tocado de las damas y que se derretía con el calor. No, Río no era Viena.

De noche, ya tarde, la familia real regresó a San Cristóbal por mar para evitarle al rey el traqueteo del carruaje. Al redoble cadencioso de los remos, la barcaza atravesó lentamente la bahía donde centelleaban las luces de los barcos y donde el eco devolvía el canto de los negros que se desplazaban en sus piraguas entre las islas. Luego el palacio de San Cristóbal surgió sobre la ribera. Menudo chasco. Los miembros austriacos de la comitiva se esperaban otra cosa, sobre todo después del derroche de la boda. Aquélla era una casa grande adaptada para servir de palacio, nada tenía que ver con Schönbrunn, en Viena, donde la voluntad del monarca se había transformado en piedra. *«Cualquier noble alemán tiene una casa más bonita que ésta»*, comentó en una carta un miembro de la delegación austriaca.

Leopoldina estaba demasiado exultante como para emitir un juicio sobre el palacio de su suegro. El rey la acompañó a su nueva residencia, situada a menos de un kilómetro de la mansión principal, en una casa independiente de dos pisos recién construida para el joven matrimonio, tipo castillo medieval, con un mástil en el tejado. Su majestad se disculpó porque los muebles que había encargado en París aún no habían llegado. Al entrar al vestíbulo, lo primero que vio la joven fue un busto de su padre, y no pudo contener las lágrimas.

—Oh, Majestad...

—Hija mía querida —le dijo don Juan—, la felicidad de Pedro está asegurada, así como la de mis pueblos, pues un día tendrán como reina a una buena hija...

Y añadió, después de un silencio:

—...Que no puede dejar de ser una buena madre.

Al detalle del busto se sumó un libro que contenía todos los retratos de los miembros de su familia que don Juan había encargado en Viena junto con la estatua de Francisco II.

Pero el día aún no había terminado para la familia real. Leopoldina, que ya ansiaba disfrutar de un poco de intimidad con su marido, tuvo que plegarse a otra de las curiosas costumbres de aquella corte: la preparación para la noche nupcial. Los hombres de la familia, es decir el rey y Miguel, tenían que acicalar a Pedro, mientras las mujeres debían hacer lo mismo con ella. De modo que la austriaca se vio rodeada de Carlota Joaquina y de sus cuñadas que, con dulzura y algo de malicia, se dispusieron a hacerle la *toilette* de rigor. La lavaron, le arreglaron el pelo y la perfumaron. Leopoldina se disponía a vestirse cuando le dijeron:

—No, no, ahora no te puedes vestir. Tienes que esperar a tu marido en la cama, desnuda, es la tradición...

—¿Desnuda? —soltó una indignada condesa Kunburg—. ¡Eso no puede ser! —remachó con fuerte acento germánico.

Leopoldina procuraba disimular el sofoco que sentía. La condesa continuó:

—Ya es hora de que estén solos.

Pero se topó con las miradas de incomprensión de las cuñadas y sobre todo con el ceño fruncido de la reina. Leopoldina hizo una señal a su dama de compañía:

—Dejad, condesa —le rogó Leopoldina, antes de añadir en alemán—: No pongáis más pegas, os lo ruego. Acabemos con esto cuanto antes.

En aquel momento la joven sólo deseaba estar con su marido, de modo que se sometió obediente a aquel ritual. Se tumbó a esperar, mientras sus cuñadas y su suegra charlaban excitadas a su alrededor. Al rato entró Pedro. No pudo disimular una sonrisa pérfida ante la visión de su esposa, con sus abultados pechos cayendo de lado a lado, los pezones encarnados e infantiles, la piel tan blanca y transparente que dejaba ver las venas azules del cuerpo y la mano colocada entre las piernas, tapándose vergonzosamente el pubis. *«Fui obligada a esperar a que el príncipe estuviese tumbado a su lado* —escribió la condesa—. *Y sólo entonces, por compasión, me dejaron marchar...»*

## 18

Carlota y sus hijas decidieron volver a Botafogo en una carroza. La reina tenía prisa por regresar a su casa en la playa para disfrutar de las atenciones de un nuevo amante, un coronel de caballería llamado Fernando Brás, un hombre fornido y de buen ver que le quitaba el sueño.

Don Juan volvió a su palacio y subió la escalera renqueando. Estaba satisfecho, pues había cumplido con su deber. Pronto su reino tendría descendencia. Era una pena que su madre, allá en el cielo, no pudiera compartir la dicha de una jornada tan grandiosa.

Mientras un criado le desnudaba para ponerle el camisón, otro sostenía un orinal en las manos, un tercero le abría la cama y un cuarto le preparaba el mosquitero, don Juan recordaba su primera noche con Carlota. Él tenía veintitrés años y ella quince. Llevaba esperando cinco años desde la boda... ¡Y cómo la deseaba en aquel momento, a pesar de lo fea que era! Parecía que nunca iba a cumplirse la condición del contrato nupcial según la cual debían esperar a que fuese mujer para tener relaciones. Aquella primera regla tardó mucho tiempo en llegar, pero cuando lo hizo fue vivida como un gran acontecimiento. Inmediatamente, la reina María, emocionada, escribió a la madre de Carlota, María Luisa de Borbón-Parma: *«Mi querida prima: Con gran placer y sin que pase más tiempo, voy a participar a vuestra majestad que nuestra amada Carlota ya es mujer enteramente, sin la menor duda y sin ninguna conmoción, bendito sea Dios. Le pido a V. M. que tenga a bien participar de esta buena nueva al rey su querido esposo...»* Así fue como Carlos IV se enteró de que su hija primogénita había tenido la primera menstruación.

Recordaba don Juan que su madre, la reina María, con motivo de la primera noche juntos, y como una atención especial hacia la nacionalidad de la esposa, les había ofrecido la alcoba llamada «Don Quijote» en el palacio de Queluz, una habitación redonda, decorada con espejos y ocho cuadros enmarcados en molduras doradas que describían varias escenas de la vida de don Quijote que un artista llamado Manuel da Costa había pintado con talento.

Él se había resistido a la «preparación» para la noche nupcial. Muy descuidado con su aspecto físico, odiaba lavarse, al contrario que su hijo Pedro, contaminado por la costumbre brasileña de hacerlo a menudo. Pero al final había tenido que ceder ante la presión de los monjes que oficiaban de ayudantes de cámara y que estaban preocupados por la mala impresión que pudiera causar en esa noche tan crucial. Nadie escapaba al peso de la tradición, y menos aún un príncipe. Al revés que su hijo, don Juan era tímido y torpe con las mujeres. Cuando entró en la habitación, no se atrevía a mirar a la cara a Carlota, que le esperaba desnuda y tumbada en la cama. Él, muy puritano, llevaba un camisón que tenía un orificio en un lugar estratégico. Estaba tan azorado después de tantos años de forzada abstinencia que olvidó apagar las velas de cera. Cuando por fin se acercó a Carlota, resollando como un anciano en la penumbra, sintió una especie de resquemor, vieja huella dejada en la memoria por aquel mordisco en la oreja. En la inmensidad del lecho real, ella parecía aún más pequeña de lo que era en realidad. Don Juan nunca olvidaría la mirada de malicia radiante de su mujer cuando se abalanzó sobre él. Y así, entre las sombras vacilantes que dejaban ver los molinos de viento, las cargas de Rocinante, el manteamiento de Sancho Panza y una Dulcinea idealizada, se entregaron el uno al otro con toda la intensidad de su pasión juvenil. Pero sin amor. Lo suyo fue siempre un encuentro de cuerpos más que de almas.

Nueve meses más tarde nacía Antonio, que en paz descanse. Luego vino la princesa Isabel de Braganza en 1797, una niña escuchimizada que al principio respiraba con dificultad, pero que sobrevivió a los primeros meses de vida. Y el 12 de octubre de 1798, después de cuatro días de intensos dolores, nació Pedro de Alcántara José Gonzaga Pascual Serafín de Braganza y Borbón. El repique de las campanas de todas las iglesias de Portugal anunció la buena nueva al pueblo, y en Lisboa las torres de vigilancia y los barcos de guerra atracados en el Tajo lanzaron salvas a mediodía y a medianoche. Al igual que su hermano, fue bautizado en Queluz, pero su bautizo fue modesto porque no era el heredero. Era un bebé orondo de mofletes rosados y aspecto saludable y hermoso, una excepción milagrosa en aquella familia trastocada por las fuerzas de la herencia genética. Le fue asignada una nodriza, pero como Pedro era muy voraz, se estimó conveniente que hubiera una reserva de dos amas de cría más. En total, el niño dispuso de seis tetas para enfrentarse a la vida.

Cuando a los pocos días de nacer abrió los ojos, lo primero que vio fueron las imágenes del hidalgo de La Mancha, y años más tarde, mientras crecía, no se cansaría de pedir a sus niñeras, la mayoría españolas, que le contasen las aventuras de don Quijote y Sancho Panza una y otra vez, hasta la extenuación. No se aburría de tanto oírlas, de imaginarlas, de jugar a atacar enemigos imaginarios y a defender víctimas desamparadas. Se reía y siempre pedía más, y el poso que dejaron en su alma aquellas anécdotas poco a poco fue configurando su personalidad.

Río de Janeiro vivió los dos días siguientes de festejos por la boda nupcial en el mismo ambiente jaranero con las calles cubiertas de albero y de flores odoríferas, banderas y oriflamas ondeando en ventanas y muros. La brillante iluminación nocturna dejaba boquiabiertos a los cariocas, que nunca habían disfrutado de su ciudad de aquella manera. Hubo recepciones, bailes y discursos que culminaron con una ópera y, gracias a la generosidad de un empresario local que asumió los gastos, un ballet... en el Teatro Real. El destino echaba su puñadito de sal a la herida sangrante de Pedro. Abrumado por los recuerdos, estuvo serio, taciturno y hasta desagradable antes y después de la función. Su madre, que debía de adivinar el motivo del comportamiento de su hijo, le hacía constantes llamadas de atención para que no descuidase a su esposa, pero él respondía con un mal gesto. Leopoldina, concentrada en el espectáculo, no parecía darse cuenta de nada, encerrada como estaba en su burbuja de felicidad.

Luego todo volvió a ser como antes y la ciudad se despertó de aquel sueño de grandeza para retomar su aspecto habitual de urbe pacata, tranquila y sucia.


## 19

La diferencia de mentalidad entre los austriacos —los que acompañaron a Leopoldina y los que llegaron en barcos repletos de material científico— y los portugueses que habían decorado su ciudad con motivos romanos de cartón piedra era abismal. Si los primeros tenían una imagen de cerebrales, serios y trabajadores, los segundos la tenían de arcaicos, supersticiosos y perezosos. De la misma manera, la familia a la que se había unido Leopoldina no podía ser más distinta a la suya. Las aventuras sexuales, muy mal vistas en la corte austriaca, en ésta eran protagonizadas por la mismísima reina, y a plena luz del día. El odio que los monarcas se profesaban era de dominio público, pero la aceptación tácita de don Juan de las infidelidades de su mujer lo hacían objeto, si cabe, de un mayor oprobio en la corte. Los hijos, poco instruidos, y las hijas, virtualmente analfabetas a excepción de María Teresa, presentaban un intenso contraste con los Habsburgo, conocidos por su excelencia académica, su disciplina personal y sus altos estándares morales.

Desde que se había instalado en el trópico diez años atrás, la corte portuguesa había evolucionado en una dirección distinta a la de las Cortes de Europa. Quizá lo hizo por la mayor influencia de sus colonias de Goa en la India y Macao en China, que se reflejaba en muchos aspectos de la vida, desde la arquitectura de los edificios cuyos aleros del techo terminaban con una curvatura muy oriental hasta la costumbre de desplazarse en palanquín, sentarse en cojines con las piernas cruzadas para escuchar un recital, usar especias asiáticas para aderezar la comida, o disponer de una reserva inacabable de mano de obra gratuita que el próspero comercio de esclavos proporcionaba. Era una corte exótica.

Desde el momento en que embarcaron en el *Dom João VI*, a los austriacos les había sorprendido el enorme número de cortesanos que formaban parte del viaje, acompañados por un número aún mayor de asistentes, ayudantes, criados, doncellas y esclavos. ¿Para qué necesitaban tanta gente?, se preguntaban. La respuesta era que los portugueses se habían acostumbrado a vivir sin trabajar de la riqueza de sus colonias y del comercio de esclavos.

La misma pregunta se la hacían ahora en el palacio, invadido por cientos de criados, jardineros, ayudantes, etc., pero que a la vez eran incapaces de ofrecer un servicio adecuado. Los austriacos no necesitaron mucho tiempo para darse cuenta de que la deslumbrante embajada de Marialva no había sido más que un señuelo destinado a crear una buena impresión en las cortes de Europa, pero que detrás escondía una realidad distinta, mucho más prosaica. La misma que se percibía en el palacio de San Cristóbal que, aparte de ser vulgar, olía mal y les parecía descuidado. «¿Por qué dejan esa montaña de estiércol en el jardín si atrae a nubes de insectos?», se preguntaban atónitos los invitados, mientras se tapaban la nariz. Peor fue cuando, horrorizados, descubrieron en sus habitaciones orinales a medio vaciar. Esos recipientes hediondos decían mucho sobre aquella corte, mezcla de pompa y dejadez, de pretensión y cochambre, de tacañería y derroche. Aunque, conociendo al rey y su aversión por la higiene, tampoco resultaba tan extraño. Todavía pervivía la mentalidad de que la limpieza era cosa del pueblo, de los que trabajaban con sus manos. Los ricos, los nobles, los cortesanos no se lavaban nunca y combatían el olor corporal a base de perfume. Para los austriacos, aquello era una actitud atrasada, que afortunadamente estaba evolucionando en los palacios de Europa. El caso es que la incuria general, unida a las interminables ceremonias, las misas eternas, el ritual nupcial al que habían sometido a doña Leopoldina, todo se confabulaba para dar una impresión de que la devoción religiosa y el boato de los rituales escondía un cerrilismo rancio y vulgar.

Los esfuerzos de don Juan por modernizar la vida no terminaban de cuajar en la sociedad local. Es cierto que había traído de Portugal la primera imprenta que existió en Brasil y desde entonces se publicaban varias hojas de noticias, había levantado el Teatro de la Ópera, había creado la Biblioteca Real con los fondos traídos de la metrópoli... Consciente de la importancia del conocimiento científico, capital para descubrir y ampliar las riquezas del país, había inaugurado diez años atrás un soberbio jardín botánico detrás de una laguna no muy lejos del centro de la ciudad. En un intento de competir con las ricas plantaciones de té del sudeste asiático, había hecho venir de Cantón doscientas familias chinas para su cultivo.

Antes de que los naturalistas Spix y Martius iniciasen su expedición, don Juan, que siempre hacía todo lo posible para dar satisfacción a su nuera, a la que quería como una hija, quiso mostrarles su obra. Spix y Martius descubrieron que el jardín botánico era una enorme plantación de té atravesada por avenidas bordeadas de gigantescas palmeras, de árboles del pan, de floridos itó, de mangos y papayas, y tenía parcelas plantadas de una gran variedad de especímenes botánicos. Don Juan estaba preocupado porque no conseguían una gran calidad en las hojas de té. En aquel suelo sólo se daba bien una variedad ordinaria que no tenía una buena aceptación en los mercados. Spix le animó a seguir con el incipiente cultivo de otra planta que, según sus averiguaciones, tenía mejores posibilidades de prosperar en aquel suelo tropical. Así fue como el fracaso de un cultivo dio pie al éxito espectacular de otro: el café. Pronto, Spix y Martius iniciaron su expedición por el vasto interior de Brasil que les llevaría hasta el Amazonas. De allí seguirían río abajo hasta Belem, en la desembocadura, en un viaje de exploración que duraría cuatro años.

Por su parte, los acompañantes de la corte austriaca regresaron poco a poco a Europa, dejando a la princesa sola en aquel mundo insólito, a excepción de sus damas de compañía, su médico y sus criadas. Poco a poco fueron acostumbrándose a vivir con el ruido de fondo de la insoportable cantinela de las broncas y los golpes que los criados blancos daban a los esclavos negros bajo cualquier pretexto.

## 20

Ni Pedro compartía la pasión de Leopoldina por clasificar piedras, ni ella era coqueta como las cortesanas a las que el príncipe estaba acostumbrado. Fiel a sus convicciones, se maquillaba poco y vestía con discreción, algo que en sí mismo resultaba chocante en una sociedad donde las mujeres de familias acaudaladas, dedicadas por completo a la pérdida de tiempo, llevaban altísimas pelucas sujetas por una estructura de alambre que llegaba a pesar tres o cuatro kilos, de donde colgaban pequeños objetos como tijeras, cuchillos, plumas, cintas y hasta verduras y frutas. Aquellas señoras que seguían la moda europea con varios años de retraso rara vez se dejaban ver en la calle, sólo en misa o en recepciones oficiales. Vivían como reclusas. «¡Dios mío! ¿Cómo voy a hacerme alguna amiga aquí?», se preguntaba Leopoldina.

Sacrificados en el altar de las conveniencias dinásticas y el juego diplomático, en el fondo a nadie le había importado que las preferencias, gustos e inclinaciones de Pedro y Leopoldina coincidiesen. El único criterio que se había tenido en cuenta había sido su estirpe real y que fuesen aptos para criar una prole de principitos, que a su vez estuviesen orgullosos de su linaje. Sin embargo, a pesar de que todo parecía separarles, encontraron un pequeño terreno común al que aferrarse: la música y la equitación. Leopoldina era una amazona consumada —montaba a horcajadas, como su suegra, aunque de forma más serena, sin la fiereza dominante de Carlota Joaquina—, y los paseos a caballo que ella y Pedro dieron por la zona fueron el escenario de sus primeros afectos.

Juntos visitaban el jardín botánico varias veces a la semana. O iban de caza, explorando los bosques de Tijuca hasta la magnífica cascada donde el agua caía desde una altura de ochocientos metros entre mimosas y palmeras. Cabalgaban a través de malezas vírgenes en excursiones que duraban el día entero con el único fin de recoger unas mariposas. De sus andanzas por la selva atravesada por el vuelo de enormes mariposas azules, donde gritaban las cotorras y donde monos de especies raras, unos con anchos bigotes, otros del tamaño de un puño cerrado, otros de piel roja carmesí, Leopoldina volvía con manojos de flores, aristoloquias violetas, begonias color rosa, orquídeas negras y también con piedras de formas curiosas o trozos de cuarzo que entregaba a su bibliotecario para que los clasificase. También se dedicaban a explorar las faldas del Corcovado, y recalaban en casa del general Hogendorp. Dio la casualidad de que Leopoldina le había conocido en Viena, siendo muy niña, y ese reencuentro en aquel lugar remoto les llenó a ambos de júbilo. El hombre que había introducido a Pedro a las ideas de la época había envejecido mucho, pero seguía teniendo el mismo brillo en la mirada cuando hablaba de su vida en Java, de la estrategia de sus batallas y de Napoleón. Y hablaba francés y alemán, lo que servía para que Leopoldina olvidase durante unos instantes su creciente sentimiento de nostalgia y desarraigo.

Aquellos paseos con su marido eran algo muy poco común y a algunos les parecía una extravagancia, un mal ejemplo, y a otros descaradamente escandaloso. Las únicas mujeres que andaban por las calles eran en su mayoría negras o mulatas y vestían blusas de hilo casi transparente cerradas con un lazo al cuello y anchas faldas de colores. Le sonreían y guiñaban el ojo con un atrevimiento al que no estaba acostumbrada: «Nuestra princesita rubia», decían cariñosamente. Algunas llevaban cestas en la cabeza, otras, bandejas con dulces y frutas, o bien cántaros de agua.

—Aquí está mal visto que las señoras se muestren fuera del hogar. Es de putas —le explicó Pedro.

—¿Y tu madre, que se va de caza sola en su caballo?

—Se han metido mucho con ella por eso. Es la excepción... Mi madre, y ahora tú.

En esos recorridos por la ciudad y sus alrededores, la princesa observaba su nuevo mundo con una mezcla de interés y temor. Sentía que su posición de mujer, y además extranjera, era precaria a ojos de la sociedad. Estaba en un país donde un hombre podía encerrar a su esposa en un convento por simple sospecha de enamoramiento, por pura desconfianza, o a veces ni siquiera por eso. Lo había leído en el relato de un viajero alemán: «*Muchos brasileños internan a sus mujeres, sin razón plausible, durante años en un claustro, simplemente a fin de vivir más a gusto con su amante. Y la ley está siempre de parte del marido.*» El suyo nunca llegaría a esos extremos, de eso estaba convencida, pero aun así, no era muy tranquilizador.

## 21

Sin embargo, lo que mayor impresión causó a Leopoldina fue la cantidad de esclavos que había; en aquella época, dos de cada tres habitantes de Río eran de origen africano. Un tercio de la población estaba esclavizada. Iban desnudos, a excepción de un paño que llevaban alrededor de la cintura, y hablaban idiomas diferentes con vozarrones que acusaban un fuerte acento. «Parecen iguales, pero no son de la misma raza —le explicaba Pedro—. Hay kaffires, quiloas, males, monjolos... Unos vienen de Mozambique, otros de Guinea o Angola.» Todos los africanos habían sido traídos a la fuerza para desempeñar los trabajos que ni los indígenas ni los europeos querían hacer. Río era, de lejos, el mayor mercado de esclavos de América. Leopoldina los observaba: jugaban a pelearse mientras esperaban su turno en la fuente para llenar sus baldes de agua, hasta que el violento latigazo de un capataz restauraba el orden. Entonces la princesa espoleaba a su caballo mientras los esclavos se dispersaban con sus cuerpos mojados que brillaban como el azabache.

Había otros que iban vestidos como señores, con túnicas bordadas, pelucas rizadas y llevaban las manos recubiertas de guantes blancos: eran los que portaban en palanquines a los nobles y a los ricos de la ciudad. En contraste con ese derroche de elegancia, iban descalzos porque los dueños nunca consiguieron imponerles el uso de zapatos. Los pies eran el único resquicio de libertad que les quedaba, y se aferraban a esa desnudez con ahínco. Ni siquiera don Juan, que se desplazaba por la ciudad en un palanquín sostenido por doce esclavos en uniforme de librea, llegó a conseguir nunca que se calzasen.

—¡Pedro, mira! ¿Qué es eso? ¡Por Dios! —preguntó Leopoldina un día mientras atravesaban un arrabal de la ciudad, al ver a un grupo de africanos con la piel cubierta de rayas blancas.

—Tigres —contestó él.

Eran los esclavos más bajos en el escalafón. Entre ellos había fugitivos que habían sido atrapados, así como otros castigados por sus dueños a hacer las tareas más ingratas... Los *tigres* se encargaban de transportar en pesados toneles los excrementos recogidos de noche en las casas para tirarlos al mar por la mañana. Al desbordarse la carga, ésta caía a chorretones sobre la piel y el amoniaco y la urea de los orines y las heces la quemaba, dejando estrías blanquecinas por todo el cuerpo que sugerían las rayas de un felino. Leopoldina, que era una alma caritativa, quiso dar una limosna a los *tigres* que había descubierto, pero en seguida se agolparon tal cantidad de esclavos alrededor de su caballo que Pedro tuvo que intervenir haciendo chasquear su látigo:

—¡Largo de aquí! ¡Fuera! ¡Dejadla en paz!

A pesar de los gritos de su mujer, no dudó en azotar a uno de los *tigres* recalcitrantes.

—¡Déjalo, Pedro! ¡Por favor, no le pegues!

—¡Ponen nervioso a tu caballo! ¡Fuera de aquí! —les repetía.

La autoridad del príncipe hizo que no tardasen en dispersarse. Pedro cabalgó hasta llegar a la altura de Leopoldina:

—Dame un par de esas monedas, por favor —le pidió, antes de llamar al esclavo al que había tenido que pegar.

—¡Eh, tú!

Pedro galopó hacia el hombre, que estaba asustado, pensando que la saña del príncipe se abatiría contra él con más furia aún. Se protegió el rostro con los brazos, esperando el contacto lacerante del látigo.

—Toma —le dijo Pedro entregándole las monedas—. Y te pido disculpas, ¿eh?

El hombre le miró incrédulo, suspiró, cogió tímidamente las monedas y musitó un «gracias, señor» agachando la cabeza.

Los esclavos no sólo estaban en el palacio o en las casas ricas de la ciudad, como había podido comprobar Leopoldina, sino que estaban por doquier. Aparte de dedicarse al transporte de mercancías y personas, hacían todo tipo de tareas manuales: eran barberos, zapateros, recaderos, tejedores de cestos, vendedores de forraje, de refrescos, de dulces, de agua, de café... Su presencia en cada esquina, en cada trecho de calle, formaba parte intrínseca del paisaje. Los esclavos que Leopoldina veía trabajar en los jardines del palacio habían sido el regalo de un rico hacendado a su suegro don Juan nada más desembarcar en Río... Y el propio rey también recurría a músicos esclavos para amenizar sus veladas. Estaba en un mundo donde hasta los colonos pobres tenían esclavos: los carpinteros los usaban para que les llevasen las herramientas y las maderas, los oficiales para que les portasen las armas, las amas de casa para hacerse la manicura. Los usaban hasta para rezar en nombre de sus dueños. Se les veía musitando avemarías mecánicamente frente a oratorios dedicados a la Virgen y empotrados en los muros.

—Dicen los criollos que los esclavos son el cimiento de Brasil —le decía Pedro.

Leopoldina, con su lógica teutona, en cambio, preguntaba:

—Si uno se considera un buen cristiano, como tu padre, ¿cómo puede dejar que haya tantos mendigos, tantos negritos, pobrecitos, con la piel cubierta de heridas?

Algunos niños estaban esqueléticos, sobre todo los que yacían desnudos al sol en los patios del mercado de Valongo, un lugar macabro donde se confinaba a los esclavos recién llegados y donde hacía un calor asfixiante. Desde la distancia, la austriaca vio cómo los traficantes hacían desfilar desnudos a hombres y mujeres y cómo los compradores inspeccionaban sus dientes, les tocaban los genitales, les hacían correr y les golpeaban para comprobar cómo reaccionaban. No todos los compradores eran hombres; también había mujeres que salían de compras por la mañana en busca de una nodriza o una criada. Mientras contemplaba aquel espectáculo, Leopoldina tuvo que colocarse un pañuelo en la cara para soportar el hedor que despedía el cementerio de los llamados «negros nuevos», detrás del mercado, donde se enterraba en filas a los que habían muerto durante el viaje o antes de ser comercializados, de pie o de cabeza, para aprovechar el espacio al máximo.

—Aunque cueste creerlo, la situación ha mejorado mucho desde que llegamos... —explicaba Pedro, abochornado por lo que pudiera estar pensando Leopoldina.

Ella estaba entre escandalizada y profundamente conmovida. ¡Qué lejos quedaba la vida de los palacios de Schönbrunn o Laxenburg!, pensaba. Pedro prosiguió:

—Mi padre intentó cambiar las cosas, pero no es fácil. Por ejemplo, mandó prohibir la práctica de marcar al hierro candente la piel de los negros.

—Pero si están todos marcados... —dijo Leopoldina.

—¿Sabes por qué?

La austriaca negó con la cabeza.

—Porque la alternativa que había, es decir, collares y esposas de metal, aún resultaba más dolorosa. De modo que se volvió al hierro.

Leopoldina se debatía entre la pena y el asco, el horror y la compasión. En un país de abundancia donde había frutos en todos los árboles, no había comida para todos. En un país confesional, no había quien protegiese a aquellas criaturas medio muertas que, gimiendo y quitándose las moscas de encima, extendían su mano trémula para pedir una limosna. Los propios curas vivían una vida depravada, y según le contaba su marido, sin decir que había sido testigo de ello, no se avergonzaban de entrar en casas de citas a plena luz del día.

—Muchos viven en concubinato y negocian con todo, esclavos, oro... La orden de San Benito es dueña de más de mil esclavos...

«¡Dios mío! —se decía Leopoldina—. ¿Adónde he ido a parar?» Sólo encontraba consuelo en la presencia reconfortante de su marido, que le siguió contando cómo su padre, para reducir la mortalidad en los viajes desde África, impuso un límite al número de negros por tonelaje que podían transportar los barcos, así como la obligación de llevar un médico a bordo.

—Hace unos años recaló en la bahía un barco procedente de Angola, con todos los esclavos muertos en su bodega. Cuando mi padre se enteró, promulgó una ley especial...

Dicha ley obligaba a los negreros a incentivar con dinero a los capitanes que mantuviesen la mortalidad en los barcos por debajo del tres por ciento.

—Pero rara vez lo cumplen. Muchos de los esclavos mueren durante el viaje. Tampoco se ven ahora los castigos en los *pelourinhos*, esos postes que ves en las plazas. Allí, los capataces ataban al esclavo para administrarle una serie de latigazos frente al público.

Ahora los castigos los efectuaban, previo pago, funcionarios de la corona en el patio de la cárcel. La corona no había podido restringir la esclavitud, pero por lo menos había intentado controlarla burocratizándola. Los criollos habían accedido a esos cambios para mantener el decoro. Cedieron ante los argumentos de los funcionarios del rey: no quedaba bien azotar a la gente en las plazas públicas, pues era una costumbre que desprendía un tufo salvaje y cruel a corte de la antigüedad. Ahora que don Juan se había instalado en Río, había que darle a la ciudad un aire menos bárbaro, más propio de la capital de un imperio, sede de una monarquía de rancio abolengo y profundos principios cristianos que quería abrirse al mundo. De manera que los criollos aceptaron unas medidas que no cambiaron su esencia de ciudad colonial y esclavista, pero que la disimularon un poco.

22

A la par que descubría la ciudad y esa sociedad tropical, despiadada y estrafalaria, Leopoldina descubría también a su marido, un hombre fogoso y autoritario, capaz de humillar y castigar pero también de arrepentirse y de pedir perdón. Podía ser hiriente con sus palabras, y hasta malvado, como cuando su caballo perdió una herradura de regreso del bosque de Tijuca. Impaciente porque se echaba una tormenta encima y Leopoldina se asustaba con la violencia de los rayos y truenos del trópico, y como el herrador no acertaba a clavar la herradura en la pezuña del animal, Pedro le apartó de un gesto brusco:

—¡Déjame hacerlo a mí, patoso! —le soltó exasperado.

Y él mismo cogió las herramientas y terminó la tarea. No en vano decían en Río que Pedro era el mejor herrador de la ciudad.

Leopoldina aprendió a no sorprenderse demasiado por la brusquedad del carácter de su marido, que veía como reflejo de la aspereza del mundo que le rodeaba, y de que se hubiese criado en un entorno de hostilidad entre sus padres. Se lamentaba de que don Juan, parapetado detrás de una cohorte de aduladores, no dejase que su hijo participase en los asuntos públicos. Lo tenía apartado, excepto por las exigencias del protocolo. Muy desconfiado y precavido, el rey estaba siempre a la espera de una traición y el hecho de que su hijo profesase ideas liberales ya podía considerarse una deslealtad. Además, el carácter voluble e impulsivo de Pedro le recordaba al de Carlota, y precisamente porque era el heredero, lo tenía especialmente a raya. El resultado era que Pedro vivía en un estado de ociosidad impuesta que le exasperaba. Aparte de los paseos con su mujer, pasaba el tiempo domando potros, conduciendo carruajes o ensayando con una orquesta de africanos... Activo como era, ardía en deseos de escapar de la tutela paterna y de desempeñar algún papel relevante en la vida pública. La lectura de obras de Voltaire y Benjamin Constant que habían llegado en los baúles de Leopoldina le había confirmado en sus creencias más liberales, lo que a su vez aumentaba la suspicacia del rey, quien siempre encontraba nuevos argumentos para apartarle del trono: que si era muy joven, que si era inestable, que si estaba contaminado por ideas revolucionarias...

—Es joven, es lógico que sea rebelde —le decía el preceptor de Pedro.

Leopoldina, que encarnaba el espíritu tradicional de la Santa Alianza, tampoco estaba de acuerdo con las ideas liberales de su marido, pero era tolerante. Tanto que ella había traído consigo aquellos libros por mera curiosidad pero no porque suscribiese sus tesis. «*Mi esposo tiene un temperamento exaltado* —escribió a su hermana—, *pero tiende hacia todas las innovaciones, le gusta todo lo que significa libertad.*»

Las ideas progresistas eran para Pedro la manera de rebelarse contra la autoridad de su padre. Los que le rodeaban —esa «chusma de lameculos», como él mismo los definía— sospechaban que tenía contacto con las logias masónicas, que en aquella época estaban a la vanguardia de los enemigos de la monarquía absoluta, defendían la igualdad de los hombres y pretendían abolir todos los privilegios, y en el campo político querían una Constitución y un Parlamento. Aquello no era cierto, pues Pedro aún no había entrado en contacto con los masones, pero no disimulaba sus preferencias por las mismas ideas.

—La monarquía, tal y como la conocemos hoy, tiene sus días contados... —se le oyó decir cuando don Juan prohibió por decreto las logias masónicas a principios de 1818.

Aquello dio lugar a una agria discusión después de la ceremonia del besamanos, en presencia de toda la familia y de parte de la corte. Pedro criticó la medida que había tomado su padre, y la comparó con la abolición de la Constitución de Cádiz que había decretado Fernando VII en España. Terminó su comentario con una frase lapidaria:

—De todas maneras, ¿qué se podía esperar de ese rey que se vendió a Napoleón?

En ese momento, Carlota se le acercó, con su cojera característica, los rasgos crispados, la mandíbula apretada, y le miró fijamente a los ojos.

—No te permito que hables así del rey de España...

—Pero es cierto... ¡Si hasta los españoles le llaman el rey felón! Ha sido un trai...

Su madre no le dejó terminar la frase. Levantó la mano y le asestó una bofetada con todas sus fuerzas. Pedro se quedó impasible, mudo ante la humillación. Ni siquiera hizo un gesto de protesta. Digno, impertérrito, firme, escuchó a su madre en silencio:

—No te permito que hables así de mi hermano, del marido de tu hermana, ni de ningún miembro de tu familia... ¡Descastado!

Y cruzó la sala renqueando, dejando a todos boquiabiertos, especialmente a Leopoldina, que no podía creer lo que acababa de presenciar. Con un pañuelo en la mano, se acercó a limpiar unas perlitas de sangre que brillaban en la mejilla de Pedro, resultado del pequeño laceramiento provocado por los afilados diamantes que la reina llevaba en sus anillos. *«Si el señor supiera cuán penoso es, después de haber sido tan feliz en mi familia, donde estábamos tan unidos* —escribió Leopoldina a su padre a raíz del incidente—, *encontrarme aquí, donde todos se llevan tan mal, donde todo el mundo intriga...»* Pero Leopoldina aún habría de bajar bastantes peldaños más en la cueva oscura donde la vida la había metido.

Aquella misma noche se llevó un susto de muerte cuando, de madrugada, Pedro se despertó temblando, incapaz de controlar sus movimientos. Los temblores dieron paso a unas violentas convulsiones y acabó retorcido en el suelo, echando espuma por la boca. Aterrada, Leopoldina recordó lo que había dicho aquel médico alemán a su padre antes de la boda. ¿Sería verdad que su marido, que yacía en el suelo con los ojos en blanco, era epiléptico? Tuvo la presencia de espíritu de colocarle un pañuelo en la boca para que no se mordiese la lengua ni los labios. La crisis apenas duró un minuto, pero se le hizo eterna. Ella le abrazaba en el suelo para intentar controlar sus convulsiones. *«Pasé un miedo terrible porque yo era el único socorro* —escribió a su hermana con la mano todavía temblorosa—. *Pienso que las malas relaciones familiares y el clima de Brasil contribuyen mucho a esta dolencia. Por eso, deseo volver un día con él a su patria...»*

Pedro se recuperó, aunque se echaba a temblar cada vez que recordaba la humillación a la que su madre le había sometido, tanto que su mujer temía que volviese a caer en una crisis. Aquélla no había sido la primera vez que Carlota le había cruzado la cara en público, aunque siempre lo había hecho cuando era un niño. Era bien sabido que su madre perseguía a su hermano Miguel con un zapato en la mano para arrearle, pero nunca pensó que pudiera hacerle algo así a su edad, recién casado. Leopoldina le abrazaba y procuraba quitar hierro al asunto.

—Ten mucho cuidado con lo que dices —le avisó Pedro—. Mejor no menciones abiertamente lo de ir a Portugal, te puede causar problemas.

Le explicó que aquélla era la gran brecha abierta en su familia, pues su madre deseaba volver tan ardientemente como su padre se negaba. Los que estaban interesados en el regreso del rey a Lisboa utilizaban el argumento de que un cambio de clima podría mejorar la enfermedad del príncipe. Por eso, la palabra «epilepsia» era tabú en círculos próximos al rey. Lo llamaban «crisis de nervios, simples convulsiones causadas por el sol ardiente». Así, sin saberlo, Leopoldina entraba también a formar parte del rifirrafe de intrigas cortesanas.

—¿Y a ti te apetece volver? —le preguntó Leopoldina.

—Sí... Con tal de estar lejos de...

No acabó la frase. Adoptó un tono menos íntimo, más grandilocuente para justificarse:

—No se puede abandonar Portugal a su suerte, como hace mi padre.

Con la seguridad de que tenía a su marido de su parte en esa cuestión, Leopoldina intentó influenciar a su suegro a través del diplomático alemán Von Eltz. Pero a la sugerencia de que Pedro y Leopoldina regresasen a Europa, don Juan le había respondido en su estilo lacónico:

—Comprendo al señor, pero eso no puede ser.


## 23

Unas semanas después se produjo una segunda crisis que provocó en Pedro fuertes vomitonas. Y esta vez no había habido bronca de su madre. *«Ha tenido un ataque muy violento el día 7* —escribía Leopoldina a su hermana—. *Estaba sola con él y tuve la mayor dificultad en desabrochar su corbata, atada con un lazo, que amenazaba con asfixiarle. Dicen que ha sido otro ataque de nervios, pero infelizmente me parece que es epilepsia.»* ¿Tendría razón aquel informador alemán que aseguraba que el otro gran defecto de Pedro eran sus devaneos con toda clase de mujeres? Leopoldina descartó de un plumazo ese funesto pensamiento porque compadecía a su marido y estaba ciega de amor. *«Puedo garantizaros, queridísimo padre* —escribió al emperador de Austria—, *que gracias a Dios tengo un marido de carácter bueno, justo, franco y directo y que posee un buen corazón.»* En otra carta, le rogaba a su padre que no creyese las historias escandalosas que circulaban sobre su marido. Le aseguraba que Pedro pasaba todo el día con ella, que había abandonado completamente las visitas a las tabernas y que no veía a otras mujeres. Era cierto.

Pedro era sensible al amor que le profesaba su mujer, a su buen talante, a su dulzura y a la dedicación que le demostraba. Aparte de sus cambios de humor y sus ataques epilépticos, la mayoría del tiempo estaba animado. La condesa de Kunburg lo confirmaba en una carta: *«El príncipe está encantado con su esposa, y ella con él. Los dos pasean diariamente, siempre solos, como dos enamorados.»*

También dentro de casa, la vida doméstica se desarrollaba en un ambiente de sosegada felicidad, que sorprendía a los que conocían a Pedro. El príncipe parecía transformado, aunque nadie hubiera apostado porque ese cambio fuese duradero, menos aún el Chalaza, que ahora frecuentaba a su hermano Miguel. Ellos eran el viejo mundo. *«Desde su casamiento* —escribió un diplomático alemán—, *Pedro se ha vuelto bastante más serio.»*

Había entrado en un universo nuevo de la mano de una buena compañera, una mujer que le ampliaba el horizonte, que le hablaba de la corte de Viena, de Napoleón, de política e historia europeas, de los reyes del viejo mundo, que le había hecho descubrir a Voltaire y a Benjamin Constant... A la vez era valiente a la hora de compartir días a caballo en lugares apartados y salvajes. Ella tenía una sensualidad especial, afectaba una reserva que la hacía diferente de las demás mujeres. El secreto de su atractivo era una mezcla de pasividad y distinción. Parecía que escondía en su interior una misteriosa cualidad que la hacía permanecer como apartada, siempre con su sonrisa tranquila, incluso cuando se entregaba al deseo febril de su esposo. A él le gustaba esa mirada lejana, esos ojos claros que sonreían, y esa manera tan peculiar de abandonarse a sí misma.

Además de la equitación, les unía la pasión por la música. Sentada al piano, Leopoldina acompañaba a su príncipe, siempre dispuesto a tocar la flauta, el violín o el trombón. A Pedro la música le proporcionaba sosiego, revelaba el fondo tierno y soñador de su sensibilidad tantas veces crispada por la ira y por fugaces depresiones. Leopoldina reconoció el talento de su marido y le animó a estudiar composición con el pianista austriaco Sigismund von Neukomm, discípulo de Haydn, que se había instalado en Brasil unos años atrás.

En realidad, la inclinación de Leopoldina por la vida intelectual, más que un obstáculo, fue un aliciente para las buenas relaciones que compartían. Pedro, que era lo suficientemente inteligente como para darse cuenta de sus innumerables lagunas, vio en su mujer la posibilidad de colmarlas. Sentía franca admiración por su cultura y talento. Aparte de música y científica, Leopoldina era una consumada pintora de retratos y paisajes. Al igual que le había sucedido en su relación con la bailarina francesa, Pedro volvía a disfrutar de un contacto íntimo y duradero con alguien cuyos conocimientos eran muy superiores a los suyos. Consciente de ello, no quería desperdiciar esa oportunidad que le brindaba la vida, máxime cuando acababa de enterarse de que Noémie había aceptado casarse con un marino francés que la había llevado de vuelta a Europa. Cuando echaba la vista atrás, apenas distinguía las brasas del fuego que había ardido en sus entrañas. Le quedaba un sentimiento de pena por lo que pudo ser y no fue, una vaga sensación de nostalgia, y siempre una punzada de dolor por aquel niño muerto. Pero estaba pasando página.

*«Cuando Pedro está a mi vera, me siento protegida y segura»*, había escrito Leopoldina a su hermana. En general, Pedro era muy generoso con el tiempo y los esfuerzos que dedicaba a los que le rodeaban. Y con más razón, los que deparaba a su mujer. Se volcó en organizar cuatro días de festejos para celebrar el vigésimo primer cumpleaños de Leopoldina, el 22 de enero de 1818. El rey había mandado construir una plaza de toros provisional frente al palacio, y Pedro, acompañado de su hermano Miguel, estuvo escogiendo minuciosamente los toros que participaron en el espectáculo de rejoneo que tuvo lugar la tarde del cumpleaños. Todos los rejoneadores eran portugueses, ya que los brasileños nunca demostraron afición por

los toros. El entusiasmo que la austriaca sentía por la belleza del ballet que ejecutaban los jinetes en la plaza se enfrió de repente cuando uno de los rejoneadores cayó al suelo y acabó corneado en una orgía de sangre; el hombre murió ante los gritos del público. La tarde siguiente le tocó el turno a otro *toureiro*. «Qué horror», pensó la princesa, escandalizada de que su cumpleaños se hubiera llevado por delante la vida de dos personas. Hubiera preferido mil veces haberlo celebrado con un gran baile como los de Viena. A su hermana, después de contarle todo lo sucedido en una carta, le confesó: *«Sinceramente, me gustaría bailar un vals de vez en cuando.»* Los portugueses de la corte reaccionaron al revés. Estaban exultantes ante el éxito de las corridas y pidieron al rey la construcción de una plaza de toros permanente en Río. Don Juan, como siempre, contestó con evasivas.

Su mente estaba ocupada en la celebración de otro magno acontecimiento, que tuvo lugar dos semanas después: la ceremonia de su entronización como rey, que llevaba dos años posponiéndose porque el clero tardaba en declarar que la difunta reina María había abandonado oficialmente el purgatorio.

Acudió gente de todos los rincones de Brasil para asistir a la primera entronización de un soberano que tenía lugar en el Nuevo Mundo. En una gala rodeada de todo el boato cortesano, Juan VI aceptaba la petición de varias delegaciones de gobiernos locales de Portugal y Brasil para que reinase sobre ellos. Hizo su juramento posando la mano sobre una Biblia, sentado en un trono con el cetro en la mano y con una corona colocada sobre una mesita a su lado. Tocado de un sombrero de plumas, era la primera vez que lucía su manto real ante sus vasallos brasileños. «Vestido así, casi parecía un rey de verdad», pensó Carlota. Sus hijos Pedro y Miguel se le acercaron, hicieron la reverencia y le juraron lealtad. Ministros y favoritos de don Juan les miraban con una mezcla de desprecio y aprensión. Detrás estaba Leopoldina, con un tocado de grandes plumas blancas, junto a las otras princesas, vestidas de rojo.

Carlota, a la derecha de su marido, asistía impasible al espectáculo de la consagración de esa monarquía en el trópico.

Lo que tenía que haber sido una anomalía parecía empezar a convertirse en una presencia permanente. Sólo esperaba que las crecientes presiones que su marido recibía para regresar a Portugal desde que había muerto la reina María surtiesen efecto lo antes posible. En aquella familia, todos tenían razones para volver, aunque cada uno tenía la suya, y era distinta a las demás.

Don Juan, sin embargo, precisamente para contrarrestar esas presiones, se pasó el día distribuyendo títulos de nobleza. Los primeros agraciados fueron los portugueses, para convencerles de que habían de quedarse en Brasil de forma indefinida; y también hubo títulos para los brasileños, para darles la seguridad de que la presencia de la monarquía no era un espejismo, sino que estaba allí para quedarse. Don Juan los quería a todos contentos, y excepto en el caso de su esposa lo conseguía. ¿No rezaba un cartel colgado en la fachada de una casa solariega «Al padre del pueblo; al mejor de los reyes»? Ese día, en un deseo de satisfacer a su nuera, nombró a su médico austriaco, el doctor Kammerlacher, Caballero de la Orden de Nuestra Señora de la Concepción. Bajo su reino, la nobleza se expandía considerablemente. Decía la gente que en Portugal se necesitaban quinientos años para que una familia produjese un conde. En Brasil, bastaba con quinientos *contos de reis*.

24

Aquel rosario de celebraciones populares, con sus mascaradas y la participación activa de todas las clases sociales, estuvo en el origen de lo que más tarde se convertiría en los famosos carnavales de Río. Leopoldina, sin embargo, acabó cansada de tanto festejo. Como siempre, vivía al ritmo de esa corte extraña, entre el derroche de unas fiestas que no terminaban nunca y la estrechez de su vida doméstica. Ella, que había salido de la corte más lujosa de Europa, sufría de la falta de espacio que padecía en su nueva morada. Nunca pudo desembalar ni toda su biblioteca, ni todas sus colecciones, ni parte del ajuar que le proporcionó la corte de Viena. Telas finas, ropa de uso doméstico y vestidos poco apropiados al clima permanecieron en los baúles porque no se podían guardar en otro sitio. Sin embargo, nunca se la oyó quejarse. Daba igual, estaba feliz con su suerte: «*Le falta cultura y sofisticación* —admitió en una carta a su padre, en la que hablaba de Pedro— *pero a mí no me importa, aprecio que tenga una alma noble que deteste los embustes y las intrigas.*»

¿Alma noble? El primer roce que tuvieron fue por dinero. Si bien era cierto que su marido se entregaba generosamente a los demás, lo hacía con una sola reserva, el dinero. Mantenía un estricto control sobre los gastos. Leopoldina repartía limosnas alegremente, gastaba sin mirar para socorrer a familias en la penuria, era espléndida con sus criados. Gastaba siempre en los demás y muy poco en ella. Lo hacía porque era generosa y por deber de caridad cristiana, hasta que descubrió que su mesada, estipulada en su contrato de matrimonio, no le era pagada con la asiduidad que habían convenido. De repente se vio endeudada y tuvo que recurrir a su padre: «*Es inmensamente penoso para mis sentimientos de alemana y de austriaca recurrir al señor, mi querido padre, por causa de una cuestión financiera...* —Y añadía—: *Cuando recibo la mesada, mi marido la retiene porque la necesita...*» Las malas lenguas decían que Pedro la extorsionaba; la verdad es que no llegaba dinero y tenían que repartirse lo poco que recibían. La corona tenía que pagar ahora el coste del engaño que había supuesto la embajada de Marialva, todos los gastos ocasionados por la boda, más los provocados por el funeral de la abuela, la entronización, etc. El Estado estaba virtualmente en quiebra. ¿Qué podía hacer el emperador de Austria, allá en Viena, para remediar la situación? Bien poco, sobre todo porque el correo tardaba seis meses en llegar.

A los problemas materiales, que nunca esperó que pudieran afectarla, se añadió la separación de sus damas de compañía y de sus criados austriacos. Su regreso a Europa había sido programado en las negociaciones de su boda en Viena, pero no por ello dejaba de ser doloroso. La idea de separarse de su vieja criada, que se llamaba Annony, le partía el corazón. Pero lo que la puso literalmente enferma fue no poder pagarle la pensión a la que se había comprometido, ni a Annony ni a los demás criados. Pedro se opuso firmemente a ello.

—No hay dinero —le dijo, antes de añadir algo que mostraba el lado ignorante que ella empezaba a temer—. El dinero portugués tiene que aprovechar a portugueses.

—Pero me había comprometido... Han dedicado su vida a cuidarme, no puedo hacerles algo así.

La diferencia de mentalidad que había entre ambos se presentaba como un escollo insalvable. Pedro no entendía tanto miramiento con el servicio, en un país donde el trabajo esclavo se daba por hecho. No cedió, no podía ceder. De todas formas no tenía de dónde sacar dinero.

Por primera vez, Leopoldina se quejaba amargamente de la actitud de su marido en una carta a su padre: *«Estoy bien triste, me encuentro en una situación muy penosa para mi corazón por no poder pagar algunas pensiones que debo a algunos criados muy queridos. Claro que es la voluntad de mi marido y estoy obligada a obedecer.»* Ella quería a Pedro un poco como una niña que reconocía en él a una autoridad superior, a pesar de que ella era más culta, más recta y quizá más inteligente que su marido. En el fondo, él era celoso. Desconfiaba de los austriacos que no controlaba y que rodeaban a su mujer. No hizo nada ni por intentar retenerlos ni por compensarles con una pensión. No lo veía como un problema suyo.

Leopoldina terminaba la carta a su padre haciéndole un ruego: *«Bondadoso padre, recomiendo mis tan queridas criadas a vuestra gracia y a vuestro cuidado.»* Fue una despedida amarga. *«Su marcha me deja bien melancólica pues me quedo completamente abandonada de mi gente en esta América cálida y desierta. Todos mis amigos están en Europa. Eso desanima a cualquiera.»* Desgarrada por la nostalgia de su tierra natal, Leopoldina apareció una tarde frente a la casa donde vivían sus damas de compañía, en el centro de la ciudad, montada en su magnífico caballo.

—Decidle a la condesa Kunburg que no venga a visitarme mañana —le dijo al mayordomo que había abierto la puerta—. Despedirme de ella me duele demasiado.

Y el caballo fue apartándose hasta que se alejó al galope

corto. Era una reacción propia de una mujer acostumbrada a controlar sus sentimientos de manera férrea. Sólo una alemana podía reaccionar así.

Sus damas de compañía y sus criados fueron sustituidos por una cohorte de portugueses desconocidos con apellidos altisonantes, como la condesa de Linares, su nueva camarera mayor, su doncella la señorita Inés da Cunha, o el nuevo mayordomo, el conde de Lousa. ¿Podía confiar en ellos? Leopoldina tenía sus dudas. Con el tiempo descubrió que sólo una de ellas, la marquesa de Itaguai, «persona muy fea pero de excelentes cualidades», merecería su confianza, porque los demás participaban en todas las intrigas. Se sentía atrapada en medio de una telaraña.

Se quedó muy sola, sin nadie en casa con quien pudiera practicar su lengua materna. De todas maneras, ya no hablaba a diestro y siniestro sin pensárselo antes. Perdida en esa sociedad esclavista, amoral, donde una palabra ingenuamente pronunciada constituía un peligro, viviendo en una familia donde todos eran enemigos, asustada y aislada, empezó a tomar conciencia de todo lo que había dejado atrás, de todo lo que había perdido sin remedio. La invadió una nostalgia tan intensa que soñaba con la nieve y el viento frío de los Alpes.

El despertar era duro, chorreando sudor, asfixiada por el aire cargado de humedad, con la piel caliente, las manos pegajosas y la ropa mojada. Para soportar la saudade, se aferraba a su fe en Dios y a la correspondencia con su padre y su hermana, cordón umbilical que daba sentido a su vida. Uno de sus paseos preferidos consistía en caminar por la orilla del mar para ver pasar barcos que ella sabía que traían correspondencia de Europa, y si no aparecían, se hundía en la tristeza. *«La correspondencia es mi único consuelo en esta larga y dolorosa distancia»*, escribió a su hermana.

Pedro no la abandonó en ese momento. La veía tan mal que se la llevaba de paseo por la montaña. Cuanto más arriba, mejor, ya que cuanto más frío hacía, menos abatida parecía estar. Visitaban con frecuencia al general Hogendorp, quien siempre les recibía con los brazos abiertos y con su licor de naranja, y el simple hecho de poder hablar en su idioma, de poder compartir sus impresiones, devolvía a Leopoldina cierta serenidad. Pero Hogendorp vivía apartado de la sociedad, excluido por voluntad propia, y no podía entender las fuerzas a las que ella estaba sometida. Por eso el consuelo que sacaba de aquellas visitas era limitado.

## 25

Poco a poco se fue adaptando a su nueva vida, porque era dócil pero sobre todo porque no tenía otra salida. Su estado de ánimo mejoró notablemente cuando se dio cuenta de que sus sueños estaban a punto de hacerse realidad: *«He tenido las primeras náuseas* —escribió a su familia—, *es una buena señal...»* Quedarse embarazada era su razón de ser. Estaba dispuesta a soportarlo todo: un entorno rudo de gente que no veía más allá del aguardiente y las corridas, la soledad de no encontrar amigas que estuvieran a su nivel, la falta de cultura y civilidad, los sofocos del calor..., todo con tal de tener hijos, de proporcionar herederos, de continuar la dinastía. Eso era lo esencial en su vida, y se sentía tan eufórica que escribió a su tía María Amelia: *«El bendito acontecimiento ocurrirá en marzo, pero ya puedo apreciar, sin haberlo experimentado, la dicha de ser madre.»* Estaba convencida de que esperaba un varón. A los seis meses de embarazo, su médico le prohibió montar a caballo, de manera que ya no podía acompañar a Pedro ni visitar a Hogendorp. Se limitaba a dar paseos a pie o en carruaje abierto a primeras horas de la mañana. Después, a medida que el calor aumentaba, se quedaba en casa dibujando, leyendo, tocando o componiendo música.

Pedro, condenado de pronto a una abstinencia a la que no estaba acostumbrado, empezó a sentirse como un animal enjaulado y desgraciado. Los ardores de su sexualidad desmedida no casaban con aquella tranquila espera. Sencillamente, no podía vivir sin sexo. Más que una necesidad, era una pulsión irrefrenable lo que le empujaba a buscar alivio como fuese. Era capaz de ser fiel con su corazón, pero no con el dictador alojado entre sus piernas. La esposa debía mantenerse virtuosa pero el hombre gozaba de toda la libertad necesaria, así rezaba la doble moral de la época. El placer sexual era una cosa, y la santidad de la esposa, otra. Esta dicotomía, unida al hecho de que siempre lo había tenido fácil, de que vivía en un mundo influenciado por el calor extremo, la exuberancia de la naturaleza y la laxitud de las costumbres, le empujó de nuevo a frecuentar al Chalaza.

—Ayúdame, hermano, pero que no lo sepa nadie.

Pedro no quería rasgar el envoltorio de felicidad de su matrimonio, de modo que el Chalaza le organizó escapadas al conocido burdel de una francesa, una auténtica profesional que aseguraba la discreción más absoluta. Allí se desahogó con aves de paso: una mulata de cuerpo escultural, una doncella que lo tentaba, una polaca de quince años... Sexo sin amor, pecados cometidos a hurtadillas, con todas las precauciones posibles para que no transcendiesen.

De cara a la galería, seguía cumpliendo con su papel de buen marido. Conseguía que Leopoldina no sufriese demasiado por la soledad de su vida en Brasil, por las estrecheces ni por el cambio de costumbres tan radical. Ella vivía concentrada en su embarazo y ya había olvidado los sinsabores de no haber podido pagar a sus criadas alemanas. Estaba satisfecha y feliz porque notaba que tenía a su lado a un marido «solícito y comprensivo» que la ayudaba a lidiar con el miedo ante lo que se le avecinaba. Fue en aquella época cuando Pedro alteró las costumbres nocturnas. A la hora de dormir, mandaba cerrar los aposentos de su mujer hasta el día siguiente y daba orden de que los vigilasen. Ella se dormía tranquila y confiada porque pensaba que él lo hacía por celos, o sea por amor. Pobre inocente... Cuando las luces se apagaban, Pedro se marchaba a la ciudad a frecuentar los tugurios que regentaba el Chalaza o el burdel de la madame francesa. Cuando regresaba, de madrugaba, pasaba revista a los guardas del palacio para asegurarse de que no había habido ninguna novedad.

Cuando Leopoldina acusaba ya una tripa notable, llegó de España una noticia que la sobrecogió. Isabel de Braganza, la mujer de Fernando VII, fugaz reina de España, hermana mayor de Pedro, acababa de morir en Aranjuez a la edad de veintiún años. Sin embargo, lo que la afectó especialmente fue el relato de los detalles de su muerte. En el último tramo del embarazo, su cuñada había sufrido un ataque epiléptico y había entrado en coma. Los médicos de la corte, creyendo que había sucumbido a un ataque cerebral, intentaron encarnizadamente salvar al bebé, que al fin y al cabo era el heredero al trono de España. Practicaron una cesárea a la madre de manera tan precipitada que al hacerlo le cortaron arterias y órganos vitales. Fue un esfuerzo vano porque el niño resultó ser una niña que además nació muerta. Ante la sorpresa de los médicos, quien revivió fue la madre, pero sólo por unos breves instantes, suficientes para darse cuenta de la carnicería de la que había sido víctima. Murió poco después, en medio de una agonía atroz. Leopoldina se tocaba la tripa con ojos de espanto al escuchar el relato pormenorizado de la muerte de su cuñada. Pedro hubiera querido ahorrárselo, pero era tan escabroso que estaba en boca de todos. El intento de disimularlo fue contraproducente porque acentuó aún más el pánico de su mujer.

Don Juan pasó varios días encerrado en la Capilla Real orando por el alma de su hija muerta. De nuevo el régimen de su cuñado Fernando había mostrado su iniquidad y su incompetencia. Acababa de romperse irremediablemente otro lazo de unión con su mujer; Dios deshacía lo que los hombres habían creado.

Carlota, muy afectada, recordaba a su hija en la cubierta del *Sebastião*, tan joven y tan llena de ilusión por ir al encuentro de su tío y marido, al encuentro del país de su madre que tantas ganas tenía de conocer... ¡Cómo iba a pensar que sería la última vez que la vería! Al dolor de su hija desaparecida, a Carlota se le sumaba el sentimiento de estar pudriéndose en el exilio. Su relación con el joven oficial Fernando Brás estaba amenazada por la determinación de la esposa de éste, que parecía dispuesta a todo, hasta a pelear con la reina, con tal de conservar a su marido. Hundida en la depresión, Carlota escribió de nuevo a su hermano Fernando rogándole que hiciese lo posible por sacarla de allí. Tenía cuarenta años, y desde que su hermano había accedido al trono de España, sus intrigas carecían ya de sentido... Ya a poco podía aspirar, como no fuese a hacerse reina de Guinea o de cualquier otro territorio que no hubiera declarado su independencia.

26

No era fácil parir en los trópicos. Leopoldina no contó con el apoyo de su suegra, quien no fue a visitarla ni una sola vez durante el embarazo. Los médicos locales le daban miedo. *«Son unos auténticos bárbaros; agradezco a Dios y a su señoría, querido papá, por tener a Kammerlacher.»* Así escribía Leopoldina a su padre, influenciada por el relato que había escuchado acerca de la carnicería que los médicos españoles habían hecho con su cuñada. Para ella, españoles o portugueses eran lo mismo: gente atrasada con respecto a los austriacos. A medida que se acercaba el momento, no podía evitar darle vueltas a la suerte que había corrido Isabel, su cuñada. Ambas tenían la misma edad; también ambas eran primíparas.

Un día, tres meses antes de salir de cuentas, le dieron una noticia que la sumió en la mayor de las angustias. Aquejado de una dolencia pulmonar, su médico iba a ser repatriado. Leopoldina sintió un calambre de pánico.

—Pedro, por favor, ayúdame; no dejes que Kammerlacher se marche antes de que dé a luz.

—No te preocupes... Voy a ver qué pasa.

Pedro se encontró con unos médicos portugueses muy ofuscados y decididos expulsar al colega austriaco. Insistían en que el doctor Kammerlacher tenía una dolencia pulmonar —probablemente un principio de tisis, según ellos— y que en esas circunstancias era arriesgado que atendiese a la princesa. Pedro intentó convencerles de lo contrario, pero se mantuvieron en sus trece en sus argumentos. Esgrimían razones de peso que tocaban la fibra patriótica. Pedro entendió que Kammerlacher había caído víctima de una conspiración de los médicos locales. A su mujer se lo contó todo con franqueza:

—Tus constantes comentarios sobre lo malos que son los

médicos aquí les han irritado tanto que han utilizado el pretexto de su enfermedad para quitárselo de en medio. Tenías que haberte callado.

—Pero tú puedes hacer algo para impedirlo. Por favor...

—No puedo, querida mía... Esa chusma que se mueve alrededor del trono me tiene enfilado, no quieren ni que me acerque a mi padre.

Leopoldina exhibía un vientre redondo y tenía los ojos llorosos. Pedro le pasó el brazo por el hombro.

—Tienes que entenderlo también tú —continuó—. Estamos en el Reino Unido de Portugal y Brasil, no en Austria ni en Francia. Va a nacer el heredero del trono, y tiene que hacerlo con ayuda de médicos portugueses, no de un extranjero.

Leopoldina pensó entonces que Pedro no estaba realmente de su lado y empezó a sollozar. Él continuó:

—Imagínate si le ocurriera algo al niño siendo Kammerlacher el médico; los de aquí no te lo perdonarían nunca.

Leopoldina ni pudo ni quiso seguir discutiendo. ¿Cómo podía entender Pedro la diferencia entre médicos si nunca había conocido a los de allá? No podía, era incapaz de ponerse en su lugar. Vio que Pedro había reaccionado como un portugués ignorante, no como un marido abnegado. Y eso le dolió.

Más tarde Leopoldina supo que era cierto, que Kammerlacher estaba enfermo, pero ni ella ni el médico se llevaron a engaño. La dolencia no era tan grave como para ser apartado de su puesto; no era tisis, como sus colegas envidiosos habían dejado entender. Leopoldina se había topado con una mezcla de celos y resentimiento por parte de los médicos locales, de patriotismo cerril, y lo que más le dolía es que Pedro no hubiera librado una batalla más intensa. Su marido era más influenciable de lo que pensaba y se había dejado llevar por lo peor de la corte, pensaba. Fiel a sí mismo, él se mostró siempre delicado con ella, pero el daño estaba hecho.

Leopoldina no tuvo más remedio que conformarse. Había aprendido que en la sociedad colonial la mujer era obligada a someterse a los caprichos del marido. Y no se sentía con fuerzas para cambiar el mundo que la rodeaba. *«Os ruego, Señor*

*Padre* —escribió a Viena—, *ya que Kammerlacher vuelve a Austria, aceptadlo en Vuestra Gracia, pues, por motivos que él le explicará, no puedo apoyarlo ni quedarme con él. Se trata de un excelente médico y al mismo tiempo de un hombre noble y bueno. Por desgracia, aquí se desprecia y se persigue a los hombres buenos y a las cabezas con talento.»* Terminó la carta con un tono distinto a las anteriores, destinado a tranquilizar a su padre: «*Estoy bien, estoy feliz, con mucha paciencia y prudencia todo va...*» Lo que Francisco II no adivinó es que la tinta borrosa de las letras, que hacía que la carta se leyera con dificultad, se debía a las lágrimas que su hija había vertido al escribirla.

En aquel momento en que se sentía especialmente frágil, tomó conciencia de que estaba más sola de lo que creía. La deprimía el hecho de no poder tener control sobre su propia vida, y más aún en la situación en la que se encontraba. «*Querida hermana: suponéis que Brasil es un trono de oro, pero es un yugo de hierro.*» Así escribía Leopoldina a finales de 1818. En pocos meses, desde que empezó a conocer los entresijos de la corte y a sufrir en carne propia el daño que los intrigantes podían causar, se acostumbró a medir cada una de sus palabras. «*A nadie confío mis pensamientos. No he encontrado en Brasil gente buena y honesta que no haya sido corrompida. Sería muy feliz si no tuviera que luchar constantemente contra intrigas y otras contrariedades*», confesaba. Esos cortesanos medrosos e hipócritas le producían asco. Despreciaba su vida ociosa, una vida que, según ella, carecía de objetivos elevados desde el punto de vista intelectual, moral y religioso. Pero al evitarles, se encerraba en una soledad aún mayor.

A medida que se acercaba el momento del parto, sólo aspiraba a obtener la aprobación de su hermana y de su padre de que estaba en la senda adecuada, de que estaba siendo fiel a los buenos principios de la casa de Austria. Al fallarle el apoyo incondicional de su marido en el asunto de Kammerlacher, necesitaba la seguridad de que no había sido olvidada ni abandonada por su familia. Necesitaba desesperadamente encontrar un sentido a la desazón que la atenazaba en sus momentos de flaqueza, en los que oscilaba como un péndulo de la ilusión de ser madre a la angustia de tener que parir. Sin embargo, las respuestas a sus cartas tardaban a veces seis meses en llegar, si es que lo hacían. Al otro lado del mar, sus parientes no podían comprender la importancia que tenía el correo para su estado de ánimo.

27

Finalmente, llegó el momento tan ansiado. En lugar del heredero que esperaba, el 4 de abril de 1819 Leopoldina dio a luz, sin mayores complicaciones, a una niña que fue bautizada con el nombre de Maria da Gloria. Un mes antes, la Cámara del Senado mandó publicar un bando en el que se ordenaba que la noche del día del nacimiento y las dos siguientes los cariocas iluminasen sus casas. Después de que unos fuegos artificiales anunciasen públicamente la noticia, la ciudad entera se iluminó como un belén de Navidad. El camino al palacio de San Cristóbal se fue llenando de carruajes de miembros del cuerpo diplomático, altos funcionarios, autoridades civiles y militares que hacían cola para felicitar a la familia real y tener la oportunidad de besar la mano de la nueva princesita. Don Juan estaba eufórico porque vio que la justicia divina había actuado. Estaba convencido de que Dios le devolvía un poco de lo que le acababa de quitar. Tedeums, ceremonias de acción de gracias, desfiles militares, besamanos..., de nuevo se puso a girar la rueda de los festejos con su obstinada cadencia. Leopoldina estaba agotada: «*A pesar de que el parto duró sólo seis horas* —escribió a su padre—, *llevo 15 días muy dolorida porque la cabeza de mi bebé era muy grande y la silla en que di a luz era tan incómoda que mis manos todavía están llenas de llagas por el esfuerzo...*» Pero estaba feliz y, como todas las madres, hizo de su hija el tema predilecto de conversación.

Pedro, que se acordaba de ese otro bebé que había perdido, estaba emocionado con su nuevo retoño hasta las raíces más profundas de su ser. También él se había sentido sacudido por la noticia de la horrible muerte de su hermana y por las discusiones sobre el médico austriaco. Ahora el feliz desenlace disipaba toda esa tensión y le colmaba de júbilo.

Pero si el cariño de un padre por sus hijos se puede considerar natural, en el caso de Pedro era exagerado. Vivió los primeros días de la vida de su hija en una especie de nube de felicidad muy intensa. Era una sensación que nunca antes había experimentado, una alegría contagiosa y persistente. Él, siempre cicatero con el dinero que su padre le administraba a cuentagotas, se volvió el más espléndido de los anfitriones. Hubiera invitado al mundo entero a celebrar la llegada de su hija con champán francés que el Chalaza le procuraba de contrabando. Siempre que podía, la cogía en brazos, la abrazaba, le procuraba mil caricias y se la llevaba de paseo por el parque del palacio. *«Es el mejor de los padres, siempre preocupado por el bienestar de la niña»*, escribió Leopoldina, ya reconciliada con él. Era cierto. Pedro disfrutaba ahora de lo que no había podido hacer con el otro bebé, cuyo féretro guardaba en el palacio. Veía a esa niña, que ya era su heredera, como un atributo de su masculinidad, un premio de la naturaleza a su sexualidad desquiciada. Es muy probable que ya hubiera dejado un rastro de hijos, de tantas andanzas como había tenido, pero éste era el primer retoño cuya paternidad podía confirmar públicamente. Y haciéndolo descubría sorprendido la fuerza arrolladora del sentimiento paterno, que sería uno de los rasgos más fuertes y característicos de su vida afectiva. Nadie de su entorno que no lo conociese bien hubiera esperado algo así de ese hombre de veintiún años que arrastraba un pasado tan turbio y que tenía un temperamento tan poco dispuesto a llevar la vida rutinaria de un matrimonio con hijos. Pero, en aquella época, nadie criticaba su comportamiento. A decir de todos, era un padre, esposo e hijo modélico.

En cuanto a Leopoldina, había llegado a la conclusión de que en aquel mundo tan distinto al suyo el mejor camino que podía seguir consistía en basar su vida en la confianza al marido que Dios le había dado; era un marido difícil, desde luego, pero sentía por él un amor verdadero y la religión también la vinculaba a él. Teniendo en cuenta el temperamento de Pedro, era un camino arriesgado, pero ¿qué alternativa le quedaba? Ella sabía, porque lo tenía prácticamente inscrito en sus genes, que los príncipes y las princesas no eran libres. Se tenían que conformar con lo que Dios, y la dinastía, les ponían en bandeja.

Para superar el sentimiento de nostalgia que a veces llegaba a paralizarla, acariciaba la esperanza de que pronto toda la familia real regresaría a Portugal, donde estaría dos mil kilómetros más cerca de los suyos. Para ello solicitó la ayuda de su padre: «*Quiera el Señor hacernos la merced de conseguir a través de su ascendiente sobre su majestad el rey, que regresemos a Portugal. Es absolutamente necesario, es el deseo único de mi esposo, y por lo tanto el mío también.*» Ella lo veía como una oportunidad para sacar a su marido de aquel entorno donde se había criado y donde no desempeñaba ninguna tarea útil. Estaba convencida de que en Europa Pedro mejoraría, todo su potencial florecería y sus hijos recibirían una mejor educación.

# TERCERA PARTE

—

Si marchas a la cabeza de las ideas de tu siglo,
estas ideas te seguirán y te sostendrán.
Si marchas detrás de ellas, te arrastrarán consigo.
Si marchas contra ellas, te derrocarán.

NAPOLEÓN III, Fragmentos históricos

## 28

Estaba don Juan lanzando puñados de granos de maíz a los pavos reales del jardín cuando le anunciaron la llegada del almirante William Carr Beresford, el hombre que, desde la expulsión de los franceses, administraba Portugal según un acuerdo con la monarquía portuguesa. La víspera, había visto llegar la flotilla británica desde la playa de Cajú, la más cercana al palacio, adonde, por indicación de sus médicos, iba todos los días a poner en remojo la herida de su pierna infectada por la antigua picadura de una garrapata.

El rey cruzó la veranda, entró en su dormitorio y se dirigió a la sala contigua, que estaba acondicionada como sala de reuniones. Allí le esperaba el almirante, un individuo alto con el pelo ralo y grisáceo que hablaba un portugués decente. Después de los saludos protocolarios, el británico fue al grano.

—No hay tiempo que perder, majestad. He dejado Portugal a punto de alzarse a sangre y fuego. Nuestra situación es tan delicada que he decidido efectuar este viaje para poneros al corriente...

En ese momento, pasó un criado que llevaba un recipiente tapado con un mantelito de terciopelo rojo. Como esa sala era el único acceso al cuarto donde dormía el rey, los sirvientes tenían que atravesarla para vaciar los orinales que el monarca había utilizado durante la noche. El rastro hediondo que dejó el paso del criado provocó una mueca de asco en el rostro del mariscal. Don Juan ni se inmutó.

—Entiendo, entiendo... —dijo rascándose debajo de la ropa—. ¿Y qué puede hacer su majestad?

El británico parecía incómodo, no se sabía si por el olor o

porque no veía la forma de decirle lo que pensaba... Finalmente le soltó:

—Ejem... No creo que podamos seguir gobernando con una corte..., cómo decirlo, errante...

Volvió a pasar un criado con otro recipiente cubierto de terciopelo, esta vez limpio.

—Ya veo... —dijo don Juan aplastando de un manotazo un mosquito que había en su barbilla.

Fue el eco de la revolución liberal, iniciada en Cádiz el día de año nuevo de 1820 por el general Rafael de Riego, lo que había precipitado el viaje del almirante Beresford. Hubo pronunciamientos en toda España contra el rey Fernando VII, en una protesta generalizada contra la devastación a la que había sometido al país y a la Hacienda durante siete años. El general Riego intentó forzar al rey a jurar la Constitución de 1812, pero fue en vano. Lo consiguió la multitud enfervorizada que terminó rodeando el palacio real de Madrid. El rey, de acuerdo «a la voluntad general del pueblo», publicó a regañadientes un manifiesto en el que mostraba su apoyo a la Constitución: «*Marchemos francamente, y yo el primero, por la senda constitucional*», proclamaba.

Extrañamente, don Juan sonreía mientras escuchaba el relato que le hacía el británico.

—Pobre Fernando, aunque se lo ha buscado... —dijo pausadamente—. Esa noticia no le gustará a mi mujer.

—El problema es que Portugal se ha contagiado de esa efervescencia. Como su majestad recordará, ya en 1817 un grupo de militares con conexiones masónicas intentó alzarse contra nosotros...

—Lo recuerdo perfectamente. Nunca entendí por qué no permitisteis a los condenados seguir la costumbre de apelar a la gracia real...

—Hubiera sido un proceso muy largo porque su majestad estaba aquí, a cinco mil millas de distancia...

—Yo les hubiera indultado, almirante.

El británico tosió repetidas veces, molesto con el comentario de don Juan. En un intento de restablecer el orden a cualquier precio, había dado la orden de juzgar a los detenidos en secreto y ejecutar a los doce condenados. Sin embargo, lo peor fue que el jefe de los insurrectos, el general Freire, un masón, fue ajusticiado tan cruelmente que uno de sus verdugos se desmayó mientras obedecía la orden de descuartizarle. Y aquel detalle escabroso caló hondo en la hastiada población de Portugal.

—Necesitaba dar un ejemplo contundente —terció el británico—. Si su majestad hubiera estado en Lisboa, quizá no hubiera sido necesario abortar la insurrección tan violentamente.

El almirante le devolvía el golpe. Qué poco le gustaban a don Juan esos ingleses altivos, esos lobos con piel de cordero que se afanaban en decirle lo que tenía que hacer. Desde siempre, la dependencia de los ingleses era el precio que los portugueses tuvieron que pagar por ser independientes de España. Siempre los vio como un mal necesario.

—No es bueno crear mártires... —dijo don Juan—. Luego vuelven del otro lado, siempre regresan, a veces en sueños, a veces de verdad...

—He dejado tras de mí a un país al borde de la rebelión, sacudido por ideas absurdas de revolución —siguió diciendo el almirante—. Sólo su real presencia puede ayudar a contener la marea.

Don Juan no contestó. El almirante insistió:

—Antes de que vuelvan los mártires, es su majestad quien tendría que regresar a Portugal...

Don Juan permaneció otro rato silencioso. Luego, como restándole importancia y sobre todo gravedad al asunto, se estuvo quitando la mugre de las uñas antes de preguntar, sin mirar siquiera al almirante:

—Que haya estallado una revolución en España no significa que lo haga en Portugal. Gracias a Dios, los portugueses no han tenido a un rey como Fernando.

—Majestad —terció el Almirante—. En Portugal, todos quieren que la corte regrese a Lisboa porque el pueblo ve con desprecio la idea de ser la colonia de una colonia.

Luego adoptó un tono más grave:

—Sólo su majestad puede salvar la monarquía. Os lo ruego, regresad a Portugal cuanto antes. He hecho esta travesía sólo para suplicaros que, por favor, volváis.

Don Juan exasperaba al almirante porque no parecía compartir la misma urgencia. El paso constante de criados portando recipientes de dudoso contenido añadía tensión a la conversación.

—No queda mucho tiempo, majestad... —decía el británico, apretando los puños.

—Estoy esperando la llegada del conde de Palmela de Londres, que viene a asumir la cartera de ministro de Asuntos Exteriores. No quiero tomar ninguna decisión antes de deliberar con él.

Exasperado, el almirante le hizo una última propuesta:

—Si me lo permitís, os sugiero que, si su majestad no puede, que por lo menos mandéis al príncipe heredero...

—¿Os referís a don Pedro? Aún es muy joven y está poco acostumbrado a lidiar con asuntos de Estado.

—Su presencia bastará para calmar los ánimos.

—Lo pensaré, almirante.

Antes de despedirse, el británico le entregó un paquete atado con una cuerdecita:

—Majestad, os he traído varios ejemplares del *Correio Brasiliense*, revista que, como vuestra majestad sabe, se publica en Londres.

—...Sí, por una banda de revolucionarios.

—No todos los que escriben en ella son republicanos... De hecho, os he traído estos ejemplares porque hay cartas abiertas dirigidas a su real persona. Os ruego que las leáis.

—Gracias, almirante, lo haré sin duda —dijo suspirando—. ¡Noticias de Europa!... Descuide, que las devoraré.

Al día siguiente, don Juan se llevó las revistas a su bañera especial, situada en la playa, y montada alrededor de una estructura de madera, una especie de plataforma de baño móvil con un sistema de ejes y poleas. Había sido necesario construir todo ese tinglado porque don Juan sentía pavor a bañarse en el mar. Le aterraban los cangrejos, aparte de que sentía aversión por el contacto con el agua. Tumbado en una bañera sujeta por cuerdas y que tenía agujeros en la parte baja para dejar pasar el agua, sus criados le hacían descender hasta que el mar le cubría la herida. Lo justo, porque de lo que se trataba era de mojarse lo menos posible.

Desató el fajo de revistas que le había entregado el inglés y empezó a leer: «*En Portugal corre el rumor que S. M. les ha abandonado y ha transferido toda la riqueza de Portugal a Brasil* —decía una "carta abierta a S. M. el rey de Portugal"—. *La gente no ve que la residencia de S. M. en Brasil sirva para garantizar la independencia de Portugal. Lo que ven es un vacío, y su transformación de metropolitanos en sujetos coloniales.*» Esas noticias le sumían en un estado de profunda perplejidad, al que se añadía un inevitable sentimiento de culpabilidad. Era consciente de que una medida suya que había sido clave para la prosperidad de la colonia, esto es, la liberalización del comercio, había arruinado, por otro lado, a los comerciantes portugueses y había precipitado la ruina de la metrópoli. Desde la apertura de los puertos, las exportaciones portuguesas a Brasil se habían desplomado un noventa por ciento en beneficio de las británicas y francesas. Si a esto se añadían los años de ocupación francesa y ahora la dominación británica, el resultado era que su patria estaba hundida en una miseria moral y material como nunca en su historia. Una sexta parte de la población de Portugal había desaparecido, ya fuese por el hambre, porque había caído en los campos de batalla o porque había huido del país. Una hecatombe. Pero ¿sería posible volver al sistema anterior, es decir proteger abusivamente el comercio y devolverle el monopolio a Portugal? Don Juan sabía que la Historia no daba marcha atrás. Si no, allí estaban los ingleses para recordárselo.

Siguió leyendo: «*Grupos de vagabundos, espectros de hambre y pobreza vestidos de harapos, merodean por las calles...* —decía el autor de otra carta abierta publicada en otro número de la misma revista—. *Pálidos, deformados y desfigurados, tan moribundos como lo está su propia patria.*» Esas descripciones cuadraban perfectamente con las expresiones de angustia en los rostros de los lisboetas que había visto la noche de su partida, hacía ya doce años, y que se le quedaron grabadas en la memoria.

¿Cómo olvidarlas? Iba en un carruaje discreto desde el palacio de Ajuda, en lo alto de Lisboa, hasta el muelle; su chófer iba vestido de calle y no de uniforme para evitar ser reconocido y lo acompañaba un solo criado. Llovía a mares y las calles estaban enfangadas. A lo lejos se oían los cañonazos del ejército de Napoleón. Entre los visillos de la ventanilla alcanzaba a ver cómo muchos lisboetas lloraban, mientras otros lanzaban imprecaciones contra su rey que huía. Había mandado pegar carteles en las calles en los que explicaba que las tropas invasoras se dirigían muy particularmente contra su real persona y que «sus leales vasallos serían menos inquietados si él se ausentaba del reino». Quiso dejar bien claro que se marchaba por amor a su pueblo, para ahorrarle sufrimientos inútiles. Sin embargo, la gente, con expresión de rabia silenciosa, no lo veía así. Percibían la mudanza a bordo de los navíos de tantas riquezas y bienes como un saqueo previo al que practicarían los franceses. Además no se iba solo: le seguían los hidalgos, los privilegiados, los que estaban vinculados a la corte o al gobierno, los más ricos, esos que a última hora ni se molestaban en disimular que huían porque pujaban a pleno pulmón por obtener pasaje en alguno de los barcos.

Fue un último viaje por las calles de Lisboa sin pompa ni decoro, sin multitudes saludando su paso, sin protocolo ni ceremonial propio de su rango. Una experiencia penosa para un soberano acostumbrado a despliegues fastuosos de devoción. Abajo en el puerto no había nada para honrar a un monarca que se iba de viaje: ni doseles de seda, ni un estrado forrado de telas damasquinadas desde donde dirigirse a la plebe, ni caminos bordeados de flores. Sólo un barrizal tan impracticable que unos alguaciles tuvieron que colocar planchas de madera para que pudiese acceder a la pasarela de una galera. ¡Qué gran confusión había en los muelles del Tajo! Todos querían irse, a cualquier precio, y se amontonaban cajas, baúles, maletas y miles de cosas más, muchas de las cuales se quedaron en tierra mientras sus dueños conseguían embarcar, y otras fueron embarcadas sin que sus dueños pudieran hacerlo.

Recordaba ahora don Juan, tumbado en su bañera en la playa, cómo su madre, la reina María, se negaba a salir de su carruaje y a embarcar. «¡Yo no me voy! ¡No me voy!», repetía ofuscada. Al final, viendo que el tiempo se echaba encima, el patrón mayor de las galeras reales cogió a la reina en brazos y cruzó la pasarela, mientras la mujer pataleaba y le llamaba perro sarnoso. ¡Dios mío, qué vergüenza le hizo pasar! Al pasar delante de su hijo, con esa mezcla suya tan peculiar de locura y sentido común, y los ojos inyectados en sangre, le soltó: «¿Qué batalla hemos perdido para tener que irnos todos a Brasil, me lo puedes decir?» ¿Qué podía contestar él? ¿Que eran demasiado débiles para luchar contra Napoleón? Huir sin luchar era un concepto que su madre nunca entendería. Pero él —que había crecido y más tarde gobernado desde la debilidad más absoluta— lo tenía bien asimilado. Su hijo Pedro, que era un niño de nueve años, lo miraba todo con ojos desorbitados. Luego, al cruzar la pasarela, oyeron un grito procedente de la multitud, un «¡traidor!» lejano y difuso. Don Juan se detuvo y volvió la cabeza oteando el horizonte, como buscando descubrir de dónde venía el insulto. Y de pronto vio, más allá de la muchedumbre que se afanaba en los muelles, aquella ciudad como si fuese la primera vez que lo hacía. Olvidando el grito, se quedó contemplando Lisboa bajo un cielo plomizo, con el corazón henchido de pena. Qué bellas le parecían de repente las colinas de Alfama y del Chiado, las casas blancas que bajaban en cascada hasta el río, las ruinas del castillo de San Jorge, las balaustradas de mármol de las terrazas del palacio de Ajuda, los tejados de las iglesias... Qué bella le pareció en ese momento aquella antigua sede del imperio que encerraba todo el peso de la historia y de la tradición que le habían acunado desde la infancia. Y qué doloroso ser testigo de una decadencia tan deshonrosa. ¿Qué tipo de rey era, que abandonaba a su pueblo, que despojaba a la nación de sus símbolos? De pronto rompió en sollozos. Su hijo Pedro nunca había visto llorar a su padre de esa manera. En público, los cortesanos le habían visto soltar unas lágrimas de emoción en algún concierto. Pero éstas no eran lágrimas sueltas, era un llanto profundo, sollozos entrecortados de un hombre desesperado, un hombre que se veía a sí mismo como un fracaso. Pedro se acercó a él, tímidamente, y le dijo casi en voz baja, señalando hacia la ciudad: «Padre..., ¿luchamos?» E hizo el gesto de desenvainar una espada. «Les podemos ganar, padre...», le siguió diciendo, porque era la única manera que el niño encontró de consolarle. Don Juan volvió la cabeza, le miró, esbozó una frágil sonrisa y colocó la mano sobre el hombro de su hijo. Así hicieron su entrada en la galera. Y se fueron a Brasil.

Aquel insulto de «traidor» siguió retumbando en su cabeza todos estos años y lo haría hasta el final de sus días porque nunca se sintió un traidor, al contrario. Él vio siempre su marcha de Portugal como un sacrificio. Hubiera podido componer una paz de pacotilla como lo habían hecho su suegro y su cuñado en España, pero no, optó por refugiarse en su lejana colonia, con todo lo que ello implicaba. Y ahora que ese imperio empezaba a salir adelante, que Río de Janeiro cobraba el brío de una gran ciudad, que tantas instituciones promovidas por su real persona echaban raíces, que la prosperidad de la colonia se había afianzado, la idea de volver se le hacía insoportable. Había conseguido que la construcción de casas, puentes y carreteras aumentase considerablemente desde su llegada. Con fondos públicos había mandado construir el acueducto de Maracaná y secar marismas para levantar cuarteles, había construido el edificio de la Cámara de Comercio y el del Tesoro, y para salvaguardar los sesenta mil volúmenes que había traído de Lisboa, había sufragado el coste de una Biblioteca Nacional que no tenía nada que envidiar a otras grandes bibliotecas del mundo. Su preocupación por promover la educación y la investigación científica en Brasil había dado lugar a la inauguración de la primera universidad médica en Salvador de Bahía, seguida de otra en Río. ¿No había patrocinado también las expediciones científicas, que permitían adaptar animales y plantas útiles al peculiar entorno tropical? Algunos proyectos habían fracasado, como la introducción de camellos de Arabia o el cultivo del té chino, pero el café estaba dando resultados espectaculares. Las misiones artísticas, promovidas por su real persona, habían creado escuela y habían insuflado un aire cosmopolita a Río. Todavía le quedaba mucho por hacer, incluido su proyecto favorito: la conquista de la banda oriental para asegurarse una frontera con el río de la Plata. ¿No revertería todo eso en la grandeza misma de Portugal?

—Los Braganza siempre hemos escogido el deber...

La frase que gustaba repetir a sus hijos le rondaba siempre por la cabeza. Sin embargo, ahora empezaba a dudar: una brecha había resquebrajado sus certezas... ¿Dónde estaba el deber? ¿En Portugal? ¿En Brasil? Si volvía a Portugal, como pretendía el almirante Beresford y tantos otros, ¿no acabaría Brasil tomando el mismo camino que los territorios españoles de América, el rumbo de las repúblicas independientes? ¿No significaba eso la disgregación total del imperio? Y si, por el contrario, permanecía en Río de Janeiro, ¿no acabaría perdiendo Portugal a manos de los revolucionarios y de todos los que estaban resentidos por su alejamiento de casi una década y media?

## 29

Después de su frustrante entrevista con don Juan, el almirante William Carr Beresford volvió a Portugal, pero la revolución —ésa que tanto temía— estalló mientras viajaba de regreso. Tal y como había predicho, un grupo de insurrectos, mezcla de liberales, masones, nacionalistas y seguidores del general Freire —ese al que la brutalidad del almirante había convertido en mártir—, hartos y desencantados con los sucesivos malos gobiernos e inspirados por la hazaña del general Riego, iniciaron una sublevación en Oporto, que luego se propagó a Lisboa. Una fragata le abordó mientras navegaba por la desembocadura del Tajo hacia la capital, y los soldados a bordo le comunicaron que no le estaba permitido atracar en el puerto de la capital lusa. Le informaron de que el Consejo de Estado había sido destituido por militares portugueses, y que el nuevo régimen había convocado a las Cortes que, al igual que en España, ejercerían el poder legislativo. Por lo pronto, el gobierno de los insurrectos pensaba adoptar la Constitución liberal de Cádiz.

Beresford tuvo que poner rumbo a Inglaterra. *«Las cosas*

*nunca serán igual...* —escribió durante el viaje—. *Ahora más que nunca es urgente que el rey o su hijo regresen a Lisboa, antes de que todas las provincias brasileñas sean también inducidas a la rebelión.»* El almirante estaba empeñado en salvar la monarquía. Pensaba que más valía una monarquía constitucional que una república, una forma de gobierno poco experimentada y que en aquel entonces evocaba las huestes sangrientas de los revolucionarios franceses más que el flamante nuevo Estado republicano de Norteamérica.

Don Juan entró en pánico cuando se enteró de lo que estaba sucediendo en Portugal. ¡Así que Beresford tenía razón! Él había preferido no creerle, pensando que los ingleses le manipulaban por interés propio, que la mecha de la revuelta no llegaría a prender. Acariciaba la esperanza loca de que la revuelta se desgastara o que las potencias europeas se encargarían de aplastarla. Sin embargo, ahora la realidad le colocaba entre la espada y la pared. Lo primero que habían exigido las nuevas Cortes portuguesas era su regreso a Lisboa. El rey reunió a la corte y a su gobierno en conferencias inacabables que sólo alcanzaron el consenso para decidir prohibir la difusión de cualquier noticia procedente de la metrópoli. Pero la medida fue inútil: las cartas que llegaban en el barco correo ya habían sido distribuidas y las calles de Río hervían con rumores sobre la revolución portuguesa.

Don Juan no sabía a cuáles de sus ministros y consejeros escuchar. Estaba expectante ante la opinión del conde de Palmela, que acababa de llegar de Londres con noticias frescas de un mundo que cada vez se le hacía más lejano e incomprensible. Trajeado por sastres de Bond Street, con diamantes incrustados en sus botas y que refulgían al sol del trópico que se filtraba por las persianas venecianas, había sido uno de los pocos aristócratas que optó, en 1808, por quedarse en Lisboa y no seguir a la corte hasta Brasil. Hablaba con la autoridad que le confería su experiencia y su nuevo puesto:

—Creo que los años de aislamiento que lleváis en Río no os permiten ver los cambios que experimenta el mundo —dijo con un aplomo y una seguridad en sí mismo que molestó a los más cercanos al rey—. Cualquier intento de la corona para preservar sus poderes absolutistas en el Nuevo Mundo está abocado al fracaso. El mundo ha cambiado, señorías, dejadme que os lo repita.

Palmela traía noticias que, esperaba, sacudirían a la corte de su torpor colonial.

—En mi breve escala en Salvador de Bahía —les dijo— me he dado cuenta del riesgo que se cierne sobre la corte. La ciudad está al borde de la rebelión, y el gobernador está desesperadamente necesitado de instrucciones de Río, que no le llegan nunca. Allí me enteré de que la situación en Pernambuco es aún más tensa porque las noticias de la revolución portuguesa han incendiado a la población de toda la costa brasileña. Brasil corre el riesgo de desmembrarse.

Palmela avisó de que una mezcla explosiva de batallones portugueses descontentos y de insatisfacción en la provincia estaba erosionando la autoridad de la corona. Se volvió hacia don Juan y dijo con gravedad:

—Majestad, no se puede perder un instante más para adoptar medidas decisivas y decididas. Es imperativo mantenerse en el espíritu de los tiempos que corren. En mi opinión, lo peor de todo sería no tomar ninguna decisión.

—¿Y por cuál abogáis, conde?

—Por aceptar las peticiones de los liberales en Bahía y en Portugal...

Un abucheo del resto de consejeros le interrumpió. Esos hombres estaban acostumbrados a la indecisión permanente del rey y veían al conde de Palmela como un dandi europeo que buscaba arrimar el ascua a su sardina. Unos le consideraban un satélite del despotismo; otros, un agente de los «revolucionarios». En realidad, abogaba por encontrar un camino intermedio, una monarquía constitucional basada en el modelo británico que él conocía bien, y en la que el poder del rey estaba limitado por el Parlamento. Una vez se hubieron calmado, el conde retomó la palabra, aunque esta vez dirigiéndose a don Juan y evitando mirar a los consejeros.

—Majestad, mi idea es salvar la monarquía, no condenarla. Y para salvarla, me permito proponeros que tengáis a bien adoptar una serie de principios que redundarán en una mayor popularidad y que permitirán mantener alejados a los más extremistas y concentrarse en una vía moderada, como en Gran Bretaña, majestad.

—¿Y cuáles son esos principios?

—Aceptar que la soberanía pasa del rey a la nación, aceptar la igualdad de los ciudadanos ante la ley y la libertad de prensa.

Un abucheo aún mayor ahogó sus palabras. Entre los gritos se oyeron insultos de «revolucionario», «irredento», etc. El rey golpeó su bastón sobre el suelo de madera para exigir silencio e hizo un gesto a Palmela para que continuase. El conde tragó saliva antes de proseguir:

—Después de adoptar estas medidas, sugiero que vuestro hijo don Pedro viaje en una flotilla de cuatro buques y un batallón de tropas a Salvador de Bahía, y que proclame allí la nueva monarquía constitucional, para después seguir hasta Lisboa...

En ese momento pasó un criado, el mismo que todas las mañanas a la misma hora, hubiera quien hubiera en la sala de reuniones, se llevaba los orinales reales. Dejó tras de sí un rastro a orines que incomodó a los presentes. Don Juan esperó a que el criado cruzase la habitación para soltar lo que en el fondo le preocupaba más que ninguna otra cosa:

—¿Y si a mi hijo Pedro le coronan rey nada más llegar a suelo portugués?

Entonces Palmela entendió que su propuesta no prosperaría. Don Juan era demasiado receloso, incluso de su propio hijo. El conde se dio cuenta de que existía un abismo entre su mentalidad y la que reinaba en la amodorrada y atrasada Río de Janeiro. Había entrado como un elefante en un bazar. Aunque en privado el monarca estaba mentalmente preparado para aceptar que la era de las monarquías absolutistas había llegado a su fin, en público no lo defendía así. Temía la reacción de sus cortesanos que, ciegos ante lo que se avecinaba, se negaban a aceptar cualquier merma de sus privilegios.

—Su majestad no debería plegarse a los revolucionarios, ni aceptar soltar el cetro de sus manos —dijo uno de sus ministros conservadores—. Esta locura revolucionaria no puede durar mucho, y cuando pase es esencial que su majestad siga siendo un rey absoluto.

Palmela vio su misión como algo casi imposible, pero lo que estaba en juego era tan importante que optó por no presentar su dimisión —que había sido su primera reacción— y seguir en la brecha, a sabiendas de que las posibilidades de éxito, con un rey tan pusilánime, eran escasas.

## 30

Poco después del nacimiento de su hija Maria da Gloria, la princesa Leopoldina tuvo que ponerse de nuevo en manos de sus temidos médicos portugueses, que le hicieron un legrado después de un aborto: *«Todavía sufro las consecuencias de la brutalidad del cirujano portugués que me dilaceró horriblemente con sus bonitas manos...* —escribió a su hermana—. *Aquí mejor es librarse de la carga en la selva como lo hacen los animales salvajes.»*

Al poco tiempo tuvo otro aborto, que atribuyó al susto que se llevó cuando tuvo que agarrar a su marido con todas sus fuerzas para evitar que se cayese del carruaje que, tirado por caballos desbocados, estuvo a punto de estrellarse. Leopoldina quería acompañarle siempre, hasta en las carreras que hacía con su hermano, para evitar «algunas experiencias desagradables», como escribió a su hermana aludiendo a los rumores de infidelidad de Pedro durante su primer embarazo. Pero después de esta traumática experiencia, no quiso participar más en esas carreras. Y Pedro no insistió.

Siguieron con sus paseos a caballo, y la visita preferida de Leopoldina consistía en subir la montaña y hablar alemán con el viejo Hogendorp. A Pedro le seguía impresionando ver el uniforme del general que estaba colgado en la entrada. Le recordaba a otro general de Napoleón que había conocido de niño en Lisboa, el embajador francés Andoche Junot. El mismo individuo que años más tarde acabaría conquistando la capital portuguesa dando lugar a la huida de su familia y de la corte entera a Brasil. ¡Cómo le deslumbró entonces aquel uniforme, el mismo que ahora veía en casa del holandés! Él quería ser como aquellos generales briosos, fuertes e imperiosos, no blando como su padre, que se hacía querer por la pena que inspiraba.

Hogendorp siempre tenía algo que contar; era como un mago que sacaba conejos de su chistera. Les enseñó una carta de Napoleón que guardaba como una reliquia, escrita con motivo de la muerte de uno de sus hijos. Era una carta sentida, cuyas palabras retumbaron en lo más profundo del alma de Pedro y de Leopoldina. Aquel emperador que había puesto al mundo bajo su bota, que había humillado a los Habsburgo y a los Braganza hasta límites inconcebibles, era capaz de tener sentimientos profundos de compasión. Leopoldina estaba desconcertada. Pedro, que no olvidaba a su hijo muerto, estaba conmovido y admiraba aún más al francés.

Cuando al atardecer volvían a la ciudad, tenían que andar ojo avizor por los esclavos liberados que merodeaban por la montaña. Vivían en comunidades en plena selva llamadas «quilombos» y su aspecto era a veces terrible, con el pelo hirsuto y las uñas largas, a medias entre hombres y bestias. Leopoldina se alarmó cuando su caballo fue interceptado por uno de esos grupos. Inmediatamente, Pedro amartilló su escopeta.

—¡No dispares! —gritó ella.

Los hombres, nada más ver el arma, hicieron grandes aspavientos con los brazos. Pedro disparó al aire y Leopoldina se sobresaltó. Los esclavos se esfumaron.

—No pensaba darles —respondió Pedro—, pero lo único que temen son los tiros. Si te vuelve a pasar, tienes que disparar.

Y mientras bajaban camino a la ciudad, Pedro no podía dejar de pensar en aquel emperador que había conocido la gloria de los campos de batalla y el poder y que se consumía lentamente en una isla perdida en el océano. Qué curioso, pensaba: durante toda su niñez, tanto él como Leopoldina habían aprendido a odiar al francés con toda su alma. Si ambos estaban en Brasil, era porque habían sido empujados a ello por la sacudida que los ejércitos de Napoleón infligieron al mundo. Pero ahora que el corso había dejado de ser peligroso y a la luz de las palabras de Hogendorp, la veda se levantaba para admirarle, y hasta para quererle. No era el caso de Carlota Joaquina, exasperada porque su hijo hubiera trabado amistad con alguien tan próximo al odiado enemigo, ese que había engañado a su padre y a su hermano.

Quien también le hablaba mucho de Napoleón era Jean Baptiste Debret, el pintor francés que formaba parte, junto a Antoine Taunay, de la misión artística francesa en Río. Debret, que había sido uno de los pintores oficiales del emperador, dejó en los museos de París lienzos donde Napoleón aparecía o bien distribuyendo condecoraciones de la Legión de Honor, o arengando a las tropas, o consolando a un vencido... Los pintores franceses estaban entusiasmados por encontrarse en esa sociedad barroca y exótica que todavía observaba costumbres de hacía dos siglos. Con sus pinceles registraban ese mundo de niños, esclavos y animales que había permanecido oculto a la mirada de los extranjeros durante tanto tiempo. Su afán era pintarlo todo, antes de que desapareciese, darlo a conocer. Ese grupito, que incluía al músico Neukomm (que daba clases a Pedro) y otros diplomáticos y científicos, se reunía periódicamente en la casa del barón Von Langsdorff, cónsul general de Rusia. Leopoldina tenía así la ilusión de llevar una vida social aceptable en medio de sus continuos embarazos. A finales de 1820, volvió a quedar encinta. Pedro, que se dedicaba con fruición a montar sus numerosos caballos, a cepillarlos, lavarlos, herrarlos y domarlos, y que se derretía de ternura con su hija, estaba feliz con su vida familiar, lo que no le impedía echar una cana al aire de vez en cuando con alguna chica fácil para salpimentar la rutina matrimonial.

Para Pedro, la revolución constitucionalista de Portugal no hizo más que confirmarle en sus ideas reformistas. Pero de las deliberaciones de la corte y de las decisiones de su padre —o mejor dicho, indecisiones— no recibía información directa. Seguía odiando a la camarilla que rodeaba a don Juan, hombres que utilizaban cualquier pretexto para mantenerle apartado del centro de decisiones. El rey, enfrentado al dilema entre quedarse o volver, o mandar a su hijo a la madre patria, no conseguía decidirse. Aunque su presencia en Lisboa bastaría para aplacar a las Cortes y tranquilizar a los revolucionarios, veía a Pedro demasiado inmaduro y sujeto a influencias peligrosas. Por eso dudaba.

Sólo por terceras personas le llegaban a Pedro rumores sobre su posible viaje a Lisboa, en representación del rey, y eso le mantenía ilusionado e inquieto. Enviaba mensajes a su hermana para intentar cerciorarse sobre las intenciones de su padre y de sus ministros más conservadores, que eran abiertamente críticos con su comportamiento y sus ideas. Para Leopoldina, la posibilidad de volver a Europa era como una bendición, y más ahora cuando Río bullía en una efervescencia que presagiaba días tumultuosos. Recelaba de un movimiento radical similar al que se había dado en Francia. Además, se debatía en un conflicto de lealtades porque las orientaciones de su marido eran contrarias a los principios de la casa de Habsburgo. «*Mi esposo, Dios me valga, ama las nuevas ideas*», escribió a su padre. Más tarde, en una nueva carta, le dijo: «*Querido padre, el Señor ve bien cómo mi situación es difícil entre las obligaciones que competen a una buena y cariñosa esposa y la súbdita íntegra e hija obediente que soy. Me gustaría mucho reunir ambas obligaciones, pero me veo obligada a sacrificar una de las dos. Por ese motivo, vengo a solicitar, querido padre, vuestro consejo y vuestra orden, pues ésos deben ser mis guías.*» El consejo de su padre nunca llegó, lo que forzó a Leopoldina a tomar una decisión por su cuenta.

31

El corazón de don Juan estaba carcomido por la incertidumbre, tanto que aun viviendo a menos de cien metros de distancia de su hijo, no se decidía a hablar directamente con él:

—Dígame qué debo decirle —le preguntaba a su ministro más conservador—, y si hubiera réplica, qué debo responderle.

—Nada de imitar a las Cortes de Cádiz, nada de formas extranjeras que coarten la autoridad real —le decía el ministro.

Pero el rey seguía sin dar el paso. Su loca esperanza de que la revolución portuguesa perdiese fuelle por sí sola o de que las potencias europeas la aplastasen ya no se sostenía. Mientras seguía vacilando, en Salvador de Bahía un contingente de soldados portugueses, respondiendo a la llamada de los revolucionarios de la madre patria, tomaron la residencia del gobernador y anunciaron la revolución constitucionalista. Lo mismo ocurrió en Belem, en la desembocadura del Amazonas. Poco a poco todo el litoral se iba contagiando del mismo fervor. Y pronto le tocaría el turno a Río. El aviso que le dio el conde de Palmela sonó a premonición:

—Determinadas concesiones que ayer hubieran sido suficientes para evitar una rebelión en Río, hoy o mañana ya dejarán de serlo, majestad.

El rey no le contestó.

Don Juan nunca había sentido tanta presión, al menos desde los tiempos en que vivía amenazado por Napoleón. Si en aquel entonces sus armas habían sido esperar, diluir el proceso de decisiones, ganar tiempo como fuese... ¿Por qué no podrían volver a funcionar ahora? En lugar de interferir e influir directamente sobre los acontecimientos, prefería esperar a que éstos evolucionasen y, cual fruta madura, le dejasen el paso libre. Pero eso no estaba ocurriendo. El milagro no se producía. Al final, tuvo que hacer algo que consideraba repulsivo: tomar una decisión. El 7 de febrero de 1820, el Consejo de Estado que presidía decidió enviar a Pedro a Portugal para tomar posesión, en su nombre, del gobierno provisional de aquel reino. Para su hijo, que estaba deseando dar el salto a la vida política y desempeñar el papel que correspondía a su rango, fue un momento largamente esperado. Llegó eufórico a la reunión a la que su padre le había convocado.

—Pedro —le dijo el rey chupando un muslo de pollo—, no se trata de aceptar la Constitución que están elaborando, a imitación de la española... Sería una desgracia para su majestad reconocer la autoproclamada asamblea constituyente... ¿Estamos de acuerdo?

—Sí, padre...

Se produjo entonces un largo silencio entre ambos. Don Juan miraba a su hijo mientras hurgaba con sus dientes en los huesos del pollito, como intentando descifrar algún gesto que confirmase la suspicacia que sentía. Por fin le dijo:

—Vas a ir a Portugal con el título de condestable, pues llevarás contigo toda la autoridad militar y toda la preponderancia civil...

Pedro asintió e, impaciente, preguntó:

—¿Cuándo está prevista nuestra partida?

—Lo antes posible. Pero irás solo, hijo mío.

De pronto, toda la alegría que expresaba el rostro de Pedro se desvaneció. No podía disimular el chasco que le producía la decisión de su padre de hacerle partir solo. No quería ni pensar en el disgusto que se llevaría su mujer. Don Juan, mirándole de reojo, prosiguió:

—Hemos pensado que tu esposa no está en condiciones de exponerse a los peligros de una larga travesía por mar...

Pedro calló. Ni siquiera miraba a su padre, que continuó diciendo:

—Es importante que aquí, en Brasil, no vean que se van demasiadas personas de la familia real al mismo tiempo.

—¿Demasiadas?

—Todavía no se han concretado las personas que te acompañarán... —dijo balbuceando.

Pedro estaba ofuscado.

—No sé lo que pensará Leopoldina —dijo—. A ella le hacía mucha ilusión realizar ese viaje conmigo.

—Tiene que entenderlo, y seguro que lo hará... Sabe que su deber es plegarse al interés de la corona. La misma que tú llevarás algún día, quizá muy pronto...

Se lo dijo esbozando una sonrisita cómplice, pero Pedro se mantuvo serio. El rey escupió unos huesecillos y se limpió la boca con una servilleta antes de añadir, levantándose y dando la entrevista por concluida:

—...Y que ella llevará también.

Leopoldina se hundió al enterarse de que no iría a Portugal con Pedro. Estuvo llorando un día entero, tumbada en la cama de su habitación, evitando hacer el más mínimo movimiento para librarse del fardo añadido del calor. Veía horrorizada que se encontraba en una situación insostenible: encerrada en aquel país, pero sin su marido. Si le hubieran anunciado su condena a muerte no le habría afectado menos. Dejarla en Río sola equivalía a enterrarla en vida. Estaba segura de que se moriría. Si eso era lo que buscaban algunos cortesanos intrigantes, como ella pensaba, lo estaban consiguiendo. Deprimida, sin ganas de vivir a pesar de llevar a su hijo de ocho meses de gestación en sus entrañas, no tenía a nadie a quien pedir ayuda. Su suegra, que hubiera podido defender su causa porque también se moría de ganas de volver a Europa, ya no tenía influencia alguna sobre nada. Carlota Joaquina vivía encerrada en su casa de la playa por orden del rey. Había sido acusada de ordenar el asesinato de la mujer de su amante, el apuesto coronel Fernando Brás. Había dado un salto cualitativo en sus transgresiones: había pasado de adúltera a asesina. La corona había concluido que la emboscada que le había costado la vida a la mujer del coronel había sido realizada por un sicario contratado por Carlota. Don Juan ocultó el escándalo y ordenó destruir todas las pruebas. Ya había reaccionado de manera similar cuando en Lisboa descubrió que su mujer había maquinado un golpe de Estado para arrebatarle la corona, y también entonces la había, si no perdonado, sí indultado. Ahora la había castigado de nuevo a su manera de hombre indulgente, encerrándola en su casa, donde Carlota se consumía entre la impotencia y la rabia.

Pedro abandonó sus quehaceres en las cuadras cuando la dama de compañía de su mujer, asustada, fue a avisarle del estado en que se encontraba Leopoldina. Se sorprendió de verla tan mal, cubierta de sudor y lágrimas. La abrazó y le pasó un paño húmedo por la frente.

—Te lo suplico, Pedro, no me dejes aquí sola.

—Si vienes conmigo, tendrás que parir en el barco, no sé si te das cuenta...

—Me da igual —le interrumpió ella entre sollozos—. Daré a luz en el barco. Dios me protegerá.

Pedro, que era muy sentimental y que en aquel periodo llevaba una vida conyugal armoniosa, estaba con el corazón roto de verla así. Por mucho que le tentaba ir a Portugal a tomar las riendas del imperio, la idea de hacerlo sin su mujer y su hija le resultaba odiosa. Quizá porque nunca había conocido una vida familiar estable, ahora no estaba dispuesto a romper la suya. Además, adivinaba en el plan de su viaje una conspiración de los allegados a su padre. Reconocía la larga sombra de la desconfianza del rey que, al retener a la nuera, pretendía garantizar así la fidelidad del hijo.

—Voy a intentar retrasar la partida hasta que nazca el niño —le dijo Pedro.

—No lo conseguirás, no te dejarán...

—No me iré sin ti, te lo prometo.

Entonces Leopoldina esbozó una leve sonrisa que contenía todo el agradecimiento del mundo. Aquellas palabras eran como un soplo de vida nueva.

—O nos vamos juntos, o no nos vamos ninguno —terminó diciéndole Pedro.

Era la misma frase que había dicho su abuela, la reina María, en un momento crucial, cuando le iban a enviar solo a Brasil como avanzadilla de la familia real.

El hecho de contar con el apoyo de su marido le devolvió la esperanza. Teniéndole de su lado, todo cambiaba: poco a poco Leopoldina fue sintiéndose con fuerzas para volver a la vida y para luchar por lo que consideraba suyo, por sobrevivir. No estaba dispuesta a quedarse en tierra y tampoco a dejarse manipular para perder a Pedro, que sabía inconstante y fácilmente maleable por influencias ajenas. Dejando de lado su deseo de volver a Europa, ella también sospechaba de alguna intriga palaciega urdida para que perdiese la confianza y el amor de su marido.

Don Juan, enterado de las dificultades que de pronto le ponían su hijo y su nuera, se enfadó. «¿No tenían tantas ganas de ir a Portugal? ¿No lo estaban deseando? ¡Sólo tienen que estar separados algunos meses!», clamaba. Luego, haciendo oídos sordos a las quejas de Leopoldina, decretó: «Pedro tiene que marcharse a Portugal dentro de una semana.» Ahora era impensable abandonar la decisión que tanto le había costado tomar. Leopoldina luchó como una tigresa para preservar unida a su familia. Recurrió al embajador de Austria y le pidió que intercediera ante el rey. Ahora lo tenía muy claro: sin Pedro, no se quedaría en Brasil. «*Quede convencido* —escribió al embajador de Austria— *de que en caso de que el señor no consiga, a través de su influencia, aplazar la partida de mi esposo o conseguir que yo le acompañe, atraerá sobre sí toda mi ira y todo mi odio por el que más pronto o más tarde tendrá que pagar.*» Leopoldina mostraba sus garras, y el diplomático, asustado por el tono de aquella carta, fue a pedir ayuda al conde de Palmela.

—Sería inhumano condenar a una princesa a pasar los más bellos años de su vida lejos de su marido —le dijo el austriaco.

—Comprendo que sea penoso para la princesa real —le respondió Palmela—, pero lo sería mucho más para ella misma si perdiésemos Portugal únicamente porque no se ha querido separar de su marido durante unos meses.

Al final lograron un acuerdo según el cual el embajador se comprometía a conseguir que Leopoldina, después del parto, partiese lo antes posible para seguir a su marido. A cambio, Palmela insistiría ante el rey para que éste mandase cuanto antes a su hijo a Portugal. Era un pacto concebido para dar satisfacción a todas las partes.

Cuando el embajador austriaco fue a pedirle a Leopoldina que aceptase el sacrificio de una separación temporal, la encontró muy agitada.

—Ningún ciclón tropical tendrá la fuerza suficiente para impedir que embarque en el bote más miserable que encuentre y me reúna con mi marido, o bien regrese a mi patria.

—Alteza... No podemos permitir que Austria sea vista como la culpable de que su majestad no envíe a su hijo a Lisboa.

—Yo no le impido ir. Estoy dispuesta a acompañar al príncipe real.

—Pero, alteza, en su estado...

Leopoldina empezó a llorar.

—Si me abandonan aquí —musitó con la voz entrecortada—, mi situación será insoportable, sé que nunca me dejarán volver a Europa...

Estaba sacudida por violentos sollozos. El embajador tenía el semblante trémulo y procuraba sosegarla, pero ella estaba obsesionada con la misma idea:

—Quieren retenerme aquí para alejarme de mi marido...

Y no quiero vivir un exilio eterno en este país —dijo pasándose un pañuelo por el rostro bañado en lágrimas.

Nada pudo hacer el embajador austriaco para complacer a su compatriota. La fecha de partida de Pedro fue fijada para tres días después. Fue entonces cuando la princesa, de acuerdo con su marido, decidió preparar su partida clandestina, a pesar de las advertencias del embajador austriaco, quien le suplicó:

—No hagáis nada que pueda indisponeros ante el rey. Eso significaría, señora, privaros para vos misma del apoyo de su majestad en el futuro.

Pero nada podía hacer que Leopoldina cambiase su decisión. En un estado de suma exaltación, escribió a un amigo alemán pidiéndole si conocía a alguien que pudiera alquilarle una embarcación dispuesta a zarpar en breve para Portugal... *«Debido a razones que no estoy autorizada a divulgar y por las cuales no se me permite acompañarlo, estoy obligada a procurar mi salvación en la fuga, legitimada por el consentimiento de mi esposo. De modo que desearía encontrar una embarcación que debe ser segura, un buen velero cómodo para una familia de seis personas. También quiero encontrar una nodriza, saludable y competente para mi bebé, que nacerá en alta mar, y que de esa forma no será ni portugués ni brasileño...»* Era una carta que mostraba, aparte de su desesperación, una determinación de la que hasta entonces no se creía capaz. Ya no se dejaba embaucar por los discursos y las promesas vanas de diplomáticos y cortesanos. Se sentía fuerte porque actuaba en sintonía con la voluntad de Pedro. Contar con su respaldo la hacía invencible.

Mientras preparaba su huida en secreto, seguía hablando con los ministros y hacía que su marido también hablase con ellos, animada por una inquebrantable voluntad para obtener lo que creía justo. Sin embargo, en los momentos de duda, cuando al caer la noche se tumbaba en las sábanas húmedas de su cama, el ánimo le flaqueaba. Se sentía acobardada ante el enorme riesgo que la majestad del poder le obligaba a correr. ¿Tenía derecho de poner en peligro la vida de su hija? ¿Y la del niño que llevaba dentro? En las tinieblas de su cuarto, los recuerdos del viaje que la había traído a Brasil la torturaban. El mareo durante la mala mar, el miedo a los temporales y el terror a las encalmadas, el tedio de los días interminables de navegación, la promiscuidad y, sobre todo, la posibilidad de caer enferma... ¡Y además tener que parir en manos de cualquier matasanos! ¿No era tentar demasiado al diablo? ¿No era un exceso de soberbia oponerse al designio real? ¿No la habían educado para ser dócil ante la inclemencia del poder? Cuando horas más tarde se despertaba sobre un charco de sudor, y los rayos del sol empezaban a filtrarse a través de las persianas, los terrores nocturnos desaparecían como por encanto. Entonces recobraba la lucidez, o quizá la locura, pues ya no sabía muy bien dónde estaba la frontera. El caso es que un «no» crecía en su interior y su eco acababa ensordeciéndola: no, no se quedaría en ese lugar, sola y a merced de aquella corte corrupta y desalmada. No dejaría marchar a Pedro, a quien quería con toda su alma, a pesar de sus defectos. No, no y no. Mal les pesase al rey y a todos sus ministros.

Aún le quedaba una carta por jugar. No había querido usarla pensando que podía conseguir lo que quería por otros medios. Pero ya se habían agotado las opciones. Decidió jugársela en el besamanos.

Se vistió con un traje de muselina y pasó más tiempo que de costumbre arreglándose el pelo con lazos de raso azul y poniéndose maquillaje para disimular el continuo rubor de sus mejillas producido por el calor. El sudor, la angustia y el embarazo habían dejado su huella en el rostro, que ya no lucía esa piel de melocotón de antaño. Era poco coqueta, pero ese día quiso estar lo mejor posible para desempeñar su papel de nuera herida. Debido a su estado, asistió a la ceremonia sentada. Esperó a que un hombre enlutado besase su anillo, seguido de una mujer que le entregó una flor «para el bebé» y un indígena que le hizo un saludo primitivo, para levantarse y seguir a su suegro hasta la veranda, donde los cortesanos charlaban animadamente, con el ruido de fondo de los gritos de los loritos que llegaban del aviario. Esperó a que don Juan estuviera menos solicitado y se acercó. El rey le tendió los brazos para abrazarla, pero ella se lanzó a sus pies. Frente a cortesanos y ministros que contemplaban la escena con ojos muy abiertos, expuso sus argumentos al monarca haciendo todo lo posible para conmoverle. Lloró, suplicó, sollozó, insistió. Tres veces se lanzó a los pies de su majestad.

—Os lo ruego, no me arranquéis la única razón que tengo de vivir aquí... —acabó suplicándole.

Don Juan se sentía entre violento y conmovido. La veía tan frágil, tan embarazada y sobre todo tan decidida que le dijo que podía tranquilizarse, que revocaría la orden de partida de su hijo. La cogió del brazo, dando a entender a todos los presentes que respetaría la voluntad de su querida nuera. Nunca hasta entonces habían tenido el más mínimo roce. Al contrario, era de dominio público el mutuo afecto que se profesaban y que la visión de ambos caminando cogidos del brazo entre los pavos reales del jardín corroboraba. Todos los que abogaban por la rápida marcha del príncipe a Portugal se quedaron perplejos. ¿No había que plegarse ante las exigencias de una situación política candente? ¿No había dado la orden, la víspera, de que el príncipe tendría que salir dentro de tres días? ¿Cómo podía anteponer el rey el bienestar de su nuera a la razón de Estado? De nuevo, la indecisión pendular del monarca desconcertaba a sus colaboradores. Unos lo veían como un signo de flaqueza —había claudicado ante las súplicas de la joven—, otros como la expresión de su voluntad íntima: en el fondo, quizá no quería que su hijo viajase a Portugal, y se escudaba tras la actitud de la austriaca. En todo caso, ese día el rey anunció oficialmente que aplazaba el viaje hasta que Leopoldina estuviese en condiciones de acompañar a Pedro.

El conde de Palmela, convencido de que ya no le quedaba nada más que hacer, presentó su dimisión ante un don Juan cada vez más presionado y confundido.

## 32

Dos días después, hacia las dos de la madrugada, Pedro se despertó sobresaltado por el fuerte relincho de un caballo. Por la ventana, reconoció a uno de los guardias del rey:

—Alteza, ¡rápido! Su majestad os espera en la sala de reuniones. Es muy urgente.

El hombre jadeaba. El caballo había despertado también a la pequeña Maria da Gloria y sus berridos apenas le dejaban oír lo que decía el hombre.

—¿Qué ha pasado? —preguntó Pedro.

—En la plaza, frente al Teatro Real... está llena de soldados, al menos tres batallones, señor... Y las calles, señor, hay barricadas por todas partes...

Pedro no pareció sorprendido. De alguna manera, se lo esperaba. En los últimos días, había pasado tiempo en la ciudad y había podido tomar su pulso. El Chalaza y otros amigos le habían informado sobre el tenor que estaban tomando las discusiones en los garitos y los bares. Río era un hervidero de rumores, circulaban panfletos satíricos que las autoridades no conseguían prohibir y uno de los rumores llegó a afirmar que don Juan había firmado la Constitución. En toda la ciudad, la gente especulaba abiertamente sobre la situación política. Pedro se vistió deprisa y antes de salir, fue a dar un beso a su hija, que buscaba el sueño en brazos de su nodriza.

En el palacio de San Cristóbal, encontró a su padre todavía en camisón, con su gorro de noche caído de lado, lívido, rodeado de sus ministros rivales, el recientemente dimitido Palmela y un conservador llamado Antonio Vilanova.

—Majestad, o bien os unís a los constitucionalistas y conserváis parcelas de poder, o es fácil que acabéis como Fernando VII, destronado —le había dicho Palmela horas antes, al acudir a la llamada de don Juan.

Todo menos acabar como su cuñado, pensó el rey, que acto seguido, preguntó:

—¿Cómo debo tratar a los revolucionarios?

—No hay mucho que hacer, señor —le dijo Palmela—. Haced todo lo que os pidan.

Don Juan dirigió su mirada hacia su otro ministro, esperando otra respuesta, más acorde con lo que quería oír. Pero esta vez el conservador también estaba de acuerdo con su rival y se lo hizo saber al rey con una señal de la cabeza. De modo que se pusieron manos a la obra, y pasaron parte de la noche alrededor de una mesa trabajando sobre un documento a la luz de un candelabro.

Cuando Pedro entró en la sala, su padre se dirigió a él:

—Hijo mío, tengo que hacerte un encargo... Eres la persona que mejor lo puede llevar a cabo.

Pedro sintió una punzada de emoción. No estaba acostumbrado a que su padre le hiciese cumplidos, ni a que le confiase nada. El rey añadió:

—Eres el mejor jinete que conozco...

Estaba muy agitado, algo nada habitual en él. Su grueso labio inferior temblaba de forma imperceptible y su voz le traicionaba:

—Vete al encuentro de los revolucionarios y entrégales este documento lo antes posible, que las armas en ristre no soportan demoras... Tendrás que hacer un juramento en mi nombre.

Quizá sabía don Juan que al hacerle ese encargo, iba a propulsarle a la vida pública, ésa que Pedro ardía en deseos de abrazar. De lo que no tenía dudas era de que ese documento iniciaba el irremediable declive de su autoridad, que nunca más recuperaría el antiguo esplendor. Por eso, aparte de asustado, estaba triste. Pedro acertó a leer el encabezado: «...*El rey declara su adhesión para que el reino de Brasil adopte la Constitución de las Cortes en Portugal...*» Era el documento que contenía las ideas de Palmela. Al final, el rey y los miembros de su Consejo de Ministros habían tenido que ceder.

Pedro fue al galope hasta el Teatro Real, escoltado únicamente por un criado. Llegó a las cinco de la madrugada. La plaza olía a madera quemada y a estiércol. Iluminada por el fuego de las hogueras, estaba poblada de soldados portugueses sentados en corros junto a sus caballos. La mayoría eran veteranos de las campañas peninsulares, que respondían con ese alzamiento al efecto de la onda revolucionaria que había contagiado a la madre patria, luego al litoral brasileño hasta llegar, por fin, a Río. También había liberales, republicanos y disidentes de todo tipo. Pedro fue rodeado en seguida de la multitud habitual de mendigos, tullidos y leprosos que le tendían sus escudillas, pero también de otros jóvenes, algunos con palos, cuyas intenciones no acertaba a adivinar.

—¡Demos media vuelta, señor! —gritó su criado.

—¡Ni hablar!

Y espoleó con fuerza a su caballo empujándolo hacia delante, buscando un hueco entre el gentío. El animal, con los ojos desorbitados, se puso sobre las patas traseras. El príncipe, sin embargo, no perdió el control. Le acarició el cuello y le susurró un piropo al oído. Luego se dirigió a la turba y gritó:

—¡Viva la Constitución!

Sorprendidos de que el heredero declarase tan abiertamente su postura, los que le rodeaban corearon unos sonoros vivas. En ese momento, el príncipe tuvo la presencia de espíritu de añadir:

—¡Y viva el rey!

—¡Viva! —gritaron los demás al unísono.

Neutralizados, los rebeldes abrieron paso al caballo que, caracoleando, llegó hasta la escalinata. En lo alto, había piezas de artillería estratégicamente colocadas.

En el interior del teatro le esperaba un grupo de oficiales de la más alta graduación, con sus chaquetas trufadas de condecoraciones, sus charreteras y borlas, sus botas relucientes y su aire de vencedores. Iban acompañados del obispo y sus capellanes, y de personas «recién nombradas para asumir los altos cargos de la administración», como le explicaron. Entre ellos, se encontraban el nuevo ministro de Asuntos Exteriores y el de la Guerra. Había un barullo excesivo, y nunca aquel teatro había conocido semejante desorden. A los pocos minutos llegó su hermano Miguel, con el semblante torcido de miedo porque ignoraba por qué le convocaban. Los rebeldes buscaban la máxima representatividad para marcar ese momento histórico en el que revolucionaban la estructura de poder de todo un imperio. En ningún momento mostró Pedro aprensión o desconfianza. Al contrario, en seguida tomó la iniciativa:

—¡Está todo aquí! —dijo blandiendo el decreto que le había entregado su padre.

A continuación puso su mano derecha sobre una biblia que el obispo sujetaba con las dos manos y leyó la proclamación: «*Juro en nombre del rey, mi padre y señor, veneración y respeto*

*a nuestra santa religión, y observar, guardar y mantener perpetua-*
*mente la Constitución, tal y como sea aprobada en Portugal por las*
*Cortes...»* Cuando terminó de leer el manifiesto, dijo mirando
a la platea:

—Ya está, las tropas pueden volver a sus cuarteles y los oficiales pueden ir a besar la mano de mi augusto padre.

—¡Todavía no, señor! ¡Eso no basta! —le interrumpió un
hombre—. ¡No basta para satisfacer a la tropa y a este inmenso
pueblo!

Quien le había interrumpido era un líder popular, el abogado y religioso portugués Marcelino Macamboa, que Pedro
había conocido en sus salidas nocturnas en los garitos de Río.
A pesar de su discurso, lo consideraba un moderado. Macamboa siguió poniendo sus condiciones:

—Vuestro padre tiene que comparecer en persona. Ha de
jurar la Constitución sin reserva alguna, tiene que destituir su
Consejo de Ministros y aceptar la junta de gobierno aquí presente. Ha de hacerlo públicamente, y sin dilación. Entonces, y
sólo entonces, las tropas podrán volver a sus cuarteles.

Sus palabras fueron acogidas por una fuerte ovación y gritos de «¡El rey! ¡El rey!».

—Está bien —dijo Pedro pidiendo silencio con un gesto
de la mano—. Yo no tengo nada que objetar a la lista de nuevos ministros propuestos por la junta. Y pienso que mi padre
tampoco. Si ése es el deseo del pueblo, iré a buscarlo. ¡Volveré
con él!

Cuando Pedro salió del teatro, lo hizo en loor de multitudes. Su actitud digna, casi desafiante, mezclada con sus mues-
tras de conciliación le valieron la admiración de muchos. Era
la primera vez que Pedro sentía el calor del pueblo, pero no se
dejó llevar por el entusiasmo. A cada aclamación, procuraba
lanzar otra: «¡Viva el rey nuestro señor! ¡Viva mi padre!» Quería dejar clara su lealtad, y de paso proteger su jardín, la monarquía.

De nuevo, Pedro se encontró cabalgando los cinco kilómetros que separaban la ciudad de San Cristóbal, mientras su
hermano Miguel fue a buscar a su madre y a sus hermanas a
Botafogo. Cuando llegó al palacio, su padre, ya vestido, estaba

reunido con su ministro Antonio Vilanova, uno de los conservadores que tanto habían hecho para separarle del hijo. El palacio estaba en tinieblas: don Juan había ordenado cerrar todas las ventanas, como lo hacía cuando había grandes tormentas. Sentía miedo hasta de la luz del día. Alrededor de un candil de aceite, Pedro les explicó la situación, de manera enérgica y convincente, insistiendo para que su padre aceptase todas las exigencias. ¿Qué otra salida le quedaba? Sintió un difuso placer al entregarle la lista de nuevos ministros que llevaba en la mano.

—También me han encargado que os diga que tenéis que aceptar públicamente estos nombramientos —añadió desafiando con la mirada al ministro Vilanova, que de un plumazo perdía todo su poder.

Qué dulce le supo a Pedro aquella venganza que le había sido puesta en bandeja por la Historia.

El rey, cercado por todas partes, con su autoridad cada vez más amenazada y reducida a Río de Janeiro, por fin se dio cuenta de que no tenía opciones. Sólo propuso que los nuevos ministros pasasen a formar parte del nuevo Consejo Real, no de una Junta Constitucionalista subordinada a Lisboa, como había ocurrido en Salvador de Bahía y en Belem. Para él, aquello era el principio de una disgregación similar a la española. Por tanto, era mejor mantener la poca autoridad que le iban a dejar bajo control de la monarquía.

—Hemos de preservar la unidad del imperio, Pedro. Si le arrebataban a la monarquía hasta las apariencias... ¿Qué sentido tiene ir a dar la cara al Teatro Real?

Pedro entendió la importancia de la única condición que ponía su padre y volvió galopando al teatro. Llegó a las siete de la mañana, y entregó a los líderes militares y civiles de la revuelta un decreto firmado por su padre que aceptaba los nuevos nombramientos. A cambio, pidió que la junta revolucionaria aceptase convertirse en el nuevo Consejo Real de Ministros. Los líderes rebeldes se enzarzaron en una áspera discusión que parecía no acabar nunca. La idea no gustaba nada ni a Macamboa ni a sus compañeros más radicales, que recelaban de un nuevo gobierno compuesto de ministros bajo la autoridad de don Juan, a pesar de su juramento de conformidad con la Constitución. Pero los líderes militares y los propios ministros recién nombrados la secundaron, y acabaron imponiendo su criterio. La monarquía se había salvado milagrosamente.

Así que Pedro regresó de nuevo a San Cristóbal a buscar a su padre y al resto de su familia. El caballo echaba tanta espuma por la boca que se detuvo en las cuadras para cambiar de montura. En el zaguán del palacio, el rey se despidió con lágrimas en los ojos de Antonio Vilanova, su ministro favorito, y entró en su carruaje, preso de una avalancha de los más oscuros sentimientos. Al lado cabalgaba Pedro, con la cabeza alta, las riendas bien sujetas, la espalda recta, las piernas acariciando los lomos de un caballo que trepidaba. Se sentía feliz porque por fin, a sus veintidós años, estaba desempeñando un papel activo que colmaba su ambición. Aparte de conseguir que los rebeldes no exigiesen la abolición de la monarquía, estaba satisfecho porque los sucesos del día no habían resultado tan dramáticos como podía esperarse. Eran buenas razones para sentirse a gusto consigo mismo en su primer día de vida política activa. Detrás, Leopoldina le seguía en otro carruaje, acompañada por sus damas de compañía y dos criados, dolorida por los baches del camino e inquieta por el cariz que tomaban los acontecimientos.

En el fondo, don Juan pensaba que una monarquía sin poder absoluto carecía de sentido. Apesadumbrado, era consciente de que la fuerza de las nuevas ideas había derrotado al viejo orden, aquél cuya vida había intentado alargar al máximo. Le dolía darse cuenta de que ya nunca más volvería a ser el dueño de todo su poder. Sin embargo, lo que más le entristecía era saber que su odisea personal tocaba a su fin. A partir de ahora, su lugar estaba en Lisboa, no en Río de Janeiro. Y eso, si escapaba con vida de lo que se avecinaba.

En la plaza del Teatro Real su presencia provocó un enorme alboroto. El rey sintió pavor por aquel bullicio que le recordaba lo que los revolucionarios franceses habían hecho con las cabezas coronadas de Francia. Y ese miedo atávico se transformó en pánico cuando unos hombres desengancharon los caballos de su carruaje. «Ya está, ahora me toca a mí», se dijo pensando en Luis XVI y en la reina María Antonieta. Estaba tan acobardado que tardó un tiempo en darse cuenta de que el ambiente era de alegría, no de violencia, que aquel recibimiento era más una celebración de su popularidad y de la decisión que había tomado que una muestra de protesta, y entonces se tranquilizó.

«¡Viva el rey!», «¡Viva la Constitución!», gritaba la multitud mientras le llevaban en volandas hasta la plaza del Rocío, un lugar que los rebeldes juzgaron más propicio para la proclamación oficial de la aceptación de la Constitución que el teatro. Allí estaba el antiguo palacio real, con su valor simbólico, más solemne, donde don Juan y su familia se habían alojado en sus primeros días nada más llegar a Río. Solía correr a esconderse en sus sótanos nada más oír los primeros truenos de las tormentas tropicales que al principio tanto le atemorizaban.

No había sintonía entre el humor sombrío del rey y la euforia de la gente. Cuando le depositaron en la puerta del viejo palacio, don Juan se derrumbó como un muñeco de trapo, sollozando. Se sentía tan desesperado que le costaba tenerse en pie. Estaba dejando de ser el soberano absoluto, pero la gente aún seguía mostrando sus viejos hábitos de sumisión y reverencia, especialmente los miembros de las familias que había enriquecido con sus favores y que le ayudaron a tenerse en pie y a subir la escalera.

Arriba se encontró con Carlota Joaquina, que departía con los militares y los jefes de la revuelta de manera relajada y casi familiar. Tenía los dientes más negros que de costumbre, más podridos. Se saludaron con un gesto frío y protocolario, sin más. El contraste entre ambos no podía ser más flagrante. Ella parecía contenta, a pesar de ser una absolutista convencida, encarnizadamente opuesta a compartir cualquier parcela de poder. Don Juan sabía que si su mujer mostraba simpatías por aquellos revolucionarios era solamente porque veía en ello la posibilidad de acabar su purgatorio en Brasil y volver pronto a Europa. Tenía razón: Carlota ya se veía en el palacio de Queluz con sus paredes forradas de tapices y de cuadros, sus vitrinas llenas de objetos del más fino cristal y sus jardines románticos. Y eso que Queluz siempre le había parecido pobre comparado con los palacios de España. Quien también veía más cercano su regreso a Europa era Leopoldina, que se encontraba incómoda entre tanta gente, incluido su marido, gritando vivas a la Constitución. «¿Qué diría mi padre si me viera aquí?», pensó ella, hija de la Santa Alianza, último bastión absolutista de Europa. Su presencia en el balcón era la confirmación de que, en el conflicto entre las obligaciones hacia su marido y la lealtad a las ideas de su padre, sobre el que le había pedido un consejo que nunca había llegado, se había decantado finalmente por su marido. La felicidad conyugal y el amor de Pedro bien valían el sacrificio de sus propias ideas.

Toda la familia rodeó al rey, quien ratificó con su voz trémula, en compañía del obispo, todo lo que había dicho su hijo en el teatro. De acuerdo, se plegaría a la Constitución. Acataría al Parlamento que emanase del pueblo. Aceptaba la lista de los nuevos ministros. Su hijo repetía, con voz fuerte y vibrante, las palabras casi inaudibles que su padre dirigía a la multitud. La conversión de don Juan le valió un aplauso fervoroso, mientras los acordes de una banda de música y los vivas rivalizaban con el ruido de las campanadas de las iglesias. Flotaban en el aire aromas a guayabas pasadas, como en aquel lejano día de su llegada, cuando una multitud similar, exuberante y ruidosa, le homenajeó con petardos, bailes y recitales de poesía. Aquel día estaban felices porque, de pronto, esta familia venida del otro lado del mundo había convertido su ciudad, la capital colonial, en capital del imperio. Ahora estaban felices porque celebraban el final de una extraordinaria época de poder absoluto ejercido desde el trópico.


33


Lo primero que pidió al rey el nuevo hombre fuerte del gobierno fue que autorizase a Pedro a asistir a todas las reuniones del Consejo de Ministros. Esta vez don Juan aceptó sin titubeos, lo que hizo que su hijo se convirtiera en la figura principal de la escena política. Se lo había ganado.

Pedro estaba en su elemento. Mientras su padre se había quedado paralizado ante los nuevos desafíos, él había descubierto su capacidad de iniciativa y de organización en un momento difícil. Sobre todo, había descubierto su vocación: había sentido auténtico placer en aquel contacto con la multitud, en participar en el juego político como mediador entre su padre y la nación. Le gustaba pensar que en sus manos descansaba la salvación del trono, que era de su padre pero que un día sería suyo. Tenía claro su objetivo: intervenir en el movimiento constitucionalista hasta lograr encabezarlo. Aspiraba a interpretar el papel protagonista en esa pieza histórica que acababa de empezar, no para desligarse de su padre ni de Portugal, sino para preservar el reino unido. Al contrario de lo que le sucedía a don Juan, las dificultades le tentaban y los peligros le estimulaban.

La primera decisión que tomó por mayoría el nuevo Consejo de Ministros fue organizar la partida del rey con toda su familia. Respondían así a la insistencia de las Cortes de Lisboa, que sentían reforzado su poder con la adhesión de los territorios de ultramar. Para contrarrestar el argumento de que su salida prendería la mecha de la anarquía y la independencia en Brasil, el rey propuso que partiesen todos «salvo el príncipe real y la princesa, su esposa». Con el acuerdo del consejo, don Juan nombraba a su hijo regente del gobierno provisional hasta que «la Constitución se pusiese en marcha». Luego seguiría el camino del resto de la familia hacia Lisboa.

Pedro no quiso comunicar la noticia del retraso del viaje a Leopoldina, quien, a punto de dar a luz, estaba de nuevo asustada ante la perspectiva de ponerse en manos de sus temidos médicos portugueses. Ella aún contaba con el viaje a Europa, sin darse cuenta de que el pronunciamiento de Río había trastocado los planes. La víspera de ponerse de parto, escribió a su padre anunciándole *la ilusión de su inminente regreso*. Pedro solicitó a su padre y al Consejo que no publicasen el decreto real anunciando el viaje hasta después del nacimiento, y así lo acordaron.

Leopoldina tuvo un parto difícil porque el bebé era «extremadamente grande» y los médicos llegaron a temer por la vida de ambos. Sin embargo, cuando a los tres días estuvieron fuera de peligro, vivió un auténtico baño de felicidad. Recibió una avalancha de enhorabuenas, y hasta hubo un antiguo esclavo vestido de librea que a la salida de la misa en la capilla de Gloria le ofreció varas de nardos:

—Para que el niño, al olerlos, se siga sintiendo como en el paraíso —le dijo el hombre.

Había dado a luz a un varón, que era como alumbrar el futuro del linaje de los Braganza. Estaba orgullosa de sí misma, agradecida al Todopoderoso por dejarla cumplir de manera tan espléndida su papel de esposa y madre de una dinastía. Se deleitaba con la idea de regresar con toda la familia a Lisboa, ahora ya al completo con el pequeño heredero. No sólo ella, sino también el resto de la familia real vivió días de júbilo. Para don Juan, el nacimiento de su nieto fue como un paréntesis de felicidad en su atribulada existencia. Tanto era así que propuso llevarse a sus dos nietos consigo a Lisboa hasta que la Constitución portuguesa entrase en vigor y sus padres pudiesen regresar. Para muchos brasileños, celebrar la llegada del nuevo príncipe les permitió olvidar la aprensión que sentían por las consecuencias de la eventual partida del monarca.

Sin embargo, cuando días antes del bautizo el niño fue víctima de convulsiones, los criados del palacio empezaron a rumorear que aquel primogénito larguirucho y escuchimizado nunca sucedería a su padre, que sobre él pesaba la maldición de los Braganza. Leopoldina se alarmó. «Eso son sólo chismes», le dijo su marido. Pero lo cierto es que Pedro y su padre se sometieron a las indicaciones de los frailes que les impusieron una penitencia redentora. El día de San Francisco de Asís, tuvieron que almorzar en el comedor del convento de San Antonio sobre una mesa hecha de tablones de madera, sin mantel ni servilletas, y usando como único cubierto una cuchara de palo. Para el rey, acostumbrado a cebarse, fue un severo sacrificio limitarse a un frugal almuerzo de caldo de ave. Pero lo hizo de todo corazón, y cuando las convulsiones de su nieto cesaron, pensó que su sacrificio no había sido en vano, que los frailes habían acertado y que esta vez habían conseguido conjurar la maldición.

La felicidad de Leopoldina duró poco. «Una vez puesta en práctica la Constitución en Brasil —declaró Pedro pública- mente— partiré a fin de unirme a mi padre y como prueba de amor a todos los portugueses de ambos hemisferios, mando antes para Lisboa a mis hijos don Juan Carlos y doña Maria da Gloria.» La noticia de que Pedro había sido nombrado regen- te y que por lo tanto se quedaban durante un tiempo indefini- do en Río fue un mazazo a la moral de la joven, ya debilitada por el esfuerzo de dar a luz y por los sobresaltos que le había dado la salud de su hijo. Pero lo peor fue que el abuelo deci- diese llevarse a sus nietos y que su marido secundase la idea, pues aquello la hundió aún más en la angustia. A pesar de que Pedro le aseguraba que la separación duraría sólo unas sema- nas porque ellos partirían poco tiempo después, ella temía que en aquel ambiente de inseguridad y tumulto los planes no pudiesen llevarse a cabo. «*Aquel desgraciado espíritu de libertad nos ha puesto en una situación fea; mi marido ha jurado la Constitu- ción y nos tenemos que quedar en Río* —escribió a su padre—. *Ver- me separada de la buena familia paterna, de los hermanos amados y de los amigos ya es duro, pero ahora, verme lejos de mis hijos, ¡eso es pedirme demasiado!*», añadió. A Pedro le parecía que enviar a sus retoños a Portugal era una muestra de sacrificio que re- dundaría en beneficio de su popularidad. Leopoldina aunó fuerzas para librar la batalla en casa:

—Sé que los quiere mucho —le dijo a Pedro—, pero en el fondo, tu padre se los quiere llevar para mantenerte bajo su dependencia.

Pedro sabía que tenía razón. Estaba de pie, mirando por la ventana. Allá fuera había un imperio esperándole y no iba a ser fácil sobrevivir como regente. Estaba preocupado porque el Chalaza le contaba que los republicanos estaban cada día más agitados. Ella prosiguió:

—Tu padre no se fía de lo que pueda pasar aquí, y quiere a sus herederos bien cerquita... Serán sus pequeños rehenes.

—Todavía puede pasar de todo, desde que se anule el viaje

hasta que nos vayamos todos. Se habla de nuevos movimientos subversivos, de nuevos tumultos...

Leopoldina se acercó para acariciarle el pelo.

—Me quedaría más tranquila si supiera que estás de mi parte, que no vas a permitir que se lleven a los niños sin nosotros... Son demasiado pequeños. Escucha...

El llanto del recién nacido, desde su cuna, llegaba hasta la sala. Leopoldina salió y Pedro permaneció un buen rato solo, hasta que el bebé dejó de llorar. Entonces reaccionó: no, no iba a enviar a sus hijos con su padre, ahora no le parecía una buena idea. Los quería demasiado para separarlos de su madre. Además, más valía mostrarse firmemente apegado a esta tierra y no dar la imagen de una familia que huía poco a poco. Cuando ella volvió con el niño en brazos, él le dijo:

—No los mandaremos antes, no temas.

Leopoldina cerró los ojos: era lo que quería oír.

—¿Y si tu padre insiste? —preguntó.

—No lo hará. Ya no puede pasar por encima de mí —dijo consciente de su nuevo papel.

Luego añadió:

—Pero deberías confiar en él, nunca hará nada en contra de tu voluntad.

Leopoldina esbozó su dulce sonrisa:

—Sí, lo sé..., pero así me evitas tener que volver a lanzarme a sus pies —añadió con un punto de ironía.


## 34

De este modo, comenzaron los preparativos de la partida del rey. Largas filas de esclavos portando sobre la cabeza cofres, objetos y muebles envueltos en esterillas empezaron a desfilar entre el palacio y los muelles del puerto. Después de haber pasado años despotricando contra esa corte de «parásitos» que se había instalado en Río, muchos cariocas se daban ahora cuenta de que los beneficios que había aportado esa misma corte estaban a punto de volatilizarse. Los que no habían tomado parte en la revuelta política, que eran una mayoría compuesta de pequeños comerciantes, cultivadores y artesanos, estaban de pronto desolados por la noticia de la marcha del rey. Aquello significaba una súbita pérdida de prestigio para Río, que volvería a ser una capital provincial, sin el volumen de comercio engendrado por el continuo trasiego de ricos diplomáticos, científicos, comerciantes y viajeros. Hasta los indígenas, los esclavos y los negros liberados sintieron el hormigueo de la intranquilidad. Ignoraban si las leyes que había promulgado don Juan para protegerles seguirían en vigor o si, al contrario, quedarían abandonados al trato cruel y arbitrario de los patronos criollos. Mientras los cortesanos que se preparaban a acompañar al rey asaltaban las taquillas del banco de Brasil para cambiar su devaluado dinero de papel contra *contos de reis,* las costureras y modistas de la calle de Ouvidor se preguntaban a quién venderían sus trajes bordados de hilo de plata si los altos dignatarios y sus mujeres abandonaban la ciudad.

Porque don Juan se llevaba con él a más de cuatro mil cortesanos y sus familias, más sus cuatro hijas, su mujer Carlota, encantada de regresar después de lo que llamaba «un exilio de trece años», y don Miguel, cuyo comportamiento era tan desbocado como el galope de los caballos que tiraban de su carromato. Miguel era el único que, de manera unánime, los cariocas deseaban ver desaparecer del mapa. Con su marcha, dejarían de vivir aterrorizados cada vez que pasaba por las calles en su carruaje tirado por seis caballos a toda velocidad, ajeno a los que pudiera atropellar o al accidente que pudiera provocar. Estaban hartos de su soberbia y del pánico que inspiraban sus correrías nocturnas de borracho violento. En realidad, ni a Carlota ni a Miguel les había sentado bien la vida en el trópico. El calor, la ansiedad, el tedio y sobre todo la impunidad les había convertido en monstruos. Si la madre había llegado a ser la autora intelectual del crimen de la esposa de su amante, el hijo había sido acusado de disparar contra los chinos que cultivaban té en el jardín botánico. Dedicó varias noches de borrachera a darles caza con su escopeta y sus perros: les achacaba el fracaso de aquel cultivo. Presionadas por don Juan, las autoridades ocultaron el escándalo y nunca se supo el número exacto de chinos que Miguel había enviado al otro mundo, pero según algunos vecinos fueron varias decenas. El caso es que don Juan y Pedro tuvieron que reprenderle muy severamente. Como siempre, Miguel se mostraba contrito y dispuesto a enmendarse, pero nadie se fiaba de la sinceridad de sus propósitos. Siempre había sido mentiroso y sinvergüenza, de manera que hacía lo que le apetecía, interviniendo con astucia para aprovecharse de cada situación.

Ahora que había anunciado su viaje, cientos de vecinos europeos y brasileños, dándose cuenta de lo mucho que querían a ese rey bonachón que tanto había hecho por Río de Janeiro y por Brasil, firmaron una petición para que se quedase. El ayuntamiento de la ciudad y la Cámara de Comercio —otra institución creada por don Juan— le mandaron sendas peticiones formales para que anulase su viaje, o por lo menos lo pospusiese. Le llovían requerimientos similares del clero, de pequeños terratenientes, de empleados públicos, de tenderos, de todos los que se habían acostumbrado a su forma patriarcal de gobernar y que ahora eran conscientes de que se estaba formando un vacío político. Nadie sabía cómo funcionaría el nuevo orden ni si don Pedro estaría a la altura de las circunstancias. Don Juan, conmovido hasta el alma, las lágrimas corriendo por las gruesas mejillas que acababan en una papada en cascada, no se resignaba del todo a su suerte. Al calor de estas peticiones y después de una conversación con su fiel ex ministro Antonio Vilanova, cuyo criterio siempre tenía en gran estima, se echó atrás. «La unión de Portugal y Brasil no puede durar mucho —le había dicho el ministro—. Si su majestad tiene nostalgia de la cuna de vuestros abuelos, regresad a Portugal; pero si queréis tener la gloria de fundar un gran imperio y hacer de la nación brasileña una de las mayores potencias del globo, es mejor que os quedéis en Brasil. Allá donde permanezcáis, majestad, eso será vuestro. La otra parte habréis de perderla.» Entonces don Juan pensó en quedarse y en enviar a su hijo a Europa y así él podría seguir disfrutando de esa gente que le quería, del canto de los pájaros de su aviario, de las excursiones a las islas del otro lado de la bahía, de las noches de ópera en el teatro, de ese clima que adoraba y que había aprendido a conocer tan bien que podía predecir el momento propicio de frescor para echarse una buena siesta por la forma de los cumulonimbos en el cielo. Una Leopoldina eufórica escribió a su hermana: «*Cambio de plan: ¡Acompaño a mi marido a Portugal! Estoy profundamente satisfecha porque por fin podré estar cerca de ti.*»

Sin embargo, las nuevas agitaciones que seguían marcando la vida pública decidirían el rumbo de sus vidas, y no era precisamente aquel que ellos hubieran elegido. Tal y como había previsto Pedro, los líderes más radicales intentaron imponerse y hacerse con el poder. Primero capitalizaron el descontento de los brasileños cuyos intereses se habían visto perjudicados por la presencia de tantos cortesanos. Decían en Río que los que habían sido obligados a alquilarles su vivienda veían con rabia cómo ahora los que se marchaban desmontaban puertas y ventanas para embalar sus pertenencias, o simplemente dejaban las casas saqueadas. Los cortesanos se llevaban todo lo que tuviera algo de valor, y dejaban atrás un rosario de salarios, facturas y deudas sin pagar. El erario público y el Banco de Brasil se encontraban en un estado muy precario, como resultado de muchos años en que los gastos de la corte se habían sufragado imprimiendo papel moneda, un procedimiento que dio origen a la legendaria inflación brasileña.

En aquel ambiente donde se mezclaban pesadumbre y resentimiento, el nuevo gobierno de don Juan convocó una asamblea de ciudadanos para elegir a los miembros brasileños que tendrían derecho de voto en las nuevas Cortes de Lisboa. Los que presentaban su candidatura estaban dispuestos a cruzar el Atlántico con la esperanza de colaborar en pie de igualdad con los diputados portugueses. Como el nuevo gobierno temía manifestaciones subversivas de parte de la tropa, consiguieron que la oficialidad reiterase su juramento de lealtad al rey antes de la reunión. El propio don Juan juró de nuevo su adhesión a una Constitución que todavía no existía. Nunca se juró tanto en Río de Janeiro como en aquellos días, señal del alto grado de desconfianza que existía.

La reunión —a la que no asistían ni el rey ni Pedro ni los

nuevos ministros— era abierta al público que ocupaba los palcos y las gradas del edificio de la Cámara de Comercio, al borde del mar, cerca de la plaza del Rocío. En la platea estaban reunidos magistrados, funcionarios, militares de alta graduación, ex ministros, senadores, terratenientes, comerciantes y hombres de leyes que, ilusionados, habían venido no sólo a elegir a sus representantes a las Cortes de Lisboa, sino a dar su opinión sobre los futuros consejeros del gobierno de don Pedro y a deliberar sobre el futuro político de Brasil. Sin embargo, no contaban con la presencia de agitadores resueltos a sacar partido de tener concentrados en aquel edificio a la flor y nata de la sociedad local, en uno de los momentos más delicados de la historia de la ciudad. Cuando el juez que presidía la reunión empezó a leer los nombres de los ministros propuestos para el gobierno de don Pedro, fue interrumpido por gritos de «¡Viva la revolución!» y «¡Abajo el rey!» y por una diatriba inflamada de apasionada retórica revolucionaria a cargo del padre Macamboa y de otro individuo mucho más radical llamado Luis Duprat, hijo de madre portuguesa y de un sastre francés, un chico de veinte años delgado como un alambre, con gafas de montura metálica y que se tomaba por Robespierre.

A partir de ese momento, y anulando el orden del día, estos dos líderes populares secuestraron la reunión, que convirtieron en un acalorado mitin. Sus discursos incendiarios y antimonárquicos galvanizaron a sus seguidores, bien regados de vino que les proporcionaban taberneros simpatizantes con su causa. Sus reivindicaciones eran las mismas que habían exigido a Pedro en el Teatro Real: crear una junta de gobierno subordinada exclusivamente a las Cortes. Nada de Consejo de Ministros monárquico: exigieron la organización de un nuevo gobierno provisional. Como Brasil no disponía de una Constitución y la portuguesa todavía no estaba lista, los revolucionarios decidieron adoptar en ese mismo momento la Constitución española de Cádiz, que permanecería en vigor hasta la llegada del documento portugués. Lo hicieron ante la perplejidad y el terror de los que sentían repugnancia por lo que pretendían imponer: en efecto, la Constitución de Cádiz no admitía que el rey pudiese escoger sus ministros.

Las llamadas al orden del juez que presidía la reunión no surtieron efecto. El pueblo amotinado coreaba con vivas las arengas de los golpistas, quienes saludaron como héroes a los miembros de una delegación que enviaron al palacio de San Cristóbal con la misión de hacer cumplir al rey estas nuevas condiciones.

En el palacio, don Juan y sus ministros habían convocado una reunión de urgencia. Pedro llegó tarde. Alarmado por las proporciones que podía tomar la revuelta, tomó una iniciativa audaz. Fue a ver a los mandos militares y les pidió, por simple precaución y para proteger la integridad de la familia real, que situasen el tercer batallón de infantería y otro de artillería entre la ciudad y el palacio.

Cuando Pedro irrumpió en la reunión, se encontró a su padre, como siempre en estas circunstancias, retorciéndose en un mar de dolorosas dudas. ¿No había sido él un rey más liberal que cualquier rey constitucional? ¿Debía aceptar lo que pedían los agitadores? ¿Debía jurar la Constitución de Cádiz, la española? ¿Cómo responder a los miembros de la delegación, que ya estaba a las puertas del palacio? Las discusiones entre sus ministros, enzarzados en tecnicismos y legalismos, parecían obviar la evidencia, y es que estaban siendo víctimas de un golpe que les despojaba de todo su poder. Al final, venció el miedo.

—Aceptar sus condiciones puede ser una buena idea, majestad, aplacaría al pueblo —declaró su jefe de gobierno—. Luego podríamos negociar...

Los demás, acobardados, secundaban la opinión de su jefe. Tenían mucho más miedo de acabar ajusticiados que de perder sus puestos. Pedro, irritado por tanta tibieza, dijo lo que pensaba:

—No podemos someternos a lo primero que nos piden esos revolucionarios.

—Llevamos tiempo deliberando y hemos llegado a la conclusión de que hay que transigir, hijo.

«Si le hubieran pedido firmar la Constitución china, lo hubiera hecho con tal de salvar el pellejo», pensó su hijo Pedro, que acto seguido tomó la palabra:

—Ese cortejo que viene es en realidad una asonada, padre. Está mandado por un grupillo que busca usurpar el poder real. No os dejéis manipular.

En ese momento, desoyendo las palabras de Pedro, volvió a tomar la palabra el jefe del gobierno y, como si lo que acababa de decir el príncipe no tuviese relevancia alguna, prosiguió:

—Estoy pensando, majestad, que deberíamos aplicar la Constitución española como legislación subsidiaria para...

Pedro explotó:

—Como sigáis insistiendo en ese punto de vista, os... ¿Sabéis lo que os voy a hacer?

Todos volvieron la vista hacia el príncipe, mudos de asombro.

—¡Os voy a tirar por la ventana! —soltó de pronto Pedro.

Se hizo un incómodo silencio. El joven se les quedó largo rato mirando, con los puños apretados y luchando por contener su furia. Luego se levantó y abandonó la sala dando un portazo.

En el exterior, se encontró con parte de la delegación que acababa de llegar y que estaba a la espera de ser recibida. Uno de sus miembros se acercó a preguntarle por qué había tropas en la carretera.

—¡Vais a ver por qué! —replicó Pedro.


35


Mientras los miembros de la delegación forzaban la mano del pusilánime rey y de sus apocados ministros, Pedro deliberaba con el general de división Jorge de Avilez sobre el curso de la acción que habían de tomar. Estaba decidido a coger el toro por los cuernos. Una cosa era estar imbuido del espíritu moderno, ser un liberal y constitucional convencido, y otra dejarse amedrentar por demagogos que pretendían usurpar el poder legítimo.

En el edificio de la Cámara de Comercio, los revolucionarios, a la espera de tener noticias de la delegación, ponían en marcha su revolución. Nombraron una lista de «ministrables» de un gobierno provisional allí constituido y debatieron sobre un rumor que aseguraba que los barcos que se disponían a llevar a la corte de regreso a Portugal estaban llenos de oro. «¡Una riqueza que no tiene que deslizarse entre las manos del pueblo!», gritó Duprat, que propuso prohibir la salida de cualquier navío de la bahía. Para hacer cumplir su orden, se dirigió a un general presente en la sala, un hombre de setenta y ocho años que intentó disculparse:

—Lo siento, pero sólo recibo órdenes del rey.

—¡El rey ya no gobierna! ¡Aquí sólo gobierna el pueblo! —replicó Duprat.

El segundo intento, con un coronel de estado mayor que también intentó zafarse, acabó con amenazas y coacciones y ambos militares no tuvieron más remedio, como declararon más tarde, «que ceder ante la fuerza mayor de un inmenso pueblo». De manera que el viejo general y el coronel tuvieron que embarcarse, ya de noche, en un bote junto a unos soldados para cumplir con su deber revolucionario. Remaron hasta un fuerte donde transmitieron la orden de disparar contra cualquier embarcación que quisiese salir, pero antes de llegar a la segunda fortificación, fueron interceptados por una barca con soldados que habían sido enviados por Pedro.

El triunfo de los revolucionarios parecía seguro y sus palabras y discursos eran aclamados por la multitud; estaban borrachos de ideas, soflamas, vino e ilusión, pero ni Macamboa ni Duprat hicieron nada por ganarse la adhesión de la tropa. Quien sí lo hizo fue Pedro, cuya autoridad era cada vez más firme desde los acontecimientos del día del teatro. De él partió la decisión final de utilizar la violencia, si fuera necesario, para dispersar la reunión. Era consciente de que aquél era un momento crucial: o se imponía ahora, o quizá nunca podría llegar a hacerlo. Y si tenía que sobreponerse al rey, si tenía que faltar el respeto a las conveniencias de la jerarquía, confiaba en que su padre acabaría por entenderlo. Era insumiso por naturaleza. Estaba tan seguro de sí mismo que nada en el mundo le hubiera podido hacer desistir de su voluntad de acabar con la subversión. ¿Cómo podría asumir la regencia de Brasil si no defendía su territorio de manera clara y drástica?

Peor aún... ¿Cómo podía permitir que un don nadie que soñaba con repetir la toma de la Bastilla en Río, y que era dos años menor que él, derribase la monarquía?

A la misma hora en que era interceptada la barca del coronel, el general Avilez, al frente de un batallón, entró en la Cámara de Comercio, listo para intervenir y reventar el mitin. Pensaba que al saberse rodeados por el ejército, el miedo se apoderaría de los amotinados, que no se atreverían a resistir. Se trataba de ganar tiempo. Sin embargo, antes de acabar de leer su proclama que ordenaba la disolución de la asamblea, sonó un disparo y uno de sus soldados cayó fulminado. Inmediatamente cundió el pánico.

—¡Expulsen a estos canallas, pero no les hagan daño! —ordenó el general.

Sus palabras se quedaron flotando en el aire húmedo, ahogadas por fogonazos que dejaron nubes de humo blanco suspendidas bajo la bóveda del techo. Aterrorizados al darse cuenta de que estaban en una ratonera, la turba la emprendió a empujones para salir del recinto. El estruendo de gritos, órdenes y disparos hizo que algunos, de puro miedo, soltasen las tripas y otros vomitasen. Todo era válido para escapar, incluso lanzarse por una de las ventanas al mar e intentar nadar hasta la orilla. Algunos murieron ahogados, otros por aplastamiento, varios cayeron por herida de bayoneta. Los heridos se retorcían de dolor en charcos de sangre y excrementos. Los rostros de Macamboa y Duprat, que parecían no creerse aquel brutal desenlace, eran la expresión misma del terror cuando les comunicaron que estaban detenidos por atentar contra el orden constitucional. No opusieron resistencia porque temían ser ajusticiados in situ. Se los llevaron unos soldados en la oscuridad de la noche mientras sus seguidores seguían luchando por salir indemnes de aquella situación desconcertante entre balas perdidas y bayonetazos. Eran las cinco de la mañana del día de Pascua cuando todo terminó. En el muro del edificio, a modo de recordatorio de aquella revolución fallida, un militante dejó escrito: «Matadero de los Braganza.»

Tres horas después, a las ocho, un decreto escrito del puño y letra de Pedro revocando la orden que promulgaba la Constitución española ya circulaba por el palacio. Don Juan estaba entre escandalizado por la violencia empleada, apesadumbrado por el número de muertos (unos treinta) e impresionado por la audacia de los amotinados. Pero también estaba deslumbrado por el temple que había mostrado su hijo. Era cierto que se había excedido en arrogarse parte de la autoridad real, pero lo había hecho con lealtad, empujado por un sentido de la oportunidad y con el olfato necesario para adivinar el momento más adecuado para actuar. Siempre le había achacado falta de prudencia, una virtud que él había convertido en su norma de vida, pero ahora descubría en su retoño cualidades de valentía, inteligencia, agilidad, y también sagacidad y astucia. Dichas cualidades habían salvado a la monarquía de un golpe mortal y estaba seguro de que le servirían para protegerse de las próximas intentonas de esos aventureros. Porque habría otras, de eso estaba seguro.

Pedro fue a ver a su padre para pedirle que anulase el decreto del día anterior. Había pasado la noche en blanco, tenía barba rala, ojeras, el pelo sucio de polvo y olía a pólvora. No sabía si el rey lo iba a recibir felicitándole o enfadado, y quizá por eso se emocionó hasta las lágrimas cuando don Juan le abrazó como hacía años que no lo hacía. Ese hijo que había querido con cierta distancia, sin intimidad, ahora le provocaba una secreta admiración. Sobraban las palabras.

A modo de explicación, en el texto que anulaba el decreto don Juan escribió que los miembros de la delegación que habían venido a verle la víspera y que se hicieron pasar por representantes del pueblo eran sólo «*hombres con malas intenciones que buscaban la anarquía*». A continuación, en otro decreto, transfería oficialmente a Pedro «*el gobierno general y la entera administración de todo el reino de Brasil*», reiterando su idea fija, la de un Brasil políticamente unido y en pie de igualdad con Portugal.

—Nunca ahorres esfuerzos para mantener unidos todos los dominios de la corona... Nunca como ahora han estado tan amenazados de disolución. Te lo digo con el corazón en la mano, hijo mío querido.

Fue el último acto oficial de la corte en Río de Janeiro.

Así que todo volvía al orden anterior, que autorizaba al rey a nombrar a los ministros que formarían parte del gabinete de su hijo. Como ministro principal y jefe de gobierno nombró al conde de Arcos, el antiguo virrey que les había recibido a su llegada trece años atrás.

—Es un hombre capaz de conciliar los intereses de la realeza con los del pueblo —le dijo a su hijo.

Éste le respondió en broma:

—No sé si podremos trabajar juntos porque querrá mandar sobre mí...

—Él habla con franqueza, y eso lo tienes que aprovechar. No dejes que el orgullo te ciegue.

Pedro respetaba la experiencia del conde, a quien conocía desde la infancia, y esperaba que no le hiciera sombra, porque no estaba dispuesto a dejarse gobernar por otros.

Una vez descabezada la revolución y nombrado el nuevo hombre fuerte del gobierno, el horizonte estaba despejado para que Pedro ejerciese la regencia. Su decidida actuación de las últimas horas le había convertido en el amo indiscutible de Río de Janeiro. Para poder mantenerse en esa posición y lograr aglutinar el resto de Brasil bajo su control, ahora se hacía imprescindible que su padre y los miembros de su gobierno partiesen cuanto antes.

De modo que se aceleraron los preparativos en una ciudad que estaba magullada y resacosa. Al igual que había sucedido al abandonar Portugal trece años antes, tampoco ahora habría procesiones, ni fuegos artificiales, ni arcos triunfales como los que recibieron a Leopoldina, ni siquiera una ceremonia de besamanos para despedirse de sus súbditos. Don Juan, precavido, seguía temiendo manifestaciones violentas y optó por guardar la máxima discreción. El silencio inusitado que se abatía como un manto de plomo sobre Río sólo era interrumpido por las voces de los estibadores y los gritos de los esclavos que terminaban de cargar los doce navíos que formaban la flotilla real. Don Juan en persona supervisó la estiba del más preciado de sus cargamentos, el féretro que contenía los restos de su madre la reina María.

La mayoría de los cortesanos embarcaron en la oscuridad

de la madrugada del 25 de abril, tres días después de la fracasada asonada. Doña Carlota Joaquina lo hizo unas horas más tarde, cuando las aguas de la espléndida bahía centelleaban con los reflejos del sol. Acompañada de sus hijas, fue despedida por un grupo de fieles seguidores en el muelle de la plaza del Rocío donde les esperaba el bergantín rojo y dorado de la casa real, cubierto con un dosel púrpura. Ajena a la susceptibilidad de los remeros que se disponían a llevarla hasta el buque fondeado en la bahía, saludó con la mano a los que se quedaban en tierra, sin poder reprimir una de sus gracias: «¡Voy al fin al encuentro de una tierra habitada por hombres!», dijo saludando con la mano.

Por la tarde embarcó el rey. El muelle estaba abarrotado de gente que lloraba y agitaba sus pañuelos blancos. Los últimos en verle en tierra firme siempre recordarían su semblante deshecho. Lloraba de *saudade* por aquella tierra que nunca más volvería a ver. Por la mañana había dado un último paseo por el jardín botánico. Las simientes que había plantado de forma experimental a su llegada se habían convertido en árboles frondosos, en floridos matorrales y en parterres de plantas medicinales. Los estanques que él mismo había diseñado eran el hogar de numerosos flamencos que se movían entre nenúfares, papiros y otras extrañas plantas acuáticas; las palmeras de las alamedas que él había trazado ya medían la altura del Teatro Real, el edificio más alto de la ciudad, que era también otro legado suyo. Además, el aroma a almizcle de algunas flores, el canto de tantos pájaros, el murmullo de las cascadas y la quietud del lugar..., todo aquello proporcionaba a una alma sensible como la suya, a un iluminista, un deleite que no era de este mundo. Y abandonar aquel paraíso... ¿no era como morirse antes de la cuenta?

Cuando llegó al barco aquella tarde, se encontró con la desagradable presencia de su esposa, que era para él casi como una enemiga. Verse obligado a sufrir su compañía era un suplicio añadido a la nostalgia de partir. ¡Qué largo se le iba a hacer aquel viaje con ella! En un espacio tan reducido no podría mantenerla a raya, ni hacer como en tierra, limitarse a mostrarle consideración en público y nada más. Y luego...

¿Qué pasaría en Lisboa con ella? ¿Para cuándo la próxima deslealtad?

Los marineros dejaron de adujar cabos, de limpiar pasamanos y de cepillar bronces para cuadrarse ante el príncipe que venía a despedirse, acompañado de Leopoldina y de su hijita Maria da Gloria. Nada más acceder a cubierta, se encontraron con Carlota, que no cabía en sí de satisfacción, a pesar de los horribles recuerdos que tenía del viaje de ida, cuando tuvo que pelarse la cabeza debido a una infección de piojos en aquel barco destartalado en el que tenía que utilizar las letrinas al aire libre, unas plataformas amarradas y suspendidas en proa, y las deyecciones iban a parar directamente al mar. Ahora viajaba en un barco de lujo, con camarote, aseo propio y un nutrido personal de servicio para vaciar orinales. Estaba tan feliz que no paraba con sus bromas cáusticas: «A Lisboa voy a llegar ciega porque llevo trece años viviendo en la oscuridad rodeada de negros y mulatos», decía muy ufana de su ocurrencia. En un alarde de cariño materno, abrazó a Pedro y le agradeció su comportamiento de audaz hombre de acción y de «español valiente» —siempre que su hijo hacía algo bueno lo atribuía a su lado español—, que había sabido sacar el mejor provecho de la situación para salvar a la monarquía.

Cuando a Pedro le llegó el turno de despedirse de su hermano, se abrazaron dándose fuertes palmadas en la espalda. Miguel le susurró al oído, señalando a su madre:

—Menuda zorra... No ha parado de coquetear con los constitucionalistas.

—Será zorra, pero nos ha parido sin miedo —contestó Pedro, y esa defensa inesperada de su madre dejó a su hermano desconcertado.

Luego Pedro, Leopoldina y su hija fueron a ver al rey, ya instalado en su camarote.

—¡Cómo me hubiera gustado llevarme a los pequeños conmigo! —les dijo don Juan con la voz quebrada mientras, embelesado, miraba a su nieta, vestida de blanco con lazos azules en el pelo rubio como el de su madre.

—Espero que podamos seguiros pronto —le dijo Leopoldina—. Os voy a echar tanto de menos...

El rey la abrazó:

—Vuestra permanencia aquí es un sacrificio a favor de la estabilidad de la monarquía, y os lo agradezco de corazón... Quizá dentro de seis meses, o un año máximo, podáis veros libres de este sacrificio y regresar con nosotros... ¡Ojalá!

*«Parece que estoy viviendo un mal sueño* —escribió la austriaca a su padre contándole la partida—. *La realidad, sin embargo, es que me tengo que quedar aquí, separada de mi querido suegro, lo que es muy doloroso y difícil para mí, por varias razones.»* Aparte del sincero afecto que sentía por el rey, temía que sin el freno de la presencia paterna su marido se deslizase por una pendiente de depravación y excesos. También le asustaba el aislamiento. Entre los cuatro mil cortesanos y sus familias se iban algunos amigos muy queridos que habían vivido en Brasil bajo el mecenazgo del rey, como el músico Sigismund von Neukomm, el pintor francés Antoine Taunay, el cónsul de Rusia y varios amigos alemanes.

Fue una despedida emotiva la que tuvo lugar en cubierta, cuando a los visitantes les llegó la hora de volver a los botes porque el buque estaba listo para zarpar. Don Juan estrechaba con fuerza las manos de los vasallos que dejaba en Brasil, *«entre sollozos y bañado en lágrimas»*, como escribió un cronista local. Antes de dejarle partir, don Juan quiso hablar con su hijo en privado. Se fueron hacia el balcón de proa, desde donde se veía el Corcovado, con la sierra al fondo, coronada de nubes de algodón y la ciudad blanca desproporcionadamente pequeña ante la magnificencia de las montañas y los promontorios que la rodeaban. «Aquí he sido feliz —le dijo—. Aquí he sido rey.» Le reiteró la angustia que sentía al dejarle solo frente a un futuro lleno de imprevistos. No le dijo lo que más miedo le daba, que era no volverle a ver más.

—Te he dejado amplios poderes, hijo mío, tanto que te permiten hasta declarar la guerra o hacer la paz. Úsalos con parsimonia y sentido de la justicia, te lo pido con amor de padre y autoridad de rey.

Por primera vez, mencionaron la posibilidad de la independencia de Brasil. Don Juan temía que el país cayese en manos de revolucionarios como Macamboa o Duprat, que purgaban su intentona encerrados en la prisión de la isla de las Cobras, esa que surgía de la neblina por babor. Al final, mezclando su maña de viejo rey con la ternura paterna, le hizo una confesión:

—Pedro, si Brasil debe separarse, más vale que tomes tú el mando, que al fin y al cabo me respetas, que caiga en manos de cualquiera de esos aventureros.

Tal vez así, soñaba don Juan, un día pudiesen unir los dos reinos bajo un mismo cetro.

Pedro hizo grandes esfuerzos para mantener la entereza. Siempre tenía las emociones a flor de piel, y en eso se parecía a su padre. Estaba especialmente conmovido porque, aparte de la gloria momentánea de los últimos días, que presentía frágil, había ganado algo que toda su vida le pareció inalcanzable, y que sin embargo siempre necesitó para sentirse un hombre de verdad. Había ganado lo imposible, que era la confianza de su padre. Por fin.

Cuando regresaron a la costa, donde las colinas coronadas de palmeras y los tejados de las iglesias brillaban con los reflejos dorados del sol, escucharon a lo lejos cómo las salvas de artillería saludaban el paso de la flotilla real. Pedro y Leopoldina se quedaron largo rato mirando cómo las velas blancas desaparecían en el horizonte, con sentimientos encontrados. Se quedaban solos y eran dueños de la situación. Si él estaba invadido de un sentimiento que mezclaba el triunfo personal con la sensación de peligro, ella estaba apesadumbrada e inquieta por un futuro que no veía claro.

# CUARTA PARTE

—

El líder verdadero siempre es guiado.

RABINDRANATH TAGORE

## 36

Al príncipe regente Pedro y a su mujer, ambos de veintidós años, les tocaba abrir una página de la historia del continente americano. *«No sabes lo desesperada que estoy* —escribió Leopoldina a su hermana dos días después de la partida de la flotilla real—. *La rueda de la suerte ha girado, y tenemos que quedarnos por un tiempo indefinido, lo que, considerando el actual espíritu del pueblo, me parece una decisión bien arriesgada. Existe poca esperanza de que nos volvamos a ver...»* A la soledad y el aislamiento se unía ahora el peso de la responsabilidad política que don Juan les había traspasado, en un momento en el que muchos cariocas cuestionaban la sinceridad del «constitucionalismo» del príncipe, después de los sangrientos acontecimientos de la Cámara de Comercio.

—Tu padre era muy reverenciado y amado —le decía Leopoldina—. Tú tienes que aumentar tu prestigio para que olviden lo que ha pasado.

Eran consejos parecidos a los que recibía del conde de Arcos. Pedro deseaba ser querido por la gente. Desde la más tierna infancia, le habían acunado con historias del Quijote, y él se sentía un poco como un caballero andante, porque valoraba la gloria y el honor más que nada en la vida, más que el poder, o que el dinero.

La primera medida que tomó dejó perplejos y asombrados a sus súbditos por las contradicciones de su carácter. Él, que carecía de la cultura propia de un príncipe, mandó suprimir los aranceles de aduana sobre los libros extranjeros y abolió la censura de todo material impreso.

—Las duras medidas del día de Pascua han sido necesarias para preservar el orden sin el cual la libertad es imposible —declaró a los que todavía dudaban de sus ideas.

La idea de la frase era suya, la sintaxis, del conde. Pero el príncipe era un liberal convencido. Siguió adoptando medidas que no dejaban lugar a dudas ni sobre su voluntad de volverse a crear una buena imagen ni sobre su tendencia política. La propiedad privada fue declarada segura y no sujeta a expropiación arbitraria, como lo había sido durante el reinado de su padre, que nunca derogó una ley que otorgaba a la corona el derecho de confiscar casas privadas para uso de la nobleza. Pedro y el conde quisieron acabar en seguida con aquel sistema que había dado lugar a tremendos abusos, como el caso de un aristócrata que ocupó una casa durante diez años sin pagar alquiler, mientras que el propietario se vio obligado a vivir con su gran familia en otro alojamiento mucho más exiguo. Para ganarse a los criollos y a los nuevos gobernantes de Portugal, mandaron reducir impuestos y dictaron leyes que garantizaban las libertades civiles. Ser constitucional estaba a la orden del día. Ahora se hacía indispensable tener una orden de arresto firmada por un juez para detener a alguien. Quedó prohibida la tortura y el uso de cadenas, esposas, grilletes y hierros antes del juicio.

Pero lo que no pudieron imaginar ni Pedro, ni Leopoldina, ni el conde de Arcos ni sus consejeros fue el estado de las cuentas que había dejado don Juan. Años de derroche habían sumido al Estado en la bancarrota más absoluta. Las arcas de la hacienda pública estaban vacías. Desde que los gobiernos provinciales recibieron un decreto de las Cortes con instrucciones de dejar de pagar sus tributos a Río, a la espera de poder hacerlo directamente a Lisboa una vez aprobada la nueva Constitución, los ingresos de las provincias cesaron por completo. Miles de portugueses se habían llevado toda su fortuna. El nuevo gobierno tuvo que lidiar con una crisis mucho más profunda de lo que hubieran imaginado.

—Como buen constitucional —le decía a Leopoldina—, tengo que predicar con el ejemplo.

De modo que redujo el estipendio que le correspondía, y emprendió un severo programa de ajuste, tan exagerado y burdo que sólo lo podía haber ideado él. De los mil trescientos caballos y mulas que pertenecían al palacio, vendió todos menos ciento noventa y seis. El pequeño ejército de palafreneros y cuidadores de caballos fue despedido y remplazado por trabajo esclavo. En sus ansias por ahorrar, no se le pasaba por alto ningún detalle. Para evitar pagar las facturas de las lavanderas, Pedro ordenó que su ropa personal, la de su familia, la de los trabajadores del palacio y hasta los mantelitos del altar de la capilla fuese lavada por esclavas ya empleadas en el palacio.

—Ocupándote de esas cosas insignificantes no vas a salvar a la nación —le decía Leopoldina.

Pero él, influenciable en algunas cosas y testarudo en otras, siguió en sus trece. Redujo tan drásticamente los enormes sueldos de los *castratti* italianos que la mayoría de ellos optaron por regresar a Europa. Del extravagante mundo de ópera y música sacra de su padre, sólo quedó un reducido coro con salarios miserables que Neukomm había organizado antes de irse. También cortó gastos en el mantenimiento del jardín botánico y las plantaciones exóticas fueron abandonadas y poco a poco invadidas por hierbajos.

Ante la magnitud del recorte de gastos decidida por el nuevo gobierno, la servidumbre de calidad regresó a Portugal: mayordomos, doncellas, costureras, institutrices siguieron el camino de los nobles. Leopoldina se quedó sin sus damas de compañía portuguesas, que también regresaron porque temían que las nuevas autoridades revolucionarias les expropiasen los bienes. De manera que la austriaca sólo contaba con un mayordomo y tres ayudas de cámara. Para una princesa era poco, pero suficiente para llevar la vida sencilla de una familia burguesa. No podía aspirar a más, porque a petición de su marido, que estaba realmente muy preocupado por las finanzas, hasta sus joyas fueron provisionalmente depositadas en los cofres del Banco de Brasil. Aunque para ella, lo peor fue tener que renunciar a la caridad; eso le dolía más que privarse de cualquier capricho personal. Era un poco como renunciar a ser ella misma. Ahora repartía limosnas a escondidas, temerosa de ser descubierta por Pedro.

Sin embargo, también hubo alguna ventaja. Pedro decidió abandonar su residencia y mudarse al palacete de su padre. Concentró todas las oficinas del gobierno en el antiguo palacio de la plaza del Rocío, de modo que ahora tenían mucho más espacio en San Cristóbal. Leopoldina pudo por fin sacar de los baúles las colecciones de minerales, los cuadros y objetos que había traído de Europa e instalarse a sus anchas. Aquello nunca sería, ni de lejos, algo parecido a los palacios de su infancia, pero era más cómodo que sus aposentos anteriores.


## 37


Bajo aquella calma aparente, bullía una agitación soterrada. A principios de junio, un mes después de la marcha de don Juan, el Chalaza mandó avisar a Pedro de que tuviera cuidado, que se tramaba una conspiración entre los oficiales de la división auxiliar al mando del general Avilez, el mismo que le había ayudado a sofocar la asonada de la Cámara de Comercio. Exigían la expulsión del conde de Arcos y la sempiterna reivindicación, el establecimiento de una junta de gobierno. El pretexto lo habían tomado de las últimas noticias llegadas de Portugal. La Constitución aún no estaba acabada, pero las bases habían sido publicadas en los diarios de Lisboa.

Nada más regresar de una cacería, Pedro se enteró de que dos batallones de infantería se habían congregado en la plaza del Teatro. «Otra asonada», pensó. Su padre hubiera reunido a sus consejeros, hubiera escuchado opiniones y hubiera esperado, indeciso, el curso de los acontecimientos encerrado en su palacio. Pedro, impulsivo y valiente, fue al encuentro de una tropa alzada en armas de cuya lealtad desconfiaba. Quizá pensaba repetir la hazaña del día del teatro: hacerse con la iniciativa, adueñarse de la situación y relegar a los conspiradores a la sombra. Cuando apareció solo en la plaza del Teatro, montado sobre su caballo, los soldados le abrieron paso con cierta reverencia. Pedro se dirigió hacia un grupo de oficiales:

—¿Quién habla aquí?

—Por la tropa, hablo yo —contestó el general Avilez.

Pedro se quedó sorprendido. Pero en seguida entendió que Avilez quería redimirse de los excesos cometidos el día de la Cámara de Comercio. ¿Qué mejor manera de conseguirlo que sometiendo al príncipe a la humillación de imponerle sus exigencias?

—¿Qué es lo que quieren? —preguntó Pedro.

—Que todos juremos las bases de la Constitución.

—Ya he hecho el juramento sagrado y voluntario de lealtad a la Constitución que se derive de las Cortes. Siento que haya hombres que no crean en mi palabra.

—Todos juramos una Constitución inexistente; ahora hay que jurar las bases hechas, impresas, votadas.

Pedro temió lo peor, que le hiciesen jurar un texto que recortaba aún más su poder. Propuso discutir el asunto en el interior del teatro. No pensaba ceder sin ofrecer resistencia.

—No voy a jurar nada sin conocer la voluntad del pueblo que gobierno —declaró perentorio a un grupo de oficiales—. Vosotros, la tropa, sólo sois una parte de la nación. Quiero saber qué piensan los demás. Os propongo reunir aquí a los representantes del pueblo, los diputados electos del distrito de Río y los delegados del ayuntamiento.

El general y sus oficiales aceptaron la propuesta y durante cinco horas, mientras iban llegando los diputados, Pedro permaneció en la platea, departiendo con todos a su manera campechana. Esperaba convencer a esos militares, cuyos galones brillaban en la penumbra, de las bondades de su gobierno. Desplegó su mejor oratoria para ganárselos, y les recordaba todas las medidas que había puesto en marcha en tan poco tiempo. Sin embargo, parecían insensibles a su encanto. La popularidad que creía tener entre los militares no era más que una ilusión. Pedro adivinó que, bajo el pretexto de este nuevo juramento, lo que buscaban socavar era su propia autoridad, así como la legitimidad de la monarquía. Estaba contrariado, pero dispuesto a luchar por preservar cada parcela de poder sin tener que inmolar su amor propio.

Como la noche sangrienta de la Cámara de Comercio estaba fresca en la memoria de los diputados y éstos no querían provocar a las tropas, aceptaron inmediatamente la idea del juramento. El príncipe, atrapado en su propio juego, no tuvo más remedio que aceptar la «voluntad popular» y todos juraron con la mano sobre la Biblia pero también, de nuevo, con barullo y falta de solemnidad.

Las bases de la Constitución transferían el poder de gobierno a una junta. Tal y como temía Pedro, lo primero que los oficiales exigieron fue la salida del conde de Arcos del gobierno. Fue duro hacer esa concesión. El conde, que por haber sido virrey conocía bien la maquinaria administrativa, hacía de eslabón entre los políticos de Río y los del resto de Brasil. ¿Cómo podía gobernar sin él? ¿Cómo aunar el resto del país bajo el manto unitario de la monarquía sin su colaboración? Para desbloquear la situación, los oficiales le facilitaron la decisión:

—Os dejamos que elijáis a su sucesor, no os imponemos a nadie que no sea de vuestro agrado.

Pedro insistió en su defensa del conde, pero no tuvo éxito. Al final, pensó que era mejor ceder un poco a sacrificarlo todo. Entre la regencia y el conde, optó por sacrificar al ministro. Eligió para sucederle a un magistrado de origen portugués que fue aceptado por los militares. A continuación, le presentaron un borrador de decreto para la creación de una junta de nueve miembros elegidos entre los diputados, que debían asegurarse de que las leyes de las Cortes portuguesas se aplicaban debidamente en Río de Janeiro. Pedro, con serenidad y valentía, a pesar del vapuleo al que estaba siendo sometido, aceptó con una condición: que se añadiese una cláusula referente a «la inviolabilidad de la persona del rey». Su condición le fue aceptada, aunque no sin provocar un acalorado debate. Sin embargo, al abandonar el teatro aquella tarde, tenía la impresión de que le habían quitado hasta la ropa.

Leopoldina se asustó al ver llegar el caballo de Pedro sin jinete, con los estribos sueltos y renqueando ligeramente, hasta la veranda del palacio. Pensó que su marido había sufrido un accidente. Sin embargo, a los pocos minutos apareció Pedro, caminando solo, sin prisa. Había desmontado para no cargar más el animal, que se había herido en una pata. Por la expresión de su rostro, Leopoldina supo que Pedro había sufrido un varapalo. Lo encontró muy desanimado.

—Me han reducido a una marioneta, a ser cabecilla de un gobierno provincial —le dijo—. Sin el conde, no sé cómo podré extender el control del gobierno a otras partes de Brasil. Sin él, estoy solo.

—Siempre puedes buscarte nuevos aliados...

—Eso, o retirarme.

Leopoldina no le dejó hundirse. Le convenció para que fueran esa misma noche al teatro para ver una representación de la ópera *El engaño feliz* de Rossini. ¿No habían anunciado como principal atracción en aquel templo del ocio, donde se mezclaban revoluciones, motines y juramentos con óperas, dramas y bailes, la partitura del «Himno Imperial y Constitucional», compuesto y escrito por el propio Pedro? No podían perderse esa *première*. La receta de su esposa fue poner al mal tiempo buena cara, aunque lo cierto es que, en el fondo, ella tampoco veía una salida clara a la situación. Sabía por sus criados que la agitación se había adueñado hasta de las iglesias. En sus sermones los curas pregonaban la soberanía del pueblo, citando a Guillermo Tell y a Washington antes que a los santos.

Desde el palco real, durante aquella velada, Pedro se acordó del estremecimiento que sentía cuando veía bailar a Noémie. ¡Qué lejos le parecían aquellos tiempos! Sentía ese poso de emoción cada vez que asistía a un espectáculo porque le recordaba la excitación del amor y la sensación de ser libre. En aquel entonces se quejaba de que su padre le mantenía apartado de los asuntos de Estado, de no tener mando ni poder. Sin embargo, disfrutaba de libertad. Toda su vida había oscilado entre la necesidad de orden y disciplina y la sed de aventura, la búsqueda de lo desconocido que su espíritu insumiso reclamaba. Ahora no era libre y el poder se lo habían cercenado. Por eso, ni la salva de aplausos que recibió al finalizar el himno, ni los vítores fervorosos cuando saludó desde el palco consiguieron levantarle el ánimo.

En las semanas siguientes, Pedro hizo todo lo que pudo para mantener las mejores relaciones posibles con el general

Avilez y sus oficiales, consciente de que ellos eran los custodios del poder. Sin capacidad material de resistírseles, siguió la máxima de «si no puedes con tu enemigo, únete a él». Para ganar su confianza, visitaba asiduamente los cuarteles y asistía a cenas ofrecidas por la oficialidad. Quería convencerles de la sinceridad de su «constitucionalismo» e, indirectamente, ganarse también la confianza de las Cortes con el fin de regresar cuanto antes a Portugal. Leopoldina era una piedra en el zapato, porque de antemano era considerada sospechosa debido a su padre, el emperador de Austria.

Para celebrar el primer aniversario de la revolución, asistieron a un baile europeo que organizaron los oficiales portugueses en el Teatro Real, donde estuvieron bailando cuadrilla y contradanza hasta las seis de la mañana. Leopoldina le acompañaba únicamente porque se lo pedía él, ya que detestaba la compañía de oficiales que expresaban sin pudor sentimientos tan radicales. Se cuidaba mucho de no manifestar su parecer, de disimular su pensamiento para no perjudicar la delicada posición de su marido y de la monarquía en general. Tenía esperanza en *«la providencia benigna que abandona deprisa y con gran descuido todo lo que comienza con gran ansia y entusiasmo».* Era el mismo fundamento que aplicaba en su vida privada, sobre todo en lo que tocaba a los deslices de su marido, que ahora coqueteaba descaradamente con la esposa del general Avilez. *«Empiezo a entender que la gente soltera es mucho más feliz* —le escribió a su hermana—. *Mi salud va bien, excepto por una profunda melancolía. Sólo me consuela la religión y la firme conciencia de cumplir con mi deber.»* Ella, muy digna, fingía ser amiga de la esposa del general, se contaban confidencias, se sentaban juntas a la mesa, paseaban del brazo conversando y riendo. Sin embargo, resultaba poco probable que Pedro mantuviese un romance con la esposa del hombre que buscaba quitarle poder. Lo que le dolía a Leopoldina era que su marido ya no disimulaba en público sus preferencias por otras mujeres, como si la ausencia de tutela paterna ya no le obligase a comportarse con su esposa con el mismo respeto de antes. Desde la marcha de su suegro y en medio de oficiales que la disgustaban, la sensación de abandono era aún más acuciante.

La animada vida social que se veían obligados a llevar en Río no bastaba para distraer a Pedro de la gravedad de los asuntos de Estado. Seguía presidiendo el Consejo de Ministros, y por lo tanto gobernando, pero sin medios, y además tutelado de cerca. A pesar de todo, consiguió organizar el viaje a Lisboa de los diputados elegidos para representar a Río de Janeiro en las Cortes. Luego ordenó la liberación de Macamboa y de Duprat, que después de tres meses de cárcel fueron enviados al exilio a Portugal, donde el filiforme Duprat empezó estudios de derecho para acabar siendo un gran abogado.

De forma contraria a lo que podía esperarse, la Junta no interfería en las deliberaciones ni en las decisiones de Pedro y de sus ministros. La realidad era que sus miembros se sentían muy aliviados de no tener que enfrentarse a los inmensos y desalentadores problemas que la administración de la ciudad y del reino planteaba. Eran tantos y tan insolubles, y la recompensa tan pobre, que Pedro tiró la toalla y decidió volver a Portugal. Nada podía ser peor que quedarse en Brasil, en aquella posición insostenible, viendo cómo el prestigio —y el séquito— del general Avilez eran mayores que el suyo. *«Suplico a vuestra majestad* —escribió a su padre—, *por lo que es más sagrado en el mundo, que tengáis la bondad de relevarme de este trabajo. Os imploro, querido padre, que me dejéis regresar a Portugal para tener el placer de besar vuestra mano y tomar asiento a los pies de vuestra majestad.»*

## 38

En Portugal, don Juan lo tenía más difícil que su hijo en Brasil. Antes siquiera de que pudiera desembarcar, cuando su barco fondeó en aguas del Tajo frente a la explanada del Rocío el 4 de julio de 1821, después de tres meses de travesía, le abordó una barcaza. Subió una delegación de militares del nuevo gobierno revolucionario que, al mismo tiempo que le daban la bienvenida, le pidieron que firmase un decreto según el cual aceptaba ratificar las bases de la Constitución. Don Juan, cohibido y siempre asustado como un pájaro, estampó su firma de adhesión y lealtad a la Carta Magna. Antes siquiera de pisar suelo lisboeta, estaban usurpando sus poderes, exactamente del mismo modo que otros militares portugueses habían hecho con Pedro en Río. Se le negó la competencia de colaborar en la elaboración de las leyes; el veto real quedó abolido; se le prohibió transferir los comandantes militares de Lisboa y Oporto, así como el intendente general de policía, etcétera. En definitiva, quedaba reducido a la condición de funcionario de la nación. «Estamos vencidos», susurró a uno de sus acompañantes.

Desconfiado hasta el paroxismo, no sabía lo que iba a encontrarse en tierra firme, si iban a fusilarle o a aclamarle, por eso le pareció un milagro que dignatarios, nobles y miembros de las legaciones extranjeras que también habían acudido a darle la bienvenida en el muelle se arrodillasen nada más verle, algunos sollozando, otros temblando de emoción, todos suplicando el privilegio de besar su mano. Esos súbditos eran conscientes de que vivían un momento histórico, tanto como lo había sido aquel 26 de noviembre de 1807 cuando la corte y el rey habían tenido que marcharse precipitadamente. ¿Cómo explicarles que no volvía como divinidad, sino como un ciudadano coronado? ¿Que regresaba al viejo mundo más humano, más tolerante y abierto, consciente de los derechos esenciales de los hombres?

El rey se pellizcó el brazo, como para asegurarse de que estaba bien vivo. Reconocía a su viejo y leal pueblo, animado de esa eterna devoción que ninguna Constitución o revolución podría borrar jamás. La tensión provocada por el choque de dos mundos se disipó como por encanto. Era como si el pasado volviese al presente. La ropa de los recién llegados pertenecía a otra época: todavía llevaban pantalones hasta las rodillas, medias y pelucas con tirabuzones típicas de finales del XVIII. «Parecían cuadros que habían salido de sus marcos», comentó un diplomático francés. Miguel estaba irreconocible: había salido con seis años y ahora era un mozo de diecinueve. Las hijas eran mujeres hechas y derechas. El rey estaba muy envejecido. La reina, sin embargo, era fácilmente reconocible: más ajada que nunca, con una sonrisa que dejaba ver sus dientes picados, se abanicaba con un cierto nerviosismo. No se quejaba del calor, porque éste le parecía distinto; decía que no se le quedaba pegado a la piel. Fiel a sí misma, tuvo que hacer algo para llamar la atención al desembarcar. Antes de pisar el muelle, se quitó los zapatos y los sacudió:

—¡No quiero que ni una mota de tierra de Brasil toque suelo europeo!

La recepción que el pueblo les prodigó en esa explanada cargada de historia y cubierta de flores fue extraordinaria. Al pisar tierra, el rey recibió las llaves de la ciudad y mientras contemplaba deslumbrado las casas que se extendían sobre las colinas, pensando en lo poco que había cambiado Lisboa en todos aquellos años comparado con lo mucho que había cambiado Río, la multitud irrumpió en una ruidosa ovación. «¡Larga vida al rey nuestro señor!» Únicamente los soldados, formados en filas, mostraban su nerviosismo. Por todas partes, la gente se deshacía en aclamaciones y vivas, compitiendo para mostrar su júbilo, como si de esa manera pudieran compensar las lágrimas que habían vertido trece años antes. Don Juan estaba confundido. Le habían desposeído de gran parte de su poder, y sin embargo parecía que el tiempo no había pasado.

Fue sólo una impresión, que duró lo que tardó en instalarse en el convento de Bemposta, en el centro. En seguida, el viejo e inofensivo rey, prisionero de las Cortes, tuvo que adaptarse a la vida de un monarca constitucional, nombrando ministros, pero sin desempeñar un papel activo en la política. Se resignó a ello con docilidad, y al hacerlo se granjeó el afecto de muchos diputados que apreciaban su bonhomía, y que estaban fascinados por su enorme popularidad.

Carlota volvió al lugar que tanto había echado de menos, al palacio de Queluz, a nueve kilómetros de Lisboa, con Miguel y sus hijas. Conocido como el Versalles portugués, Queluz era una antigua finca de caza en la que el abuelo de don Juan había levantado un palacio de una sola planta, gracias al oro extraído de las minas de Brasil. Era un palacio más delicado que fastuoso, rodeado de jardines plantados de cítricos y de arbustos odoríferos, con pérgolas, canales, cascadas y fuentes. A los hijos les decepcionó porque guardaban el recuerdo de un lugar más grande, más brillante, más cuidado, más iluminado, animado de una vida que ya no existía. Recordaron con risas la ceremonia del «lavapiés» que efectuaba la reina María en una sala, mientras su marido hacía lo mismo en otra, y que consistía en un lavado ritual de las extremidades reales frente a miembros elegidos de la corte. Era una ceremonia arcaica, que indignaba a los europeos ilustrados, quienes veían en ello *«toda la substancia de los sultanes, sin su poder ni su fasto»*.

Carlota se instaló en su antiguo cuarto, el dormitorio Don Quijote, que había servido de comedor real hasta que la reina María, como atención especial hacia la nacionalidad de su nuera, se la cedió para el «primer encuentro» con don Juan. En aquella cama de matrimonio con dosel y baldaquín había perdido la virginidad y había dado a luz a todos sus hijos. Grandes puertaventanas se abrían a los árboles del parque donde, en sus días de juventud, pasaba largas horas charlando con su corte de criadas y doncellas españolas. Las tardes de verano se sentaba sobre una esterilla, acompañando con las castañuelas una canción andaluza o bailando ella misma algún bolero. Entonces Queluz era como un jardín de oriente, con alamedas flanqueadas de limoneros, de mirto, de jazmín, con fuentes y cascadas presididas por estatuas de la mitología griega, con invernaderos llenos de plantas crasas de Brasil, tan extravagantes en las formas y en los colores como las estatuas y los tiestos de la India y de Japón que bordeaban las veredas misteriosas. Ya no quedaba más que el recuerdo, porque los jardines estaban descuidados, las estatuas desfiguradas, los invernaderos abandonados, el césped amarillento. Ya no estaba aquel jardinero jefe que parecía un eunuco pero que tanto le gustaba, ese al que las malas lenguas atribuyeron la paternidad de Miguel. Ahora había dos cadetes jóvenes haciendo guardia en el jardín, «dos insolentes», como los llamó Carlota, porque el primer día la confundieron con una criada de lo desaliñada y mal vestida que iba.

Sin embargo, lo importante es que estaba de nuevo en territorio conocido, en el centro de su mundo, en un lugar donde podía tirar de los hilos del poder, donde podía conspirar, donde podía volver a funcionar como importante baza en el ajedrez de la política. Era cierto, la monarquía vivía momentos bajos; al otro lado de la frontera, su hermano Fernando había sido obligado a jurar la Constitución de Cádiz y había puesto en marcha el «trienio liberal» que abolió los privilegios de clase, los señoríos, los mayorazgos y sobre todo la Inquisición. Carlota sabía que lo había hecho forzado, no por convencimiento. En el fondo, su hermano, mientras por un lado se decía respetuoso con la Constitución, por el otro intrigaba contra el movimiento liberal para volver al absolutismo. ¿No decía en privado que quería ser un rey absolutamente absoluto?

Ella haría lo mismo. ¿No era deber de lealtad hacia el prestigioso linaje de los Borbón? Contaba con información de primera mano que le proporcionaban sus viejos aliados, antiguos miembros del partido españolista que ella misma promovió antes de marchar a Brasil, y con el apoyo de nobles y grandes señores cuyos intereses se veían perjudicados por los liberales. Carlota sintió inmediatamente que en ese hueco que había por llenar, ella podía aspirar a representar a las fuerzas del viejo Portugal en el pulso que libraban con el orden nuevo. Fuerzas que nunca dejaron de conspirar porque contaban con el más poderoso de los aliados: buena parte del clero, desesperado al ver cómo perdía consideración, privilegios y prebendas. En círculos absolutistas, el hecho de que el cardenal de Lisboa y el obispo de Olva hubiesen sido apartados de sus cargos eclesiásticos por negarse a prestar juramento a la Constitución era considerado un escándalo intolerable.

Cuando llegó a Queluz una delegación gubernamental con la copia de un decreto que obligaba a todos los funcionarios públicos y poseedores de bienes nacionales, incluida la reina, a firmar la Constitución, Carlota vio su oportunidad.

—¡Ni hablar! ¡Nunca nadie me obligará a firmar esto! ¡Jamás!

Fue un gesto sagaz por su parte, porque galvanizó a los que, como ella, se oponían al gobierno. Manteniendo esa actitud de desafío al poder, confiaba en acabar siendo el centro de una futura contrarrevolución. Don Juan disimulaba, pero en su interior crepitaba una hoguera. Su mujer le amargaba la existencia. No era nada nuevo, pero no por ello dejaba de exasperarle.

Viendo que el tiempo pasaba y Carlota no daba señales de plegarse a la ley, se sintió obligado a mandarle una notificación, para que por falta de conocimiento no incurriese en la sanción prevista, que era grave porque incluía la perdida de la ciudadanía y la expulsión del reino. Carlota respondió por el mismo correo con su arrogancia habitual: *«Que ya he mandado decir al rey que no juraba, que tengo establecido que nunca juraré en mi vida entera ni en bien ni en mal, y que no lo hago por soberbia, ni por odio a las Cortes, sino porque ya lo tengo dicho, y una persona de bien no se retracta...»*

No parecía intimidada por las penas previstas por la infracción, que también incluían la pérdida de todas las prebendas de su rango. Al contrario, se crecía en el desafío. Sentía el aliento de los suyos, en cuyas publicaciones tradicionalistas era descrita como «augusta esposa», «reina inmortal», «Carlota virtuosa», etc. Se enteró de que en algunos pueblos llegaron a sobreponer su imagen con la de Nuestra Señora da Rocha, la santa patrona de Portugal. Se regodeaba en su papel de esposa maltratada por un rey traidor a su esencia y a sus principios. Se complacía en su papel de mártir:

—Si me imponen las sanciones, tendré que volver a España —decía alicaída a sus seguidores, que no concebían que Portugal se quedase sin su reina.

Don Juan estaba cada día más enojado. De cara a las Cortes, la oposición de su mujer a sus repetidas instancias era escandalosa y le colocaba en una posición humillante: ni siquiera tenía control sobre su propia familia. ¿Qué tipo de hombre —no digamos ya de rey— era? Como siempre, esperó hasta el último momento para actuar. No le gustaba tener que expulsar del país a la reina. No iba ni con su carácter ni con su creencia en la indisolubilidad del matrimonio. Peor aún: era un gesto violento que aún debilitaría más a la ya frágil monarquía. Y en España sería más peligrosa que bajo control en Portugal. Pero el vaso de su paciencia se estaba desbordando.

Cada insubordinación de su mujer erosionaba su maltrecha dignidad. Harto, un día, a la salida de misa, anunció:

—¡Si me obliga a hacerlo, lo haré!

Promulgó un decreto, que se haría célebre, por el cual le retiraba los derechos civiles y monárquicos y la obligaba a exiliarse a su país de nacimiento. Así recapacitaría, pensaba don Juan, que siempre podría, en el último momento, anular ese decreto o remplazarlo por otro. Pero Carlota se frotaba las manos: su cruel marido la expulsaba por ser fiel a sus ideas. A algo tan insólito, supo sacarle rédito político de inmediato. Su respuesta, que fue hábilmente filtrada a la población por sus secuaces, la coronaría como heroína entre los absolutistas: *«Me obligáis a dejar el trono al que vuestra majestad me llamó —replicó a su marido—. Os perdono desde el fondo de mi corazón y os compadezco; todo mi desprecio y aversión lo reservo para los que os rodean. En el exilio estaré más libre de lo que vuestra majestad lo está en vuestro palacio. Me llevo conmigo mi propia libertad: mi corazón no está esclavizado, nunca se ha doblegado ante los que han osado imponeros leyes. En breve partiré: pero ¿adónde dirigiré mis pasos para encontrar un exilio sosegado? Mi patria, como la vuestra, está siendo víctima del espíritu de la revolución. Mi hermano, como vuestra majestad, es un cautivo coronado. Le diré a Fernando que no han podido doblegar mi resolución, que estoy desterrada, pero que mi conciencia está limpia. ¡Adiós, Señor!»*

Don Juan se sorprendió por la contundencia de la respuesta. Pero, en el fondo, estaba seguro de que ella tampoco quería irse a España, exiliada y destronada. La sabía correosa, pero también apegada a sus privilegios, a su vida de reina en Queluz, desde donde podía sabotearle a conciencia... Como no podía echarse atrás sin quedar mal frente a las Cortes y el pueblo, volvió a mandar requerimientos y a presionarla. Estaba seguro de que acabaría cediendo.

Pero Carlota vivía enfebrecida por sus sueños de grandeza, tan largamente reprimidos en Río pero que ahora brotaban de su imaginación como una cascada. Soñaba que Fernando conseguía imponer de nuevo el absolutismo en España y ella lo conseguía en Portugal... ¡Y qué maravilloso sería tener a dos hermanos reinando sobre una península Ibérica monárquica, tradicional y católica! El único obstáculo a esos planes grandiosos era la existencia de su marido, ese rey flemático que coqueteaba con el enemigo. A la espera de poder quitárselo de encima, sabía que tenía que soportar sus envites todo lo posible. Era cierto, ella no quería irse a España en esas condiciones, pero sabía que cada negativa suya a firmar la Constitución la fortalecía de cara a los suyos. Plantarse, oponerse, resistir. Ésas eran sus armas, que empleaba sin escrúpulos, sin importarle tensar la cuerda, porque conocía demasiado bien a su marido para saber que éste nunca la rompería.


39


Las noticias que llegaban a Río de Janeiro sobre las acciones emprendidas por el nuevo gobierno de las Cortes portuguesas tenían a Leopoldina muy inquieta. Recibía peticiones de socorro de sus antiguas damas de compañía, las que habían regresado a Portugal para proteger sus bienes. El gobierno las había expropiado, las había privado de sus pensiones y sueldos, y algunas habían caído en la miseria. La princesa, que estaba de nuevo embarazada, se las arregló para mandarles algo de dinero, sin que por supuesto lo supiera su marido. En sus cartas les decía que la perspectiva de tener un tercer hijo en *«esa época de desasosiego»* la perturbaba y acentuaba la nostalgia de los suyos y de la vida en Europa.

La contestación de don Juan a la carta de Pedro rogándole que le mandase de vuelta a Portugal llegó a los tres meses a bordo del bergantín *Infante São Sebastião*, que fondeó en la bahía cargado de una voluminosa correspondencia que sacudiría para siempre la vida de Pedro, de su familia y de Brasil. Traía de Lisboa órdenes y decretos de las Cortes relativos a la transformación administrativa del territorio. Pedro se enteró así de que las Cortes habían votado la abolición del reino de Brasil y anulado el decreto de su padre que le había encargado «el gobierno y la entera administración de todo el reino». Se suprimían las delegaciones de la corona, los departamentos, oficinas y tribunales que su padre había establecido desde

1808. En su lugar, se creaban unas juntas provinciales desligadas las unas de las otras y subordinadas directamente a Lisboa. Gobernadores militares nombrados por las Cortes ejercerían el poder ejecutivo en las provincias. Es decir, que todo lo relativo a la administración de justicia, el manejo de los fondos públicos y la fuerza armada escapaba al control de los habitantes de Brasil. La provincia de Pará en la Amazonia pasaba a llamarse provincia de Portugal, y estaría desvinculada por completo del resto de Brasil. Era como si las Cortes hubieran querido borrar todo lo que representaba para la antigua colonia la transferencia de la sede de la monarquía portuguesa a Río de Janeiro. De un plumazo, los constitucionalistas arrasaban con trece años de historia. Para implementar estas nuevas directrices, se anunciaba el inminente envío a Brasil de tropas y buques de guerra. Lo más abyecto era que el decreto había sido aprobado antes de que los diputados brasileños hubieran llegado a Lisboa para poder debatirlo.

El decreto sumió a Pedro en una gran perplejidad, hasta la puntilla final: «...*En consecuencia, la residencia del príncipe real en Río de Janeiro se vuelve no sólo innecesaria sino indecorosa.*» Por lo tanto, le daban la orden de regresar inmediatamente a Europa, pero como en el fondo las Cortes no lo querían en Portugal, le mandaban viajar de incógnito por las Cortes y reinos de España, Francia y Gran Bretaña, «*con personas dotadas de luces, virtudes y adhesión a los principios constitucionales*», para perfeccionar su educación de cara a asumir un día el trono de Portugal. Ésas eran las órdenes.

El tono de la carta de su padre no disimulaba la congoja y la decepción de verse obligado a aceptar unos decretos que destruían toda su labor, y urgía a su hijo a resistir y a preservar Brasil —esa obra maestra de una dinastía— contra la rebelión y la disolución. Además contenía una información alarmante: «*Sé hábil y prudente, hijo mío, pues aquí las Cortes conspiran contra ti. Los reaccionarios quieren que abdiques a favor de tu hermano Miguel. Nada puedo hacer contra los que no te quieren.*»

Pedro se echó hacia atrás en el sillón del que fuera el despacho de su padre y respiró hondo. No toda esa información le pillaba por sorpresa porque el eco de los debates en Lisboa había llegado hasta Río. «Las Cortes no dan al príncipe consejos, sino órdenes —había lanzado un diputado, antes de añadir—: No es digno de gobernar, ¡que se vaya!» Esa anécdota se la habían contado a Pedro. De modo que sabía que los radicales de ambos bandos, tanto constitucionales como absolutistas, no le tenían estima. Por otra parte, habían aparecido carteles anónimos en los muros de Río que clamaban por la independencia de Brasil bajo un régimen liberal, con Pedro de emperador. Una extravagancia que el príncipe se apresuró a desmentir públicamente reafirmando su lealtad a las Cortes. *«Jamás podré ser acusado de perjurio, y os renuevo mi juramento de lealtad a vuestra majestad, a la nación y la Constitución portuguesa»*, había escrito a su padre, y para que no cupiera duda alguna sobre su autenticidad, lo había firmado con su propia sangre.

Pero ahora se encontraba en tierra de nadie, en un vacío peligroso. Los liberales no confiaban en él y le quitaban toda la autoridad que le había confiado su padre con la regencia; al mismo tiempo los tradicionalistas conspiraban para negarle su derecho a la sucesión al trono. Pedro estaba a punto de ser aplastado por las distintas fuerzas que lo querían fuera de juego. ¿Sobre quién iba a apoyarse? No confiaba ni en la tropa portuguesa ni en el grupillo de exaltados que soñaban con la emancipación de Brasil. Estaba solo, degradado, tratado por el nuevo gobierno como un ser poco responsable. Sí, había pedido regresar a Portugal, pero no de esa manera vejatoria. A sus veintitrés años era padre de dos hijos con un tercero en camino, llevaba la dirección de un territorio mucho más vasto que el propio Portugal, era un hombre fiel a las doctrinas liberales, un joven obsesionado con un destino glorioso, y esos legisladores de Lisboa pretendían doblegarle, castigarle como si fuera un niño necesitado de educación y hasta de buenas maneras. Después de ser jefe de Estado y padre de familia, ¿cómo podía volver a la condición de estudiante tutelado por «gente de confianza»? ¿Es que los esfuerzos que hacía para gobernar un Estado en bancarrota no demostraban ya su lealtad y su compromiso?

Estaba indignado, y su primera reacción fue rebelarse. Pero

¿contra quién? ¿Contra las Cortes? ¿Contra su hermano que estaba siendo manipulado para arrebatarle el trono? Leopoldina le ayudó a templar su ímpetu, y Pedro se dejó aconsejar. ¿No había pedido volver a Portugal?, le recordó ella. ¿No era mejor para la educación de los niños? ¿No decía que su posición en Brasil era insostenible? Al mismo tiempo, le volvían a la mente a Pedro las palabras de su padre: sé hábil y prudente, hijo mío. Su instinto de supervivencia le decía que no era el momento de dejarse llevar por los sentimientos. Había que mantener la cabeza fría, y Leopoldina era una inestimable ayuda:

—Tienes que proteger tu derecho al trono contra los que quieren hacerte abdicar —le dijo—. No sólo te concierne a ti, sino también al futuro de los niños... y para eso, tienes que estar en Lisboa.

Leopoldina le hablaba como lo que era, la esposa que miraba por el bien de su marido y de la familia, y sobre todo la garante de una dinastía cuya supervivencia sentía peligrar.

Al día siguiente de recibir el correo con los decretos de las Cortes, Pedro convocó a sus ministros a una reunión que se desarrolló en una calma tensa. Fingiendo no percibir la irreverencia con que era tratado por Lisboa, se abstuvo de soflamas y de encendidos discursos. ¿No eran constitucionales? Pues se trataba de cumplir las órdenes de las Cortes, y para ello tomaron las medidas necesarias para traspasar el poder a una Junta provincial. *«En cuanto la Junta sea elegida* —escribió a su padre ese mismo día—, *el gobierno le será entregado; y así, podré sin demora poner a ejecución el decreto que me manda partir cuanto antes...»* Acto seguido, dio órdenes de preparar la fragata *União* que le llevaría a Europa con su familia. A partir de ese momento, su rutina cambió porque iba todos los días a inspeccionarla, calculaba los víveres necesarios, departía con el capitán sobre la ruta a seguir y regresaba al palacio para compartir con Leopoldina y sus hijos la ilusión del viaje.

## 40

Sin embargo, la publicación de los decretos de las Cortes de Lisboa en la *Gazeta do Río,* que Pedro había autorizado, fue como una bomba cuya onda expansiva repercutió en todos los rincones del inmenso país. Tanto portugueses nativos de Brasil como europeos reaccionaron ultrajados. El restablecimiento del antiguo sistema de monopolio comercial portugués, que también formaba parte del decreto, enfureció a los comerciantes locales y extranjeros, a los abogados, los terratenientes y a buena parte de la sociedad que no quería regresar a los tiempos antiguos de la colonia. Se abrió una brecha entre los comerciantes portugueses, el ejército que los defendía y el resto de la población que bullía de indignación. Los nativos de Brasil constataban perplejos cómo las Cortes de Lisboa ni siquiera habían esperado la llegada de sus diputados para debatir sobre el estatus de la colonia, mostrando así su desprecio total hacia sus «hermanos» del otro lado del mar. Quedaba claro que no preconizaban la igualdad de los territorios, sino el sometimiento de la colonia a la metrópoli. Y eso era, a todas luces, inaceptable. ¿Acaso la Historia podía dar marcha atrás? En su afán por recuperar la situación anterior a la llegada del rey a Río, lo que lograron las Cortes fue alumbrar un sentimiento patriótico que antes sólo existía de forma soterrada. Hombres y mujeres que hasta ese día se habían mostrado orgullosos de su ascendencia portuguesa se levantaron de pronto sintiéndose brasileños. Furiosos al sentirse engañados, se movilizaron inmediatamente para impedir la fragmentación del territorio y su recolonización. Los clubes secretos y las sociedades como la masonería inundaron la ciudad de panfletos y periódicos —el más incendiario era una hoja que se llamaba *El despertador brasiliense*— haciendo un llamamiento unánime al príncipe para que desafiase las órdenes de las Cortes y permaneciese en Brasil. Convencidos de que mantener a Pedro en Brasil era la única posibilidad de unir las provincias, estos nuevos patriotas hicieron correr el rumor de que impedirían por la fuerza la salida de la fragata *União* de la bahía. Pero Pedro no les hizo caso. Aún no acababa de darse cuenta de que los portugueses de Brasil mostraban más lealtad a la corona que los portugueses de Europa.

*«Es increíble cómo las medidas de las Cortes han conseguido en tan poco tiempo desorganizar completamente este país y crear un odio profundo contra todo lo portugués, a la par que un espíritu de independencia imposible de reprimir.»* Así se expresaba el barón Leopold von Mareschal, antiguo alumno de la Academia Militar de Viena y héroe de la guerra contra Napoleón. Nombrado en 1829 encargado de negocios de Austria en Río de Janeiro, era un hombre de cuarenta años, educado y afable, que se había convertido en visitante asiduo de la princesa. Su misión era mandar informaciones de lo que ocurría en Brasil a la Corte de Austria. Era un diplomático de visión clara que anhelaba que Pedro se pusiese a la cabeza de los brasileños. Tradicionalista, defensor a ultranza de la realeza y por tanto de los absolutistas, tenía tan poca fe en las Cortes y en su política que pensaba que Brasil podría transformarse en refugio de la familia real y en baluarte de la monarquía. Pedro le evitaba porque no quería que le asociasen con un representante de la Santa Alianza y en aquel momento tampoco le interesaba su discurso: seguía deseando regresar cuanto antes a Portugal, a la que consideraba como la tierra prometida. Estaba harto de verse rodeado de reinos de taifas, de administradores ineptos y de militares hostiles. A estas alturas, Pedro no creía aún en Brasil.

Mareschal sí creía:

—Vuestro marido es el único que puede salvar Brasil del caos, el único que puede impedir que el país se disuelva en una miríada de repúblicas, como la América española.

Cada vez que recibía una visita de Mareschal, Leopoldina veía cómo su sueño de regresar a Europa se alejaba un poco más. Esta vez no por imposición de su marido, sino porque el diplomático tocaba su fibra más profunda y sensible, el sentido del deber. Su compatriota le aseguraba que si volvían a Portugal, Brasil se levantaría, habría un baño de sangre y la colonia se desgajaría definitivamente de la madre patria. ¿Querría tener ella parte de responsabilidad en semejante desenlace?

—Por el bien de vuestra familia —le insistía el barón mirándola con sus pequeños ojos de un azul intenso—, por el bien de la casa de Braganza, y sobre todo por el bien de la realeza, debéis sacrificar vuestro más ardiente deseo y permanecer en Brasil, señora. Tenéis que hacer lo posible para ejercer algún tipo de influencia en este sentido sobre vuestro marido. Es la única posibilidad de conservar los dos reinos... o por lo menos uno de los dos.

Cualquier otra mujer se hubiera zafado de una misión que significaba inmolar en el altar del deber lo que en ese momento más quería y necesitaba, que era irse. Pero Leopoldina no era una mujer cualquiera. Era de una determinación férrea, y su capacidad de entrega a lo que creía ser su deber —y preservar la monarquía era uno de los pilares de su credo— era ilimitada.

Antes de convencerse, vivió una temporada torturada por las dudas, oscilando como un péndulo de una opinión a otra. ¿Y si al volver a Europa lo perdían todo: Brasil, la monarquía, el trono de Portugal, todo, como pensaba Mareschal? Se había enterado de que no sólo su marido era humillado en aquel Parlamento lejano y lleno de «jacobinos», sino también su pobre suegro estaba recibiendo un tratamiento irreverente por parte de las Cortes... ¿No acabarían por arrasar la monarquía, como bien pensaba Mareschal? ¿Cómo les contaría más tarde a sus hijos que hubieran podido salvar el trono quedándose en Brasil pero que optaron por volver, a sabiendas de que se metían en la boca del lobo? Al verlos juguetear en el jardín, se sentía desgarrada entre su deseo y su deber de madre —que la empujaba a volver a Europa— y la realidad que le contaba Mareschal, que la llevaba a quedarse para salvar Brasil y la corona. Y, pensaba ella en su fuero interno, quizá también el amor de su marido.

Poco a poco, fue viendo el problema bajo un prisma distinto y su pensamiento fue dejando de oscilar. Las conversaciones y discusiones con el conde de Arcos, el general Van Hogendorp, a quien visitaba en sus largos paseos a caballo, y sobre todo con su compatriota Mareschal la convencieron de que la salvación de la monarquía sólo podía resultar de un pacto entre los líderes de la emancipación brasileña y la corona, representada en Brasil por Pedro. Curiosamente, los intereses de la monarquía parecían coincidir con las aspiraciones de los brasileños, que Leopoldina juzgaba más sensatos y moderados que los diputados de las Cortes de Lisboa. Se dio cuenta de que tanto su permanencia como la de Pedro era fundamental para la evolución de Brasil. La ayudaba el hecho de que no conocía Portugal, no tenía vínculos de historia o de tradición con aquel pequeño país que además vivía una ola de anticlericalismo que la disgustaba. *«El bien público ha de preceder siempre el deseo privado»*, escribía a su hermana, justificando así su disposición a seguir en el país por meros motivos políticos. De este modo Leopoldina, hija de la Santa Alianza, ahogaba sus sentimientos personales y renunciaba definitivamente a su sueño. Un sacrificio que mostraba su grandeza de espíritu.

Pedro estaba asombrado por la virulencia de la reacción popular y así se lo escribió a su padre: *«Doy parte a vuestra majestad de que la publicación de los decretos ha sido un choque muy grande para los brasileños y muchos europeos establecidos aquí, hasta el punto de que dicen en las calles: si la Constitución nos perjudica, ¡al diablo con ella!»* Pero a continuación le reiteraba su disposición a cumplir las *«sagradas órdenes»*, a pesar de *«todas estas voces, aunque tenga que dar mi vida por ello»*. Al final, añadía una apostilla que mostraba un cierto cambio en su postura, quizá debido ya a la influencia su mujer: *«...No estoy dispuesto a participar en que se pierdan millares de vidas.»*

Leopoldina, con la tenacidad que la caracterizaba, utilizó todo lo que tenía a su disposición para hacer cambiar de opinión a Pedro. Comenzó alegando que tenía miedo a dar a luz en el barco. Era una contradicción porque un año antes estaba dispuesta a hacer la travesía en un velero para seis personas y embarazada de ocho meses. Lo que buscaba era retrasar la partida y ganar tiempo confiando en que la evolución de los acontecimientos allanaría el camino. A sabiendas de que la mayoría de los extranjeros que vivían en Río secundaban la idea de que el príncipe debía quedarse, aprovechó uno de sus paseos a caballo con su marido para visitar a Van Hogendorp, el ex general de Napoleón, que no se mordía la lengua a la hora de expresar sus opiniones.

Pedro, que llevaba mucho tiempo sin verle, lo encontró muy desmejorado. La reciente muerte de Napoleón allá en su exilio de Santa Helena le había golpeado tanto que su salud se había resentido. Sentado a la mesa del porche, estaba terminando de escribir sus memorias. Se oían truenos lejanos, y los rayos iluminaban las negras panzas de las nubes.

—Me queda un consuelo, amigos míos —les dijo ofreciéndoles asiento—. Esperad un momento.

Se levantó con dificultad y al hacerlo, fue víctima de un violento ataque de tos. Se adentró en su casucha y salió al cabo de un instante, con unos papeles, una botella de aguardiente y tres vasos. Tenía la respiración pesada y los ojos febriles.

—Mirad esto...

Traía un documento amarillento que posó sobre la mesa. En él se podía leer: «*Al general Hogendorp, holandés, mi ayudante de campo, refugiado en Brasil, dejo cien mil francos.*» Era una copia del testamento de Napoleón.

—No me ha olvidado —dijo solemnemente.

—¡Sois rico, Hogendorp! —bromeó Pedro.

—No, alteza, no. Se lo dejo todo a mi fiel Simba —y señaló a su ex esclavo que estaba al fondo de la vivienda, en el rincón que hacía de cocina, con una sonrisa de oreja a oreja—. ¿Para qué necesito el dinero ya? —añadió, de nuevo sacudido por un ataque de tos.

Hogendorp estaba convencido de que se hallaba al borde de la muerte, como si la desaparición del hombre a quien había dedicado parte de su vida le arrastrase a él también hacia el mismo puerto.

—Por la noche me asaltan delirios... —les confesó, hablando despacio y dejando vagar su mirada por el horizonte—. Ayer soñé con las maravillas de Java cuando contemplaba, a la luz de la luna, a los rajás cubiertos de oro que desfilaban en sus comitivas entre palmeras gigantes... Nunca fui tan feliz como entonces. Me sentía uno más entre esa gente tan impregnada de vieja sabiduría oriental. El problema es que entonces no era consciente de ello.

Hábilmente, Leopoldina llevó la conversación hacia la actualidad política y la inminencia del viaje. Cuando dio por zanjado su ataque de nostalgia, Hogendorp prosiguió:

—¿De verdad queréis regresar a Portugal, alteza? —le preguntó—. Las aguas del Tajo están muy revueltas.

—Pero allí está mi deber, general.

—¿Estáis seguro? Allí está vuestra familia, alteza. Si marcháis, tiraréis por la borda todo lo que vuestro padre ha hecho en estos años, y Brasil acabará separado de Portugal, estoy seguro.

—Las Cortes exigen mi regreso, general... Soy constitucional, creo en la representación popular, no puedo oponerme a sus instrucciones. Además, este país es ingobernable.

—¡Las Cortes! —dijo Hogendorp con un gesto de desprecio—. ¡Ni queriéndolo lo harían peor! Ignorando los deseos y los intereses de los compatriotas de este lado del mar sólo han conseguido enfurecerlos y alienarlos...

Se hizo un silencio mientras les servía una ronda de su aguardiente de naranja.

—¿Cuánto tiempo lleváis viviendo en Brasil, alteza? —preguntó el general, en un tono más de confidencia.

—Catorce años; tenía nueve cuando llegué.

—Habéis vivido más tiempo aquí que en Portugal. ¿No os sentís de aquí, alteza?

—Soy portugués, general. La patria es la patria.

El general guardó silencio. Se oía el canto de los pájaros en la selva circundante, y el martilleo de Simba preparando harina de mandioca. El general volvió a llenar los vasos.

—La patria no es donde uno nace —dijo al servirles.

Se quedó callado un momento, y luego prosiguió:

—La patria está donde está el corazón, lo sé por experiencia...

Pedro le escuchaba, aunque no estaba seguro de entender bien lo que el general quería decirle.

—Yo soy holandés de nacimiento —siguió diciendo el anciano—. Tengo nacionalidad francesa, vivo en Brasil pero mi patria..., mi patria es Java. Es donde hubiera vuelto si hubiera podido. Por eso sueño por las noches que sigo allí... Veo caballos piafando en la veranda, y elefantes enjaezados con sedas llevando a princesas en sus torretas de oro... Diréis que estoy loco, y probablemente tengáis razón.

En ese momento tendió el brazo hacia el paisaje que se desplegaba ante ellos, amplio, brillante de luz tropical, soberbio. Y dijo una frase que se quedó grabada en la memoria de Pedro.

—Tened cuidado, alteza, de no volver a Portugal para pasaros el resto de vuestra vida añorando esto...

Y abarcó con sus brazos aquella inmensidad verde y azul coronada de nubes, esa naturaleza exuberante cuya belleza prístina no podía dejar a nadie indiferente.


## 41

A lo largo y ancho de todo el territorio brasileño, se fueron eligiendo las juntas de gobierno locales. En las provincias donde había escasa presencia de tropas portuguesas, las nuevas juntas de gobierno acabaron bajo control de gente nativa. Fue el caso de São Paulo, que entonces era una provincia poco poblada con un puerto importante, Santos, y una capital que contaba con menos de siete mil habitantes, São Paulo. El hombre fuerte de la nueva junta, el científico José Bonifacio de Andrada, tenía cincuenta y ocho años y acababa de regresar a su tierra después de haber pasado treinta y ocho años en Europa. Era un hombre pequeño de ojillos vivaces y mirada pícara, con el pelo gris recogido en una coleta que le caía sobre los hombros cargados. Ateo militante, arrastraba una reputación de libertino forjada por la cantidad de hijos ilegítimos que seguía trayendo al mundo, y por su afición a bailar *lundu* —ese baile de origen angoleño en el que acababan frotándose los ombligos— hasta altas horas de la madrugada. En suma, era una curiosa mezcla de hombre sabio y de vividor, de culto y pendenciero. Pero nadie cuestionaba la autoridad de sus conocimientos, la claridad de su criterio, la finura de sus juicios y opiniones.

En su juventud, cuando estudiaba derecho, filosofía y matemáticas en la Universidad de Coimbra, fue denunciado por la Inquisición por haber negado la existencia de Dios. Obligado a huir hacia los ambientes más tolerantes del norte de Europa para terminar sus estudios, acabó convirtiéndose en uno de los grandes científicos de su época. Profesor, investigador, académico y administrador, escribió cientos de artículos en revistas científicas sobre temas tan dispares como la regeneración de bosques o la pesca de la ballena. En Suecia descubrió cuatro especies de minerales y ocho subespecies. Como homenaje a él, se bautizó el descubrimiento de una roca con el nombre de andradita. Regresó a Portugal en 1800 durante la regencia ilustrada de don Juan, que le ofreció una cátedra de metalurgia en la Universidad de Coimbra. Nostálgico de su tierra, al cabo de unos años suplicó al rey que le dejase volver «a pasar el resto de mis cansados días a cultivar lo que es mío en los campos de Brasil». En 1819, don Juan le concedió la autorización de regresar. A su edad, Bonifacio pensaba que ya había vivido su vida y poco le quedaba por hacer, excepto disfrutar de su jubilación dorada.

Sin embargo, una noche de finales de 1821, mientras estaba recuperándose de una infección de piel que le había dejado prostrado en su cama con fiebre alta, rodeado de los cuidados de su mujer y de sus hijas, recibió la visita de un emisario de Río de Janeiro. El hombre llegó empapado porque había estado cabalgando durante horas bajo un aguacero. Venía a contarle el clima de revolución latente que existía en la capital, de rebelión contra los portugueses, y le pedía que su gobierno local se uniera al movimiento para intentar convencer al príncipe de quedarse en Brasil. Como tantos hombres ilustrados, Bonifacio estaba indignado con las Cortes de Lisboa.

—La manera en que han ignorado a nuestros diputados es insultante —se quejaba.

Antes de mandar a sus diputados para representar la provincia de São Paulo en Lisboa, había invertido mucho tiempo y trabajo en escribir unas instrucciones, que eran un compendio de sus ideas. Aunque le parecía importante mantener la unidad de Brasil, consideraba que aún era más urgente acabar con la esclavitud que «*todo lo corrompe e impide que la socie-dad evolucione*». También defendía la protección de los indí-genas y proponía una reforma agraria para distribuir la tierra a familias pobres. Sus sugerencias a las Cortes de Lisboa in-cluían la creación de varias universidades y, curiosamente, una propuesta para cambiar la capital de Río de Janeiro a una ciudad que sería levantada en el centro del país para fa-vorecer la integración nacional, una idea que sería llevada a cabo con la construcción de Brasilia dos siglos y medio más tarde. José Bonifacio era un visionario, un hombre viajado y erudito, un científico respetado mundialmente, un revolu-cionario pragmático y moderado cuyas propuestas no mere-cían haber sido ignoradas de esa manera por Lisboa. Sus dos hermanos, a los que estaba muy unido, también habían con-seguido una posición importante en la sociedad colonial. El mayor, Martín Francisco, era director del departamento de minas y bosques de la provincia de São Paulo, y había escrito reputados informes de sus viajes por el interior en busca de nuevos minerales. El otro, Antonio Carlos, era un magistrado que había acabado de juez en Pernambuco. Los tres eran ma-sones, estaban en contra de la esclavitud y a favor del trata-miento humano de las tribus indígenas. Los tres tenían fama de ser hombres honrados e íntegros. Y los tres estaban com-prometidos con el liberalismo y la preservación de una am-plia autonomía brasileña bajo el Reino Unido de Portugal, Brasil y Algarve.

La visita de aquel emisario de Río le sirvió de revulsivo, pues le ofreció la oportunidad de poner en práctica sus ideas. Siendo estudiante, había vivido el estallido de la Revolución francesa, y de lo que vio en las calles de París aprendió que las masas sin control podían ser más tiránicas que el más tirano de los soberanos absolutos. Por eso estaba convencido de la necesidad de mantener la institución monárquica, porque pensaba que en un país con tantos esclavos, analfabetos y po-bres, una república no tendría sentido y el país acabaría frag-mentándose, como había sucedido en la América española. Consciente de la urgencia del momento, pidió papel y tinta, se levantó de la cama y, envuelto en una manta para luchar contra los escalofríos que le producía la fiebre, escribió un manifiesto dirigido a Pedro, cuyo texto marcaría el principio de la independencia de Brasil.

## 42

En Río de Janeiro, Pedro, cada vez más presionado, aceptó atrasar el viaje a Lisboa a petición de su mujer, que fingió estar enferma. Su amigo Chalaza, que también estaba del lado de los nativos, le informaba puntualmente de la agitación que se vivía en la ciudad. Entre los fanáticos seguidores de las Cortes, los indecisos con miedo a la represión de la tropa o al espionaje de la policía, y los que preferían una solución más radical —una república a imagen y semejanza de los países vecinos— el patio estaba revuelto y al príncipe le resultaba difícil darse cuenta de cuál era el apoyo con el que podía contar realmente. Inquieto, sintió la necesidad de consultar con el padre Antonio de Arrábida, y descubrió que también su viejo profesor se había posicionado del lado de los insurrectos, siguiendo a otro religioso llamado fray Sampaio, un excelente orador y hombre culto, fundador de un diario muy leído, que un día, dirigiéndose a Pedro, escribió: *«O bien os vais, y nos haremos independientes. U os quedáis, y seguimos estando unidos.»* Arrábida le confesó que temía ser descubierto por las autoridades porque ayudaba a recabar firmas pidiendo la permanencia de los príncipes en Río.

A pesar de las amenazas de la tropa portuguesa que les obligaba a partir, Leopoldina no se salía del camino que se había marcado. Para simular sus intenciones, mandó cargar ciento cincuenta cajas en la fragata que se suponía iba a llevarles a Europa. Era muy cuidadosa a la hora de disimular su participación en el movimiento de los que reclamaban su permanencia. Había optado por no escribir a su padre, para no tener que contarle nada sobre su trabajo de zapa y también para no dejar rastro por escrito. Sin embargo, se comunicaba con Mareschal a través de cartas transmitidas por emisarios de su confianza: *«Mi esposo está mejor dispuesto para los brasileños de lo que esperaba, pero no está tan decidido como lo desearía»*, le confesaba.

Seguía hablando diariamente con su marido sobre el rumbo que había que seguir. Cuando no actuaba bajo el dictado de sus impulsos, Pedro era igual de indeciso que su padre a la hora de lidiar con asuntos complejos y decisiones difíciles. ¿Estaba preparado para enfrentarse a las Cortes, para oponerse a las intenciones de un Parlamento legítimo? En suma, ¿para desobedecer al poder? ¿Tenían posibilidad de éxito los que le incitaban a la rebeldía? Pedro sondeaba sin cesar, quería conocer las diferentes corrientes de opinión, no sólo en Río sino también en otras provincias. Asimismo, era muy consciente del apoyo decisivo que necesitaba de los militares. No tenía ninguna confianza en Avilez, que ya disponía de un poder considerable que no estaba dispuesto a compartir. Y los escarceos que Pedro había tenido con su esposa no auguraban una mejoría de las relaciones, más bien al contrario. Sin embargo, había otros generales, los que tenían a su cargo tropas de soldados nacidos en la tierra. Sólo si contaba con su apoyo, podría oponerse a las Cortes. Pedro intuía que el paso que le proponían dar podía llevarle a la gloria, era cierto, pero también a sufrimientos y humillaciones.

—Si sale mal —le decía a Leopoldina— tendré que fugarme para evitar la cárcel y la vergüenza de ser reo de un crimen doble, de desobediencia y traición a mi padre y a la patria.

Por lo general, antes era Leopoldina la timorata y Pedro el atrevido. Ahora los papeles se habían invertido.

—No te preocupes por tu padre; si alguien te puede entender, es él. Acuérdate de lo que te dijo antes de irse: mejor quédate tú con las riendas del país a que lo haga cualquier aventurero.

—Lo que quiero es mantener el reino unido, es lo que querría mi padre también. Hay que resistir como sea la arrogancia de las Cortes de Lisboa.

Pedro estaba tan ansioso que Leopoldina temió que fuese de nuevo víctima de un ataque de epilepsia.

—Te saldrá bien —le dijo acariciándole el pelo que tenía

tan encrespado como su ánimo—. Tienes a la gente de tu lado. Te darás cuenta mañana.

Leopoldina se refería a la cita que tenía el día siguiente con una delegación de diputados municipales en el antiguo palacio donde había concentrado las oficinas administrativas. Querían entregarle una petición popular, la misma en la que había colaborado fray Arrábida. Al principio, Pedro había dudado si aceptar o no, pero Leopoldina acabó convenciéndole:

—El César decía que prefería el primer puesto en un pueblo que el segundo en Roma...

Leopoldina conocía el punto débil de su marido —el gusto por mandar y el afán de gloria— y sabía poner el dedo en la llaga.

—...No por ambición —siguió diciéndole—, sino porque el hombre que se coloca de segundo sólo puede obedecer o comprometerse.

En ese momento Pedro se levantó y miró por la ventana: los pavos reales se paseaban entre los mangos y los macizos de flores —hibiscos, nardos, rosas, azaleas— y pensó en su padre cuando les daba de comer. ¡Cómo le hubiera gustado hablar con él ahora! Por primera vez entendía la indecisión de don Juan. Se sentía muy abrumado porque lo que estaba en juego era la disgregación de un imperio y, a nivel personal, una vida menos grandiosa de la que había proyectado tener, más deslucida de la que había soñado. Por lo menos no estaba solo: se volvió hacia Leopoldina y le dijo:

—...O rebelarse, ésa es la última opción que tiene un segundo.

Se acercó a ella; sus ojos violetas le miraban con adoración. Pensó en estrecharla entre sus brazos, pero no lo hizo.

—Está bien, escucharé lo que los diputados tienen que decirme.

Al enterarse de que se fraguaba una manifestación popular de apoyo al príncipe, el general Avilez intentó impedirla, y fue a ver a Pedro, que no se dejó intimidar:

—General —le dijo en tono firme—, me permito recordarle que las bases constitucionales garantizan el derecho a manifestarse y a hacer peticiones. Estoy decidido a escuchar la voz del pueblo.

Avilez no tuvo más remedio que resignarse y permitir que, a mediodía del 9 de enero de 1822, una comitiva de diputados municipales, con el presidente a la cabeza portando el estandarte de la ciudad, todos vestidos de gala, con la cabeza descubierta y el sombrero en la mano, descendiese la rua do Ouvidor. Iban a paso lento, en dos filas, abriéndose camino entre la gente. Olía al jabón de las perfumerías francesas, a vino y vinagre de las bodegas y a pan recién cocido de la confitería vienesa. La multitud congregada en la plaza del Rocío, frente al mar, recibió a la comitiva en un silencio tenso, solamente interrumpido por el cacareo de las gallinas, el graznido de los cuervos y la cadencia de los pasos de los que llegaban.

Dentro del viejo palacio les esperaba el príncipe regente, sentado en el alto trono, vestido de uniforme con charreteras doradas en las hombreras y guerrera de cuello alto color burdeos. El encuentro estaba marcado por una solemnidad inusual en Brasil. El presidente de la comitiva de diputados le saludó con una reverencia protocolaria y a continuación le entregó la petición. Pedro la desenrolló, y aquello no acababa nunca.

—Está firmada por ocho mil ciudadanos —le explicó el presidente.

Era más de lo que hubiera podido imaginar, era un número considerable para el tamaño de la ciudad. Pero no sólo le entregaron la petición de Río de Janeiro, también la de la provincia de Minas, la de Pernambuco y la de São Paulo. Cuatro documentos que representaban buena parte del territorio brasileño. El presidente empezó su discurso advirtiéndole de que no estaban animados por propósitos separatistas: «Señor, la salida de vuestra alteza será el acontecimiento fatal que sancione la independencia de este reino», empezó diciendo, antes de rogarle que permaneciera en Brasil. Luego abrió la carta que había escrito el muy venerado José Bonifacio para la ocasión y empezó a leerla: *«Vuestra alteza real* —le decía el viejo científico sin remilgos, consciente del peso de sus palabras—, *aparte de perder ante el mundo la dignidad de hombre y de príncipe, convirtiéndose en esclavo de un pequeño número de desorganizadores, también tendréis que responder ante el cielo del río de sangre que seguramente va a correr por Brasil con vuestra ausencia...»* Pedro frunció el ceño, no estaba acostumbrado a que se dirigiesen a él de manera tan franca, pero siguió leyendo con atención: «*...Os rogamos que confiéis con valor y coraje en el amor y la lealtad de vuestros brasileños, que están dispuestos a verter la última gota de su sangre para no perder a un príncipe idolatrado, en quien el pueblo tiene puestas todas sus esperanzas...*»

¿Qué más necesitaba para tomar la decisión que haría de él un príncipe al servicio del pueblo? ¿No le ofrecían ser el primero en Brasil? ¿Todo ese apoyo no le granjeaba posibilidades de éxito en la inevitable y futura confrontación con el general Avilez y con las Cortes de Lisboa? ¿No le habían asegurado lealtad los generales de las divisiones brasileñas que había consultado la víspera a altas horas de la noche? ¿Podía realmente fiarse de ellos? ¿No acabarían alineándose con Avilez y las Cortes? Consciente de que había llegado el momento de asumir su parte de responsabilidad en los acontecimientos, Pedro se levantó del trono y pidió la palabra. Sabía que a partir de entonces, se adentraba en la vía de la rebelión abierta:

—Como es para el bien de todos —les dijo— y para la felicidad general de la nación, estoy listo: dígale al pueblo que me quedo.

Un senador repetía en voz alta esas mismas palabras desde una de las ventanas de la sala del trono al pueblo que se apiñaba abajo. Inmediatamente subió de la multitud un ronco murmullo de aprobación, interrumpido por vivas a la Constitución, a las Cortes, al príncipe constitucional, etc., como un caudal desbordado que de pronto hubiera encontrado su cauce. Visiblemente conmovido, Pedro salió al balcón y fue recibido con delirio.

—Mi presencia en Brasil es de interés para los portugueses de ambos lados del Atlántico —les dijo, y de nuevo fue interrumpido por una estruendosa ovación, a la que se unió el tañido de las campanas.

Le invadió una sensación difusa, un placer profundo, el mismo que había sentido la noche del teatro, la seguridad íntima de que estaba pisando por donde había que hacerlo, y que ése era su sitio, el de jefe supremo adorado por las masas enfervorizadas, el de los afortunados que desplazan los límites del destino, que cambian la historia. Se acababa de dar cuenta de lo mucho que deseaba el poder. Primero por la satisfacción que le producía, que era como un elixir capaz de nublarle los sentidos. Y luego para imponer sus planes, probar sus remedios, conseguir una paz digna para los portugueses de ambos lados del océano.

Acabó con las palabras «Unión y tranquilidad» y se retiró. Pidió un caballo para regresar a San Cristóbal. Los que le rodeaban insistieron para que hiciera el recorrido en una carroza, pero él se negó, a sabiendas de que la multitud acabaría llevándolo en volandas como habían hecho con su padre el día del juramento. «Me fastidia ver a seres humanos rendir tributo a sus semejantes como si fuesen divinidades», declaró antes de montar en su caballo. Él quería ser príncipe del pueblo, una versión moderna de su padre. No quería ser tratado como una estatua en una procesión.

Mientras galopaba hacia su palacio, al principio rodeado de otros jinetes jaleándolo y que le fueron dejando a medida que se acercaba al recinto de San Cristóbal, pensó que esa movilización no había sido un reflejo de la revolución de Portugal, como las anteriores, sino la primera manifestación de un nuevo sentimiento patriótico. Ya no sentía aprensión, sino una embriagante sensación de plenitud. Liberado de dudas, confortado en la seguridad de haber tomado la decisión adecuada, espoleó a su caballo para llegar antes y debatir con Leopoldina las medidas que había que tomar, que eran muchas y urgentes. Ella ya conocía la decisión tomada porque lo habían planeado la víspera. Le esperaba arrodillada en la capilla, satisfecha por haber cumplido con su deber pero melancólica por tener que quedarse. Y preocupada por las consecuencias de un acto de insumisión que ella, la más dócil de las princesas, había propiciado por lealtad a sus principios monárquicos y por amor a su marido.

## 43

La gente, feliz, celebró lo que vino a llamarse *«dia do Fico»* (del verbo *ficar*, quedarse) e iluminó las casas y los edificios públicos de manera que la costa parecía un rosario de lucecitas de colores. En su palacio, Pedro y Leopoldina tenían que actuar con prisa y contundencia porque sabían que el poder no soporta el vacío. Rodeados de los ex ministros y de los líderes del movimiento, tomaban decisiones cruciales: asegurarse el apoyo de parte de la guarnición militar, aceptar o no la dimisión de sus ex ministros, formar listas de gobierno, etc. De todas las consultas que realizaron con unos y otros, quedó claro que lo más importante era hacer venir a José Bonifacio a Río de Janeiro cuanto antes. Era una figura de consenso, el mejor preparado de los consejeros para ayudar a Pedro y a Leopoldina en la organización de un nuevo gobierno.

El general Avilez y sus oficiales portugueses estaban furiosos. Decididos a anular por la fuerza todo lo que el pueblo de Río había conseguido pacíficamente, conspiraban en sus cuarteles. Intentaban ponerse de acuerdo sobre un plan para obligar a los príncipes, bajo amenazas, a embarcar en la fragata *União*, que estaba lista para zarpar.

—Ese hijo de puta... —espetó el general Soares refiriéndose a Pedro—. Lo cazaremos en el teatro y lo llevaremos de las orejas de vuelta a Lisboa.

La calle era un reflejo de la tensión en los cuarteles. Los soldados insultaban a los cariocas y éstos replicaban llamándoles «pies de plomo» por el ruido que hacían sus pesadas botas sobre los adoquines. El nivel de violencia fue subiendo a medida que grupos de soldados entraban por la fuerza en las casas iluminadas, signo de que en su interior había gente celebrando, y las saqueaban.

Mientras, Pedro y Leopoldina estaban en el Teatro Real celebrando el *fico* ante la sociedad de Río. Ella había insistido en acompañarle, a pesar de lucir una tripa de siete meses y del riesgo de llegar a ser víctima de algún acto violento, mostrando, como dijo uno de los asistentes, «el coraje y la sangre fría que en su augusta familia son virtudes hereditarias». En cuanto aparecieron en el palco, con sus trajes de gala, fueron recibidos por una ovación atronadora, salpicada de vivas y gritos de júbilo. Pedro tomó la palabra e hizo un discurso apelando de nuevo a la paz y la unión entre brasileños y portugueses, pero mientras hablaba observó que el palco del general Avilez estaba vacío. Y Avilez nunca faltaba a la ópera.

Nada más empezar el primer acto, le llegaron noticias de que soldados de dos batallones estaban agrupándose en el Morro del Castillo reforzados por una compañía de artillería portuguesa. También se enteró por un médico militar de las palabras que había pronunciado el general Soares. Entonces Pedro hizo llamar al general de la tercera división, compuesta en su mayoría por brasileños. Era el mismo que la víspera le había asegurado su lealtad. Pedro temía que sus hijos fuesen secuestrados por los portugueses.

—Mi batallón no se moverá de las puertas de San Cristóbal, a menos que lo ordenéis vos en persona —le aseguró el general.

Ninguno de los dos quería provocar un enfrentamiento con el batallón portugués. Leopoldina, angustiada, susurró a Pedro:

—Déjame ir a por los niños ya...

—¡No! Todavía no, no podemos dejar que cunda el pánico, nos tenemos que quedar hasta el final. No temas por ellos, están protegidos por la tercera división.

—Es mejor que me los lleve fuera de la ciudad, a Santa Cruz quizá...

Santa Cruz era un antiguo monasterio de jesuitas situado en una finca que la familia real utilizaba esporádicamente como coto de caza y residencia veraniega.

—De acuerdo, cuando termine esto —le dijo en voz baja—, irás a San Cristóbal a por los niños y te los llevarás; déjame organizarlo con el general...

—¿Tú no vienes con nosotros?

—No puedo separarme de la tropa que me es fiel, tengo que hacerme con la situación.

El público, distraído por el trasiego que sentía en el palco real, empezó a sospechar que pasaba algo grave. Murmuraban, se mostraban incómodos. A las once de la noche, corrió la noticia de que soldados portugueses, alterados y comportándose como vándalos, rompían ventanas y vitrinas, apagaban farolas y volcaban carruajes en la calle. Entonces el público se puso nervioso y el alboroto hizo que los actores dejasen de cantar, y la orquesta enmudeció. Viendo que la gente empezaba a irse, Pedro, desde su palco, se dirigió de nuevo al público:

—¡Pido a todos los amigos de la paz, de Brasil y míos que guardéis la calma y permanezcáis en vuestro sitio! ¡Es por vuestra seguridad, no salgáis ahora!

La gente le obedeció y los que se habían levantado tomaron de nuevo asiento. Pedro prosiguió:

—Es cierto, dos regimientos portugueses se han amotinado, pero he dado órdenes al general de mi guarnición para asegurar la protección de las viviendas y las propiedades de todos los habitantes. No salgáis a la calle, porque podéis entorpecer el movimiento de las tropas. Y no temáis, el orden quedará restaurado antes de que acabe el espectáculo. Por eso os ruego que os quedéis aquí conmigo y disfrutemos juntos del resto de la velada... ¡Música, maestro!

Los músicos volvieron a tocar. El publico lanzó una aclamación tan fervorosa que parecía que los muros del edificio temblaban. La autoridad y la seguridad con las que había hablado Pedro tranquilizaron a la gente, que de nuevo volcó su atención hacia el espectáculo, pero el alboroto que se vivía en el palco real continuó. En un cuchicheo sin fin, Pedro recibía mensajes, consultaba con los oficiales de su guardia, hacía planes para que los batallones leales se alzaran en armas, y daba las últimas instrucciones para que Leopoldina fuese a recoger a los niños en San Cristóbal y los llevase fuera de la ciudad.

A la salida del teatro, Leopoldina se despidió con el corazón en un puño antes de entrar en su carruaje. Vio partir a Pedro al galope, escoltado por algunos militares, en la oscuridad de la noche. ¿Lo volvería a ver? Le parecía tan joven, inexperto y al mismo tiempo tan seguro de sí mismo en su afán por liderar los acontecimientos que temía que cayese presa de su propio entusiasmo. No podía reprimir su instinto protector porque le quería con toda su alma. A ella le quedaba por delante un viaje de ochenta kilómetros para poner a salvo a sus hijos de la violencia que se estaba abatiendo sobre la ciudad.

Pedro se dirigió al jardín botánico, a unos diez kilómetros de distancia, para asegurarse el apoyo del cuerpo principal de artillería. Diligente, con presencia de espíritu y coraje, dio órdenes para resguardar el depósito de pólvora y para mandar traer los cañones más grandes de cara a defender la ciudad del saqueo de las tropas portuguesas. Pasó la noche reunido con oficiales de los diferentes cuerpos que componían las tropas nativas brasileñas y juntos tomaron la decisión de congregar las tropas leales en el Campo de Santana, la mayor plaza de Río, entre el Morro ocupado por los portugueses y el acueducto que abastecía de agua a la ciudad. Por primera vez, brasileños y portugueses se preparaban para un enfrentamiento armado.

La tropa que Pedro y sus militares fieles consiguieron reunir en el Campo de Santana formaba un ejército muy dispar, una mezcla de individuos de todas las etnias y condiciones sociales, motivados pero mal pertrechados. Había frailes a caballo con la sotana arremangada, jóvenes armados de pistolas rotas, de machetes oxidados o de simples palos, mezclados con negros que cargaban heno para los caballos y mulatos que llevaban sobre la cabeza dulces y refrescos para los soldados. De los alrededores llegaban milicias locales y la multitud crecía por momentos. Lo importante era que los efectivos brasileños contaban con unos diez mil hombres, mientras los portugueses no pasaban de dos mil, aunque éstos estaban mucho mejor entrenados y equipados y ocupaban una buena posición desde el punto de vista estratégico. Aunque, sin reservas de agua, les sería imposible sostener un sitio.

Pero Pedro, si por un lado mostraba sus dotes de estratega y alentaba a la tropa, por otro deseaba fervientemente evitar el enfrentamiento. A pesar de haber tomado la decisión de desobedecer a las Cortes y quedarse, no lo había asumido del todo. La lucha que se anunciaba tocaba su fibra más íntima y era una metáfora de su propia contradicción. ¿Cómo podía, siendo portugués, siendo el primogénito del rey de Portugal y Brasil, librar batalla contra sus propios soldados? Era algo que no concebía.

Al verse rodeado por soldados brasileños, en lo alto del Morro del Castillo, sin agua ni víveres, Avilez se dio cuenta de que había perdido la partida, por lo menos momentáneamente. Sus tropas podrían abrir una brecha entre el enemigo, pero también a él le repugnaba la idea de luchar contra los que hacía poco eran sus leales soldados. Su única esperanza estaba en ganar tiempo hasta la llegada de los refuerzos que las Cortes habían enviado desde Portugal y que estarían a punto de arribar. Por eso, cuando al día siguiente, después de tantas horas de amenazas entre ambos bandos que seguían sin enfrentarse, llegaron a su campamento dos emisarios de Pedro para convocarle a una reunión y desbloquear la situación, Avilez, que también sospechaba de la reticencia del príncipe a provocar un enfrentamiento armado, aceptó sin dudarlo. Su idea consistía en trasladar a sus tropas a Niteroi, la isla del otro lado de la bahía, donde sus soldados podrían acampar y ser abastecidos hasta la llegada de los portugueses. Para lograrlo, necesitaba una tregua.

El príncipe le recibió en San Cristóbal, rodeado de sus oficiales, muchos de los cuales eran compañeros de armas del general. No se anduvo con contemplaciones. Le abroncó delante de todos, le reprochó su falta de disciplina, criticó el comportamiento vandálico de sus hombres, anunció solemnemente que estaba cesado en sus funciones de general jefe de la plaza de Río de Janeiro, y por último le ordenó salir del país.

—Me acusáis de indisciplina, alteza, pero ¿quién está desobedeciendo el orden constitucional?

—Constitucionales somos todos, brasileños y portugueses. Ser constitucional es escuchar la voz del pueblo. Y el pueblo se ha pronunciado.

Avilez, siempre altivo, quiso replicar, pero Pedro se adelantó:

—Además soy el hijo del rey, general. Soy vuestro príncipe y aunque sólo fuera por eso, me debéis lealtad. Si accedo a la tregua que me pedís, es para que acatéis la orden de abandonar Brasil cuanto antes.

—Bien, saldré del país, pero con una condición: que pueda llevarme a mis hombres y sus armas.

—No estáis en situación de poner condiciones, Avilez.

Pedro contenía su ira apretando los puños. ¿No había oído a su padre decir a menudo que la deslealtad de los allegados era lo que producía mayor desaliento en un ser humano justo? Ahora entendía plenamente aquellas palabras. Sin embargo, por encima del sentimiento personal estaba el interés en conseguir la paz. Aunque le costaba porque era una lucha consigo mismo, consiguió sobreponerse:

—Sin embargo, como quiero que vuestros hombres abandonen inmediatamente la ciudad, consiento en dejaros acampar en Niteroi, del otro lado de la bahía, como proponéis. Pondremos a vuestra disposición una fragata para el transporte de la tropa. Allí podéis esperar la llegada de los barcos de Portugal, pero os advierto que esos buques no serán autorizados a atracar de este lado. Serán expulsados nada más llegar, con vos y vuestros hombres a bordo.

Avilez le miraba desafiante. Pensaba que los buques portugueses se llevarían a ese príncipe soberbio y a su familia, porque seguramente vendrían bien armados. Quizá había perdido una batalla, pero no había perdido la guerra.

—Está bien, alteza, empezaremos el traslado en cuanto vuelva con mis hombres.

—Avilez, es mi deseo que cualquiera de vuestros soldados que desee permanecer en Brasil sea separado de vuestra división y le sea permitido quedarse.

—No puedo consentir esto, alteza —dijo mirándole a los ojos.

—Insisto, general.

—Mis hombres van conmigo, allá donde les ordene.

Pedro le lanzó una mirada llena de rabia; en ese momento le hubiera gustado reventar a puñetazos la cara de ese antiguo aliado que le desafiaba abiertamente, pero pensó que la concordia entre portugueses y brasileños bien valía comerse el orgullo y los deseos de poner en su sitio a ese hijo de la grandísima.

## 44

La ciudad recuperó la normalidad con el traslado de la división portuguesa a la isla de Niteroi. El general no pudo evitar la deserción de varios centenares de sus soldados, y al final apenas le quedaron mil quinientos. Pedro publicó un bando en el que celebraba la victoria por «la unión y la tranquilidad». Los comercios reabrieron las puertas, el mercado de esclavos volvió a funcionar, el teatro anunció su próxima programación y la vida en general retomó su curso normal, sin ruidos de sables ni de tiros.

Sólo entonces pudo el príncipe concentrarse en la tarea más urgente, la formación de su gobierno. Mantuvo a dos de sus antiguos ministros y nombró a otros, pero la gran novedad fue designar a José Bonifacio como ministro principal del reino, un cargo equivalente a jefe de gobierno. A pesar de su carácter desinhibido, no era un hombre sospechoso de albergar tendencias radicales o separatistas. Se le consideraba más bien un «portugués castizo», un buen monárquico. Pedro tomó la decisión sobre la base del prestigio del científico y de lo que contaban de él el resto de sus asesores. Sería el primer portugués nacido en Brasil que ejercería como jefe de gobierno, en un momento que exigía decisiones de estadista y no de mera rutina administrativa. El único inconveniente era que nadie había preguntado a Bonifacio su parecer, aunque estaba de camino a Río, donde era esperado con ansia, para entregar al príncipe regente la representación de su gobierno, el de São Paulo.

Pedro quiso que todas estas informaciones le fuesen transmitidas a Leopoldina, que estaba en la hacienda Santa Cruz, lugar por donde tenía que pasar Bonifacio en su viaje. Le pidió que fuese a recibirle al cercano puerto de Sepetiba, y volviese con él a Río. Tenía curiosidad por conocer la opinión de su mujer sobre tan renombrado personaje. Pedro valoraba mucho el criterio de Leopoldina. La admiración que sentía por ella, por su formación, sus conocimientos y su punto de vista había crecido en estos años. Su intuición le decía que no encontraría consejera más fiel en toda su vida. La necesitaba a su lado, más como asesora y amiga que como amante, para desdicha de la austriaca.

El viaje forzado de Leopoldina, que empezó de noche después de la alterada función del teatro cuando fue a por sus hijos a San Cristóbal, había sido un auténtico calvario de más de doce horas. Bajo el gobierno de don Juan, sólo se habían adoquinado los primeros kilómetros; el resto era un camino polvoriento de día e impracticable cuando llovía. No sólo temió perder el bebé que esperaba debido a los baches, sino que la salud de su hijo, ya debilitada por el calor intenso típico de final de enero, acabó resintiéndose. Aparte de una pequeña escolta, iba acompañada únicamente de su hija Maria da Gloria y de una criada, porque no pudieron localizar, en la premura de la partida, ni a su ayuda de cámara ni a ninguna dama de compañía disponible. Leopoldina sospechaba que se habían esfumado por temor a verse comprometidos en aquellas horas de incertidumbre. Nunca se hizo ilusiones sobre la sinceridad de los sentimientos de los cortesanos portugueses. Llegó extenuada, con la ropa y el polvo pegados al cuerpo, sin saber si su hijo era víctima de un golpe de calor o, como decía la criada, de un mal del hígado. Se instaló en el antiguo monasterio jesuita convertido en residencia veraniega de la familia real. Los primeros días se encontró bastante desamparada porque no recibió ninguna visita, hasta que por fin apareció un emisario de San Cristóbal con las instrucciones de Pedro.

Leopoldina mandó tres caballos a Sepetiba, más su escolta que se componía de dos soldados y un cabo, que Bonifacio, rodeado de sus compañeros, encontró nada más desembarcar. Cuando se dirigían a Santa Cruz, se cruzaron con la princesa que, impaciente, había acudido a recibirles en su carruaje.

—Don José —le dijo Leopoldina después de los saludos de rigor—, os ruego que tengáis la bondad de acompañarme en mi carruaje hasta la villa real. Quiero presentaros a mis niños, luego podréis seguir rumbo a Río...

Bonifacio abandonó a sus acompañantes durante el resto del trayecto. Leopoldina estaba gratamente sorprendida de dar con un portugués de Brasil que hablaba tan bien alemán y aprovechó para comunicarle que su marido le había nombrado jefe del gobierno. Los ojillos de Bonifacio se abrieron de golpe:

—Alteza, eso es demasiada responsabilidad para mis hombros ya cansados... No puedo aceptar.

—Tenéis que hacerlo, dejad que os explique...

Alternaron el alemán con el francés, que Bonifacio hablaba sin acento. A pesar de su legendaria tenacidad, la austriaca no consiguió sacarle ningún compromiso. Pero entablaron una larga conversación que versó sobre los negocios políticos, la educación de los niños y la vida intelectual. Estaba fascinada porque por primera vez se encontraba ante un brasileño que era un gran pensador. Un ser admirable que le parecía contradictorio por su reputación de libertino, ateo y progresista, pero eso mismo la obligaba a cuestionar la rigidez de sus propios principios. A la fuerza Leopoldina debía abrirse a las tendencias liberales de su marido, y alguien como Bonifacio le servía para entenderlas. En el fondo buscaba una justificación científica y religiosa que le ayudase a adaptarse al mundo de los valores modernos, que era el de su marido. Quedó tan encantada con Bonifacio que envió un mensaje a Río en el que decía que el paulista era «un hombre muy capaz y auténtico». La simpatía fue mutua. Aparte del placer de poder practicar en esos idiomas, él también quedó seducido por la sensibilidad y la cultura de la princesa. En Santa Cruz, Leopoldina le presentó a sus hijos. El pequeño Juan Carlos no acababa de sanar.

—Estos dos brasileñitos, y éste que está a punto de llegar —dijo señalando a su vientre— son sus compatriotas y os ruego que les tratéis siempre con amor de padre.

Bonifacio estaba conmovido. Le aconsejó no mover al niño, por lo menos hasta que recuperase un poco más las fuerzas. No harían el final del viaje juntos, pero quedaron en verse pronto en Río.

Pedro tenía tantas ganas de conocer a Bonifacio y a sus diputados paulistas que, nada más enterarse de su llegada, mandó llamarlos a San Cristóbal. Eran las diez de la noche cuando los recibió por una puerta privada. No habían tenido tiempo de cambiarse de ropa y entraron sacudiéndose el polvo de sus levitas, chaquetas y sombreros, mientras miraban apocados los objetos, muebles y cuadros de aquel despacho señorial. En seguida la afabilidad del príncipe, su calidez en el trato, su aplomo y su campechanería les hizo sentirse a gusto. Trataron del nombramiento del científico, no sólo como ministro principal del reino, sino también como responsable de Asuntos Exteriores. Pedro explicó que era una elección lógica, habida cuenta de la experiencia adquirida en Europa. Sin embargo, Bonifacio había vivido mucho como para dejarse deslumbrar por un fogoso príncipe de veintitrés años, y se opuso con energía. Dudaba que pudiese trabajar con alguien tan distinto por edad, cultura, formación, origen, todo. Pedro era católico y practicante —rara vez se perdía la misa de los domingos en la pequeña iglesia de Gloria—, Bonifacio era masón y ateo; Pedro era impulsivo, Bonifacio meditaba sus decisiones. Tampoco estaba seguro de que la adhesión del príncipe a las ideas progresistas no fuese mero oportunismo. Además, al paulista, hombre poco influenciable, no le interesaba el poder por el poder; su ambición se limitaba a luchar por sus ideas y, si era posible, llevarlas a buen puerto. Soñaba con un Brasil con amplio grado de autonomía, una monarquía constitucional y libertades garantizadas por una autoridad estable. Le interesaba el poder para reformar profundamente la estructura social y económica con el fin, en última instancia, de abolir la esclavitud. Su imaginación de viejo sabio se perdía entre sus grandiosos planes.

Pedro, que tenía problemas urgentes y concretos que solucionar, no estaba acostumbrado a esa independencia de espíritu, pero como era listo, al momento notó que no podía tratar a Bonifacio como a cualquiera de los que había conocido hasta entonces, ni esperar a ser tratado por él como si fuese un cortesano ilustrado. Este hombre era distinto a todos. Pedro supo reconocer en él una cualidad superior, muy lejos de la mediocridad servil a la que estaba acostumbrado; algo que no sabía identificar, una cierta altura de espíritu, un saber profundo y ecléctico, y al mismo tiempo un carácter franco y curioso que le hacía parecer más joven de lo que era. Por primera vez se encontraba ante una persona que no se deshacía en súplicas y disculpas a la hora de rechazarle un nombramiento (y no cualquiera). Estaba frente a un hombre que se había contagiado del espíritu de modernidad que recorría Europa, y que Pedro también reivindicaba como suyo.

—Estoy dispuesto a servir a su alteza en cualquier otro ámbito, pero no encabezando vuestro gobierno —le matizó.

A estas alturas, Pedro no podía permitirse prescindir del paulista. Sentía que era una pieza clave para aunar fuerzas y sacar el país adelante. Sería más valioso de lo que había sido el conde de Arcos en su anterior gobierno, antes de la asonada. Lo necesitaba imperiosamente.

—Decidme cuáles son vuestras condiciones, señor Andrada. De antemano y antes de conocerlas, os digo que las acepto todas.

Pedro supo que, si esa colaboración debía fructificar, debían quedar borradas la jerarquía, la diferencia de edad y de condición. El venerable científico recogió el guante y le hizo todo tipo de preguntas, poniéndole a prueba. Quería asegurarse de que no estaba frente a un exaltado ávido de poder, o un señorito perdido en el tumulto de la Historia. ¿Creía de verdad Pedro en los valores que preconizaba? ¿No abusaría de su autoridad de príncipe para imponer criterios personales por puro capricho? En el hipotético caso de que aceptase el cargo, ¿tendría toda la libertad de acción y decisión necesarias? ¿No entraría en conflicto por el poder con ese príncipe joven, rudo y temperamental? Consciente de que la sinceridad podía ser hiriente, Bonifacio, ante la insistencia de Pedro y de sus asesores, le pidió reunirse a solas para tener una charla «de hombre a hombre».

—A ver si podemos entendernos —le dijo Bonifacio—. En realidad, sólo tengo una condición importante que quiero comentaros en privado.

No quería el paulista empeñarse en una lucha de largo alcance sin tener la absoluta seguridad de que podía contar con la presencia y el respaldo del príncipe en todo momento.

—No podemos establecer un programa de acción política y que el elemento más importante de cohesión y unidad de los nativos de Brasil, o sea vos, desaparezcáis del mapa porque de pronto os reconciliéis con Portugal. Si eso ocurriese, no puede ser a expensas del gobierno liberal y autónomo que asumiríamos. Si me dais vuestra palabra, alteza, de que eso no va a ocurrir, podríamos llegar a un acuerdo.

A Pedro se le encendió un brillo en los ojos, y no dudó en responder:

—Tenéis mi palabra, Andrada. Mientras viva, la casa de Braganza no saldrá de Brasil, os lo juro.


## 45

Pero la partida no estaba ganada. Bonifacio seguía imponiendo condiciones; quería pisar en suelo firme. Su plan era sencillo y exigía una serie de medidas concretas, algunas difíciles de cumplir:

—Alteza, nuestra supervivencia depende de que consigamos echar a Avilez de Niteroi antes de que lleguen los refuerzos de Portugal. Necesito que me prometáis que vais a emprender lo antes posible una acción militar y naval para expulsarlos.

Era lo que Pedro había querido evitar. Le costaba resignarse a atacar a Avilez y a sus tropas. ¿Qué diría su padre si morían soldados portugueses por orden suya? En el fondo seguía sintiéndose portugués. Precisamente, una delegación de la división de Avilez había anunciado su próxima visita al palacio para felicitar a Leopoldina en el día de su cumpleaños. Obviamente, Avilez quería suavizar las relaciones para seguir ganando tiempo, aunque tampoco Pedro se engañaba sobre las intenciones últimas del general.

Sus evasivas enfriaron el entusiasmo de Bonifacio, pero la súbita e inesperada llegada de una Leopoldina mortificada, que había decidido adelantar su regreso porque el pequeño había empeorado, conmocionó al príncipe. Cuando Pedro se percató del color verdoso de la tez de su hijo, sus párpados entreabiertos dejando ver el blanco de los ojos, cuando notó su respiración jadeante y rápida y oyó sus quejidos tan débiles, se le cayó el alma a los pies. Porque este príncipe burdo y a veces zafio, capaz de recorrer sin desmontar sesenta kilómetros a caballo o estar un día entero sin probar bocado, ese joven que podía ser intransigente y despiadado con sus subordinados y rudo con las mujeres, tenía sin embargo un poso sensible, que se manifestaba en su amor incondicional a los niños. La idea de perder a otro hijo como aquel cuyos restos guardaba en un pequeño féretro blanco en su despacho le provocaba una desesperación sorda y profunda, como si de pronto nada tuviera sentido. ¿Quién era Dios, si permitía que un niño sufriera así? Entonces recordó la inevitable «maldición de los Braganza». El pequeño que agonizaba era el varón primogénito, o sea blanco de la maldad de aquel monje que juró venganza eterna a un rey de Portugal. ¿Hasta cuándo, Dios mío, tendrían que padecerla? Pedro fue a rezar en la soledad de la capilla, «no nos lo quites, no ahora, no nos lo quites nunca, no tiene culpa de nada, no tiene mancha ni pasado, déjanoslo, te lo ruego, Señor, deja que empuñe un día el cetro de nuestra monarquía...». En aquel momento no le importaba el gobierno, ni el imperio, ni las Cortes ni la gloria. La estatua de madera tallada, del más puro estilo gótico brasileño, le devolvía una mirada suplicante. En el rostro de ese Cristo moribundo reconocía el de su hijito, esos ojos en blanco que hablaban de muerte y no de vida eran los del pequeño Juan Carlos que vomitaba bilis en su cuna entre sudores, temblores y los cuidados de los médicos, esos médicos portugueses que eran el pavor de Leopoldina.

Por muchas explicaciones que los frailes le daban sobre el sentido del sacrificio, sobre los insondables designios del Señor, sobre la capacidad redentora del dolor, Pedro sentía en sus entrañas una mezcla de rabia y rebelión. Necesitaba encontrar un sentido a aquella injusticia: ¿Quién era el responsable? Cuando, el día del cumpleaños de Leopoldina, un mayordomo anunció que una delegación de oficiales de la división de Avilez estaba esperando en la antesala del palacio para felicitar a la princesa, Pedro respondió:

—¡Expulsadlos inmediatamente de aquí!

—Pero, alteza... —susurró el hombre, sorprendido por lo tajante de la orden.

—No les recibiré —terció Leopoldina.

—Decidles que vuelvan a sus cuarteles.

Una ola de resentimiento contra esos oficiales farisaicos le invadía. Si no se hubieran amotinado, la familia no habría sido forzada a huir en aquella noche calurosa y aciaga y el pequeño no hubiera enfermado. Para Pedro, el general Avilez era el culpable de la situación crítica que estaba viviendo su primogénito.

—Andrada —le dijo al venerable Bonifacio—, tenéis todo mi apoyo para acabar con los sediciosos de Niteroi.

Era lo último que Bonifacio necesitaba para quedarse en Río y organizarse. Instaló sus oficinas en el viejo palacio de la plaza del Rocío. Desde su despacho, con ayuda de un catalejo podía ver la isla de Niteroi, a unos cuatro kilómetros de distancia, y vigilar el trasiego de barcas, faluchos, bergantines y fragatas en las aguas azules y turquesas de la bahía.

Y empezó a gobernar, en contacto estrecho con Pedro, que pasaba la mayor parte del tiempo en San Cristóbal junto a Leopoldina y su hijo agonizante. Lo más urgente era conseguir refuerzos: dio orden a unidades de milicia brasileñas de São Paulo y de Minas de que acudiesen a Río y mandó acelerar los trabajos de puesta a punto de cinco navíos que pensaba utilizar para transportar a las tropas de Avilez de regreso a Portugal. En poco tiempo desplegó una actividad frenética: ordenó que no se aplicase en Brasil ninguna ley promulgada en Portugal sin contar con la aprobación del príncipe regente, lo que suponía un golpe mortal a la autoridad del Congreso de las Cortes de Lisboa. Asimismo mandó instrucciones a todas las juntas provinciales para que aceptasen formalmente la autoridad de la regencia en Río.

Cuando los navíos estuvieron pertrechados para el viaje oceánico, Pedro insistió en mandar una nota personal al general Avilez para que sus tropas embarcasen sin demora y saliesen de la bahía.

«No podemos obedecer vuestras órdenes, alteza —protestó Avilez por escrito—. Nuestro deber constitucional nos obliga a permanecer aquí hasta la llegada del relevo de tropas de Portugal.»

Pedro le respondió con una segunda nota que contenía toda su inquina acumulada. Mezclando agravios personales y razones políticas, condenó severamente a la oficialidad portuguesa por su insolencia: *«El soldado que es desobediente con su superior, aparte de pésimo ciudadano, es el mayor flagelo de la sociedad civil que le alimenta, le viste y le honra.»* Y acabó con una amenaza: *«Si las tropas no están embarcadas el día 5 a mediodía, cortaré el abastecimiento de agua y de víveres sin mayor contemplación.»* En su respuesta, Avilez resaltó la contradicción del príncipe: *«El único indisciplinado contra el Soberano Congreso es su alteza.»*

Empezaron a recorrer la ciudad todo tipo de rumores que alertaban sobre un eventual ataque de los soldados de Avilez; mientras tanto, Bonifacio y sus militares brasileños preparaban el asedio a la isla de Niteroi. A los comerciantes les instruyeron para que interrumpiesen cualquier intercambio con la división portuguesa. Pero los «pies de plomo» sabotearon el bloqueo usando varias de sus embarcaciones para transportar, a la vista de todos, el abastecimiento que necesitaban desde la ciudad. Al enterarse, Pedro mandó interceptar el estraperlo a la fragata *União*, la que supuestamente debía haberles llevado a Europa, a la corbeta *Liberal*, a tres barcazas armadas y al vapor *Braganza*. Asimismo, mandó colocar tropas en un lugar estratégico para impedir cualquier huida de los portugueses por tierra.

A medida que el calor se hizo más intenso, el estado del infante Juan Carlos se agravó. El aire estaba inmóvil, cargado de humedad; hasta los pájaros del aviario parecían estatuas y los perros dormitaban a la sombra de las palmeras. En medio de ese abatimiento general, la víspera del ultimátum lanzado por Pedro a la tropa portuguesa, el pequeño fue víctima de un ataque epiléptico que se prolongó durante veintiocho horas. Nunca el tiempo les pareció transcurrir más lentamente a Pedro y Leopoldina que durante esa larga agonía que se llevaba la vida de su hijo en medio de unos sufrimientos espantosos. Nada pudieron hacer los médicos para aliviarle. Las convulsiones dejaban al pequeño en un estado de postración tal que parecía que estaba muerto, pero al cabo de un rato despertaba y empezaba de nuevo con otro ataque. Leopoldina lo acostó en su cama, no quería separarse ni un segundo de su bebé; le pasaba un pañuelo húmedo por la frente, y sólo pudo escapar de aquella tortura durante los breves minutos en que se quedó dormida entre dos crisis. Soñó que se veía rodeada de nieve en un paisaje de pinos y altas montañas, el aire picaba la piel como miles de alfileres y la reverberación del sol le hacía entornar los ojos. Jugaba a lanzarse bolas de nieve con su hijo, que estaba sano y fuerte, con las mejillas encarnadas y la nariz que le goteaba de frío. Cada bola de nieve que se estrellaba contra su rostro la inundaba de un frío delicioso y se pasaba la lengua por los labios cubiertos de agua helada para quitarse la sed. Las risitas de su hijo, la voz del conductor del trineo, las casitas de madera iluminadas sobre la ladera, las estalactitas de hielo en el borde de las ventanas, el crujir de la nieve fresca bajo sus pasos, la voz de su padre y la de su hermana dándole la bienvenida de vuelta al palacio, y esa chimenea donde ardía una hoguera cuyas llamas lamían la piedra, lenguas de fuego amenazantes que pugnaban por salirse y alcanzarla... Hasta que un grito gutural la arrancó de aquel sueño y la devolvió a la pesadilla de la realidad, al calor y al sufrimiento de su pequeño, que temblaba y chillaba, mientras su padre intentaba apaciguarle con arrumacos y besos. A José Bonifacio, que a través de una nota reclamaba su presencia para hacer frente a los portugueses que seguían sin acatar las órdenes recibidas, Pedro le contestó: «... *Os escribo llorando para deciros que no puedo ir al antiguo palacio porque mi hijo está exhalando su último suspiro. Nunca tendré mejor ocasión de darle un último beso y la bendición paterna.*»

Cuando el pequeño murió, Pedro y Leopoldina estaban exhaustos, aturdidos por una niebla invisible que les invadía la mente y el cuerpo dolorido como si hubiesen sido víctimas de una paliza. «*En medio de tanta tristeza, es mi deber sagrado participar a vuestra majestad del golpe que mi alma y mi corazón dilacerado han sufrido. Mi lindo hijo Juan nos ha dejado* —así anunció Pedro la noticia a su padre, añadiendo—: *el sufrimiento y la muerte de vuestro nieto han sido frutos de la insubordinación y los crímenes de la división portuguesa.*» Leopoldina se refugió en su fe religiosa para no caer en la desesperación más absoluta: «*Soy incapaz de escribirle mi dolor* —le dijo a su padre—. *Sólo encuentro un poco de consuelo en la confianza firme en el Todopoderoso que todo lo guía para el bien de la humanidad. Es preciso que pase el tiempo.»*

46

El niño fue sepultado en la iglesia del Convento de San Antonio, donde su abuelo y su padre habían ido a hacer régimen de penitencia para conjurar la maldición familiar. Por considerar al pequeño en estado de pureza absoluta, no se declaró periodo de luto, ni siquiera tuvo lugar una ceremonia en el momento del entierro porque, según la creencia, al haber sido bautizado, su alma iba directamente al cielo. A Leopoldina esto la desconcertó, pero le impresionó aún más que nadie vistiese de negro, sino al contrario, que la corte luciese sus mejores galas aquel día terrible. Le explicaron que la muerte de un niño en «edad angélica» debía ser motivo de regocijo porque ya estaba la criatura en presencia del Todopoderoso. ¿No lloraban de alegría las madres, en las calles de Río, cuando morían sus hijitos porque tenían la dicha de estar reunidos con Dios? Pobre consuelo para Leopoldina, enfangada en los manglares del duelo y cuya alma sensible chocaba con la religiosidad de una corte tan supersticiosa e ignorante como el pueblo que despreciaba y al mismo tiempo emulaba.

La muerte del primogénito tuvo el efecto de unir más al matrimonio en el rumbo que se había de seguir. El rencor y la inquina que albergaban hacia las tropas portuguesas era un sentimiento compartido por los cariocas que no habían olvidado el saqueo de los amotinados durante la noche del *fico*. Por una parte estaba el pueblo determinado a no permitir la llegada de más soldados de Portugal; por otra, el general Avilez seguía haciendo lo imposible para ganar tiempo, tanto que obligó a su mujer a vender sus joyas para alimentar a los soldados. Leopoldina se enteró por un comandante brasileño de que la guapa Joaquina de Avilez malvivía en la ciudad mientras negociaba cargamentos de víveres para enviarlos a Niteroi.

—Tendremos que arrestarla...

—No, no lo hagáis... —le rogó Leopoldina.

—Está trabajando para el enemigo, señora.

—Enviadla con su marido, pero no la arrestéis, os lo pido por favor.

En el fondo, Leopoldina la compadecía. ¿No hubiera ella hecho lo mismo en esas circunstancias?

Pasó el día 5, día del ultimátum de Pedro, y las tropas seguían sin moverse. Avilez mandó una nota comprometiéndose a levar anclas tres días después, y solicitando más barcos para transportar a su tropa así como el levantamiento del bloqueo. Pedro, a quien le urgía mucho verlos salir, envió dos buques más y levantó el sitio el día 6. Pero lo que él y Bonifacio vieron a través de sus catalejos era un trajín de embarcaciones yendo de un buque a otro con intención dudosa: no acertaban a saber si estaban preparando la huida o un ataque a la ciudad. Por precaución, ordenaron el toque de queda y de nuevo corrió el rumor de que los portugueses estaban a punto de atacar. En las calles del centro cundió el pánico, la gente se abalanzó sobre las tiendas de comestibles y ultramarinos para hacer acopio de víveres mientras otros comercios cerraban sus puertas y las iglesias se vaciaban. Bonifacio se puso al mando de una unidad de las milicias y apareció en la plaza del Rocío montado en un caballo, vestido de uniforme como en sus buenos tiempos cuando en Portugal luchaba contra las tropas de Napoleón. Mientras, Pedro se desplazó en una barca hasta la fragata *União*, fondeada frente a Niteroi, y desde allí mandó a un oficial decir a Avilez que tendrían que izar velas al amanecer del día siguiente, de lo contrario serían tratados como enemigos y no les darían cuartel.

El oficial regresó a la fragata acompañado del general Avilez, que protestó por la dureza de la orden y al mismo tiempo presentó sus disculpas, pero Pedro, que no podía quitarse de la cabeza la imagen de la carita de su hijo sufriente, se mostró inflexible.

—Si no ejecutáis mis órdenes, seré yo mismo quien abra fuego contra vuestros barcos. No puedo seguir siendo cómplice de vuestra rebelión.

Y lo dijo con una mano apoyada sobre la cureña de un cañón y la otra blandiendo una mecha, que encendió para dar más énfasis a su amenaza. Sabía que las fuerzas brasileñas con las que contaba, hábilmente organizadas por José Bonifacio, eran más numerosas y que el escuadrón naval a sus órdenes estaba bien armado. Sabía que el pueblo estaba de su parte. La luz de la mecha encendida iluminaba el rostro de Avilez, que parecía desconcertado por la firmeza del príncipe. También él era conocedor de la desigualdad de fuerzas, pues seguía sin noticias sobre la posible llegada de los refuerzos. ¿Y si se retrasaban indefinidamente? ¿Y si habían naufragado? Sabía sobre todo que sus oficiales vacilarían a la hora de recurrir a la violencia porque se encontraban frente al hijo de su rey, y eso pesaba.

Al final, el general portugués no tuvo más remedio que transigir y ordenó el embarque de sus tropas. Pedro pasó la noche durmiendo en cubierta, usando su ropa de almohada. A la mañana siguiente pudo comprobar cómo se cumplían sus órdenes. A través de su catalejo vio a Joaquina de Avilez llegar en un esquife hasta el barco de su marido y subir a bordo. A pesar de los tiempos duros que la mujer había vivido recientemente, y que se reflejaban en una delgadez extrema y un desaliño que no le conocía, o quizá por eso, Pedro la encontró aún más atractiva que de costumbre.

Luego volvió a tierra y finalmente, dos días después, los buques zarparon. Desde la orilla, vio cómo sus corbetas *Liberal* y *Maria da Gloria* escoltaban hasta la salida de la bahía a los transportes de tropa, que incluían el barco que debía haberle llevado a él y su familia a Portugal. En ese momento, tuvo la sensación de haberle ganado un pulso al destino. Esa flotilla de velas blancas que se alejaban marcaba el final de una época, era el toque de gracia al poderío militar portugués en Brasil. Además estaba satisfecho porque la confrontación se había resuelto sin disparos, sin sangre, sin un solo herido. *«Se fueron mansos como corderos»*, escribió a don Juan esa misma noche.

Inmediatamente, José Bonifacio emitió un bando en el que prohibía la arribada de fuerzas portuguesas a Brasil. Cuando dos semanas después llegaron los refuerzos, que supuestamente venían a llevarse a la familia real de vuelta a Portugal, fueron recibidos a cañonazos desde las fortalezas que guardaban la entrada a la bahía. Obligados a fondear en mar abierto, los comandantes de la expedición fueron autorizados a desembarcar para negociar su presencia en suelo brasileño. Se les confiscó una corbeta, se les dio autorización para reabastecer sus otros navíos en Río, y a los mil doscientos soldados portugueses se les permitió escoger entre regresar a Portugal o entrar a formar parte del ejército del príncipe regente en Brasil. Unos ochocientos decidieron quedarse.

Ya no escribía Pedro en sus cartas a su padre que era un capitán general relegado al gobierno de una provincia, sino el *«regente de un vasto reino, garante de la monarquía luso brasílica y lugarteniente de vuestra majestad. Desde que la división salió, todo quedó tranquilo, seguro y perfectamente adherente a Portugal».* Estaba feliz de poder comunicarle a su padre que había cumplido con su deber de salvar de la desintegración aquella parte de la nación a él confiada.

Poco después de la partida de la escuadra portuguesa, mientras la ciudad vivía en un ambiente de frenética actividad, Leopoldina dio a luz de una manera peculiar, tratándose de una princesa. La noche del 11 de marzo empezó a tener dolores, y a las tres y media de la madrugada llamó a Pedro. A las cinco, mientras caminaban despacio por el palacio, sintió unas fuertes contracciones. Entonces, para sorpresa de ambos, Leopoldina se agarró al cuello de Pedro. Abrazados en la penumbra de un pasillo, sintieron que un chorro de calor les empapaba la ropa: era el líquido amniótico que formó un charco en el piso de madera. Con los pies firmemente plantados sobre el suelo, Leopoldina dio a luz a una niña en ese mismo instante. *«A las cinco y media estaba todo acabado con inmensa felicidad»*, escribió Pedro a su padre. La buena nueva fue comunicada al pueblo por medio de salvas de artillería desde las fortalezas y los navíos fondeados en la bahía. *«Dios se llevó a mi Juan Carlos pero me ha dado otra hija que llamaremos Januaria»*, le anunció en una carta a su hermano Miguel.

# QUINTA PARTE

El tiempo de engañar a los hombres se acaba.

Don Pedro

# 47

En Lisboa, Miguel compartió la noticia del nacimiento de la nueva infanta con su madre, en la Quinta de Ramalhão, donde ahora vivían juntos. Era una villa situada en las verdes colinas de Sintra, que Carlota había adquirido en 1802, después de que su marido, que era príncipe regente en la época, descubriese un complot urdido por ella para hacerle pasar por loco y usurparle el poder. No era un palacio como Queluz, sino una casa solariega con grandes habitaciones bien ventiladas que daban a bancales de naranjos y limoneros. De Queluz había sido finalmente expulsada por don Juan por su obstinada negativa a jurar la Constitución. Evitó el exilio alegando que estaba demasiado enferma para trasladarse. En realidad, por razones distintas, ni el uno ni el otro lo deseaban. Una comisión de médicos enviada por don Juan dictaminó que Carlota padecía una dolencia pulmonar que arrastraba desde Río, así como piedras en el riñón. Con esa excusa, don Juan le conmutó la sentencia al exilio y la devolvió a la casa que ella misma había elegido antes de marchar a Brasil.

La carta que mandaba Pedro a su hermano contenía otra propuesta. Le ofrecía la mano de su hija Maria da Gloria, con el consentimiento de don Juan, y le instaba a que volviese a Brasil. Las bodas entre tíos y sobrinas habían existido desde tiempos inmemoriales en las monarquías europeas, costumbre que se había convertido en la principal causa de degeneración genética de las familias reinantes. Sin embargo, seguía vigente porque era una forma de asegurarse los derechos sucesorios. El propio don Juan era hijo de tío y sobrina, y una hermana de Pedro había sido casada con su tío Fernando, rey de España. Así que la propuesta de Pedro, que buscaba eliminar cualquier amenaza potencial a sus propios derechos, no era descabellada en el contexto de la época. Estaba motivada por el convencimiento de que ya no tendría un descendiente masculino, y que su hija primogénita, la pequeña Maria da Gloria, sería su sucesora en el trono del Reino Unido de Portugal y Brasil: *«Tendrás que esperar una década o más hasta que tu esposa alcance la pubertad —le escribió Pedro—, pero haré todo lo que esté a mi alcance para hacer que tu vida aquí sea lo más placentera posible. Será una vida mejor que estar en Portugal bajo la bota de las Cortes. Además, si vienes, no sólo estarás ayudando a tu hermano, sino también a la nación y a tu padre.»*

Pero Miguel no era un idealista, sino un ser resentido, envidioso, e igual de ambicioso que su madre, bajo cuya influencia seguía como cuando era niño. A Miguel no le importaba la suerte de su padre ni la de su hermano, y si fingía interés en el destino de Portugal, era solamente porque veía en ello su oportunidad de tener poder, de llegar a ser alguien algún día, de sacudirse el marchamo de «bastardo». Pedro ignoraba que ambos, Carlota Joaquina y Miguel, estaban muy afanados en sacar partido de las disensiones internas que enfrentaban a los diputados de las Cortes. Algunos, irritados y hasta escandalizados por la actitud que consideraban irreverente y sediciosa de Pedro, eran partidarios de nombrar a Miguel príncipe heredero. Carlota se frotaba las manos: si lo conseguían, luego ella galvanizaría a los absolutistas alrededor de la figura de su hijo para acabar derrocando el gobierno parlamentario. Y por fin se haría realidad el sueño de su vida: usurpar el poder a su marido, haciéndole pasar de nuevo por una persona mentalmente inestable, y colocar a Miguel de príncipe. Su hijo del alma, su preferido, su «bastardillo», reinaría sobre Portugal y sus colonias ultramarinas.

Las informaciones que Pedro recibía de su padre eran escasas e imprecisas porque todos los escritos y cartas de don Juan eran sometidos al escrutinio de la censura. Pero aun así, su padre le había insinuado que Carlota intentaba conspirar para modificar los derechos sucesorios. Razón de más, pensó Pedro, para alejar a su hermano de la tutela materna. Sintiendo que Miguel podía ser más útil en Brasil que pegado a las faldas de Carlota, y porque de verdad le tenía auténtico cariño de hermano, insistió de nuevo con el lenguaje que les resultaba familiar a ambos: *«No faltará gente que te diga que no vengas* —le escribió—. *Diles que coman mierda. Y también te dirán que si Brasil se separa, tú serás rey de Portugal. Que coman más mierda.»* Más adelante, le decía: «*Vuelve a Brasil donde la gente te respetará y donde podrás cortejar a mi hija y casarte con ella a su debido tiempo... Ven, ven, ven, porque Brasil te recibirá con los brazos abiertos y vivirás en plena seguridad sin que te cueste nada, porque en Portugal no estáis seguros, puedes acabar como el delfín de Francia, y nuestro padre como Luis XVI.»* Pero Miguel hizo oídos sordos; era demasiado irresponsable para que el asunto de la seguridad le importase. Al contrario, le atraía el peligro. En el fondo sabía que lejos de su madre no era nadie, y nunca lo sería, por mucho que su hermano le asegurara lo contrario. Además, en Lisboa se encontraba en el centro de la acción, en el lugar donde se decidiría el futuro de Portugal, de Brasil y de la monarquía, o al menos eso era lo que pensaba.

El destino de Brasil era motivo de constantes rifirrafes en las Cortes de Lisboa. Los parlamentarios se enzarzaban en agrias discusiones sobre las pretensiones de la antigua colonia. Los diputados brasileños, esos que habían sido ignorados en las primeras instrucciones enviadas a Río, lo tenían muy difícil a la hora de defender los derechos de sus representados. Cuando por ejemplo uno de ellos pidió la creación de una universidad en Brasil, le respondieron que bastaría con algunas escuelas primarias. Constantemente se topaban con la hostilidad de los diputados portugueses y del público que asistía a las sesiones desde la tribuna y que les abucheaba en cuanto pedían la palabra. A los de «la colonia» no les dejaban ni hablar. Es más, los más exaltados exigían organizar una expedición punitiva contra Río y su príncipe rebelde.

—¡Lancemos nuestros dogos contra los traidores! —pidió a voz en grito un diputado portugués.

—¡Con perros los echaremos! —coreó otro.

—¡Pues en Brasil no nos faltan jaguares y onzas para recibir a vuestra jauría! —replicaba uno de los brasileños, cuyas palabras eran ahogadas inmediatamente por los gritos del público y el pataleo de los diputados locales.

Don Juan intentaba comunicar a su hijo Pedro ese ambiente y lo que transpiraba, o sea que Brasil no podía esperar de Portugal ser tratado en pie de igualdad. Y éste le contestaba pidiéndole a su padre que pusiese sus misivas en conocimiento de los diputados. Decía cosas hirientes a propósito y presumía de su creciente popularidad. *«Conservo un gran rencor hacia esas Cortes que tanto han buscado aterrorizar a Brasil y arrasar Portugal»*, escribía en una de sus cartas. Para evitar ser tildado de reaccionario, quería dejar claro que su rabia estaba dirigida sólo a esas facciosas Cortes, y no al sistema de Cortes deliberativas, *«porque ese sistema nace con el hombre que no quiere ser servil y que aborrece el despotismo»*.

Pero el caso es que nadie sabía si ese príncipe ávido de gloria y desbordante de dinamismo estaba dispuesto a romper definitivamente con el pasado y a desempeñar el papel de libertador —como un Bolívar, un San Martín o un Artigas—, o si buscaba conservar los vínculos de unión con Portugal. ¿Se haría «indígena», como decían, para proclamar la independencia total de Brasil y hacerse con ese nuevo cetro? ¿O sería fiel al juramento que había hecho a su padre, firmado con su propia sangre, de no usurpar jamás la corona, pasara lo que pasase? El problema era que ni siquiera Pedro podía responder a esas preguntas. Los acontecimientos se precipitaban y el desafío consistía en intentar controlarlos.

En Minas Gerais, la provincia más poblada del país y una de las más poderosas desde el punto de vista político y económico, la junta de gobierno empezaba a vacilar y anunció su rechazo a someterse tanto a la autoridad de la regencia en Río como a la de las Cortes de Lisboa. Abogaban simple y llanamente por la independencia de la provincia. Ante esa actitud separatista que ponía en jaque todo su proyecto de unificación, Pedro, Bonifacio y sus asesores supieron que no bastaba con proclamar un rosario de órdenes y declaraciones, debían tomar una acción inmediata, enérgica y eficaz. Pedro entendió que, si algún día pretendía extender su autoridad a las provincias más lejanas, debía reaccionar de la misma manera que en crisis anteriores: consultando directamente al pueblo, yendo a su encuentro.

—Me voy a Minas... —le anunció esa noche a Leopoldina—, hasta Ouro Preto, a hablar con los miembros de la junta. Tengo que ganarme su confianza como sea.

—¿Vas solo? —le preguntó.

—Me acompañarán sólo tres personas, amigos de Bonifacio que conocen a los de Minas.

—Lo veo arriesgado, vida mía. No te faltan enemigos allí, por ser quien eres...

Leopoldina se refería a una revuelta independentista que se había desatado a finales del siglo anterior en Minas, la *Inconfidencia Mineira*. Le recordó que había sido la abuela María quien había firmado en Lisboa la orden de ejecutar a Tiradentes, líder de aquella revuelta y cuyo apodo venía de su profesión de dentista. Después de haber sido ejecutado y descuartizado, de que su memoria fuese declarada oficialmente infame, su casa destruida y todos sus descendientes deshonrados, sus restos mortales fueron distribuidos en las ciudades y pueblos en los que expuso sus discursos revolucionarios y por los que Pedro tenía que pasar en su peregrinación por la provincia hasta alcanzar Ouro Preto, la capital.

—¿Crees que habrán olvidado la *Inconfidencia*? —le preguntó Leopoldina—. Te pueden secuestrar, pueden atentar contra tu vida... ¿Por qué no llevas un batallón que te escolte?

—No quiero impresionarles con soldados y parafernalia militar, al contrario; para conquistarles quiero que me vean como uno de los suyos.

Pedro la miró con sus ojos de perro manso y ella le respondió con una leve sonrisa.

—Ya nadie se acuerda de Tiradentes, es historia pasada, te lo aseguro —continuó Pedro—. Hay que confiar en la gente, Leopoldina. Hablaré con la junta y les convenceré de que lo mejor para todos es mantenerse unidos.

Aunque no quería confesarlo, a Leopoldina le pesaba separarse de Pedro en ese momento. Sólo habían transcurrido dos meses desde la muerte de su hijo. Daba pena verla. Presentaba un aspecto desaliñado, descuidado, ojeroso. Sus sucesivos embarazos habían hecho mella en su cuerpo, cada vez más abotargado. No conseguía reponerse, a pesar de lo ocupada que estaba con el nuevo bebé y las tareas de ayudar a su marido a gobernar. Cuando se hubo despedido de Pedro, todavía con el corazón encogido, se sentó en su secreter a escribir a su hermana: «*Comenzaba a hacer mis delicias con sus gracias infantiles cuando tuve la desgracia de perderle. No tengo ningún consuelo, paso las noches sin dormir. No consigo salir adelante.*»

48

Pedro tuvo la suerte de zambullirse en la acción, el mejor remedio para olvidar la reciente tragedia. Tocado de un sombrero de ala ancha y vestido con el poncho de los gauchos del sur, se lanzó por los caminos del interior de Brasil sin miedo y con entusiasmo. Ni siquiera quiso llevar a un cocinero:

—Comeré lo que encontremos en el camino —le dijo a Leopoldina al despedirse.

El 25 de marzo de 1822, acompañado de cuatro personas, un criado, un palafrenero y tres soldados de escolta, puso rumbo a Minas con el fin de apaciguar los ánimos y reconducir la decisión de su gobierno local.

Marchar solo al encuentro de una junta insumisa y de un pueblo ansioso de independencia le parecía un formidable desafío. Además, era la primera vez que salía de los alrededores de Río y se adentraba en el interior. Si no había viajado antes era porque como príncipe no podía ausentarse de la corte sin permiso paterno y porque Brasil, como nación y como reino, sólo empezó a ocupar plenamente su atención cuando asumió la regencia, y sobre todo a partir del momento en que sintió el calor y el cariño del pueblo que le pidió permanecer allí. Era un príncipe sentimental receptivo a los afectos, y esperaba que el pueblo respondiese a su entrega. No le importó hacer un viaje físicamente muy duro, que exigía cabalgar durante días enteros por caminos estrechos y peligrosos, empapado hasta los huesos por las frecuentes lluvias. El clima refrescaba a medida que dejaban atrás la selva entre eucaliptus, palmeras, buganvillas, ipês con sus flores malva que contrastaban con el verde oscuro de las montañas, altas y redondas. Al atardecer, acampaban al borde de los caminos, comían un trozo de tocino y harina de mandioca y dormían en cualquier sitio; el príncipe se tapaba con su poncho y usaba de almohada una chaqueta doblada, bajo un cielo sembrado de estrellas. Subieron hasta los mil metros, la altura media de las ciudades de Minas Gerais, y cuando llegó al Morro de los Arrepentidos se plegó a la superstición local plantando una cruz hecha de juncos como el más humilde de los arrieros. El eco de su presencia le precedía en pueblos y ciudades donde era recibido con admiración porque era la primera vez que veían a algún miembro de la familia real, y luego, cuando constataban su carácter campechano, con auténtico fervor. En las aldeas, aceptaba con una amplia sonrisa las naranjas y los cocos que la gente, honrada por tan inusual visita, le ofrecían. Para protegerle del frío del suelo, los campesinos arrancaban una vieja puerta o una contraventana y se la daban para que la usase de cama. La ciudad de Barbacena le recibió engalanada con los mantones y chales bordados que las mujeres habían sacado de sus baúles y tendido en el alféizar de las ventanas y con flores que habían colocado a su paso. Pedro encandilaba a la gente, sabía hablarles en su idioma, el mismo que había practicado en su infancia con los mozos de cuadra y más tarde con sus amigos como el Chalaza. Oficiales de la milicia y líderes civiles cambiaban de opinión cuando le trataban, dejándose seducir por el don de gentes y la llaneza de ese príncipe jovial y abierto. Acababan jurándole lealtad y prometiéndole apoyo en el caso de toparse con un conflicto en Ouro Preto, la capital y sede de la junta de gobierno.

Poco a poco y a medida que recorría aquel paisaje y se mezclaba con aquellas gentes, brotaba en su interior la conciencia de que formaba parte de ese «vasto reino», que ahora tenía la oportunidad de conocer mejor. En Congonhas se quedó pasmado ante las estatuas de los doce profetas, que bordeaban el camino hacia un santuario que un buscador de diamantes portugués aquejado de una grave enfermedad había hecho la promesa de levantar. Pedro las descubrió al amanecer, entre volutas de niebla, y le entró una especie de éxtasis, tanto que sus acompañantes temieron que estuviera a punto de padecer una crisis epiléptica. Pero no, era pura emoción ante la magia de unas estatuas que parecían animadas, ante unos profetas que se convertían en hombres de carne y hueso y que clamaban al cielo lo que él creía era su causa justa. Eran obra de un artista genial e insólito que había muerto a finales del siglo anterior, un mulato aquejado de lepra conocido como *Aleijadinho* (el «tullidito») cuya historia conmocionó a Pedro tanto como sus obras. Hijo de un carpintero portugués y de una esclava africana, había hecho sus mejores esculturas, como las de los profetas, de rodillas porque la enfermedad le había hecho perder los dedos de los pies, impidiéndole caminar; luego, poco a poco, también las manos. Sus esclavos tenían que atarle el cincel al muñón del brazo para que siguiera esculpiendo. A medida que avanzaba la enfermedad y su cuerpo, literalmente, se pudría, mayor esplendor y perfección alcanzaron sus esculturas y las iglesias que diseñaba y que jalonaban las ciudades de Minas. Pero al final de su vida, hasta sus esclavos le abandonaron, incapaces de soportar el hedor que despedía. Para Pedro, que aquel individuo deforme, sin linaje ni educación especial, hubiera podido crear tanta belleza era la prueba misma de que a los hombres no se les podía juzgar ni por su alcurnia ni por su condición, sino únicamente por su valor personal y su talento.

La llegada de Pedro a Ouro Preto —la antigua capital levantada alrededor de un manantial donde un pobre mulato, a principios del siglo XVIII, al querer saciar su sed encontró unos granitos negros y brillantes que resultaron ser oro de veintitrés quilates—, estuvo precedida de rumores sobre una revolución que la guarnición militar portuguesa estaría tramando. Se decía que el teniente coronel al mando de la tropa se oponía a la visita del príncipe regente. Los propios rumores provocaron que, de manera espontánea, brigadas de milicianos brasileños se solidarizasen con Pedro, a quien se le unieron cuatro regimientos, de modo que no llegó solo a la capital. Se detuvo a las afueras y allí, rodeado de una multitud de milicianos y simpatizantes, proclamó un bando apelando a que las autoridades locales se sometiesen inequívocamente a su mandato. A la vista de semejante desequilibrio de fuerzas, menos de una hora después, la junta claudicaba.

Pedro rechazó la pomposa carroza que le ofrecían y optó por hacer su entrada triunfal a pie, rodeado de un mar de gente que le aclamaba. Recorrió las calles en cuesta recubiertas de gruesos adoquines, entre fuentes esculpidas, puentes de piedra y soberbios caserones con los bordes de las ventanas y las puertas pintadas de ocre o de añil, hasta llegar a la plaza donde se erigía la joya de Aleijadinho, la iglesia de San Francisco, con dos torres cuadradas y un frontispicio cuyas decoraciones sugerían los vértigos del éxtasis. Le contaron que al adivinar que la muerte le rondaba, Aleijadinho pidió a su sobrina, la única que no le abandonó nunca, que le transportase hasta el altar de esa iglesia. Allí murió, después de horas de lenta agonía, como un paria sublime golpeando con sus muñones el muro de la fatalidad.

En la plaza frente a esa iglesia que encarnaba la grandiosidad del arte barroco brasileño, Pedro pronunció un discurso: «¡Pueblo de Minas! —clamó—: No os dejéis engañar por esas cabezas que sólo buscan la ruina de vuestra provincia y de la nación. Uníos conmigo y marcharéis constitucionalmente: toda mi confianza está con vosotros, confiad en mí. ¡Viva el rey constitucional! ¡Viva la religión! ¡Vivan todos los que son honrados!» Su entusiasmo y el apoyo conseguido desactivaron la resistencia y el propio comandante portugués, jefe de la junta local, ante el clamor popular, no tuvo más remedio que ceder y arrodillarse ante Pedro. Nadie olvidó las palabras que le dijo entonces el príncipe:

—¡Levántese! He venido aquí para aportar mis cuidados a esta importante parte de Brasil, no para ocuparme de usted.

En la semana que pasó en Ouro Preto, Pedro, excitado por el éxito rotundo de su viaje, desarrolló una actividad frenética, informándose de todo, inmiscuyéndose en todo. Nombró un nuevo gobernador militar, organizó elecciones, escuchó quejas de los vecinos, despidió a funcionarios corruptos, publicó decretos sobre asuntos locales y sobre todo definió las competencias del gobierno provincial en su relación con el gobierno central. También se dedicó a divertirse con mujeres, tanto que parecía haber olvidado completamente a su esposa. En una carta que recibió en Ouro Preto, Leopoldina se quejaba amargamente: *«Bastante tengo con la separación, no es preciso que aumentes mi disgusto privándome de noticias tuyas.»* Y terminaba la carta firmando: *«Leopoldina, que te ama al extremo.»* Mientras, Pedro gozaba de una aventura con la mujer de un teniente. Para poder estar a solas con ella, había mandado a su marido a Río, a la corte, como si fuese una extraordinaria promoción. Éste, encantado con el nombramiento, le envió desde una de las ciudades que atravesó una cesta de sabrosas manzanas como regalo, sin sospechar que su benefactor, que estaba beneficiándose de su mujer, se partiría de risa por el simbolismo que encerraba semejante regalo. Éste no fue el único desliz: tuvo otra aventura fugaz antes de tener que salir apresuradamente de vuelta a Río. Una carta de José Bonifacio le anunció que había descubierto, gracias además a la activa colaboración de Leopoldina, un complot pro portugués cuya intención era instalar una junta provisional en la capital carioca. Aunque el golpe había sido abortado, Pedro decidió volver, y lo hizo de un tirón, recorriendo los quinientos treinta kilómetros que separaban Ouro Preto de Río en cuatro días y medio. Borracho de gloria y de poder, mientras galopaba de regreso recordaba las palabras de Hogendorp: «La patria está donde está el corazón.» Sí, aquel holandés tenía razón, la patria era aquella geografía inmensa donde sabía que en cada casa, por muy humilde que fuese, podía ser recibido como lo que era, un príncipe. Su patria estaba donde le querían.

Volvió a Río justo a tiempo para aparecer en el Teatro Real a las nueve de la noche del 25 de abril, vestido de uniforme de gala, la tez bronceada por el sol y el viento, junto a Leopoldina, radiante de felicidad por ir de nuevo del brazo de su amado esposo. Su presencia enardeció al público. Anunció que todo estaba tranquilo y bajo control en Minas, y que había regresado para terminar la pacificación de Brasil. Sus palabras fueron aclamadas con auténtico frenesí, y durante los tres días siguientes la ciudad entera celebró las hazañas épicas de su príncipe heredero.

## 49

En su ausencia, diversos partidarios de las Cortes de Lisboa, sabedores de sus ganas de regresar a Europa, habían contactado con Leopoldina e intentado sembrar cizaña entre ella y el príncipe. Sin embargo, ignoraban la firmeza de su compromiso con la labor de su marido. *«Que no se engañen: soy de cultura alemana, lo que quiere decir que soy constante, leal y terca»*, había escrito a Bonifacio. Esos mismos sediciosos intentaban derrocar al ministro para organizar una junta provisional. Gracias en parte a las informaciones recabadas por Leopoldina y su red de contactos entre los diplomáticos afincados en Río, el ministro pudo atajar el intento antes siquiera de llevarse a cabo. Pedro también se enteró de que Leopoldina había recibido una carta enviada y firmada por el propio rey, aunque escrita por iniciativa ajena a don Juan, en la que éste reprendía a la nuera y al hijo por no haber regresado todavía a Europa. Harto de tanta manipulación, Pedro mandó responder que la princesa y él *«no volvían a Lisboa porque ni el pueblo de Brasil ni ellos lo querían, y que si proseguían en su empeño, se alzaría a la cabeza de Brasil, y que más valía que se acomodasen».*

El viaje a Minas había exacerbado en el príncipe su odio a las Cortes de Lisboa y le había hecho sentirse más brasileño que nunca. Escribiendo a su padre para anunciarle que la municipalidad de Río, le había honrado con el título de «Protector y Defensor perpetuo de Brasil», le explicó que no había podido aceptarlo tal y como se lo habían propuesto: *«Brasil no necesita de la protección de nadie; se protege a sí mismo. Pero acepto el título de Defensor Perpetuo, y juro mostrarme digno de él, mientras una sola gota de sangre corra por mis venas. Defenderé Brasil que tanto me ha honrado, y a vuestra merced porque tal es mi deber como brasileño y como príncipe.»* A partir de aquel momento, en todas las cartas sucesivas se referiría a sí mismo como brasileño.

Como apenas existían en la época partidos políticos, las

logias masónicas eran los foros donde se canalizaba la actividad pública. Eran los masones quienes abogaban con más ímpetu por un sistema parlamentario propio y por la independencia. Prohibidos por don Juan durante años, ahora habían resurgido con fuerza y para integrar la avalancha de nuevos miembros, en lugar de afiliarse al Gran Oriente de Portugal, crearon el Gran Oriente de Brasil. Los hermanos masones nombraron a José Bonifacio como su Gran Maestre. Éste aceptó el cargo a regañadientes, sin fe, con la idea de que le serviría para vigilar a sus encapuchados adversarios. No era un convencido, la masonería sólo le interesaba como medio de galvanizar a los hombres para un fin concreto, precisamente como si fuese un partido político. De pronto, todo carioca que ambicionaba participar en la vida pública, cultivar relaciones para beneficio propio o sentirse parte de la acción, solicitó su ingreso en la fraternidad. Hasta el Chalaza lo intentó, pero su candidatura fue rechazada, a pesar de hacer gala de su vínculo de amistad con el príncipe. Pedro, influenciado por la adulación constante de los rivales de Bonifacio que estaban celosos del poder del científico y que deseaban atraer al príncipe hacia su órbita, también quiso ingresar. Bonifacio se opuso, con el argumento de que pertenecer a una sociedad secreta no era algo compatible con la alta jerarquía de un príncipe regente. Pero el hiperactivo Pedro quería participar en todas las tramas, conocer de primera mano todo lo que se cocía. Quería tener su propio control sobre las sociedades secretas. Al final, y a pesar de su cargo de Gran Maestre, Bonifacio no consiguió evitar que el Gran Oriente admitiese al príncipe como hermano-masón.

La ceremonia de iniciación tuvo lugar en la sede de la logia en Río. Rodeado de miembros encapuchados y portando largas togas, fue iniciado con el seudónimo de «Rómulo» y elegido arcano-rey. Firmó su adhesión con los cuatro puntos en cuadrado y uno en medio de los masones, jurando obediencia a los fines superiores de la organización, que incluían «promover con todas las fuerzas y a costa de la propia vida la hacienda, la integridad, la independencia y la felicidad de Brasil como reino constitucional, oponiéndose al despotismo y a la anarquía». Todo aquel ritual de sociedad secreta encandilaba la imaginación de Pedro, quien ante Leopoldina justificaba su ingreso porque así tendría la certeza de que nada escaparía a su dirección. Ella era más crítica, veía con recelo a los masones que tachaba de radicales. Al igual que Bonifacio, con cuyas ideas concordaba ampliamente, temía que los acontecimientos acabasen desbocándose, con un resultado parecido al de la Revolución francesa, que había visto rodar la cabeza de su tía María Antonieta. Seguía pensando que su marido se entusiasmaba exageradamente por todo lo nuevo, y que de esta forma perdía la distancia y el criterio necesarios para tomar decisiones acertadas.

Sin embargo, era lo suficientemente inteligente como para darse cuenta de la injusticia que las Cortes de Lisboa se obstinaban en perpetrar contra su país de adopción. ¿Cómo aceptar la reciente decisión de Lisboa de mandar más tropas para dominar Brasil? ¿O la orden dada a los cónsules portugueses en los países europeos de impedir la exportación de armas a la colonia? Sobre todo... ¿Cómo ceder ante la prohibición de importar objetos de manufactura extranjera a menos que fuesen enviados desde Portugal? Lisboa seguía en su empeño de retroceder, de conseguir que la economía de Brasil volviese a depender de Portugal. Era un sinsentido que mostraba la obcecada negativa de Lisboa a tratar a los brasileños como iguales. Sin contar el desacato y la falta de respeto de los diputados que habían tildado públicamente a Pedro de «desgraciado y miserable rapaz», y hasta de tirano. Otro había llegado a amenazarle con encerrarle entre las cuatro paredes del palacio de Queluz «para instruirle en el oficio de verdadero constitucional». ¿No se habían burlado de la carta que Pedro había enviado a su padre jurándole fidelidad y firmada con su propia sangre? Aquel gesto romántico y pasional, que ciertamente pertenecía a otra época, había provocado la hilaridad de la asamblea. A la luz de tanta prepotencia, tanto Bonifacio como la princesa dejaron de creer en la viabilidad del proyecto de Pedro, que continuaba, fiel a su padre, creyendo en la unión de la nación portuguesa, un concepto parecido a lo que en el siglo xx sería la *Commonwealth* británica, bajo la égida de la monarquía. Un día, Leopoldina desenrolló un mapa de Brasil en el despacho de Pedro:

—Mira, aquí arriba está el Amazonas y aquí abajo el río de La Plata. ¿Quién con un mínimo de sentido común quisiera abandonar una región tan extensa, que se encuentra entre dos ríos gigantescos? Ellos nunca —dijo refiriéndose a los portugueses—. Tendremos que abandonarles nosotros.

Al dejar translucir su simpatía por el movimiento de independencia y por la separación de Brasil, Leopoldina se emancipaba de la influencia espiritual y política de la casa paterna: *«De acuerdo con las noticias que nos llegan desde la madre patria, es posible concluir que su majestad el rey Juan VI está mantenido por las Cortes en prisión cortésmente disimulada —escribió a su padre—. Nuestro regreso a Europa se hace imposible visto que el noble espíritu del pueblo brasileño se viene manifestando por todas maneras; sería la mayor ingratitud al pueblo y el más grosero error político abandonarlo en este momento...»*

Pedro, Bonifacio y su gobierno reaccionaron a las últimas medidas de las Cortes reclamando el regreso de los diputados brasileños, esos que abucheaba el público. Declararon la guerra a todas las unidades del ejército portugués que estuviesen en suelo brasileño, y solicitaron a las potencias extranjeras tratar directamente los asuntos de Brasil con Río, para lo cual nombraron diplomáticos encargados de mantener esa nueva relación. En un manifiesto al pueblo, Pedro arremetió contra los *«sórdidos intereses»* y la *«lúgubre ambición»* de los que querían *«que los brasileños pagasen hasta el aire que respiraban y la tierra que pisaban»* y contra la mezquina política de Portugal, *«siempre corta de miras, siempre famélica y tiránica»*. Denunció que las Cortes quisiesen imponer esclavitud en lugar de libertad, que prefiriesen el yugo colonial a la igualdad fraternal. Y terminaba en tono grave y transcendente: *«El tiempo de engañar a los hombres se acaba.»*

Pedro se lo explicó a su padre a su manera: *«Yo, señor, veo las cosas de tal modo, hablando claro, que sólo nos dejan tener relaciones familiares con vuestra majestad».* Más adelante añadía: *«... quiero decir que es un imposible físico y moral que Portugal gobierne Brasil. No soy rebelde, son las circunstancias».* Si con su padre sólo le dejaban mantener relaciones de familia, ¿qué faltaba para la ruptura total, para que Brasil, con su príncipe al frente, asumiese todas las características de una nación independiente y soberana?

## 50

Sin embargo, la independencia estaba amenazada más por los peligros internos que por los externos. Las provincias de Bahía y de Maranhão al norte, enfrascadas en luchas civiles, escapaban de la órbita de Pedro. «Que no se oiga entre vosotros más que un grito: ¡Unión! Del Amazonas al Plata, que un solo eco retumbe: ¡Independencia!», clamaba Pedro a cada ocasión.

Ahora lo más grave sucedía en São Paulo, cuya junta de gobierno estaba presa de la intransigencia de dos grupos rivales, uno ligado a la familia de José Bonifacio y otro al presidente de la junta local. A petición de los propios paulistas, Pedro aceptó visitar esa tierra para apaciguarla como ya lo había hecho en Minas Gerais. Consciente de que era capital asegurarse la lealtad de una provincia tan importante, y con la idea de instalar un nuevo comandante militar y de organizar elecciones para una nueva junta, decidió marchar al frente de una comitiva tan pequeña como la que llevó a Minas. Leopoldina hubiera querido formar parte del viaje, pero estaba nuevamente embarazada y tenía demasiado reciente en el recuerdo otro viaje, el que había hecho con su hijo enfermo:

—Prefiero que permanezcas aquí en Río como sustituta mía —le sugirió Pedro.

Como prueba de su confianza y estima, publicó un decreto que la autorizaba a tomar todas las medidas necesarias y urgentes para el bien y la salvación del Estado. Leopoldina aceptó resignada, sin sospechar que aquel viaje cambiaría para siempre su vida, la de su marido y la de Brasil.

Pedro recorrió los seiscientos treinta kilómetros que le separaban de São Paulo acompañado de cinco personas, entre las que se encontraba su fiel amigo Chalaza, que le hacía de secretario, recadero y alcahuete a la vez. En cada pueblo y en cada ciudad fueron recibidos con júbilo, porque en los cuatro meses que habían transcurrido desde su viaje a Minas, el prestigio del príncipe había crecido a la par que su leyenda. Siempre que salía de viaje acompañado de un puñado de hombres y con una misión difícil por delante, se acordaba de su infancia, de aquellas pinturas que decoraban el cuarto donde nació en Queluz, que contaban las historias de un caballero llamado don Quijote que también partía en grandes cabalgadas en busca de aventuras que diesen sentido a su vida. ¿Se toparía Pedro con sus propios molinos de viento? Era invierno, hacía fresco y los ríos bajaban crecidos por las lluvias recientes. Los viajeros que desafiaban las tormentas eran escasos. Había sobre todo negros, que se protegían de las lluvias con sus curiosas capas de panoja de arroz. Acompañaban a los carros que transportaban hierros de las forjas de Ipanema y a mulas cargadas de azúcar y café. Las primeras noches durmieron en la vereda de los caminos, auténticos barrizales, bajo un cielo encapotado. Una mañana, llegados a la vera de un río, Pedro, a quien le gustaba cultivar el mito de sus heroicas galopadas, decidió no subir con su caballo a la barcaza que los nativos habían preparado para cruzarlo. En su lugar, espoleó al animal, que se adentró en el agua. Cruzaron a nado, el príncipe agarrado al cuello de su montura ante la mirada atónita de los demás. Llegó empapado a la otra orilla. Como no tenía intención de perder tiempo buscando en su equipaje un pantalón seco, preguntó:

—¿Alguien tiene ropa de mi tamaño?

—¡Yo, señor, yo! —dijo muy solícito un hombre joven.

—¿Me dejas tus pantalones? —le pidió Pedro.

Intimidado, el chico se los quitó y ambos quedaron en calzones mientras se intercambiaron las prendas.

—Dios te proteja, buen hombre —le dijo el príncipe al subirse de nuevo a su caballo.

Y prosiguió el viaje con los pantalones secos, mientras el muchacho se quedó atrás, ajustándose los suyos en un charco, muy honrado por haberle hecho semejante favor al príncipe. Pedro dejaba así claro que nadie debía olvidar que era él quien mandaba, que si necesitaba ropa, caballos o mujeres, tenía derecho a ello, aun a expensas de sus acompañantes. Se había acostumbrado a adquirir caballos describiendo pormenorizadamente las cualidades del animal y esperando, a cambio de tan «real» atención, que el dueño se lo regalase. Muchos se rendían ante su encanto y cedían. Otros no. Como una preciosa mulata con la que se cruzó al llegar a la ciudad de Santos. En un impulso la agarró por la cintura y le plantó un beso en la boca. La chica no se amilanó, le dio una bofetada y salió corriendo. Sin ofenderse, Pedro mandó al Chalaza a que averiguase quién era, y a intentar conseguírsela. Resultó ser una esclava muy apreciada de una conocida familia local, y por mucho que el Chalaza suplicó, ofreció e intentó negociar un precio por aquella belleza, sus dueños se negaron a dejarla marchar. Les traía sin cuidado que hubiera sido un capricho del príncipe. A pesar de considerarse un «liberal», alguien que no se apropiaba de lo que no era suyo, a Pedro le costaba convivir con su contradicción de ser autoritario y tolerante al mismo tiempo, y aún le costaba más aprenderse la lección de que no todo el mundo tenía un precio.

En cada pueblo se iba añadiendo gente a la comitiva, de modo que llegaron a São Paulo más de veinte jinetes, a los que se unió un destacamento de la nueva guardia de honor con uniforme blanco y casco con adorno rojo en la visera. Antes de entrar en la ciudad blanquecina de casas bajas, conventos y campanarios de las iglesias dibujados contra la oscuridad de la noche, Pedro, cuyos espíritu aventurero y audacia no excluían la prudencia, mandó un destacamento para reconocer el terreno. Fundada por los jesuitas, São Paulo debía su nombre al aniversario de la conversión del apóstol Pablo cuya misa se celebró por primera vez en la capilla de la misión.

Los ojeadores volvieron de madrugada para decir que todo estaba tranquilo. De modo que al día siguiente Pedro hizo su entrada triunfal en aquella ciudad compuesta de veintiocho calles y poblada por siete mil habitantes, entre los cuales se contaban siete médicos, tres boticarios, dos abogados, nueve profesores, noventa y dos costureras, veinte zapateros y un barbero. La fama de Pedro como hombre mujeriego era tal, que un coronel, miembro de la junta de gobierno, hijo de un pastor protestante alemán y de una paulista, reunió a sus cinco hijas, cuya fama decía que eran de «rara hermosura», y les dijo: «Mientras su alteza el príncipe regente permanezca en São Paulo, a vuestras mercedes les prohíbo acercarse a las ventanas, y tampoco se abrirán las puertas de mi casa.»

Salvas de artillería y tañidos de campanas saludaron el recorrido de Pedro hasta la iglesia de la Sé donde se cantó un tedeum, seguido del tradicional besamanos en el palacio del gobernador, antiguo convento de los jesuitas cuyos ventanales dominaban una llanura de araucarias y bosquecillos de palmeras. Pedro rechazó la mano a dos hombres que reconoció como instigadores de los problemas en la junta de gobierno, y ambos se eclipsaron rápidamente mientras un concejal hacía un acaramelado discurso llamándole «astro que ilumina nuestro horizonte y que ha venido a disipar para siempre, con sus brillantes rayos, las negras y espesas sombras que lo cubren». Pero se encontró con una situación envenenada por las agrias disputas en el seno del gobierno local. Decidió cortar por lo sano para poner orden: mandó expulsar a los simpatizantes de los masones del gobierno y amenazó con enviar a sus líderes al exilio. Acto seguido, restauró los plenos poderes de los familiares de Bonifacio, a quienes encargó la organización de elecciones. Eran medidas inusualmente tajantes, pero Pedro las justificó por el momento de gran peligro por el que pasaba la nación. Ignoraba que abría así una herida en la comunidad que acabaría por afectar su relación con el mismísimo Bonifacio. Luego, al igual que en Ouro Preto, se dedicó a escuchar quejas, a recibir delegaciones de ciudades del interior que venían a saludarle, a solucionar problemas urgentes y a charlar con todo tipo de gente, incluido el coronel alemán:

—Tengo entendido —le dijo Pedro— que vuestras hijas son auténticas bellezas...

—Oh, no, su alteza está mal informada... —le contestó el coronel—. Son más bien feotas, la gente en São Paulo miente mucho, no creáis lo que os dicen.

Fue el último día cuando ocurrió lo inefable. Pedro estaba sentado en el palacio del ayuntamiento recibiendo el besamanos, cansado de ocuparse de tantos asuntos terrenales, cuando se postró a sus pies una mujer, bien vestida, con un collar de perlas alrededor del cuello y tocada de un sombrero de velillo con una pluma de colores de algún pájaro de la selva. Se presentó como hermana de uno de los oficiales que le había acompañado desde Río. Era hija del coronel Castro Canto y Melo, oriundo de las Azores y, según ella, supuesto amigo de don Juan VI. Estaba como avergonzada, miraba al suelo mientras le hablaba, sin atreverse a alzar la vista:

—Alteza, ayudadme a que se haga justicia, os lo ruego... Mi marido, de quien estoy separada, quiere quitarme a mis hijos... Os pido protección porque ha intentado matarme...

—¿Mataros? —dijo Pedro—. ¡Dios mío! ¿Y cómo?

La mujer balbuceó:

—Con un puñal... Estuve varios días entre la vida y la muerte, señor.

—Por suerte no ha dejado cicatrices en vuestra piel...

Sin levantar la vista, ella respondió:

—Las ha dejado, señor, pero en lugares donde no puedo mostrároslas... aquí.

Y señaló las piernas. Luego siguió hablando:

—Estoy tan desesperada que he venido, por consejo de mi hermano, a rendirme a vuestros pies. Disculpad mi atrevimiento, pero... seguro que entendéis lo que es ser madre...

En ese momento alzó la vista hacia el príncipe y se quedó sin poder continuar la frase, deslumbrada por aquel hombre que parecía flotar por encima de los escollos de la realidad y que sin embargo la escuchaba con atención. Sintió entonces, en lo más profundo de su ser, que aquel príncipe de cuento, de ánimo resuelto, iba a ayudarla, y mucho. También sintió un leve temblor al verse reflejada en aquellos ojos lánguidos enmarcados por patillas de lince.

—¿Qué hace vuestro marido?

—Es militar también, capitán de milicia de Minas...

—¿Cuántos hijos tenéis?

—Tres, alteza..., pero mi marido quiere...

Siguió contando las maniobras turbias que su marido estaba tramando para presionar a la justicia y quedarse con sus hijos. Pedro estaba absorto por aquel rostro de piel dorada aureolado de grandes rizos de cabello negro, por esos ojos oscuros y almendrados, esa boca sensual y esa mirada cálida que le acariciaba al corazón.

—¿Cómo os llamáis?

—Domitila...

Le tendió la mano para ayudarla a levantarse. Era más alta de lo que parecía de rodillas, era espléndida y juvenil; se desplazaba con altivez natural y unos movimientos suaves, casi felinos. El pliegue de sus pechos generosos que subía por el escote y su olor a jabón y a agua de rosas le excitaban. Le pareció tan distinta de la gente común que no entendía cómo su marido podía haberla maltratado. Domitila, a pesar de la historia trágica que estaba viviendo en ese momento, era voluptuosa en sus gestos, dulce como sólo una brasileña podía serlo. Su sonrisa, que dejaba ver el contraste entre sus dientes muy blancos y su tez canela, tenía un punto de malicia. Era una hermosa flor tropical necesitada de protección. Y Pedro, que estaba cerca de la cima, vio a aquella Dulcinea como uno de sus sueños quijotescos hecho realidad:

—No os preocupéis por las malas andanzas de vuestro marido; ahora mismo tomaré medidas para asegurar vuestra protección y la de vuestros hijos.

—Alteza —contestó Domitila, conmovida—. No hay en la tierra suficiente riqueza para agradeceros el gesto... Que Dios os devuelva el doble.

Pedro la miró y esbozó una sonrisa pícara. Sí, esa riqueza existía, pensó, y se encontraba en esos pechos turgentes tras el vestido ajustado, en ese cuerpo que adivinaba de miel y seda, en esa voz cantarina y melosa como la pulpa de un mango. Domitila bajó la vista y se ruborizó.


51


Pedro no consiguió arrancarse del alma a aquella mujer y al día siguiente la mandó llamar a su despacho de ese mismo palacio del gobernador donde se hospedaba. El Chalaza hizo de mensajero, y a la caída del sol, siempre a la misma hora en los trópicos, apareció por una puerta trasera con Domitila, a quien dejó a solas con el príncipe. A Pedro esta segunda impresión confirmó la de la víspera y tuvo que hacer un esfuerzo ímprobo para controlarse y no cogerla entre sus brazos y montarla a horcajadas en ese mismo momento en el diván de su despacho, que era lo que le pedía el cuerpo. Se relajó respirando profundamente el aire cargado de humedad y de aromas de fruta madura y pasó a darle buenas noticias: ya estaba haciendo gestiones ante la justicia para que no le quitasen la custodia de sus hijos. Había hecho saber a su marido que contaba con el apoyo del príncipe, que ya no estaba sola.

—Ya no se atreverá a importunaros más —le dijo.

Domitila suspiró profundamente y le dio las gracias «de todo corazón», lamentándose de su mala suerte al haber caído con un marido tan «bruto y celoso», como lo definió. Le contó que se había casado a los quince años. Ahora tenía veinticuatro; era, pues, un año mayor que el príncipe. También le dijo que tenía sangre española en sus venas que le venía por parte de su abuelo, mezclada con gotas de sangre indígena, de los tapuyo:

—Mi árbol genealógico cuenta con un cacique guaraní... —le confesó.

Pedro seguía fascinado por aquella mujer que le había quitado el sueño desde el mismo momento en que la conoció. No tenía una educación que le permitiera brillar, era más bien inculta, apenas sabía escribir y leía con cierta dificultad. Pero su cuerpo, su gracia, su mirada, su sonrisa y su voz compensaban con creces su falta de cultura. Estaba frente a una mujer que era lo contrario de Leopoldina. Siempre bien arreglada y seductora, sabía usar cuatro detalles de tocador para agradar a un hombre y hacerse querer. La austriaca nunca se había preocupado de cultivar su feminidad. Apenas usaba maquillaje, nunca le gustaron los vestidos, nunca se encaprichó de un perfume, nunca se puso una flor en el pelo ni carmín en los labios. Llevaba ropas anchas porque siempre había tenido aversión por los corsés y las fajas, y nunca usaba joyas. Su pasión, que eran los libros, aún la distanciaba más de su marido.

Mientras él acercaba su rostro al cuello fragante de Domitila, que fingía estupor y apuro, a seiscientos kilómetros, en el palacio de San Cristóbal, Leopoldina estudiaba, rodeada de libros, varias Constituciones, entre ellas la norteamericana, para extraer las ideas con las que redactar una carta magna brasileña. Si bien la fidelidad de Leopoldina era incuestionable, Domitila, no le escondió a Pedro la razón por la que su marido había querido matarla y que no había sido otra que los celos que tenía de un elegante oficial de ojos azules llamado Francisco de Lorena que, según ella, había intentado seducirla.

—¿Intentó seduciros u os dejasteis seducir?

Domitila le miró y esbozó una sonrisa cómplice. Tenía al príncipe a dos centímetros de su rostro, podía oler su aroma difuso a cuero, humo y caballo, cada respiración era como una brisa que le rozaba el rostro. Pedro no se apresuró, quiso hacer durar el momento, tensar la cuerda del deseo al máximo. Aquélla no era una esclava atrapada al vuelo, una cortesana de moda con la que divertirse un rato para acabar luego defraudado, como tantas veces. Quería enamorarla para gozar plenamente del amor. Para él era muy fácil conseguir desahogarse; lo más difícil, y casi imposible, ya fuese porque las intimidaba, se imponía a ellas o simplemente porque compraba sus servicios, era aplacar su apetito de amor insatisfecho. Sabía que para conseguirlo, para elevarse al firmamento, las mujeres tenían que desearle como hombre, no sólo como príncipe.

Desde el momento en que la conoció, intuyó que estaba frente a una mujer que podía aportarle esa satisfacción que tanto ansiaba, esa felicidad que sólo había conocido fugazmente en su juventud con Noémie. Giró el rostro y posó sus labios sobre los de ella, que sintió mórbidos y calientes. Ella lo recibió con un profundo escalofrío que trató de controlar con una risa nerviosa. Luego le cogió las manos mientras lo escrutaba con los ojillos entreabiertos y una vaga sonrisa. Él acarició esos dedos largos y finos entre los suyos y los masajeó largamente. Luego sus manos callosas empezaron a desabrochar el vestido pero ella lo interrumpió. ¿No era ir demasiado rápido?, parecía preguntarle con la mirada. Pedro se quedó clavado en su sitio, mudo, sin saber muy bien cómo seguir. ¿Jugaría ella el papel de la hembra ultrajada? ¿Se ajustaría el pelo y la ropa y se marcharía disculpándose? Así se lo hizo creer durante la eternidad de unos segundos. Hasta que por fin se le aproximó y con dedos expertos le desabotonó la gruesa chaqueta de su uniforme militar, como queriendo dejar sentado que, de puertas adentro, ella marcaba las pautas ante las que él debía rendirse. Pedro siguió el juego, se dejó llevar y, fundidos en un abrazo, cayeron en el diván. Al pasar sus dedos ásperos bajo el vestido blanco de crepé, dio con las cicatrices de las puñaladas, en los muslos, a la altura de sus generosas caderas, y esas huellas de un pasado escabroso exacerbaron aún más su deseo. Abandonándose en el deleite más absoluto y ajenos al mundo que les rodeaba, rodaron por el suelo enlazados de piernas y brazos, acalorados, mojados y soltando gemidos. Domitila resultó ser la amante experimentada, desinhibida y divertida que Pedro había intuido. Cuando él recuperó el resuello después de los últimos espasmos, se quedó largo rato admirando ese cuerpo color bronce de líneas largas y firmes, los pezones oscuros, el trasero y los muslos gruesos adornados con la firma indeleble del marido, la cintura estrecha, las manos finas, el cuello largo y palpitante. Sintió un nuevo placer al recorrerle las fibras de sus músculos algo parecido al relajo provocado por el opio que alguna vez le habían administrado después de sus crisis epilépticas, una alegría interior que le despejaba la mente y que no había conocido desde las tardes de amor con la bailarina francesa. Supo entonces que, después de tantas y tantas aventuras que le habían dejado más vacío que satisfecho, por fin había encontrado la horma de su zapato.

En las noches siguientes, los vecinos se acostumbraron a ver llegar una silla de manos portada por dos esclavos que se detenía frente al antiguo convento de los jesuitas y de la que descendía una sombra envuelta en una mantilla que se adentraba por una puerta abierta misteriosamente, que volvía a cerrarse en seguida. El príncipe apenas disimulaba en público los sentimientos que la joven le inspiraba, y la recibía todas las noches, hasta altas horas de la madrugada. Esta vez, estaba decidido a seguir el dictado de su corazón hasta sus últimas consecuencias. Ahora estaba solo en la cúspide del poder, su padre estaba lejos y su madre no podría conspirar contra su felicidad como lo había hecho obligándole a sacrificar su amor por Noémie. Ahora no existía autoridad en el mundo capaz de someterle al mismo chantaje. Nunca más se enfrentaría al dilema de tener que escoger entre ser príncipe o ser hombre. Había encontrado la felicidad y esta vez no dejaría que nadie se la arrebatara.

## 52

A pesar de que no le gustaba gobernar, Leopoldina se tomó muy en serio sus obligaciones como sustituta de su marido: «*Tened la seguridad* —escribía a su esposo— *se que prefiero, después de haberme dado tantas pruebas de confianza, perderlo todo, inclusive la vida, antes que faltar a mis deberes con Brasil.*» Era cierto, pues trabajaba con rigor, presidiendo el Consejo de Ministros y dando audiencias públicas el mismo día y a la misma hora en que lo hacía su esposo. Estaba en perfecta sintonía con Bonifacio, a quien desaconsejó, por ejemplo, el nombramiento de un nuevo gobernador de Santa Catarina porque dudaba de su lealtad hacia la monarquía. El paulista le hizo caso. También optó Leopoldina por no festejar el aniversario de la revolución portuguesa, y dejar pasar tan señalada fecha en silencio.

Sin embargo, la entrada del bergantín *Tres Corações* en la bahía vino a alterar aún más la volátil atmósfera que se respiraba en la ciudad. El barco traía los últimos decretos de las Cortes de Lisboa que, en ausencia de su marido, le fueron entregados directamente a Leopoldina. Se sentó a leer la documentación en su despacho y, a medida que lo iba haciendo, fue invadida por un alud de sentimientos, donde se mezclaban el miedo y la indignación. Miedo porque se daba cuenta de que el enfrentamiento violento era inevitable. E indignación porque las Cortes no buscaban la conciliación sino perpetuar una injusticia. Acalorada y alarmada, ordenó reunir de urgencia el Consejo de Estado, bajo su presidencia, para comunicar a los ministros el contenido de los despachos.

De pie en la misma sala donde su suegro Juan VI había reunido tantas veces a su consejo, la austriaca, vestida con un traje azul y con el pelo recogido en un moño, les comunicó en tono grave que los diputados de la metrópoli retiraban a su marido los poderes de regente y reducían su papel al de simple delegado de la nación portuguesa.

—Además, quedan anuladas todas las medidas tomadas por este gobierno, nos mandan restituir las juntas administrativas en todas las provincias, tal y como indica la odiosa ley del 29 de septiembre...

Un murmullo de reprobación se elevó entre los asistentes. Leopoldina pidió silencio con un gesto de la mano, y prosiguió:

—Nos amenazan con llevar a los tribunales a todos los que firmaron la petición para que mi esposo permaneciera en Brasil.

El murmullo se convirtió en una airada protesta. Hubo algún que otro insulto contra las «facciosas Cortes» y la princesa continuó:

—Lo que está claro es que las Cortes ni están listas para negociar con mi marido o su gobierno aquí representado, ni están dispuestas a conformarse con la política del señor Bonifacio.

La sala estaba muy alborotada, pero Leopoldina prefirió esperar unos minutos, como si quisiese darles tiempo para asimilar lo que habían escuchado, antes de comunicarles cuál era la guinda que coronaba el pastel. Utilizando el martillito de madera de su suegro, pidió silencio y continuó:

—Señores, los despachos del bergantín también nos anuncian la inminente llegada de un ejército portugués de siete mil doscientos hombres para subyugar a Brasil.

Guardó los documentos y se sentó a la cabecera de la mesa de madera maciza que desprendía un difuso aroma de selva. Un tenso silencio remplazó la algarabía anterior. Los ministros estaban atónitos ante lo que se presentaba como una evidencia: el choque era inevitable, habría guerra.

Después de una larga deliberación en la que ofreció una exposición detallada del estado de los negocios públicos, Bonifacio fue muy claro:

—Señores, alteza... Ha llegado el momento de dejar de contemporizar con nuestros enemigos. Brasil ha hecho todo lo humanamente posible para mantenerse unido con dignidad a Portugal, pero Portugal insiste en sus nefastos proyectos de devolvernos al estado de miserable colonia. Propongo escribir a don Pedro para que, sin mayor dilación, su alteza real tenga a bien proclamar la separación.

Volviéndose hacia Leopoldina, preguntó:

—¿Qué decís, alteza?

—Sanciono vuestras palabras, señor, así como la deliberación del Consejo. Y quiero que sepáis que lo hago con entusiasmo.

Sus palabras sorprendieron por su espontaneidad y sinceridad, tanto que fueron recibidas por un fervoroso aplauso. Bonifacio intervino de nuevo:

—Señores, ¿estamos todos de acuerdo? ¿Alguien tiene algo que objetar?

Nadie levantó la mano ni pidió la palabra. Reinaba la unanimidad. Sólo se oyó la frase de uno de los ministros que fue recibida por risas y por un gesto de rubor de la princesa: «¡Siempre hay una mujer en el origen de todas las grandes hazañas!»

Ya sólo faltaba la sanción del príncipe. Bonifacio apremió al mensajero que aquella misma noche partía para llevar la documentación a Pedro: «Si no revientas una docena de caballos, nunca más serás correo. Así que date mucha prisa.» El hombre, que era oficial del tribunal supremo militar, llevaba también una carta de Leopoldina que contaba los últimos acontecimientos. Se la había leído a Bonifacio para asegurarse de que no cometía error alguno, y el viejo sabio pensó que aquella carta estaba tan bien escrita que podía haber sido redactada por un diplomático experimentado y no por una joven princesa de veintidós años. En tan alta estima la tenía el paulista que confesó a uno de sus amigos: «Amigo mío, ella debería ser él...»

53

El emisario se encontró con Pedro en la carretera de Santos a São Paulo. Después de haber visitado las instalaciones portuarias de la ciudad y haberse entrevistado con familiares de Bonifacio, el príncipe regresaba a São Paulo, acompañado por el mismo grupo que había salido de Río. Llevaba tres días sin ver a Domitila y tenía prisa por volver a tenerla en sus brazos. Había salido al amanecer en una barca que recorrió los canales y riachuelos de los manglares que separaban Santos del puerto fluvial de Cubatão, un pueblacho al pie de la sierra donde le esperaban los caballos ensillados. Sin embargo, tuvieron que retrasar la partida porque Pedro se encontraba mal, presa de unos violentos retortijones. Prefirió esperar a que le preparasen, en una posada de carretera, una infusión de hojas de guayaba, apropiada en casos de diarrea, para proseguir su viaje. Momentáneamente aliviado, subieron el camino zigzagueante de la sierra, entre un denso tráfico de caravanas de mulas que bajaban cargadas de azúcar, aguardiente y tocino, cruzándose con otras que subían vinos portugueses, vidrios y herrajes. Una vez que dejaron atrás la sierra de Cubatão y sus barrancos sobrevolados por buitres, se adentraron en la llanura del Ipiranga, que significa «río rojo» en lengua guaraní. El príncipe había tenido que volver a interrumpir su viaje varias veces debido a sus cólicos, y en esta ocasión pidió a sus acompañantes que le esperasen un poco más adelante, en la orilla del río. Desde su escondite, en cuclillas, vio llegar a un jinete a galope tendido por la llanura. Intuyó que debía ser un emisario de Río y, con los pantalones desabrochados, se levantó y fue a su encuentro. El hombre había recorrido quinientos kilómetros en cinco días, casi sin dormir, y llegó exhausto. Mientras entregaba al príncipe los documentos que llevaba, contaba, entre jadeos, la emoción que había suscitado en la población de Río la noticia de la llegada de un ejército de Lisboa. Contaba que entre los paseantes de la plaza del Rocío, las vendedoras de la rua Direita y los marinos que barberos ambulantes afeitaban en la calle no se hablaba más que de la próxima invasión de los portugueses.

Pedro terminó de abrocharse, se sentó en el suelo y empezó a leer la carta de Bonifacio: «*Señor, la suerte está echada. Venid cuanto antes, y decidíos, porque las medidas a medias de nada sirven, y un momento perdido es una calamidad.*» La carta de Leopoldina era aún más dramática: «*Pedro, Brasil es un volcán. Mi corazón de mujer y de esposa prevé desgracias si nos atenemos a las órdenes enviadas y regresamos a Lisboa. Sabemos bien lo que vienen sufriendo nuestros padres. El rey y la reina de Portugal ya no son reyes, no gobiernan, son gobernados por el despotismo de las Cortes. Pedro, éste es el momento más importante de vuestra vida. Brasil será en vuestras manos un gran país.*» Y terminaba con una frase que no dejaba dudas sobre la acción que debía tomar: «*Señor, la manzana está madura, ¡cogedla!*»

El príncipe arrugó los decretos de las Cortes con un gesto irritado y se quedó un rato en silencio, pensativo. Había hecho todo lo posible para evitar la separación de ambos reinos y ahora percibía la futilidad de todos sus esfuerzos, y la fatalidad de una separación inevitable. Le dolía tomar la decisión. Portugal era su país de nacimiento, de su primera infancia, el caldo primigenio de todo el mundo lusitano que incluía territorios en África y Asia, el lugar donde vivían sus padres y donde estaban enterrados sus antepasados. ¿Cómo podía él, futuro heredero de un imperio que se extendía por cuatro continentes, romper ese vínculo? ¿No era una infamia declarar la separación, que significaba una desobediencia de la que no le disculparían otros monarcas, ni quizá la Historia? Por otra parte, sabía que la situación actual no podía prolongarse más. ¿Valía la pena seguir esperando a que el pueblo de Portugal derribase sus Cortes y obedeciese de nuevo a la figura de su monarca? ¿Y si aquel momento no llegaba nunca? Entonces pensó en las palabras de su padre antes de embarcar de regreso a Lisboa: «Pedro, si Brasil debe separarse, más vale que tomes tú el mando, que has de respetarme, a que caiga en manos de cualquiera de esos aventureros.»

Ya no podía seguir esperando, el tiempo se le había echado encima. Además, ¿de qué servía retrasar aún más una decisión que en el fondo ya estaba tomada desde el día en que desobedeció a las Cortes y a su padre y permaneció en Brasil? Se levantó con un gesto de mal humor, explicó los documentos que había leído al Chalaza, al hermano de Domitila y a los demás que se habían congregado a su alrededor.

—Las Cortes me persiguen —les dijo Pedro—, me llaman «niñato» y «el brasileño». Pues van a ver ahora lo que vale el niñato... ¡No quiero saber nada del gobierno portugués! De ahora en adelante, nuestras relaciones están rotas. Proclamo Brasil, para siempre, separado de Portugal.

El príncipe volvió a montar en su caballo. Ya estaba: había tomado la decisión y era irrevocable. Cuando los oficiales de su guardia de honor se le acercaron, les puso al corriente de la situación. Se quitó el sombrero con lazo azul y blanco, colores decretados por las Cortes como símbolo de la nación portuguesa, y lo tiró al suelo:

—¡Viva la independencia y la libertad de Brasil! —gritó—. ¡Lazos fuera, soldados! A partir de este momento, nuestra divisa será: ¡Independencia o muerte!

Pedro desenvainó la espada como si estuviese en pleno campo de batalla liderando un ataque contra sus enemigos y los de Brasil, contra las Cortes, contra Portugal, contra el resto del mundo. El gesto fue imitado por los militares, mientras los civiles pisoteaban sus sombreros repitiendo la consigna de su príncipe: «¡Independencia o muerte!», «¡Viva la libertad!», «¡Viva el Brasil separado!».

—¡Por mi sangre, por mi honra, por mi Dios, juro conseguir la libertad de Brasil! —gritó Pedro, espoleando su bella yegua y partiendo al galope hacia São Paulo.

—¡Juramos! —respondieron a coro los demás.

En São Paulo, la gran noticia se propagó como la pólvora y la multitud se lanzó a las calles para dar la bienvenida al príncipe y a su escolta. Insensible a las ovaciones de la gente, Pedro se dirigió directamente al antiguo convento de los jesuitas. Pálido, con el ceño fruncido, pensaba en la gravedad del paso que acababa de dar: había arrancado una corona a su padre y acababa de cortar los vínculos seculares que unían Brasil a Portugal siguiendo la estela de México, América central y gran parte de Sudamérica, que ya estaba liberada del yugo europeo. En ese sentido, la Historia estaba de su lado.

Pero lo hecho, hecho estaba. Más valía concentrarse en el momento presente, dar rienda suelta a sus sentimientos. En unas horas, consiguió componer un himno a la independencia cuya melodía venía brotando en su espíritu desde la orilla del Ipiranga. Nada más terminarlo, lo mandó a la orquesta de la ópera local para que lo ensayasen. También le dio nuevos colores a la nueva nación: verde, el color tradicional de los Braganza, y amarillo, en homenaje a su esposa porque era el color principal de la casa de Habsburgo.

A las nueve de la noche se presentó en la sala del teatro de São Paulo, que estaba a rebosar. Desde su palco, pronunció un discurso en el que recapitulaba los acontecimientos de la tarde y repitió su juramento a la independencia. Luego la orquesta tocó el nuevo himno. Fue un momento sobrecogedor, realzado por la magia de la luz de los candelabros colocados entre los palcos y que iluminaban un brazalete de bronce que llevaba alrededor del brazo y sobre el cual un orfebre había grabado la divisa: «Independencia o muerte.» Entre los espectadores, muchos llevaban lazos de color verde y amarillo. Al terminar, uno de ellos lanzó un grito:

—¡Viva el primer rey brasileño!

Pedro se adelantó y se inclinó en señal de aprobación. Entonces todo el teatro explotó en una exclamación unánime: «¡Viva el primer rey brasileño!» Si el viaje a Minas le había hecho tomar conciencia de lo que sentía por Brasil, este viaje a São Paulo le sirvió para terminar de identificarse con su nueva nación.

Dos días después, el príncipe abandonaba São Paulo para regresar a Río. Por mucho que Pedro, al abrazarla por última vez, le prometiese que la separación sería corta y que muy pronto se volverían a ver, Domitila se quedó afligida. Pensó que había arriesgado demasiado. No estaba segura de volverle a ver, y quedarse en ese pueblacho sola, a la merced del qué dirán, no era plato de gusto.

## 54

Indiferente al agua y al viento que ahora se abatían sobre el litoral con la intensidad desmedida del trópico, Pedro regresó a Río en cinco días, y llegó ocho horas antes que el siguiente hombre, que fue el Chalaza. Cubrir veinte leguas diarias, dadas las dificultades del terreno y las lluvias, era un récord del que se sentía muy orgulloso.

Durante su ausencia, Leopoldina le había reclamado noticias en varias ocasiones: «*Os confieso que ya tengo poca voluntad de escribiros; desde que me dejasteis, no tengo ni una sola línea vuestra* —le había dicho en su penúltima carta—. *Normalmente cuando se ama con ternura a una persona, siempre se hallan momentos y ocasiones de probarle su amistad y amor.*» El problema era que rara vez amaba Pedro «con ternura» a alguien que no fuesen sus hijos. A su manera, y a pesar de sus aventuras y deslices, quería a su mujer. Existía entre ellos una confianza de consortes hecha de vivencias compartidas, de algunos dramas llorados juntos, de esperanzas soñadas y defraudadas, de proyectos comunes como los hijos o la independencia de Brasil, y de una profunda y mutua admiración que iba más allá de sus diferencias. Pero lo que ahora sentía Pedro por Domitila era pasión.

Leopoldina, por muy disgustada que estuviese, no albergaba rencor. La alegría de volverle a ver le hizo olvidar de inmediato su sensación de abandono. A medida que escuchaba los detalles de lo ocurrido a orillas del Ipiranga, su ansiedad dio lugar a un gran alborozo. Pedro había actuado según su consejo: se había atrevido a coger la manzana. Le parecía prodigioso que la hubiera escuchado, y eso bastaba para que se sintiera feliz de nuevo. Cuando Pedro terminó de contarle su odisea, ella corrió a su dormitorio y deshizo unas cintas verdes que estaban cosidas en los cojines traveseros de su cama para trocearlas y repartirlas entre las personas de la corte que asistirían por la noche a la velada de celebración en el Teatro Real.

«Gracias al celo de un príncipe y a la perseverancia de una joven madre —escribió un cronista francés— Brasil se encontraba elevado, casi sin perturbación, a la dignidad y a la categoría de nación.» Pero ¿qué tipo de nación? ¿Un país en guerra con la madre patria? ¿Un Brasil independiente de una sola pieza? ¿Una federación de naciones? Nadie se atrevía a hacer conjeturas, o a predecir la evolución de la situación. Bonifacio, inquieto, se presentó en San Cristóbal para hablar con Pedro. Era consciente de que la única posibilidad de asentar y preservar la nueva nación era contar con una fuerza naval capaz de resistir los anunciados ataques portugueses.

—Tenemos que aprender la lección de los estadounidenses —le dijo—. Una de las primeras decisiones del Congreso fue ordenar la construcción de trece barcos de guerra con poder suficiente para enfrentarse a la poderosa marina británica... Tanto para ellos como para nosotros, el dominio de los mares es crucial para afianzar la independencia.

—Apenas tenemos barcos ni tampoco buenos marinos... —se lamentaba Pedro—. Vamos a necesitar emplear muchos extranjeros.

—Hay que empezar por el principio, por conseguir un buen jefe. He indagado entre nuestros amigos diplomáticos y el marqués de Barbacena en Londres no ha dudado un segundo en mencionar a lord Cochrane.

—¡Lord Cochrane! —repitió Pedro con una expresión de asombro. ¡El lobo de los mares!

Así había apodado Napoleón al almirante y mercenario escocés, después de comprobar el miedo cerval que la sola mención de su nombre provocaba en los oficiales de marina franceses. Al lord se le conocía por su audacia ilimitada, que le permitía capturar cargueros o buques de guerra con una capacidad de fuego muy superior a la suya.

—Está expulsando, en nombre de la libertad, a los españoles de Chile y de Perú. Lo que hace allí lo puede hacer con nosotros aquí. Necesito vuestro apoyo incondicional para intentar contratarlo.

—Sé de él por Hogendorp, que lo admira mucho —contó

Pedro—. Dice que no sólo es el mejor comandante británico, sino el mejor jefe de todas las fuerzas navales del mundo.

—Y el más codicioso. Es de los que siempre piensan que nunca reciben lo que merecen, a pesar de lo rico que es. ¿Sabéis cuánto ha conseguido de un solo navío capturado en las Azores?

Pedro alzó los hombros. Bonifacio continuó:

—¡Trescientos sesenta mil dólares de plata!

—¿De un solo buque?

Bonifacio asintió y continuó:

—Aun así, me han llegado informaciones de que se quiere ir de Chile porque dice que no le pagan bastante.

—¿Qué le podemos dar nosotros que no le den los chilenos?

—Para incitarle, mi idea es que nuestro gobierno publique un decreto según el cual todas las capturas de cargamento tomadas en combate sean propiedad de quien las capture. Es un primer paso. Necesito vuestra aprobación.

—La tenéis, Bonifacio —dijo Pedro, antes de responder la llamada de un edecán que le recordaba que iba a llegar tarde a la función.

Como siempre, el Teatro Real fue el escenario de un momento histórico. Cuando Pedro se asomó en su palco, la gente, desatada como nunca antes, hizo ondear banderines de color verde, mientras daban palmas al unísono y lanzaban los «vivas» más exaltados. La orquesta tocaba el himno que el príncipe había compuesto para la coronación musical de su imperio. Fue al término de esa entusiasta velada cuando se escuchó por primera vez el grito de «¡Viva el emperador!». La idea de coronarle emperador surgió entre los masones. Parecía que la noción de «imperio» cuadraba mejor con un país tan enorme cuyas fronteras occidentales ni siquiera eran todavía conocidas. Pedro la aceptó con gusto, primero por vanidad, segundo porque el título de rey recordaba demasiado a su padre, y luego porque pensaba que la idea de un imperio podría galvanizar a sus compatriotas para evitar que el país se desmembrase. No olvidaba lo que su padre siempre le había repetido desde pequeño: «Recuérdalo siempre, hijo mío querido: la unidad de la patria. Para eso estamos los reyes...» Quizá la noción misma de «imperio» serviría para conseguir una nación más homogénea y unida.

El concepto de «emperador» también le seducía porque implicaba un amplio reconocimiento popular. A un emperador se le elegía. Su posición no era estrictamente hereditaria como la de un rey. Un emperador debía contar con un amplio consenso que los masones se comprometían a obtener, a través de su poderosa organización, consiguiendo que los municipios de Brasil enviasen a Río peticiones de adhesión. Sólo si se conseguían muchas peticiones firmadas, tendría sentido elevarle a categoría de emperador.

Pedro aceptó el envite porque estaba seguro de su popularidad. Secretamente, se regocijaba pensando en la reacción de las Cortes de Lisboa si al «niñato», al «brasileñito» como le llamaban, le hacían emperador. ¿Qué mejor revancha que ésa? Un emperador de un país tan gigantesco como Brasil sería ciertamente más importante, a ojos del mundo, que el rey de un pequeño país como Portugal. Estaba a punto de sobrepasar a su padre, lo que le producía sentimientos encontrados, una mezcla de pena porque de verdad quería al viejo rey Juan VI, y orgullo porque estaba consiguiendo lo que nadie se hubiera atrevido a vaticinar cuando era más joven. Todo aquello le confirmaba que el camino elegido hasta ahora —más a base de impulsos e intuiciones que de reflexión y análisis lúcido— era el adecuado. «Si su majestad estuviese aquí —escribió a su padre— sería respetado y querido y vería cómo el pueblo brasileño, sabiendo apreciar su libertad e independencia, está empeñado en respetar la autoridad real, porque no se trata de una banda de revolucionarios y asesinos como los que le tienen a su majestad en el más ignominioso cautiverio.» Acto seguido, preparó un manifiesto para anunciar a los portugueses que Brasil «ya no era parte integrante de la monarquía portuguesa». Los decretos ya no llevaban el sello «Reino Unido», sino simplemente: «Reino de Brasil».

Aunque existía un gran desfase temporal debido a la tardanza de las noticias en cruzar el Atlántico, el comportamiento del príncipe heredero levantaba ampollas en Portugal. El rey, forzosamente, tenía que aparentar que estaba disgustado con su hijo, pero la reina Carlota, mucho más explícita, expresaba su descontento sin reserva alguna.

—¡Es un ambicioso desmedido! —decía de Pedro—. ¡Sin juicio propio ni respeto a sus padres! Y todo por tu culpa...

El rey la miraba con sus ojos caídos bien abiertos, mientras ella se ensañaba:

—¡Tienes la culpa de haber descuidado su educación y de que ahora nos dé tantos disgustos!

—¿Cómo puedes decir semejante falacia? A ese chico le ha faltado toda la vida una madre, sólo has tenido ojos para Miguel, y bien lo sabes...

—De Miguel he hecho un hombre de bien... ¡De Pedro has hecho un rufián!

El rey optó por no echar más leña al fuego. Prefería pensar que su hijo le era leal, que si había actuado de aquella forma había sido empujado por las circunstancias, tal y como él mismo había vaticinado. Miró para otro lado mientras Carlota daba rienda suelta a sus críticas contra las malas compañías de Pedro, «como ese holandés Hogendorp, nada menos que ayudante de campo de Napoleón, ¡y el gamberro del Chalaza!... ¡Vaya amigos!».

A pesar de que todavía no sabían que la independencia había sido proclamada, las Cortes, irritadas por la desobediencia desafiante de Pedro, forzaron al rey a que aboliese por decreto real la conmemoración del cumpleaños del príncipe heredero. El rey lo acató con pesar, forzado por las circunstancias y por el ambiente que había propiciado su mujer. En la carta que escribió a Pedro para contarle lo sucedido le aconsejó: «*Acuérdate de que eres un príncipe y que tus escritos son vistos por todo el mundo. Debes tener cautela, no sólo con lo que dices, sino con el modo de explicarlo...*» Era la carta de un padre prudente que deseaba proteger a su hijo.

Pero Pedro no podía seguir el consejo de su padre de moderar el lenguaje. Para legitimar su ruptura con Portugal, y de algún modo con su rey, su táctica consistía en insistir sobre la situación de virtual cautiverio en la que su padre se encontraba: «*No tengo otro modo de escribir* —le respondió, antes de añadir—. *Tomando a Dios y al mundo entero por testigo, digo a esa camarilla sanguinaria que yo, como príncipe de Brasil y su defensor perpetuo, declaro todos los decretos pretéritos de esas facciosas, maquiavélicas, desorganizadas y hediondas Cortes que hicieron para Brasil, nulos y sin efecto.»* Se vengaba así de todos los desaires y desprecios de los que había sido víctima. Por una parte sabía que ponía a su padre en un aprieto, en una situación difícil, por otra justificaba así sus acciones y les daba legitimidad.

De modo que el 12 de octubre, «con el fin de dar una lección de moral pública a los pueblos», como especificaron los parlamentarios portugueses, no hubo en Lisboa ni gran gala ni ceremonia de besamanos para celebrar el cumpleaños de Pedro. Los diputados no podían sospechar que en Río, ése era el día elegido para proclamar a don Pedro emperador.


## 55

La elección de una fecha tan próxima y significativa la habían hecho los masones porque les parecía importante hacer intervenir cuanto antes a la soberanía popular, para que el emperador no subiese al trono por el principio exclusivo del derecho divino. A tal efecto, le pidieron que hiciese el juramento bajo una Constitución que se estaba elaborando, y que estaría lista al año siguiente. Aquello le sonaba a Pedro a cantinela familiar: de nuevo le pedían jurar una Constitución que no existía. Implícitamente, también le pedían que reconociese la supremacía del cuerpo legislativo que saldría elegido. Y aquello no le apetecía mucho. Era liberal, pero le gustaba mandar.

Los masones insistieron tanto para que Pedro jurase la Constitución, o por lo menos, que se comprometiese a someterse a la futura asamblea, que Leopoldina, viendo que su marido podía claudicar, pidió ayuda a Bonifacio. Bastante delito era, de cara a la Santa Alianza, que Pedro se arrogase, sin autorización expresa de su padre, la corona del Reino de Brasil, como para que encima acabase despojado de su poder por una «futura asamblea».

—Pedro ha herido de lleno el principio de legitimidad monárquica al aceptar ser emperador sin contar con la bendición de su padre —le recordó Leopoldina, azorada—. Ya de por sí eso es un..., ¿cómo decir?, un «pecado» para la Santa Alianza. Así me lo ha recordado el embajador Mareschal.

—Sin embargo, la legitimidad la da el pueblo aclamándole emperador —replicó Bonifacio.

—¡Si mi padre le oyese! —contestó riéndose—. Para la Santa Alianza, no cuenta la voluntad del pueblo... Lo único que he hecho para disminuir el peso de ese «delito político» de cara a mi padre es fingir que Pedro ha sido obligado a ceder, que lo ha hecho a disgusto ante las exigencias de una oposición muy poderosa. Pero si ahora cede el poder a la asamblea, quedará como un revolucionario que ha traicionado su lealtad a la monarquía...

—Lo que pasa es que los masones lo quieren controlar como una marioneta.

—Veo a Pedro tan ilusionado con ser emperador, que es capaz de aceptar cualquier atadura de la que luego no podrá liberarse.

—No os preocupéis, alteza. No pienso dejar que eso ocurra.

Pero Pedro tenía las ideas más claras de lo que a veces parecía. Para mantener su propia independencia en el juego de la política local, se apoyaba a la vez sobre Bonifacio y sobre sus adversarios. El viejo científico estaba a favor de un gobierno representativo, formado por diputados elegidos por un tiempo limitado. Para él, el emperador debía representar el interés continuo de la nación, el nexo entre el pasado y el futuro. Y además no debía ser un mero símbolo del país, sino que debía participar activamente en el gobierno, con un poder igual al de la asamblea legislativa. Su visión correspondía también a su ideal de abolir la esclavitud para comprometer a Brasil en la vía de importantes reformas económicas y sociales. Para conseguir su sueño, el de un Brasil libre de esclavos, Bonifacio necesitaba la figura de un emperador fuerte capaz de contrarrestar a los miembros de la futura asamblea, que se opondrían ferozmente a la abolición de la esclavitud, ya que la consideraban clave para la actividad económica. Sus adversarios, que eran legión en Río porque le achacaban una personalidad demasiado dominante, y en concreto los masones, estaban a favor de la supremacía parlamentaria sin que el monarca —rey o emperador— tuviese tanto poder. Bonifacio aconsejó a Pedro lo siguiente:

—No os metáis por ese camino embarrado que puede llevaros a la misma situación en la que se encuentra vuestro padre, que depende de la voluntad de una asamblea contraria a la monarquía...

—Voy a esperar a que lleguen los resultados de las peticiones que los masones han solicitado —contestó Pedro—. Entonces veremos...

Tres días antes de su proclamación, al darse cuenta de que el apoyo que recibía de los municipios era abrumador, Pedro hizo saber que ni él ni Bonifacio iban a jurar una Constitución inexistente:

—Y tampoco quiero que la mencione en su discurso de aclamación —exigió Pedro al líder de los masones.

En una acalorada reunión que mantuvo con ellos más tarde, Bonifacio, siguiendo los consejos de Leopoldina y en su calidad de jefe de gobierno, acabó amenazando al líder masón:

—Si persistís en oponeros a los deseos de don Pedro, os mandaré encerrar en la cárcel. —Y luego añadió—: Hoy mismo.

La amenaza surtió un efecto inmediato: el masón se tiró a los pies del príncipe. Quedaba claro que Pedro, en el cénit de su gloria, era quien mandaba.

Ésa era la voluntad del pueblo. Desde que había vuelto de São Paulo, allá donde acudía era recibido como un héroe. Ya no podía pasear tranquilamente del brazo de Leopoldina, porque el pueblo les interrumpía el paso apiñándose a su alrededor, agitando pañuelos y lanzando vivas. Consciente del papel que le tocaba representar, no se andaba con remilgos a la hora de hacer valer su punto de vista. La inteligencia y la desenvoltura de Bonifacio eran excelentes aliados, pero no quería dejarse controlar ni siquiera por el científico. Ahora había tenido que apoyarse en él, en el futuro quizá lo haría en los masones... Lo que estaba claro en su espíritu era que no se dejaría dominar. Su don de mando que le hacía dirigirse a los militares de mayor graduación en un tono seco e imperativo y su cariz marcadamente autoritario contrastaban con sus principios liberales. Sin embargo, era una contradicción que le ayudaba a hacerse respetar, a dejar patente que él era el primero, el único jefe de la nación que se estaba emancipando.

A pesar del chaparrón, el 12 de octubre, día de su vigésimo cuarto cumpleaños, una ingente multitud invadió la vasta explanada del Campo de Santana, la antigua plaza donde la primavera anterior los brasileños se habían atrincherado para desafiar a las tropas del general Avilez, para aclamar al nuevo emperador. Seis mil soldados, formados en filas apretadas, montaban guardia frente al palacete del vizconde de Rio Branco, acondicionado para la circunstancia. Pedro y Leopoldina llegaron en una berlina escoltada por seis criados de librea verde y oro que incluían un indio, dos mulatos, un negro y dos blancos. Cuando Pedro apareció en el balcón, entre su mujer y el presidente del Senado, fue recibido por una estruendosa ovación que se inflamó aún más cuando un guardia hizo ondear la bandera nacional con las armas del imperio. A causa del fragor de la tormenta que se abatía furiosamente sobre la ciudad, apenas se oyó el discurso de Clemente y tampoco la respuesta del monarca, aceptando el título de emperador. La gente adivinó que el acto había terminado cuando oyeron disparos de fusil y ciento un cañonazos, a los que se sumaron salvas de los barcos ingleses y franceses fondeados en el puerto. La tierra temblaba con el tronar de rayos y cañonazos cuyo eco magnificaban las montañas de los alrededores. Y la gente gritaba: «¡Salve don Pedro, emperador de Brasil!» A partir de ese día, la plaza pasó a llamarse plaza de la Aclamación.

Pedro y Leopoldina echaron de menos la presencia de su viejo amigo, el general Hogendorp, que no había podido acudir a la celebración porque decían que se encontraba enfermo. El viejo general nunca había llegado a cobrar los cien mil francos de herencia que le había dejado Napoleón y, sabiendo que le faltaba dinero hasta para comprar pan, Pedro y Leopoldina le mandaban con regularidad algo de dinero, víveres y medicinas. Pedro quería verle para pedirle consejo sobre la idoneidad de contratar a Cochrane. La situación del nuevo imperio era muy volátil: soldados portugueses seguían atrincherados en Salvador de Bahía, esperando la llegada de los refuerzos prometidos por Lisboa. Estaba claro que se disponían a resistir lo máximo posible para luego intentar reconquistar el resto del territorio considerado rebelde. Últimamente circulaban rumores de que la guarnición portuguesa de Montevideo iba a ser trasladada a Bahía para reforzar la defensa de la ciudad. Además, las distantes provincias de Pará y Maranhão habían hecho oídos sordos al grito de Ipiranga y acababan de declarar su apoyo a las Cortes de Lisboa. ¿Qué haría Hogendorp en su lugar? ¿Qué haría con una nueva nación que disponía sólo de ocho buques de guerra y de ciento sesenta oficiales de marina, casi todos portugueses, cuya lealtad era cuestionable?

<br>

56

Pedro fue a visitarle acompañado de Leopoldina que, aunque estaba embarazada, todavía podía montar a caballo. Además de contar con su valiosa experiencia, querían invitarle a la ceremonia, más importante todavía, de entronización del emperador. Una ceremonia religiosa en la que los símbolos de la realeza, que se suponía emanaba de Dios, le serían entregados por representantes de la iglesia. Brasil nunca había conocido semejante celebración, y la población de Río, ajena a los rumores de guerra, estaba volcada en las preparaciones. Bordadoras, costureras, sastres y orfebres trabajaban a destajo, mientras de las provincias llegaban destacamentos de milicias locales, así como representantes de la aristocracia de los terratenientes.

Cuando Pedro y Leopoldina llegaron a la altura de la casa de Hogendorp, a los pies del Corcovado, allí donde hacía tiempo iban a escuchar la epopeya de otro emperador, encontraron las ventanas y las puertas cerradas. Ataron sus caballos a la rama de un árbol y empujaron la puerta principal, que se abrió con el agudo chirrido de sus goznes. Tendido sobre la mesa alrededor de la cual se habían reunido tantas veces para beber su aguardiente de naranja se encontraba el cuerpo del general, cubierto completamente por una sábana blanca. Su fiel ex esclavo Simba estaba sentado en el suelo, en la penumbra de un rincón, velando al amo que le había devuelto la libertad y había querido dejarle la herencia.

—Murió al amanecer —les dijo—. Llevaba muchos días con fiebre...

Leopoldina estaba impresionada. No había ningún ruido, como si la selva que había a su alrededor se hubiera unido al duelo. Pedro, lívido, se quedó plantado junto al cuerpo, recordando los buenos momentos que habían pasado juntos. ¡Cómo le echaba de menos en estos tiempos tan cruciales!

Luego Simba, con un gesto abrupto que interrumpió la quietud del momento, levantó de golpe el sudario y dejó al descubierto el torso del general. Leopoldina y Pedro se sobresaltaron. Excepto el cuello y la cara, todo el cuerpo que yacía sobre aquella mesa estaba tatuado; no quedaba un solo centímetro cuadrado de piel sin un dibujo.

—¡Dios mío! —exclamó Pedro.

Eran tatuajes javaneses, que aludían a aves extrañas, diosas y dioses envueltos en la maraña de una vegetación tropical con anchas hojas verde claro, flores color malva, lianas y arboles, pájaros y animales míticos que venían de otro mundo. Un espectáculo diseñado y ejecutado por los indígenas de Java. Pedro volvió a pensar en las palabras del general: «La patria es donde está el corazón.» La de Hogendorp, desde luego, era Java, allá donde había vivido los años más felices de su vida, esa patria que llevaba puesta en la piel como un vestido, íntimo y lujoso, al abrigo de las miradas indiscretas. Pedro no pudo evitar pensar en sí mismo. También él tenía ahora una patria nueva de la que era el «defensor perpetuo». Una patria que olía a tierra húmeda y a vegetación tropical, poblada por individuos de todas las razas, pero frágil y amenazada.

—Voy a organizar funerales dignos de vuestro pasado... —prometió solemnemente Pedro al cuerpo yacente, mientras Leopoldina disponía alrededor de la mesa unas flores que había arrancado a la selva.

Al final, Pedro no pudo darle a su amigo la despedida que hubiera deseado porque en el último momento, cuando los funerales estaban ya listos, los sacerdotes cayeron en la cuenta de que no era católico. De modo que fue enterrado en el cementerio protestante, en una ceremonia sencilla a la que asistió un puñado de fieles, entre los que se encontraban Pedro y Leopoldina, quienes consiguieron un hueco en la apretada agenda que tenían aquellos días previos a la coronación.

El primero de diciembre de 1822, un día soleado, tuvo lugar la ceremonia más singular de todas las que se habían celebrado en Brasil desde el principio de su historia. Fue concebida por un grupo de cuatro personas encabezado por José Bonifacio y con la participación de fray Antonio de Arrábida, antiguo tutor de Pedro. Ambos decidieron que la lengua empleada sería el latín, y que el ritual se basaría en las tradiciones del Santo Imperio Romano con elementos copiados del sacro de Napoleón. Les parecía importante subrayar las convicciones religiosas de Pedro que, contrariamente a Bonaparte, mostraba así su subordinación a Dios.

Después de una mañana de fiesta en la que multitud de desfiles militares recorrieron la ciudad con mucho bombo, Pedro, Leopoldina, sus hijos y un imponente séquito entraron en la recientemente nombrada Capilla Imperial, la antigua iglesia que había cerca del viejo palacio. Iban seguidos por procuradores de las provincias y cada uno portaba en sus manos las insignias imperiales: la espada, el cetro, el manto y la corona. En el calor húmedo del interior de la iglesia ostentosamente decorada con cortinajes de terciopelo carmesí, Pedro sudaba copiosamente. Llevaba una levita de seda verde sembrada de estrellas con el dobladillo de hilo de oro. Sobre los hombros tenía una capa de plumas de tucán amarillas y naranja, para dar el toque indígena. Fiel a sí mismo, como si tuviera que estar siempre listo para partir al galope, calzaba botas de montar con espuelas. Antes de arrodillarse frente al altar donde estaba posada una corona de oro de veintidós quilates engarzada de diamantes que pesaba casi tres kilos, echó un vistazo a la iglesia, llena a rebosar de la aristocracia y la alta burguesía local —ministros, senadores, altos personajes de la corte— que lucían sus mejores galas. Estaba todo el mundo —su mundo— excepto la persona que más hubiera deseado tener cerca, Domitila. La ausencia no había mermado el sentimiento que le embargaba, y en su atrevimiento ofreció al coronel Castro Canto y Melo, padre de su amante, un cargo importante en la capital. Cuando éste aceptó, le sugirió entonces que se mudase a Río con su familia. El anciano coronel no podía negarse a dicho ofrecimiento, que venía nada más y nada menos que de un emperador. Pedro escribió a Domitila diciéndole que se verían pronto y asegurándole que estaba dispuesto a hacer grandes sacrificios para hacerla feliz... *«No te morirás de hambre en Río»*, acabó prometiéndole en la carta, en la que se despedía: *«Acepte abrazos y besos de este su amante que suspira por verla acá cuanto antes.»* Y firmaba: *«El demonio.»* A Pedro no se le ocurrió que algún día su mujer podría enterarse porque él lo veía todo de una manera muy singular: no sólo estaba conquistando la independencia de Brasil, sino también la suya propia. No se trataba de escoger entre una u otra: las quería a las dos. Y a otras también, si se terciaba.

Los ojos violetas de Leopoldina, sentada en la tribuna en primera fila, eran la expresión misma de la inocencia. Vestida de seda verde y con una mantilla amarilla, se abanicaba con fuerza porque el calor, ahora que se encontraba en el último tramo de un nuevo embarazo, la agobiaba aún más que de costumbre. A Pedro le reconfortó pensar que, gracias a ella, había sido concuñado del mismísimo Napoleón Bonaparte. Sentada junto a su madre estaba su preciosa Maria da Gloria, vestida de blanco impoluto, que, orgullosa de su padre, le sonrió. Él le devolvió un imperceptible gesto de afecto. Leopoldina no sospechaba el volcán en el que se había convertido el corazón de su marido. Como la bonanza antes de la tormenta, se sentía satisfecha porque esta ceremonia sancionaba el cumplimiento de su deber como princesa de los Habsburgo y defensora de la monarquía. En el mayor país de Sudamérica, un país que había aprendido a querer, había conseguido que se conservase intacto el respeto a la realeza. Aún mejor, había contribuido a salvar el trono para sus vástagos, sus «brasileñitos», alejando el espectro de una revolución perpetua, como los republicanos en la América española. A pesar de los nubarrones que veía en el horizonte, cumplir con el deber, para una austriaca como ella, era motivo de hondo regocijo.

Pedro, de rodillas y con el brazo derecho sobre el evangelio, prestó juramento en latín. La orquesta empezó a tocar mientras el obispo le ungía los santos óleos. Después se levantó y escuchó la misa. Al final se arrodilló de nuevo para recibir la espada de manos del obispo. Se levantó y, de manera muy teatral, la desenvainó, hizo varios movimientos con ella, la metió en su funda y volvió a arrodillarse para recibir esta vez la corona, y luego el cetro, también de oro macizo, cuya extremidad superior culminaba con un dragón alado. Entre virutas de incienso y el tronar lejano de las salvas de las fortalezas, el primer emperador de Brasil, investido con los símbolos de su alto nombramiento, se levantó y tomó asiento en su trono, al son del *Te Deus laudemus*. Las señoras secaban sus lágrimas con finos pañuelos de hilo bordado. Hubo hombres que no pudieron contener la emoción y que tenían los ojos humedecidos. Los masones y muchos liberales presentes en la iglesia se preguntaban si esta vez Pedro haría algún tipo de declaración para mostrar su conformidad con la Constitución futura. No había querido hacerlo durante la aclamación, pero quizá ahora, ya coronado «emperador constitucional», no tendría inconveniente...

Fuera, el pueblo celebraba con júbilo, las campanas tañían, bandas de música competían por dejarse oír entre el jaleo general mientras el emperador cruzaba la plaza hacia el palacio. Anunciaban para el anochecer los más fantásticos fuegos artificiales de los que se tenía memoria en Brasil. Tampoco quedaban entradas para la representación especial de la ópera de Rossini *Isabel, reina de Inglaterra*, que tendría lugar en el flamante y rebautizado Teatro Imperial. Desde el balcón del primer piso del palacio, Pedro se dirigió a la multitud, respondiendo así a las expectativas de los masones:

—Juro defender la Constitución que ha de ser elaborada...

—dijo, y un suspiro de alivio recorrió el banquillo de los liberales, seguido por una inesperada ducha de agua fría cuando Pedro añadió—: siempre que sea digna de Brasil y de mí.

Se quedaron pasmados. ¿Qué juramento era ése, que ponía condiciones? ¿No era el colmo de la insolencia que el emperador se colocase en un plano superior al de los diputados de la Asamblea Constituyente? Para ellos, «emperador constitucional» significaba que el emperador había de someterse a la Constitución y no al revés, como parecía entenderlo Pedro.

Leopoldina y Bonifacio tenían muy claro que la autoridad del emperador emanaba de la herencia histórica, de la tradición, y tenía que ser, por lo tanto, superior a la de la asamblea. En cartas a su padre, la emperatriz describía el modelo de Parlamento, formado por dos cámaras, en las que el emperador disponía de veto absoluto, y tenía la capacidad de escoger su consejo privado y sus ministros, sin que existiese intromisión posible. «El emperador —explicaba Leopoldina— poseerá todos los atributos que fortalecen el buen éxito de su poder; de manera que es el jefe principal del poder ejecutivo y de la maquinaria política.» Era un esquema contrario al de los masones y liberales y el debate incendiaría la joven y floreciente prensa brasileña.

57

Sin embargo, la preocupación más importante del nuevo gobierno era la mera supervivencia del país. De nada servía pelearse por el poder si la nación se resquebrajaba y los focos de resistencia no eran aplacados antes de la llegada de los refuerzos de Lisboa. Pedro, furioso contra el general Madeira, quien, al mando de las tropas portuguesas en Bahía, se negaba a obedecerle, mandó a sus soldados a que asediasen la ciudad. Vano intento, pues Madeira resistió y los brasileños tuvieron que retirarse hacia el litoral. Luchaban sin medios, con armas oxidadas, y fabricaban pólvora con el salitre que recogían de los muros de las casas expuestas a los vientos marinos. Mejor pertrechado, el general Madeira tenía a su favor un flujo constante de esclavos que escapaban de las plantaciones para alistarse.

A fuerza de oír hablar de libertad, los negros terminaban creyendo que también era para ellos, y se ofrecían como voluntarios porque oficialmente Portugal había abolido la trata de esclavos en su territorio. Todavía tendrían que esperar muchos años antes de que Brasil hiciese lo mismo. Pero Pedro y Bonifacio aprovecharon la oportunidad para crear el «batallón de los Liberados» y ofrecían a los esclavos emancipación a cambio de alistamiento. El plan acabó siendo boicoteado por los grandes terratenientes que alegaban necesitar esa mano de obra para la zafra del azúcar y la recolección del algodón.

A pesar de sus esfuerzos, tanto Pedro como Bonifacio se daban cuenta perfectamente de que no ganarían esa guerra con un puñado de esclavos liberados. Madeira aguantaba el asedio de la ciudad porque conseguía aprovisionarse por mar. La solución estaba en hacer intervenir la flota y sitiar Bahía.

Aquellos días, como si fuera una bendición del destino, un bergantín con aspecto decrépito fondeó en la ensenada de Río. A bordo viajaban lord Cochrane y su grupo de mercenarios. El lord venía con una amiga inglesa llamada Maria Graham, una escritora que acababa de perder a su marido, capitán del *HMS Doris*, mientras intentaba doblar el cabo de Hornos. *«Nada de lo que he visto en mi vida es comparable en belleza a esta bahía —escribió la inglesa—. Nápoles, el puerto de Bombay y Trincomali en Ceilán, que yo creía lugares perfectos, deben rendirse ante esto, que les sobrepasa.»* Nada más enterarse de su llegada, Pedro abandonó San Cristóbal y fue a encontrarse con el escocés en la casa solariega que José Bonifacio tenía en la plaza del Teatro.

Cochrane era un gigante ligeramente cargado de hombros, con una mata de cabello pelirrojo que, a sus cuarenta y ocho años, estaba encaneciendo. Su portentosa y afilada nariz le hacía parecer una ave rapaz. Hablaba despacio y tenía algunas nociones de francés y español. No era lo que se dice un hombre afable, pero se cayeron bien. El almirante, alegando que sus principios le impedían trabajar para un gobierno autocrático, apreciaba que el emperador fuese un liberal. Y le gustaron su fogosidad, su entusiasmo y su campechanía, algo inconcebible en un monarca británico. A su vez, Pedro estaba impresionado por la personalidad del lord y por lo que sabía de él. Le habían contado que el escocés solía navegar bajo pabellón falso y que era capaz de invertir mucho tiempo en camuflar su navío para hacerlo pasar por barco amigo. Que una vez cerca de su presa, izaba su pabellón tan deprisa que dejaba desconcertados a los marineros españoles o franceses, sus víctimas preferidas, a las que atacaba con una contundencia terrorífica. Le habían contado muchas cosas de ese personaje, hijo de un conde escocés alcohólico y arruinado, y que había llegado a alcanzar la fama mundial dominando los mares. El lord era tan singular que, mientras estaba en la cárcel en Inglaterra acusado de un falso asunto de corrupción, inventó una farola de aceite para las calles, invento que fue adoptado por la municipalidad de Londres hasta la implantación de las farolas de gas. También en su celda se le ocurrió la extravagancia de ir a rescatar a Napoleón. Y probablemente lo hubiera conseguido de no haber muerto el francés en su isla perdida.

El aspecto del lord no era muy distinto al de su barco. Nadie en su sano juicio hubiera adivinado que se trataba de un hombre riquísimo, de un profesional de la guerra naval, de un personaje de leyenda reputado por su audacia extrema, su genio táctico y su planificación meticulosa. Físicamente, parecía más bien un bohemio mal cuidado, algo estrafalario.

—Antes que nada, milord, le propongo una visita, junto a mis colaboradores, incluyendo el ministro de la guerra, al arsenal y a la flota —le propuso Pedro.

El escocés aceptó. Era imperioso conocer el estado de la flota y los medios de los que dispondría para realizar su campaña. En las atarazanas de los astilleros, las obras de reparación de varios buques confiscados a los portugueses estaban avanzando a buen ritmo. Intercambiaron impresiones con carpinteros, herreros, ingenieros de marina y constructores entre el estruendo de los martillazos y el griterío de los esclavos que descargaban troncos de madera rojiza arrancados a la selva. Olía a serrín, a cáñamo, a sudor y al alquitrán que usaban en el calafateado de la obra viva. El problema, como pudo darse cuenta en seguida el escocés, no era tanto los buques como todo ese tropel de marineros brasileños anárquicos y con poca experiencia, junto a los portugueses en los que no se podía confiar. Más que unos marineros de una armada victoriosa parecían vagabundos. También pululaban medio millar de oficiales y marinos irlandeses e ingleses que habían sido contratados por el nuevo gobierno, pero estaba claro que se trataba de una cantidad insuficiente.

—No sé si podremos ganar una guerra con semejantes tripulaciones... —dijo el lord.

—A los que ve podemos añadir esclavos liberados —terció Pedro.

Cochrane le miró con cara de no saber si tomarse las palabras del joven emperador en serio o en broma. ¡Esclavos liberados! En ningún caso podían ser buenos marineros o soldados, estarían siempre pensando en escapar... En los astilleros hizo una mueca de disgusto mientras inspeccionaba los cordajes y las velas:

—¿Cuánto tiempo hace que este material no está en uso?

—Lleva diecisiete años guardado aquí, milord —terció el Ministro de la Guerra.

El lord alzó los ojos al cielo.

La gira terminó de nuevo en casa de Bonifacio, donde estuvieron charlando hasta bien entrada la noche. Por deferencia al emperador, el lord no habló de dinero en su presencia. Habló de su cargo y su título. Fue tajante cuando dijo que se negaba a servir bajo la autoridad de un almirante brasileño.

—Necesito el control total sobre las expediciones que realicemos, y consecuentemente os pido que me otorguéis la más alta graduación de la armada brasileña.

—Milord, haremos lo posible —terció Bonifacio en tono conciliador—. Os ruego que entendáis que en un país tan joven, colocar de máxima autoridad naval a un extranjero puede ser mal visto por los patriotas.

Cochrane se limitó a alzar los hombros, como si eso no fuera de su incumbencia. En ese momento intervino Pedro. Su olfato le decía que no podían prescindir de ese hombre, que en ese escocés revirado estaba la solución a los acuciantes problemas del país. Era osado y exigente, cierto, pero ¿no era precisamente gracias a su arrojo que había conseguido derrotar a la armada realista española en la costa del Pacífico?

—Lord Cochrane, yo, el emperador constitucional de Brasil, os nombro a partir de este momento primer almirante de la armada brasileña. Sólo estaré yo por encima en la jerarquía...

El escocés retorció la boca, lo que se interpretó como una sonrisa.

—Creo que podremos entendernos —farfulló.

El día siguiente, esta vez sin la presencia de Pedro, Bonifacio y los demás ministros, entre los que se encontraba su hermano Martín Francisco, que asumía la cartera de Hacienda, se enfrentaron a la sagacidad del escocés y tuvieron que soportar su insolencia a la hora de exigir dinero.

—El salario que me ofrecéis —protestaba el lord— es equivalente al de un almirante portugués... Ni siquiera alcanza el que tenía en Chile, que era de ocho mil dólares al año más el botín de las presas. Señores, no he venido hasta aquí para eso.

A los hermanos les costaba entenderse con ese hombre de modales y apariencia abyectos y que hablaba escupiendo monosílabos.

—Recuerde que publicamos el decreto que le permite quedarse con lo que capture —replicó Martín Francisco—. No es fácil para nosotros pasar por alto actos de..., ¿cómo decirlo?, de piratería, no hay otra palabra. Pero hemos hecho un esfuerzo.

—Faltaría más... —musitó el escocés mirando de reojo a sus interlocutores.

Se produjo entonces un silencio incómodo. Cochrane siguió mascullando entre dientes, en una voz tan baja que forzaba a todos a aguzar el oído y a concentrarse para entenderle:

—Vuelvo sobre el salario: mi paga y la de mis hombres tiene que hacerse en dólares de plata.

Martín Francisco carraspeó, pero nadie dijo nada. El escocés imponía. Estaba claro que le daban igual las formas. Continuó:

—¿Cómo queréis que exija a mis hombres un alto grado de preparación y de disciplina si no les pago bien?

Mientras el lord seguía pidiendo y reclamando, para él, para sus oficiales y para su tripulación, todos los que le rodeaban le miraban estupefactos. Al final, su última reivindicación les remató, les dejó exhaustos. Para empezar, es decir para enrolarse en la armada brasileña e iniciar la campaña contra los portugueses, exigía veinte *contos de reis*, una cantidad exorbitante, que además debía ser abonada en oro o plata. Martín Francisco se preguntaba si de verdad valía la pena destinar a ese hombre tantos recursos.

—Señor, sólo hay cuatro *contos* en el tesoro imperial —le dijo.

El lord se levantó pausadamente y abandonó la habitación.

—Entonces no tenemos nada más que hablar.

Fue la determinación de Pedro lo que salvó la negociación. El emperador se enfrentó a sus ministros para forzarles a aceptar las condiciones de Cochrane.

—Consolidar la independencia de Brasil no tiene precio... Haced lo que sea, pero conseguid ese dinero —ordenó a su ministro de Hacienda.

La única solución que tenían para conseguir esa cantidad de manera rápida no gustaba nada a los hermanos Bonifacio, porque pasaba por pedir un préstamo a un rico terrateniente que era uno de los mayores esclavistas de la región. Sin embargo, no tuvieron más solución que hacer de tripas corazón, y avalar con su fortuna personal los dieciséis *contos* restantes.

# SEXTA PARTE

—

El clamor de un pueblo feliz es la única elocuencia
que sabe hablar de los reyes.

GRESSET, Oda al rey

## 58

El primer almirante de la flota nacional e imperial, lord Cochrane, izó su pabellón en el *Pedro I* y procedió a pertrechar sus barcos y a entrenar a sus tripulaciones con la inestimable colaboración del fogoso Pedro, que se pasaba días enteros inspeccionando los trabajos. Aparecía en los astilleros cuando sonaban las salvas de cañón que anunciaban la apertura del puerto, a las seis de la mañana, y supervisaba minuciosamente los detalles de las reparaciones. Llegó hasta escoger los cojines de tela marroquí para el camarote principal. La emperatriz se reunía con él a lo largo del día. Acababa de dar a luz a su tercera hija, bautizada con el nombre de Paula Mariana, en homenaje a São Paulo y a la ciudad de Mariana, en Minas Gerais, que se habían unido con entusiasmo a la llamada de Pedro por la independencia. El interés de Leopoldina por la expedición de Cochrane era, sobre todo, estratégico. Estaba enojada con el representante austriaco, Mareschal, porque éste no había acudido a las ceremonias de aclamación y de coronación de Pedro, pero, en cambio, sí se había presentado en el bautizo de la pequeña. Esto le hacía pensar que la Santa Alianza podría no estar de acuerdo con que Pedro fuese emperador y quisiese restablecer a don Juan VI en su derecho, en nombre del principio de legitimidad. Tanto Pedro como Leopoldina eran conscientes de que mientras Bahía estuviese en manos del general Madeira, existía el peligro de que los portugueses siguiesen pensando que el resto del país también les pertenecía.

Había que zarpar cuanto antes. El escocés decidió abandonar dos de los siete navíos que tenía previsto utilizar debido al estado tan vetusto en el que se encontraban. El 3 de abril, Pedro y Leopoldina fueron a despedirse. Al embarcar en el *Pe-dro I*, se encontraron en medio de una trifulca entre oficiales brasileños y un grupo de marineros ingleses e irlandeses que, la víspera, se habían emborrachado hasta perder la compostura.

—No les castiguéis —intervino la emperatriz. Beber así es costumbre de los pueblos del norte... Para ellos, es lo normal.

—Pero, alteza, han agredido a los guardias del puerto, han vomitado por todas par...

Leopoldina le interrumpió:

—Son buenos hombres, oficial, Brasil los necesita... y están bajo mi protección.

El hombre hizo un gesto de aprobación con la barbilla. No estaba convencido, pero por deferencia hacia la emperatriz, dejó que los ingleses se fueran de rositas. Resacosos, tomaron sus puestos en la flota junto a un batiburrillo de esclavos liberados, de brasileños y hasta de portugueses alistados a la fuerza. Cuando el buque llegó a la altura del Pan de Azúcar, el matrimonio imperial deseó buena suerte al almirante y bajó a una barca que había venido a recogerles. Pedro estaba muy orgulloso de su flota. Mientras ambos la veían alejarse, se disipó la bruma matinal y salió un sol espléndido que Pedro consideró un buen presagio.

Para luchar contra la ansiedad que provocaba en el joven emperador la volatilidad de la situación, se dedicaba a supervisarlo todo con gran frenesí. Visitaba asiduamente a las tropas extranjeras, en concreto a los dos batallones de granaderos alemanes que eran el orgullo del ejército. «Todas las razas aportan al ejército sus virtudes y sus armas peculiares —decía—. Quiero que se sientan en su casa, que se sientan vinculados a la tierra que tienen que defender.» Pedro, muy hábil a la hora de manejar la escopeta, hacía ejercicios con ellos y los ejecutaba con brío. Sin embargo, los soldados pasaban de la admiración al espanto cuando veían que el emperador, que nunca tuvo sentido de las conveniencias, saltaba sobre el muro de la fortaleza para hacer sus necesidades y ordenaba que el batallón desfilase delante de él mientras estaba en esa postura totalmente indecente.

Su celo se dirigía sobre todo contra los administradores y los funcionarios de las instituciones. En los ministerios, corría de mesa en mesa con un cuaderno en la mano, apuntando el nombre de cada funcionario ausente y dejando una nota para que se justificase nada más regresar a su mesa. Entró así un día en el asilo de la Misericordia, comprobó el registro, pidió las cuentas, quiso saberlo todo sobre el número de huérfanos recogidos, de nodrizas disponibles, etc. Se lamentó del mal estado de las instalaciones, del terrible aspecto de los niños abandonados, y pensó denunciarlo en el discurso que tendría que pronunciar ante la Asamblea Constituyente. Pedro tenía grandes ambiciones. Quería cambiar el mundo, algo se le había quedado de las andanzas del caballero de la triste figura que decoraba la habitación donde jugaba de pequeño. Quería ver el mar surcado por soberbios barcos y los caminos llenos de un trasiego de carruajes rebosantes de las más variadas mercancías. Soñaba con embellecer las ciudades, inaugurar escuelas para llenarlas de niños. No quería ver pequeños con los cuerpos deteriorados por las marcas de la miseria, ni tampoco esos esclavos moribundos que poblaban el infame mercado de Valongo. En los meses de abril y mayo de 1823 dedicó gran parte de su tiempo a escribir un texto contra la esclavitud: «Un cáncer que carcome el tejido de Brasil, que nos impide crecer como país y ser industriosos y que es la causa de que no inventemos nada.» En la redacción del texto se notaba la mano de José Bonifacio, aunque al preguntarle, dijo que «cada sentimiento, cada palabra» eran del emperador, y sólo de él.

Con el mismo ardor supervisaba las fortalezas, las caballerizas de San Cristóbal y hasta el teatro para ver los preparativos de las funciones. Era incansable y la curiosidad le podía.

Un día, una mujerona inmensa, con una triple papada y la piel brillante, le interrumpió cuando pasaba a caballo por el centro. Se quejaba de que los vendedores de la rua do Ouvidor utilizaban pesas y medidas trucadas.

—Disculpad, señora, ahora no tengo tiempo... —le dijo Pedro.

—¡Si no tiene tiempo de escucharme, es que tampoco lo tiene para reinar! —le espetó la mujerona.

Pedro prosiguió su camino, pero aquellas palabras le llegaron al alma. ¿Cómo hacer entender al pueblo, a esa señora por ejemplo, que le faltaba tiempo? ¿Que las veinticuatro horas del día no bastaban para levantar un imperio?

Sin embargo, en su fuero interno, pensó que aquella mujer le había dicho algo pertinente. De modo que cambió de planes, se dirigió a la aduana a por el patrón oficial de las medidas y luego volvió al centro, a la rua do Ouvidor. Entró en las tiendas de ropa y tejidos que anunciaban calidades *London superfine* y fue comparando los instrumentos de medida. Aquella señora estaba en lo cierto: en la mayoría de las tiendas las medidas no cuadraban con la norma. La sisa se había generalizado. Pedro montó en cólera, hizo amonestar a los comerciantes y hasta se llevó varios instrumentos bajo el brazo.

Leopoldina le acompañaba en muchas de esas visitas. Aparecían sin avisar en la aduana, en los hospitales, en las obras en construcción o en los cuarteles y lo hacían en las horas en las que los funcionarios menos esperaban una visita imperial. Plenamente identificada con su nueva patria, la austriaca fomentaba la inmigración de una colonia de agricultores alemanes. Era su peculiar manera de luchar contra la esclavitud, porque su idea consistía en crear una clase media blanca de pequeños propietarios capaces de cultivar con sus propias manos, sin ayuda de esclavos africanos. Pensaba que una clase así sustentaría la monarquía y el Estado, y que en definitiva aportaría estabilidad al país. Tenía mentalidad de estadista. Era consciente de que a Pedro le faltaban la cultura y la preparación necesarias para priorizar bien las actividades, por eso decía de él: «A Pedro le gusta gobernarlo todo, hasta las cosas pequeñas.» Lo cierto es que ambos se complementaban, tenían el don de la ubicuidad y el pueblo, que los veía en todas partes, era tan devoto de su emperador como de Leopoldina. No en vano la gente se refería a ellos con el posesivo «nuestro»: «nuestro emperador», «nuestra emperatriz».

## 59

Sin embargo, la llegada de la familia de Domitila a Río tras-
tocaría la armonía imperial. Pedro, con su gusto por la logísti-
ca, había organizado el desembarco de la familia Castro Canto
y Melo en la región de Río con todo lujo de detalles. No le
había costado trabajo convencer al viejo coronel Castro, padre de Domitila, de que la vida en Río les sería más provechosa; siempre se había llevado bien con los viejos soldados. De
modo que primero llegó el padre con la hermana, que se llamaba Maria Benedicta, una mujer del mismo estilo que Domitila, trigueña, con gruesos labios sensuales, una piel canela y
un cuerpo tan liso que parecía carecer de huesos. Pedro hizo
que se instalasen en la enorme finca de labor Santa Cruz, a
sesenta kilómetros de la ciudad, con cabezas de ganado y campos cultivados por una ingente mano de obra esclava. Maria
Benedicta estaba muy agradecida a Pedro porque éste había
ofrecido a su marido el puesto de superintendente general de
las Haciendas Imperiales. Hilando más fino todavía, Pedro había hecho contratar también a Felicio, el marido de quien Domitila estaba separándose, como jefe de la oficina comercial
de la finca. A cambio, le exigió que no se opusiese al procedimiento judicial de divorcio. Ya sólo faltaba la llegada de Domitila, a quien pensaba acomodar en una casa en el barrio de
Mataporcos, a medio camino entre el centro de Río y San Cristóbal. A ella la quería bien cerquita.

Aprovechando una cacería en la hacienda Santa Cruz, Pedro fue a visitar a los recién llegados. Se encontró con Maria
Benedicta sola, porque el marido estaba haciendo gestiones
en la ciudad. Aunque era seis años mayor que él, sus gestos
indolentes, su tenue fragancia a aceite de almendras, su risa
cristalina y su cuerpo cimbreado..., todo en ella le recordaba
tanto a Domitila que se sintió turbado. Tuvo el deseo inmediato de poseerla y, envalentonado por el hecho de que no había
familiares en ese momento, le soltó unos piropos que rozaban
la procacidad, pero que ella tomó como lo que eran, un burdo

intento de seducción al que respondió haciéndose la ultrajada sin convicción alguna. Aún parecía excitarle más el hecho de que fuera una mujer casada; en la política o en la cama, el peligro le estimulaba. Maria Benedicta se le rindió sin mayores aspavientos. Le sorprendió encontrar tan poca resistencia en ese tipo de mujer que se le entregó como si estuviera viviendo la gran aventura de su vida, con el placer añadido de quitarle a su hermana el privilegio exclusivo de acostarse con un emperador. Generalmente, la moral era tan escasa en la aristocracia como en las clases más bajas, pero no entre la clase media, a la que pertenecía esta hija de coronel. Por su parte, Pedro pensó que sus escarceos con Maria Benedicta eran un inmejorable consuelo a la espera de la llegada de su verdadera amante, la dueña de su corazón. No se detuvo a considerar cómo reaccionaría Domitila ante lo sucedido con su hermana. Estaba seguro de que entendería cuán insoportable era el vacío de su ausencia y que hacer el amor con su hermana era como hacerlo con ella. Según su peculiar visión de las cosas, esta aventura era, en realidad, un homenaje a la amante ausente.

Unas semanas más tarde, nada más enterarse de que Domitila había llegado a la ciudad, Pedro partió al galope hasta la casa de Mataporcos. Bajó del caballo jadeante, entregó las riendas a un palafrenero y vio a Domitila que salía al porche a recibirle. Tenía los pechos más hinchados de lo que recordaba, y las caderas más redondeadas. Y la misma sonrisa irresistible de siempre. Entonces, ella le señaló su vientre con el dedo índice.

—Es tuyo... —le dijo.

Pedro se quedó boquiabierto ante aquella tripa, fruto de las primeras noches de amor en São Paulo. Esbozó una mueca de ligera decepción... ¿Se trataba de un chasco por tener un hijo que no había deseado? ¿O porque el avanzado estado de gestación de Domitila le privaría de esos momentos de lujuria con los que llevaba soñando tanto tiempo? La quería para el gozo y el descanso, no para el embarazo y la crianza. Para eso, ya tenía a su mujer.

—Tengo la sensación de llevar un melón aquí dentro —añadió Domitila.

Pedro se rió, y en su expresión se disiparon los vestigios de la sorpresa. Un niño, pensó. Otro niño. Había perdido la cuenta de los hijos naturales que había tenido por ahí. Prefería no saberlo. De lo contrario, el sentimiento que le inspiraban los niños le empujaba a ocuparse de ellos, a asumir la paternidad. Y no podía hacerlo con tantos, por muy emperador que fuese. Hubiera preferido no tener que compartir a Domitila con nadie, ni siquiera con un hijo, pero lo hecho, hecho estaba.

—Será buen mozo y arrogante, como tú —le dijo ella.

—No le faltará de nada en el mundo... —contestó él, asumiendo su parte de responsabilidad.

—¿Ni siquiera un apellido?... —preguntó ella con un tono pícaro.

Pedro no le contestó. La miró con ojos golosos, la cogió en brazos, ahuyentó al servicio y entraron en la casa, decorada con sencillez y gusto. Atravesaron el patio interior lleno de grandes plantas tropicales y se encerraron en el dormitorio principal. Era un buen nido de amor, desde donde se podía ver la parte alta del palacio de San Cristóbal. Todo estaba a mano.

Cuando se quedó sola en su nueva casa que olía a mar y a jazmín, Domitila pensó que estaba viviendo un sueño. ¿No era en los sueños donde una podía encontrarse con un príncipe azul que le solucionaba la vida y pasar de la oscuridad provincial a la brillante vida de la capital? ¿Cuánto duraría el encanto? Sus distintos orígenes y circunstancias, ¿no acabarían por hacer trizas la relación? ¿Cuánto tiempo duraría el enamoramiento de Pedro, su capricho de emperador? Cuando se cansara de ella, ¿la dejaría tirada tal y como se la encontró en el momento en que la conoció? Envuelta en esos pensamientos y dudas, se tumbó de lado en su cama para mitigar la desazón de su cuerpo hinchado, caliente y sudoroso. Se mantuvo en un duermevela agradable mientras la brisa marina inflaba las cortinas de hilo, sin saber si al cabo de unas horas volvería su hombre a tocarle los pechos duros, los pezones ardientes, y a penetrarla de lado, por detrás, mientras ella cerraría los ojos y se mordería los labios.

Y Pedro volvió esa noche, como lo haría siempre que sus ocupaciones se lo permitían. Como casi todas las noches. *«Voy a hacerme la barba para que vuestra merced no sea arañada de noche por este su desvelado, fiel, agradecido y verdadero amante, el emperador»*, le escribía en una de sus notas. En brazos de Domitila olvidaba las tensiones de la vida política. El hecho de que estuviese engañando a su mujer con su amante y a su amante con su hermana no parecía quitarle el sueño. Al contrario, la idea de que las tres podían estar embarazadas de él al mismo tiempo le llenaba de un perverso regocijo.

60

Quizá el poder estaba haciendo mella en la idea que tenía de sí mismo. Quizá estaba dejándose embriagar por las adulaciones constantes, el fervor casi fanático del pueblo, su influencia creciente, su imagen y su aura que le permitían conseguir todo lo que un hombre podía desear, incluidas todas las hembras del imperio. Si a lo largo de toda su vida nunca sintió que las limitaciones normales de los hombres tuvieran que ver con él, ahora dichas limitaciones desaparecían por completo. Sentía que estaba por encima del bien y del mal... ¿Y qué había más allá del poder absoluto? ¿No estaría empezando a sentirse un poco dios? Era sin embargo el mismo hombre sin modales y sin cultura de siempre, alimentado de los frutos y animales de la tierra, como todos; el mismo que perdía la cabeza cuando llevaba demasiado tiempo sin sentir el perfume de una mujer o su cálida presencia. Pero saber que sus deseos se podían hacer realidad al momento le proporcionaba una sensación de placer infinito que le distanciaba del común de los mortales. Eso era la libertad absoluta, aquello a lo que más aspiraba un hombre que había tenido la vida trazada desde siempre.

Era un pequeño dios sobre la faz de la tierra, vestido de uniforme verde y una capa de plumas de ave amarillas, quien llegó en un carruaje imperial, tirado por ocho mulas negras y acompañado de Leopoldina y de su hija, a inaugurar la Asamblea Constituyente el 3 de mayo de 1823 en el edificio de la vieja cárcel adyacente al antiguo palacio. Había dado orden de que ningún otro carruaje de la nobleza o de cualquier persona admitida fuese tirado por más de dos caballos, para que los más pobres no se sintiesen humillados por la ostentosidad de los más pudientes.

El emperador entregó el cetro y la corona a un funcionario que los colocó sobre una mesita. Pedro se dirigió, con la cabeza descubierta, a los miembros de la Asamblea que se suponía representaban a Brasil, aunque en realidad representaban al Brasil de los hombres libres y pudientes, no al otro, el de los siervos, los pobres, los indígenas y los esclavos. Habían sido elegidos siguiendo un criterio según el cual tenían que ser propietarios de tierra, vivir en su municipio durante por lo menos un año y saber leer y escribir, lo que reducía drásticamente los posibles candidatos. En realidad representaban menos del uno por ciento de la población total brasileña.[1] Para no alienar a esa elite de terratenientes, magistrados, miembros del clero, militares, profesores y altos funcionarios (muchos de los cuales habían representado a Brasil en las Cortes de Lisboa), Bonifacio convenció a Pedro de que debía evitar mencionar el asunto de la esclavitud. Ya se encargaría él de hacerlo más adelante, pues llevaba mucho tiempo trabajando en un tratado. Pedro accedió.

«Éste es el día más grande que Brasil ha visto jamás —empezó diciendo Pedro mientras miraba a la audiencia, entre la que reconoció a Domitila, radiante, sentada junto a su padre el coronel y su hermano el capitán Castro Canto y Melo, amigo de Pedro—. Éste es un día en el que el país se muestra como un imperio, y un imperio libre.» Informó de la cruel guerra que se vivía en Bahía, donde lord Cochrane acababa de sufrir el peor revés de su carrera, y anunció el envío de refuerzos del ejército de tierra para ayudarle a sitiar la ciudad. Luego mencionó que su gobierno había saneado las cuentas de la hacienda pública confiscando bienes de los «ausentes en razón de su opinión política», o sea de los ricos colonos portu-

1. Citado en 1822, de Laurentino Gomes (Nova Fronteira, 2010), p. 215.

gueses que habían preferido la lealtad a las Cortes de Lisboa a la independencia; agradeció las donaciones voluntarias de los simpatizantes a la causa y explicó que su aportación personal había consistido en reducir sus propios gastos, «que suponen la cuarta parte de la suma que empleaba el rey, mi augusto padre». Luego repasó todo lo que su gobierno había realizado, desde la reparación de las fortificaciones hasta la creación de una flota propia. No dejó nada en el tintero, contó en detalle su visita al asilo de la Misericordia y cómo había ordenado trasladarlo a un local más grande, donde cada niño dispusiera de su propia cama y de una cuidadora, etc. El punto controvertido de su discurso fue cuando recordó su compromiso de conseguir una Constitución «digna de Brasil y de mí». Pidió a los miembros de la Asamblea que redactasen una Constitución sabia, justa, adecuada, práctica, dictada por la razón y no por el capricho, una Constitución en la que los tres poderes estuvieran claramente delimitados «para imponer insuperables barreras al despotismo, ya sea real o democrático». La bancada más liberal volvió a protestar. Según ellos, la Constitución debía ser digna de Brasil, no del emperador que debía someterse a ella, como todos.

En la recepción que siguió al discurso, el capitán Castro Canto y Melo se acercó a la emperatriz para presentarle a su hermana. En medio del salón abarrotado con lo más granado de la sociedad carioca y al son de la orquesta, se encontraron las dos frente a frente, impecablemente vestidas. La arrolladora belleza de la una rivalizaba con la dulzura de la otra. La sensualidad versus el intelecto. Las demás señoras miraban la escena por el rabillo del ojo. ¿Cómo iba a reaccionar la emperatriz? ¿Lo sabrá, o no lo sabrá? Leopoldina fue tan gentil y educada con Domitila como lo hubiera sido con cualquiera. Obviamente, no sabía nada, a pesar de que Río era como un pueblo grande, donde no había secreto o novedad que no circulase a gran velocidad. Domitila hizo la reverencia y respondió a las preguntas de rigor: venía de São Paulo, era hija del coronel amigo de Pedro, estaba embarazada de siete meses a pesar de su problema... ¡Ejem! Tosió un poco y siguió diciendo vaguedades.

—¿Su problema? —inquirió la emperatriz.

Entonces Domitila, para alejar definitivamente cualquier sospecha de que el emperador pudiera tener relaciones con ella, tuvo una ocurrencia genial: dejó entender a Leopoldina que padecía el mal de Lázaro, o sea, una variante benigna de lepra, muy contagiosa. «¡Oh!», exclamó la emperatriz, conmovida por la inesperada confesión. «Qué pena... una chica tan joven, y encima preñada», pensó.

—Mucha gente padece lo mismo, ¿sabéis? —le dijo a modo de consuelo—. Tengo entendido que es una enfermedad con infinidad de variantes, y la mayoría no son graves, y no tiene por qué transmitirse a vuestro hijito...

Domitila asentía, con la expresión grave de quien está condenada al ostracismo y a la compasión, y agradecida por la consideración que le mostraba la emperatriz. La llegada de Maria Graham, la escritora inglesa que había venido en el barco de lord Cochrane, las interrumpió. Domitila hizo de nuevo la reverencia y se retiró con un suspiro de alivio.

Leopoldina se había hecho amiga de aquella inglesa de unos cuarenta años, de quien admiraba su formación y su fuerte personalidad. ¡Por fin alguien con quien hablar de pintura, de ciencias naturales, de historia, de literatura..., y no de cotilleos cortesanos! Para ella era como un balón de oxígeno en el ambiente enrarecido de la corte. Desde su llegada, Maria Graham se había sentido muy intrigada por la pareja imperial, cuya juventud, mentalidad, popularidad y singular situación —un Braganza y una heredera de la casa de Austria liderando la independencia de un gran imperio— le parecían algo sumamente original e interesante. No era habitual que unos príncipes herederos se aventurasen a luchar por la causa de la independencia de los pueblos. Tampoco lo era ver a un coronel de raza negra posar sus gruesos labios sobre la mano de porcelana de la emperatriz en la ceremonia del besamanos. Para una liberal como Maria Graham, todo aquello era una novedad extraordinaria que se proponía relatar en un libro de viajes. Era la razón por la que se había instalado en Río.

Días antes se había presentado una mañana en el palacio de San Cristóbal, que le pareció más la mansión de un rico terrateniente que un palacio imperial. Desde el rellano de la escalera, Pedro la vio firmar en el libro de visitas y se acercó a saludarla a su manera campechana. A ella le chocó el contraste entre la llaneza del príncipe y la veneración servil que los criados y el personal de palacio le profesaban arrodillándose a su paso para besarle la mano con fervor. Todo en aquel mundo exótico de contrastes la fascinaba. Por eso, cuando Leopoldina le ofreció ser tutora de la princesita Maria da Gloria para enseñarle inglés, la escritora aceptó entusiasmada. Se tomó como un gran honor y un privilegio tener la oportunidad de educar a esa preciosa niña, (destinada en aquel entonces a heredar el trono brasileño) como «una dama europea». Quedaron en empezar el próximo mes de septiembre porque Maria debía volver a Inglaterra a solucionar asuntos personales. El invento de los barcos de vapor había reducido considerablemente el tiempo de travesía y permitía realizar unos viajes que antes eran impensables. «Aprovecharé para prepararme para tan alto encargo y traeré material didáctico», le dijo a la emperatriz.

Después de su inauguración, la Asamblea Constituyente empezó a reunirse diariamente de diez de la mañana a dos de la tarde. En este nuevo imperio donde estaba todo por hacer, los políticos, en lugar de atender las miles de reclamaciones que llegaban de todo el territorio, pasaban horas cuestionando los límites del poder del nuevo soberano. Las discusiones adoptaban un cariz a veces absurdo: ¿Debía el emperador entrar en la Asamblea con la cabeza cubierta o descubierta? ¿El asiento debía ser más alto o de igual tamaño que el del presidente de la Asamblea? ¿Quién tendría más poder, Pedro o los diputados? ¿Podría el emperador vetar leyes? ¿Mandaría sobre el ejército? Se enzarzaban en unas discusiones tan eternas como estériles, donde los liberales radicales y los moderados no conseguían ponerse de acuerdo. Las batallas de la Asamblea luego eran retomadas por la prensa, que atacaba las propuestas constitucionales de Bonifacio y Pedro en artículos llenos de saña en los que se les acusaba de aferrarse al poder, aunque más que esto lo que querían era mantener una autoridad superior que pudiese ejercer de árbitro para evitar que la asamblea deviniese un caos. La memoria de la vorágine que siguió a la Revolución francesa, y sobre todo la haitiana, pesaba en el recuerdo de José Bonifacio.

Pero si el emperador y su ministro estaban básicamente de acuerdo sobre la teoría constitucional y en su posición contra la esclavitud, lo que empezó a distanciarles fue el comportamiento demasiado autoritario, y hasta despótico, de los hermanos del científico. Curiosamente, Antonio Carlos, el tercero y el más patriótico, propuso un proyecto de ley para deportar a todos los nacidos en Portugal sospechosos de no apoyar la independencia. A Pedro aquella medida le pareció desproporcionada y contraria a los intereses del país, que no podía prescindir de comerciantes y profesionales de todo tipo, independientemente de su nacionalidad. Aborrecía el fanatismo, el dogmatismo de los hermanos, sobre todo del más joven. Le llegaban quejas constantes sobre la manera que los Bonifacio tenían de lidiar con sus adversarios. Gran parte de esas informaciones se las había transmitido Domitila, que en São Paulo había sido manipulada por las facciones en lucha por el poder local —los partidarios de los Bonifacio de una parte y los masones y republicanos de otra—, felices de haber encontrado en ella una palanca para influir sobre el emperador. Ella le contó cómo los hermanos de su ministro principal perseguían a sus oponentes políticos, encarcelándolos, enviándolos al exilio, sometiéndoles a investigaciones sobre sus bienes, haciéndoles la vida imposible.

Pedro reaccionó declarando en la Asamblea la conveniencia de decretar una ley de amnistía general. Confesó que las medidas que había tomado en São Paulo contra la junta de gobierno local —contra los adversarios de Bonifacio— habían sido demasiado duras, aunque se justificó diciendo que habían sido necesarias en aquel momento, pero no ahora. Los Bonifacio protestaron. El propio José intentó persuadirle de no promulgar esa ley que socavaría su propia autoridad, pero Pedro hizo oídos sordos y siguió adelante. Entonces Antonio Carlos, temeroso de que los hermanos perdiesen la base de su poder, espoleó a sus aliados en la Asamblea para derrotar el proyecto de ley el día de la votación, lo que consiguió por un estrecho margen de votos. Pedro estaba contrariado. Sin embargo, la verdadera víctima de ese pulso no fue el proyecto de ley, sino la amistad que le unía a su ministro principal.

## 61

Con tres fragatas, dos corbetas, cuatro bergantines y el *Pedro I* que sumaban, en conjunto, doscientos treinta cañones, lord Thomas Cochrane se enfrentó a una flota tres veces mayor compuesta por catorce navíos con trescientos ochenta cañones. A punto estuvo el lobo de los mares de ser capturado en la primera escaramuza, cuando se propuso abrir una brecha en el orden de batalla de los portugueses. Cruzó la línea enemiga y abrió fuego contra las fragatas pero le falló la retaguardia: sus otros navíos no siguieron sus señales, de modo que se encontró solo, rodeado de los barcos del general Madeira. En ese momento se dio cuenta de que la tripulación que llevaba no estaba a la altura de las circunstancias:

—*Damn!* ¡Cómo puedo ganar esta guerra si me llenan los barcos con todos los vagos y maleantes de la ciudad! —se lamentaba.

El problema no eran los vagabundos, sino los marinos portugueses que se habían amotinado en dos de las fragatas que debían cubrirle. Se negaron a entrar en combate declarando que «los portugueses no combatían a portugueses». Hasta en el propio navío de Cochrane se produjeron actos de sabotaje, entre los que destacó la desaparición de las llaves de unos depósitos de pólvora. Por si fuera poco, los cañones funcionaban mal y la calidad de la pólvora era tan pésima que los proyectiles apenas alcanzaban la mitad de su recorrido.

Cochrane dio orden de retirada y consiguió escabullirse. Su primera ofensiva se había saldado con un rotundo fracaso y se dio cuenta de que necesitaba replantearse la estrategia. Empleó el tiempo necesario para sustituir la tripulación portuguesa por mercenarios ingleses y por nuevos reclutas brasileños, al tiempo que mejoraba el armamento de sus buques con munición importada de Europa. Luego esperó a que el ejército brasileño rodease por tierra la ciudad. Él se encargaría de hacerlo por mar. Empezaba, así, el sitio de Bahía.

Mientras, en Río, José Bonifacio acabó enfrentándose en la Asamblea a los poderosos intereses de los terratenientes cuando presentó su tratado para la eliminación progresiva de la esclavitud. Había pensado que, una vez garantizado el poder del emperador, podía dedicarse a transformar la estructura social del país, pero se topó con la oposición de la aristocracia rural, que no podía permitirse sabotear el fundamento mismo de su economía. Las quejas contra el primer ministro se acumularon en la persona del emperador, pero Pedro hubiera estado dispuesto a defenderle si Bonifacio se hubiera abstenido de hacer comentarios sobre el escándalo soterrado que sacudía la vida social de Río:

—Deberíais desistir de las relaciones que mantenéis con esa mujer casada —le sugirió el viejo científico con su franqueza habitual.

Al principio, Bonifacio había creído que se trataba de una aventura más del díscolo emperador, pero a medida que pasaba el tiempo, se daba cuenta de que la pasión no remitía. Lo peor fue enterarse de que sus adversarios políticos frecuentaban la casa de Domitila. Poderosos terratenientes, ricos mercaderes, militares, negreros, personajes cuyos intereses dependían directa o indirectamente del comercio y la explotación de esclavos, se hicieron visitantes asiduos de la amante del emperador, quien les ofrecía un té o un jugo de guayaba o de mango en la veranda, mientras escuchaba sus reproches hacia Bonifacio y les reía las gracias gozando de su recién adquirida relevancia.

A estas alturas, Domitila se había convencido de que mientras José Bonifacio y sus hermanos estuviesen en el gobierno, ella estaría en un lejano segundo plano. Sería «la amante», la segundona, flor de un día... Y ella necesitaba seguridad, no sólo por el hijo que llevaba dentro, sino porque le daba pánico pensar que podría volver a encontrarse en la situación de la que Pedro la había rescatado. Necesitaba hacerse imprescindible, estar en primera fila. Para ello, debía luchar por lo que consideraba suyo, nada menos que el alma del mismísimo emperador (el cuerpo lo disfrutaba ya casi todas las noches). Y lo hacía espoleando su amor propio: «¿Quién es al final el monarca, el jefe? ¿Quién manda..., Bonifacio o tú?», le preguntaba a sabiendas de que Pedro detestaba ser percibido como un títere, como un ser blando incapaz de tener su propio criterio. Poco a poco, esa labor de zapa fue haciendo mella en él y llegó a cambiar la percepción que el emperador tenía de su ministro principal, a quien no perdonaba haber tratado a su amante de Mesalina, la que fuera tercera esposa del emperador Claudio, famosa por su belleza y sus constantes infidelidades.

El eco de esa conspiración constante llegaba a oídos del viejo científico, quien, aparte del problema político, tenía otro personal. Se encontraba en una posición muy incómoda: estaba entre la espada y la pared, desgarrado entre su lealtad a Pedro y su amistad con Leopoldina. No quería ser cómplice de unos escarceos amorosos susceptibles de zaherir el alma pura de su amiga la emperatriz. Se negaba a ser cómplice del engaño a esa mujer que siempre le había mostrado afecto y se había comportado con una dignidad y coraje ejemplares en los momentos difíciles. Así que escogió el ataque como táctica para defenderse: «Estáis manteniendo una relación indecorosa e indecente», le soltó de nuevo al emperador, quien acusó el golpe sin contestar.

¿Sospechaba algo Leopoldina? Hacía tiempo que sabía que su marido era un donjuán, ya lo tenía asumido. No le creía capaz de enamorarse ni de mantener una relación duradera en el tiempo. Lo sabía inconstante, caprichoso y voluble. Por eso, no prestó demasiada atención a la reacción azorada de Pedro cuando ella entró en su despacho y le sorprendió escribiendo una carta a la luz de un candil. Él balbuceó y tapó el papel con su brazo para que ella no pudiera leer el nombre de su destinataria: *«Me dijo que le dio pena saber que tenías el mal de Lázaro...* —decía aquella carta—. *Lo bueno es que ahora, cuando yo salga de día, nunca va a sospechar de nuestro santo amor, y le hablaré de otras mujeres, mencionaré otros nombres para que ella desconfíe de las otras y nosotros podamos vivir tranquilos a la sombra de nuestro sabroso amor.»* Cuando se quedó solo, añadió una postdata: «*La emperatriz apareció por sorpresa y casi me pilla, pero tus oraciones me han salvado.*» Escribía a Domitila para consolarla. Acababa de dar a luz, pero el bebé había muerto a los pocos días. Pedro quería compartir con ella el dolor, que no se sintiese sola ante el infortunio. La muerte de un hijo, fuese legítimo o natural, le sacudía, le hundía en la depresión, le llevaba a cuestionarse el sentido de la vida, la razón misma de ser.

Si Leopoldina sospechó algo aquel día, lo olvidó pronto. En el fondo, no quería saberlo. Aunque no era inmune a las evidencias y a los rumores, inconscientemente los rechazaba. A ello la ayudaba el hecho de que estuvieran haciendo la misma vida de siempre. Desayunaban juntos y, si los embarazos se lo permitían, salían de paseo a caballo, ya fuese a las cuadras a admirar los purasangres de Pomerania que había encargado para su marido, a pasar revista a los esclavos interesándose por su salud y sus familias, o a supervisar las obras de rehabilitación del jardín botánico. Al regresar, él se encerraba con sus ministros hasta la hora del almuerzo. Luego ella velaba por la sagrada siesta, que no debía ser interrumpida bajo riesgo de provocar la ira imperial. Salían mucho al teatro, y ella casi siempre le acompañaba. Todos los viernes a las nueve de la mañana iba con su marido a la audiencia en San Cristóbal. Como se hacía en las Cortes de la India, gente de toda clase y condición, incluso hombres descalzos o vestidos en harapos, hacían fila frente a la puerta principal e iban pasando a una sala donde Pedro y Leopoldina, sentados tras una mesa, examinaban las peticiones por escrito o las escuchaban de viva voz procurando dar a los peticionarios una solución provisoria.

Pedro le pedía consejo en casi todos los asuntos de gobierno. La tenía muy al corriente de su actividad y consultaba con ella sobre temas candentes, sobre todo el problema del reconocimiento internacional de Brasil, que era lo que más les preocupaba. En ese sentido, Leopoldina no se sentía abandonada. En el terreno sexual, aunque se sabía menos deseada que antes, lo que le parecía normal debido a los estragos que el clima, los embarazos y la edad producían sobre su cuerpo, todos los años se quedaba embarazada, con una regularidad pasmosa. Sobre todo, veía que él seguía estando muy pendiente de los niños, les hacía mimos, los cuidaba, les prestaba atención y jugaba con ellos. Por las noches, si no estaba con Domitila, les leía un cuento en la cama o les contaba historias de sus cacerías por la selva. Pedro insistía en programar los estudios de su primogénita Maria da Gloria e incluso asistía a las clases de francés que le impartía un cura marsellés. Estaba deseando que Maria Graham regresara de Inglaterra para que su hija empezara con el inglés. Luego, si algún niño caía enfermo, él mismo le administraba las medicinas, ya fuesen vomitorios o purgantes, ungüentos o tisanas. Era un padrazo, lo que compensaba el hecho de que también fuera un pésimo marido.

Lo que no sabía Leopoldina era que el sentimiento paterno de su marido no se limitaba a sus hijos legítimos. Cuando nació el hijo de Maria Benedicta, Pedro quiso asistir al bautizo, lo que levantó sospechas entre los cortesanos, y hasta en el marido de ella, de que por las venas de aquel pequeño circulaba la sangre azul de los Braganza. Ya no le interesaba Maria Benedicta como amante; había cumplido con su papel de «sustituta» y ahora estaba volcada en las tareas de ser madre, pero él insistió en ver al niño y hasta sugirió el nombre de Rodrigo, que al final fue el escogido. En su conciencia llevaba un peso demasiado grande por la cantidad de niños que había engendrado con mujeres de las que no recordaba ni el nombre ni los rasgos del rostro como para despreocuparse de los que tenía con mujeres de su entorno. Pensaba que Dios, con quien se entendía directamente, no se lo perdonaría. Al principio, a Domitila no se le pasó por la cabeza el hecho de que el hijo de su hermana pudiese ser de Pedro. Aún lo veía todo a través del prisma sofocante de su propio dolor, que la solícita atención de su amante ayudaba a mitigar. A medida que su cuerpo volvía a recuperar sus formas, el renovado ardor amoroso de Pedro, con las alegrías del sexo, le hizo pasar página y dirigir su mirada hacia el futuro. Un futuro que llegó pronto al quedar embarazada de nuevo. Esta vez nadie dudaba de quién era el padre. Si la gente que la cortejaba, cada día más numerosa, disimulaba y no hacía preguntas, sus enemigos, a veces invisibles porque ni siquiera la conocían, daban rienda suelta a la maledicencia. Su cercanía al poder creaba envidias y rencores. ¿Quién era esa provinciana que se había adueñado del corazón del emperador? ¿De dónde había salido? ¿Cómo era? ¿Qué cualidades especiales tendría?, se preguntaban las cortesanas de lengua viperina. Algunos rumores llegaron a asegurar, incluso, que había embrujado a Pedro dándole un brebaje especial. Aunque él se había esforzado en mantener su idilio con cierta discreción, no se hablaba de otra cosa en los salones de la nobleza y en los garitos del pueblo.

El propio ex marido de Domitila quiso sacar partido de la situación. Hacía tiempo que Felicio había renunciado a mostrarse celoso, y a pesar de haber aceptado un puesto de administrador en una finca del emperador, le dio por mandar cartas a su ex mujer exigiéndole favores. Domitila enseñó a Pedro una de ellas en las que Felicio insinuaba un chantaje si no accedía a su petición.

—Ahora mismo voy a dar una lección a ese hijo de puta —dijo el emperador.

Dio orden de que ensillasen su caballo y partió a galope tendido hasta la finca Santa Cruz sin importarle la oscuridad ni el chaparrón que empezó a caer en ese momento. Tardó varias horas en recorrer sesenta kilómetros y llegó de madrugada a la casa donde vivía Felicio, situada en medio de una plantación de café. Los esclavos estaban estupefactos ante semejante aparición a esas horas tan intempestivas.

—Id a buscar al encargado —les ordenó.

Felicio salió en pantalones y sin camisa, con los tirantes directamente sobre la piel. Abrió mucho los ojos como para cerciorarse de que lo que estaba viendo era real y no una pesadilla. Se quedó lívido al ver que Pedro blandía la nota que él había enviado a Domitila.

—¿Has sido tú quien ha escrito esto?

Felicio empezó a balbucear. Entonces el amante se dispuso a dar una lección al marido. Pedro se le acercó y le propinó una bofetada con todas sus fuerzas que resonó en la noche como un latigazo. En el rostro de los esclavos se dibujó una expresión de desconcierto casi cómica. El emperador trataba al capataz como nunca les había tratado a ellos; ese hombre debía de haber cometido una gran maldad, pensaron mientras los gritos de Pedro que abroncaban al ex marido rasgaban la noche. Al recordar las cicatrices en los muslos de su amada, aún se enfurecía más. Una vez le hubo dicho todo lo que pensaba, incluida una amenaza de muerte si volvía a chantajear a Domitila, sacó un papel de su alforja. «Vas a firmar esto», le ordenó, y Felicio obedeció en el acto. Era una nota por la que se comprometía formalmente a no molestar más a Domitila.

62

Los esclavos, siempre felices de encontrar una oportunidad para humillar al jefe, dieron a conocer esta anécdota que mostraba bien el carácter desmedido del emperador. Para Domitila, era una prueba de amor y del ascendiente que tenía sobre su amante. Le daba la impresión de que le conocía desde hacía muchísimo más tiempo del que habían pasado juntos por lo bien que sabía hacerle reaccionar. Era como una pianista que sabía tocar las teclas de su instrumento según la melodía que quisiera escuchar.

Y precisamente porque le conocía bien, también sabía lo volátil que era. Las frecuentes visitas de Pedro a la finca Santa Cruz, a casa de su hermana, la convencieron de que los rumores que le habían llegado a través de los esclavos y del servicio eran ciertos. Esos dos se habían entendido. Sabedora de la inquina y la envidia que le tenía Maria Benedicta desde la infancia, no se extrañó demasiado. Sin embargo, los celos se apoderaron de ella y se enfureció. Le entraron ganas de estrangularla. A Pedro le hizo una escena digna de una tragedia griega, alegando que se sentía traicionada por dos personas que adoraba, que no podría seguir viviendo así, que quería volver a São Paulo, abandonarle y olvidarle para siempre. El joven emperador escuchó la retahíla de lamentaciones sin pestañear. Curiosamente, parecía complacido. Que alguien le tratase de esa manera, le dijese las cosas a la cara, e incluso le insultase, le hacía sentirse un hombre. Nunca supo lo que significaba ser una persona normal, y la discusión con Domitila vino a recordárselo. Ella bordó su papel de amante despechada, hasta el punto de que Pedro se vio obligado a arrodillarse ante ella y a pedirle perdón. Y lo hizo de corazón. Reaccionaba como esos niños que en el fondo agradecen que les marquen los límites que han transgredido. En lugar de provocarle rechazo, que una mujer se atreviese a hablarle así le hizo sentirse más devoto de ella, si cabe. Qué bueno era dejar de ser emperador por unos momentos, ser un hombre y no un dios...

Sin embargo, aquella refriega amorosa le afectó lo suficiente como para olvidarse de supervisar el ensillado de su caballo. Ya en el recinto del palacio de San Cristóbal, el animal hizo un quiebro y Pedro perdió el equilibrio; intentó aferrarse al cuello con tan mala suerte que su pie izquierdo se quedó atrapado en un estribo. Había sufrido muchas caídas de caballo, unas treinta, y de todas había salido prácticamente ileso, pero ésta le dejó tirado en el suelo, gritando de dolor. Pidió socorro pero nadie le oía. Con dificultad, consiguió arrastrarse hasta la garita de la guardia, y allí le socorrieron. Como no podía tenerse en pie, sus guardias le llevaron en volandas hasta el palacio. Al verle llegar en aquel estado, Leopoldina se asustó y, acompañada de un criado, corrió a echarle una mano, a limpiarle las magulladuras y a confortarle. El médico que le atendió le diagnosticó fracturas de varias costillas y contusiones diversas que le afectaron el nervio ciático. Pedro veía con horror las diecinueve sanguijuelas que chupaban la sangre de su cadera para reducirle la inflamación. Leopoldina pensó que le iba a dar una crisis epiléptica porque, entre el dolor y el susto, Pedro estaba temblando como una hoja y tenía lágrimas en los ojos:

—¿Podré volver a montar, doctor?

Estaba aterrorizado. El caballo era la extensión de su propio ser, el instrumento de su libertad. Sin él se sentía como un paralítico. Montar era algo imprescindible para un hiperactivo como él, y además enamorado.

—Claro que sí —le tranquilizó el médico—. Debéis guardar reposo absoluto durante al menos tres semanas.

Era la primera vez en su vida que debía mantenerse inmóvil, y debía hacerlo envuelto en un corsé diseñado por un ortopeda portugués que se le clavaba en las costillas. El emperador pensó que aquello era un castigo del cielo por haber engañado a Domitila y a esa mujer bondadosa que ahora le pasaba un paño por la frente y que prometía, cuando estuviera curado, ofrecer un cuadro al óleo a Nuestra Señora de Outeiro en la capilla de Gloria. A modo de penitencia, Pedro juró también ir a encender una vela a la Virgen.

La cama con baldaquín de su dormitorio, por cuya ventana entraba un olor a hierba recién cortada y a madreselva y desde donde podía ver los pavos reales del jardín que le recordaban a su padre, se convirtió esos días en la capital del imperio. Excepto tres irreductibles republicanos, todos los miembros de la Asamblea acudieron a visitarle. El tema recurrente de conversación era el desorbitado poder de los hermanos Bonifacio, que muchos envidiaban y todos temían. Pedro, impaciente por demostrar su autoridad, por dejar sentado que nadie le marcaba la agenda, escuchaba de manera complaciente las insinuaciones de esa gente que, en circunstancias normales, ni siquiera hubiera atendido unos minutos. Unos le susurraban que José Bonifacio buscaba protagonismo, que su impopularidad podría afectar a su reputación imperial. Otros, que no debía permitir que su gloria fuese eclipsada por su más próximo colaborador. Que tantas y tan diversas personas repitiesen lo mismo que Domitila le había contado sobre la impopularidad de su ministro le hizo vacilar. El emperador era una persona muy influenciable.

A pesar de ese rosario de visitas, le costaba soportar el tedio de la inmovilidad. El tiempo se le hacía eterno, y el mejor recuerdo que guardó de aquellos días fue la visita sorpresa de su amante. Domitila llegó casi de madrugada. Había entrado en el palacio por una puerta trasera gracias a la inestimable colaboración del Chalaza, que hubiera hecho lo imposible por contentar a su amigo, aunque sólo fuese por agradecerle que le hubiera nombrado comandante del segundo batallón de su guardia personal. Ella se abalanzó sobre la cama de Pedro envuelta en un mar de lágrimas, diciendo que se sentía culpable del accidente y pidiéndole perdón. El súbito cambio de papeles —él era la víctima y ella la culpable—, permitió una reconciliación inmediata. Domitila le dijo que se consideraba en deuda con él por haberle solucionado el divorcio, por haberla traído del pueblacho de São Paulo a la capital; le dijo que le quería con todas las fibras de su ser porque al hacerla su amante la había tratado con cariño, con ternura, la había sacado de la indiferencia y el tedio. Se mostró sumisa y reconocida:

—Perdóname, no soy nadie...

—En la cama eres mi igual —le contestó él con socarronería— y a veces mi dueña y señora.

Ella le sonrió con picardía y se acercó a besarle.

Fue una visita corta, por miedo a que fuese descubierta por alguna dama de compañía o alguna criada de Leopoldina, y dejó en ambos un regusto agridulce. Pudieron verse, tocarse, abrazarse y besarse, pero ella se tuvo que marchar casi como si fuera una delincuente, envuelta en su capa negra, a hurtadillas. No le gustaba ese papel y a él, acostumbrado a hacer su santa voluntad, tampoco. ¿No podía un emperador vivir como le viniera en gana? Ya barruntaba planes para remediar la situación y hacer «oficial» la presencia de su amante en la corte.

En los últimos días de su convalecencia llegó a sus manos una carta anónima que atribuía a los tres hermanos Bonifacio actos de injusticia y que anunciaba una conspiración contra el emperador. ¿Estaba Domitila detrás de esa carta, como aseguraban las malas lenguas? Pedro no lo creía. Sin embargo, la carta le escamó, porque hasta entonces se sentía muy seguro de su poder. Si siempre había actuado confiando ciegamente en las informaciones de José Bonifacio para solventar un problema de amenaza de orden público, ahora sentía que debía pararle los pies. No sólo en nombre de la libertad sacrificada, sino también por precaución. No dudaba de su lealtad, pero había llegado el momento de dar un golpe en la mesa, de demostrar, como decía Domitila, quién mandaba de verdad.

Hizo que Bonifacio acudiera a su cama de convaleciente. El hombre llegó tarde, ya entrada la noche. Sabía que habían estado desprestigiándolo y se le veía desconfiado. Pedro, encorsetado y sentado en la cama, estaba apoyado sobre un almohadón. Le señaló unos papeles que había a sus pies, sobre la colcha.

—Quiero que los leáis...

La expresión de Bonifacio no podía ocultar su descontento. Lo que estaba leyendo era una serie de decretos para liberar a todos los prisioneros políticos de Río y de las provincias, así como para anular todas las órdenes de deportación. Por orden del emperador, autoridad suprema. Todos aquellos papeles se habían firmado sin haberlos consultado siquiera con el viejo ministro, como había sido la costumbre hasta entonces. Esta vez, no había lugar a que se votase una ley de amnistía en la Asamblea.

—Me esperaba algo así... —le dijo.

Luego se produjo un largo e incómodo silencio. Parecía que dudaba si debía decir lo que estaba pensando o no. Finalmente, se atrevió:

—Estoy informado de que es la voluntad de la señora Domitila de Castro... y que sus familiares han recibido algo por ello.

Pedro respiró hondo para controlarse y desviar el ataque.

—La señora de Castro no tiene nada que ver en esto. Hay personas injustamente encerradas y maltratadas y he preparado estos decretos por ellas. Hay que curar las heridas de este país, no echarles sal...

—Si están en prisión es porque son sospechosas de actos delictivos. Las amnistías son para los culpables, no para los inocentes —replicó Bonifacio—. En las circunstancias actuales, la conveniencia y la política aconsejan que el perdón sea otorgado después del juicio, no antes. Os ruego revoquéis estos decretos que socavan completamente mi autoridad y la de mis hermanos.

—No voy a hacerlo. La gente se queja de falta de libertad, de despotismo, y se supone que tenemos que luchar por la libertad, no al contrario.

—Me permito recordaros que quien está actuando como un déspota sois vos, emperador. Con estos decretos, anteponéis vuestra voluntad a la de la Asamblea, que ya se pronunció en la votación.

El hecho de que Bonifacio sacase a la luz su contradicción le exasperó:

—¡¿Cómo os atrevéis a llamarme déspota?! —gritó Pedro, fuera de sí—. ¡Bien sabéis que detesto el despotismo y las arbitrariedades!

—La libertad sin orden no es libertad.

Hubo un silencio. Pedro estaba rojo de ira. Bonifacio prosiguió:

—Emperador, no merece la pena seguir discutiendo..., es bien sabido que se ha depositado dinero para conseguir esa amnistía y yo no quiero que mi nombre esté asociado a un negocio tan vergonzoso.

En un impulso de rabia, Pedro intentó levantarse para agredirle, pero al hacerlo rompió el corsé que le sujetaba y pegó un alarido.

—¡Me estáis insultando! ¡Estoy harto de vuestra tutela! —le gritó esgrimiendo una mueca de dolor.

Bonifacio esperó a que Pedro se calmase y recobrase el resuello. Los gritos habían provocado la aparición del ayuda de cámara del emperador, a quien Pedro dio la orden de dejarles solos. Cuando salió, el viejo científico dijo:

—Emperador, os presento en este mismo momento mi dimisión irrevocable.

Dio media vuelta y salió de la habitación. El hombre que había sido un instrumento clave para la independencia se había quemado en las brasas de la política y las intrigas. No sólo Pedro perdía a un valioso colaborador; la emperatriz Leopoldina se quedaba sin un amigo de confianza, alguien que hacía el papel de padre, como lo había sido Juan VI en otra época.

Volvió a embargarla una angustiosa sensación de soledad, agravada por el miedo de que su marido, sin la tutela de los hermanos Bonifacio, perdiese el norte en el marasmo de la política. A estas alturas se le hacía más difícil no aceptar la evidencia de que su marido y Domitila eran amantes. Había demasiados rumores que implicaban a Domitila, de manera pública y notoria, en la persecución y caída de Bonifacio. El truco del mal de Lázaro había dejado de funcionar.

63

El fracaso que para Portugal supuso la independencia de Brasil fue hábilmente explotado por Carlota Joaquina, quien, agazapada en la Quinta de Ramalhão, esperaba su oportunidad como un tigre al acecho. Y ésta le llegó de España, cuando la Santa Alianza envió tropas francesas para restablecer la monarquía absoluta. Su hermano Fernando, el llamado rey Felón, cambió de chaqueta y, seguro de su renovado poder, se dedicó a perseguir con saña a los liberales, restableció los privilegios de los señoríos y los mayorazgos, cerró periódicos y universidades. Hasta consiguió restablecer la Inquisición, creciendo la influencia del clero como en siglos anteriores. Portugal se contagió de ese fervor tradicionalista y se produjo un levantamiento absolutista. La oscuridad volvía a caer sobre la Península, pero Carlota vio la luz al final del túnel de su propia ambición.

—Miguel, ha llegado tu hora —le dijo solemnemente a su hijo.

Lo envió a Vila Franca, a un regimiento de infantería que se unió a los rebeldes absolutistas al grito de: «¡Viva la monarquía absoluta!» La *Vilafrancada* fue una de las muchas revueltas instigadas por el clero y por Carlota Joaquina para restaurar el antiguo Portugal, enemigo del libre pensamiento y entusiasta de la religión y la monarquía. ¡Qué cerca veía el sueño de que su familia reinase conjuntamente sobre toda la península Ibérica! Sólo faltaba que se cumpliese la última parte de su plan: obligar a su marido, ese traidor que había jurado la Constitución, a abdicar a favor de su hijo Miguel. Entonces el mundo volvería a tener el sentido que tenía para ella cuando, de niña, le inculcaban el amor por la monarquía y los valores eternos del imperio español.

Don Juan se encontraba en el palacio de Bemposta, llevando una vida tranquila en compañía de frailes. Extasiado en la capilla, escuchaba unos cantos gregorianos cuando, de repente, un alboroto que venía del exterior interrumpió ese momento privilegiado. Unos frailes azorados le anunciaron que se habían disuelto las Cortes, que el Parlamento se había cerrado y que el regimiento de infantería n.º 18 estaba en la plaza frente al convento lanzándole vivas como rey absoluto. Quizá unos años antes semejante noticia le hubiera llenado de alegría. Ahora no. Su máxima ambición ya no era el poder absoluto, sino reunir ambos reinos —el de Brasil y el de Portugal— bajo una misma corona en un sistema de monarquía constitucional. Don Juan no había jurado la Constitución en vano; se había convencido de que un sistema «a la inglesa» podría salvaguardar la unidad del mundo portugués, que para él era lo primordial. Esas consideraciones, añadidas al hecho de que intuía que detrás del golpe estaba la mano de su mujer, le hicieron desconfiar. Su viejo instinto de superviviente se puso en marcha. Se reunió con sus consejeros para analizar la situación.

—Si no os unís al golpe, majestad, me temo que vuestra esposa, alegando vuestro juramento constitucional, intente forzaros a abdicar... Ella se ha hecho fuerte, no lo olvidéis.

—¿Pensáis que debo marchar al frente de estos soldados y encabezar la asonada?

—Sí, majestad... Estáis a tiempo de adelantaros a los acontecimientos y acabar siendo dueño de la situación.

Aquellos frailes sabían latín, pensó el monarca, que también sentía el peligro de las maquinaciones de su mujer. No había tiempo para dudar: debía tomar una decisión en el acto, que era precisamente lo que más detestaba. De nuevo se veía forzado a actuar en contra de sí mismo. ¿No era ése su sino desde que había nacido? A estas alturas no iba a luchar contra el destino, pero sí tenía que hacerlo para seguir siendo el rey de Portugal. De modo que, a regañadientes, salió al balcón a saludar a los soldados del regimiento n.º 18. Hacía tiempo que no sentía el calor del pueblo y aquellos vítores y gritos de adhesión reconfortaron su viejo corazón cansado y le animaron a decidirse. Dos horas más tarde marchaba al frente de esa tropa para ir al encuentro de Miguel, quien no tuvo más remedio que inclinarse ante su padre y aclamarle.

Al cruzar el océano, el eco de la *Vilafrancada* tuvo un efecto devastador sobre la moral de las tropas del general Madeira, que hasta entonces soportaban estoicamente el sitio de Bahía. Desde que Cochrane había bloqueado la ciudad por mar, la escasez de víveres y productos básicos había convertido la vida allí en un infierno. Los precios se habían disparado. Un solo huevo costaba lo que una docena en otros lugares, un pollo valía su precio en oro, las verduras y la mandioca habían desaparecido por completo. El hambre hacía estragos. Los portugueses intentaron romper el cerco, pero se encontraron con una feroz resistencia. En total, unos diez mil soldados se vieron envueltos en una batalla sangrienta que causó miles de bajas en ambos bandos. Pero no fueron ni el hambre ni la necesidad lo que hizo cambiar el rumbo de los acontecimientos, sino las noticias procedentes de Portugal. El general Madeira, presionado por la desmoralización de su tropa y por los civiles portugueses de Bahía que temían perder todas sus propiedades a manos del Imperio brasileño, decidió evacuar la ciudad y replegarse en San Luis de Maranhão, un puerto en la costa norte, al límite de la Amazonia, que todavía era fiel a la madre patria.

La mañana soleada del 2 de julio de 1823, desde la cubierta del *Pedro I*, lord Cochrane vio aparecer unos sesenta navíos cargados con unos doce mil colonos y sus bienes, escoltados por la flota portuguesa. Más o menos la misma cantidad de gente que había llegado en 1808 desde Lisboa para salvar el trono de la ambición de Napoleón. El escocés dio orden de dejar pasar el buque principal, el setenta y cuatro cañones *Dom João VI*, y las fragatas que lo escoltaban, para concentrarse en un transporte de tropas portugués que apenas ofreció resistencia. En su interior encontró documentos, muchos de ellos cifrados, que contenían datos sobre el destino de los que huían. Se enteró así de que la intención del general no era regresar a Lisboa, sino arribar a San Luis de Maranhão. Entonces su genio militar entró en acción: confiscó todos los uniformes y todas las banderas, cortó el contacto con los barcos enemigos y dio orden al capitán del *Pedro I* de poner rumbo a San Luis de Maranhão de un tirón. Entró en el puerto portando pabellón portugués y cuando los funcionarios subieron a bordo, les anunció que venía a conquistar la ciudad, que San Luis debía rendirse.

—Mi barco está lleno de marineros expertos dispuestos a todo —les dijo— y nos siguen muchos otros repletos de brasileños con hambre de pillaje. Ustedes verán.

El engaño funcionó. La Junta provincial anunció su lealtad al Imperio brasileño y lord Cochrane, en un alarde de caballerosidad, les permitió huir en sus barcos hacia Portugal en lugar de padecer la humillación de tener que rendirse ante los brasileños. De modo que cuando el *Dom João VI*, arribó a San Luis de Maranhão unos días después, el general Madeira descubrió que su santuario había caído en manos enemigas. No tuvo más remedio que dar media vuelta y poner rumbo a Lisboa. Trescientos cincuenta años después de que el almirante Pedro Alvares Cabral tomase posesión de esa tierra, la flota portuguesa se marchaba para no volver. Dejaba atrás una colonia transformada en país independiente gracias sobre todo a la conjunción del talento, la energía, la inteligencia y el olfato de cuatro personas de orígenes muy diferentes: un hispanoportugués, una austriaca, un brasileño y un escocés.

En menos de seis meses, lord Cochrane había consolidado el imperio de don Pedro I. La inversión que se había hecho en su contratación había sido altamente rentable, como lo había presentido el emperador.

64

La victoria de Cochrane atizó el fuego del patrioterismo. En todo el país, hordas de brasileños pidieron que se continuase con la labor de la independencia expulsando a los portugueses y confiscando sus bienes. El emperador formaba parte de los sospechosos de deslealtad, primero por haber nacido en Portugal y segundo porque ordenó trasladar a todos los prisioneros de la batalla de Bahía a Río, donde les dio la posibilidad de alistarse en el ejército brasileño. Esta medida, considerada indulgente por los «nativistas» (como se llamaba a los nacionalistas) pero imprescindible por el emperador, que necesitaba soldados como fuese, fue utilizada para denunciar «la peligrosa influencia de los portugueses en el ejército» en un periódico de Río llamado *O Tamoyo*, que por cierto pertenecía a los hermanos Bonifacio. Además corría el rumor de que Pedro y su padre, ahora restituido en su poder, habían llegado a un acuerdo para reunir Brasil y Portugal bajo el mismo cetro.

Para aplacar tanta suspicacia, Pedro se veía obligado a demostrar, siempre que se presentaba la ocasión, su compromiso con la causa de la independencia. Cuando llegó a la bahía de Río un emisario del rey Juan VI a bordo de un bergantín portugués enarbolando una bandera blanca, Pedro se negó a recibirle. Días más tarde, una corbeta también portuguesa fondeó en el mismo lugar sin izar la bandera blanca. Pedro ordenó capturarla como botín de guerra, mandó al emisario de vuelta en un barco de pasajeros, e hizo alarde de no abrir la correspondencia y las cartas personales que le mandaban sus parientes de Portugal, a pesar de que ardía en deseos de leer a su padre, de ver los trazos serpentinos de su caligrafía, de sentirle cerca aunque estuviera a cinco mil millas de distancia.

—No quiero saber nada de Portugal hasta que no reconozca la independencia de Brasil —declaró bien alto, para que lo oyesen sus adversarios.

Pero por muchos gestos que hiciera, nada bastaba para exonerarlo del pecado de haber nacido en Portugal. Como era sospechoso a ojos de la Asamblea Constituyente, los delegados buscaban limitar sus poderes, negándole el derecho a participar en la elaboración de las leyes. Llegaron a oponerse a la concesión de una condecoración a lord Cochrane en agradecimiento a los servicios prestados, algo que Pedro había propuesto porque pensaba que era justo. Los delegados, siempre dispuestos a socavar su autoridad, no pudieron negarle la facultad de nombrar al lord marqués de Maranhão, pero se opusieron a acompañar ese nombramiento de su correspondiente concesión de tierra, que es lo que de verdad interesaba al escocés.

La gota de agua que colmó el vaso de la paciencia de Pedro fue un hecho ocurrido al calor de uno de los debates, cuando Antonio Carlos Bonifacio, que se había ganado el apodo de *Robespierre* brasileño, declaró:

—¡Todos los nativos de Portugal, incluido el emperador, son enemigos potenciales de Brasil!

Un clamor surgió de la Asamblea que su presidente, un moderado, no consiguió aplacar. Cuando más tarde declaró cerrada la sesión, Pedro vislumbró desde la ventana del viejo palacio, adyacente al edificio de la Asamblea, cómo los dos hermanos Bonifacio salían a hombros de la multitud. «Ellos o yo», se dijo a sí mismo.

Harto de las discusiones interminables y estériles sobre el hecho de ser «portugués» o «brasileño», cansado de tantas reuniones tumultuosas que amenazaban la estabilidad del gobierno, temeroso de caer en un golpe propiciado por los republicanos o los patriotas, decidió disolver la Asamblea.

—No lo hagáis —le aconsejó Leopoldina, que temía que semejante medida incendiase la vida política e hiciese surgir la violencia.

—No podemos seguir así —le contestó Pedro—. La Asamblea es un caos permanente. Me amenazan sin ningún escrúpulo, no puedo seguir soportando esto...

—Sí, pero dirán que es abuso de autoridad y vuestros enemigos, tarde o temprano, se vengarán. Tened mucho cuidado.

Cuando esa noche fue a ver a Domitila, ésta le animó en sentido contrario:

—Líbrate de ellos de una vez —le dijo refiriéndose a los Bonifacio—. Sólo quieren usurpar tu poder.

Al final pudo más la influencia de la amante. Pedro reunió a su Consejo de Ministros y, muy solemnemente, les leyó el texto de un decreto que había preparado durante toda la noche: *«Por la presente declaro, como emperador y defensor perpetuo de Brasil, disolver la Asamblea y convocar otra... Que trabajará en un proyecto de Constitución que será dos veces más liberal que el que acaba de elaborar la Asamblea disuelta.»* Al conocer la intención del emperador, los diputados permanecieron toda la noche en vilo encerrados en el edificio de la Asamblea en lo que se dio a conocer como «la noche de la agonía». ¿Qué esperaban? ¿Que una facción de los militares impedirían este golpe de mano del emperador? ¿Que el pueblo se lanzaría a protegerles? Al igual que sucedió durante los acontecimientos de la

Cámara de Comercio, Pedro se les adelantó. Al amanecer, mientras dos mil soldados del regimiento de caballería rodeaban el edificio, un oficial entregaba a su presidente el decreto imperial por el que se suspendía a la Asamblea en sus funciones. Hubo un bronco rumor de protesta, pero ante el despliegue de tantas fuerzas en la plaza, nadie se atrevió a resistir. La memoria de lo ocurrido en la Cámara de Comercio estaba bien presente en el ánimo de los diputados, de manera que al darles la orden de desalojo, la ejecutaron sin dilación. Salieron lentamente: unos cabizbajos, otros, por el contrario, con la barbilla alta, desafiantes. Martín Francisco y Antonio Carlos Bonifacio fueron arrestados, mientras una patrulla se dirigía a casa del viejo José a detenerlo.

Cuando el local estuvo desalojado, Pedro hizo su aparición montado en su mejor caballo. Al igual que sus oficiales, llevaba prendida en el pecho una ramita de cafetal, símbolo utilizado sobre todo por la oligarquía rural. Luego recorrió las calles junto a un grupo de oficiales. No había gritos de júbilo, ni vivas, sólo un inusual y pesado silencio. El pueblo, desengañado, se preguntaba si no había nacido un tirano. Pedro se recogió en la iglesia de Gloria, donde pidió amparo a la Virgen y le agradeció haber evitado el baño de sangre.

Leopoldina, que pensaba que los muchos enemigos que tenía Pedro nunca le perdonarían este golpe de mano, intentó oponerse a la decisión de su marido de enviar al exilio a Francia a José Bonifacio, a sus hermanos y a un grupo de delegados en el *Leuconia*, un carguero portugués previamente requisado y reacondicionado a tal efecto.

—Os lo ruego, Pedro, no los deportéis.

—No pueden quedarse aquí conspirando contra mí. Ya no se pueden quedar.

—Por favor, os lo pido.

—Que sepáis que se benefician de mi generosidad. Cada uno va provisto de una pensión anual de mil doscientos cincuenta dólares que viene del tesoro imperial. No les dejo en la indigencia.

—No mandéis a José al exilio, es un hombre valioso, aunque...

Pedro no le dejó terminar la frase:

—Si se queda aquí, tendré que encerrarle en una cárcel. Es mejor que se vaya.

Al embarcar en el *Leuconia*, el viejo científico lloraba. Sus ideales se habían estrellado contra la aspereza de la política y las maniobras torticeras de sus enemigos. Este viejo idealista había querido hacer un país libre, grande y justo. Libre y grande lo era, pero ¿sería justo algún día?, se preguntaba desde cubierta, con el corazón tan roto como sus sueños. Al oficial que lo escoltaba le dijo lo siguiente:

—Diga al emperador que estoy llorando por sus hijos, que son inocentes... Dígale que trate de salvar la corona para ellos, porque para él está perdida desde el día de hoy.

Para congraciarse con el emperador, antes de zarpar el capitán del barco propuso cambiar de rumbo, no ir a Francia y a cambio soltarlos en Lisboa, a merced del nuevo gobierno absolutista. Hubiera significado un juicio sin garantías y años de cárcel, quizá la ejecución, para los diputados.

—Nunca consentiré algo semejante, sería una felonía —le respondió Pedro, y le dejó con la sonrisa congelada.

Leopoldina perdía un amigo, un consejero, un apoyo. Estaba desolada. Ni siquiera le habían permitido despedirse de él. Fiel a su amistad, le escribió: «*He averiguado que esta mujer* (refiriéndose a Domitila) *ha recibido doce contos como premio a su trabajo. Lo he leído con mis propios ojos en una carta escrita por una mano augusta que así lo relataba.*» Con esta carta iniciaba una correspondencia que se prolongaría durante años, a pesar del riesgo que conllevaba hacerlo con el enemigo acérrimo de su marido. Esa correspondencia, Bonifacio la conservó toda su vida en una bolsa de terciopelo verde.

Domitila, por su parte, se libraba de un escollo importante que le impedía formar parte del círculo íntimo del emperador. En esa peculiar guerra, había ganado una batalla decisiva. En la recepción de la corte que se organizó semanas después para celebrar el primer aniversario de la coronación, hizo su aparición vestida de blanco, con una sonrisa radiante, un aire de triunfo y el rostro enmarcado por una guirnalda de capullos de rosa que contrastaban con su cabello de azabache recogido en un moño. A la altura del pecho lucía una rama de cafetal bien grande.

Mientras, dos militares que se presentaron como amigos de los hermanos Bonifacio, se ponían en contacto con Leopoldina. El plan que le propusieron contemplaba forzar al emperador a que abdicase para después mandarlo al exilio. Los Bonifacio querían hacer pagar a Pedro con la misma moneda.

—A continuación le entregaríamos a su majestad la corona de Brasil.

La austriaca se puso nerviosa.

—Eso no puede ser... —balbuceó mientras le subían los colores, no sabía si de vergüenza o de miedo.

La idea de dar un golpe contra su marido era inconcebible, hasta insultante. ¿Cómo podían pensar que jamás aceptaría algo semejante? Los dos hombres insistieron. Estaba claro que la disolución de la Asamblea, el destierro de los paulistas y la relación con Domitila habían hecho mella en la popularidad de Pedro. A la emperatriz le hicieron valer el interés supremo del país, subrayando los defectos del emperador y el sufrimiento al que la tenía condenada.

—Soy cristiana —zanjó Leopoldina—. Estoy enteramente dedicada a mi marido y a mis hijos, y antes de tolerar algo semejante me retiraría a Austria.


65


Cuando lord Cochrane volvió a Río, felicitó al emperador por haber disuelto la Constituyente, esa Asamblea de sinvergüenzas desagradecidos que le habían racaneado el marquesado.

—Si me permitís daros un consejo, yo confirmaría ante el mundo mis principios liberales anunciando que estáis preparando una Constitución basada en la de Gran Bretaña y la de Estados Unidos de América.

El consejo no cayó en saco roto; Pedro necesitaba sacudirse el marchamo de tirano y de golpista. Quería cumplir con su promesa de hacer una Constitución muy liberal. Ésa sería la prueba de fuego que despejaría cualquier duda sobre su verdadero credo político. Sabía que Leopoldina había estado estudiando diversos textos, y le pidió ayuda. Siempre que lo hacía, la austriaca se sentía halagada y pensaba que su presencia junto a aquel hombre al que adoraba tenía sentido. Ya que no podía sentirse amada, al menos sentía que la necesitaba. El Chalaza, que hacía funciones de secretario personal, se encargó de conseguir copias de las constituciones de Cádiz de 1812 y de Noruega de 1814, entre muchas otras. Cuando un párrafo llamaba la atención de Pedro, mandaba copiarlo al Chalaza y éste lo trasladaba luego al Consejo de Estado. Poco a poco consiguieron un texto que, tal y como había prometido Pedro, era dos veces más tolerante en aspectos religiosos y en la manera de definir la inviolabilidad de los derechos humanos, incluido el de propiedad, que el proyecto anterior. La tortura, los azotes en plaza pública, la confiscación de bienes y la marca al hierro candente quedaban definitivamente prohibidos. Al final, consiguió promulgar una Constitución que durante los siguientes sesenta y cinco años salvaguardaría los derechos básicos de los brasileños de manera más eficaz que cualquier Constitución americana adoptada en la misma época. Pedro y Leopoldina la juraron en el Teatro Imperial, que aquella misma noche fue víctima de un incendio que acabó destruyendo el edificio. Muchos vieron en ello un signo del destino, un mal presagio.

En el nordeste, la airada reacción de los gobiernos municipales de Olinda y Recife, que rechazaron rotundamente el texto, parecía confirmar el mal augurio. Liderados por un cura independentista llamado fray Caneca, un grupo de republicanos y militares se alzó contra el gobierno de Río y proclamó la independencia de Pernambuco y sus provincias adyacentes. Nacía así la Confederación de Ecuador, el mayor desafío a la unidad de Brasil que el emperador hubiera podido prever.

—Almirante, necesito vuestros servicios...

A lord Cochrane la petición le llegaba en un buen momento. Llevaba meses envuelto en agrias discusiones con el ministro de la Armada Imperial y el tribunal que dirimía los trofeos de guerra. El lord reclamaba dos millones de dólares por todos los barcos que había capturado y que había mandado a Río. Como el tribunal imperial nunca acababa de adjudicar el reparto de ese valor, Cochrane se quedó en garantía con el resultado del pillaje de la aduana de Maranhão y de la Hacienda provincial. Atesoraba ese dinero en un baúl metálico bajo llave en el *Pedro I*. El tribunal argumentaba que muchos de esos barcos no eran premios legítimos y Cochrane contraatacaba alegando que los miembros del tribunal eran pro portugueses y estaban en connivencia con los dueños de los buques. La propia Leopoldina le había puesto sobre aviso diciendo que el gobierno le juzgaba demasiado codicioso y no estaba bien dispuesto hacia él. En aquellos días, Pedro sufrió un violento ataque de epilepsia, el primero en cinco años; le dejó varios minutos inconsciente, pero se restableció en seguida. Acudieron a visitarle a San Cristóbal miembros del cuerpo diplomático, del Consejo de Ministros y del Consejo de Estado. También apareció lord Cochrane. Pedro lo necesitaba más que nunca:

—... La rebelión del nordeste merece un castigo, uno que sirva de lección para el futuro —le dijo.

Era la oportunidad que esperaba Cochrane, quien le respondió:

—No zarparé hacia Pernambuco hasta que no reciba la remuneración que mis hombres y yo nos merecemos.

Pedro tuvo que usar su influencia para convencer a los miembros del tribunal de que entregasen a Cochrane doscientos mil pesos de plata como adelanto hasta que hubiera una sentencia definitiva. Esa cantidad, junto al botín que tenía a bordo y que no pensaba entregar, le convencieron para zarpar al mando de una flota compuesta por un bergantín, dos corbetas y dos barcos de transporte que llevaban mil doscientos soldados para ayudarle a sofocar la revuelta. Para facilitar su misión y el castigo de los rebeldes, Pedro ordenó suspender las garantías constitucionales en la provincia de Pernambuco.

Lord Cochrane bombardeó la ciudad de Recife desde el mar mientras las tropas entraron en la ciudad por el sur después de vencer una frágil resistencia. Los cabecillas rebeldes huyeron hacia el interior, pero las tropas imperiales les dieron caza. Al final, cayeron dieciséis líderes, entre los que se encontraba fray Caneca. Un tribunal militar les acusó de insurrección y la sentencia, que Pedro se negó a conmutar, fue ejecutada en el acto. El cura, despojado de su hábito religioso, murió fusilado por los disparos de un pelotón.

El lobo de los mares había cosechado otra importante victoria, pero se sentía mal retribuido, como era habitual en él. Puso rumbo a Gran Bretaña y al llegar entregó la fragata al consulado de Brasil, junto con una carta de dimisión y una astronómica factura por servicios efectuados al imperio. Nunca más volvió a Brasil. Siguió haciendo de mercenario, luchando en el Mediterráneo contra los turcos por la independencia de Grecia.

## 66

Cuando en septiembre de 1824 Maria Graham regresó a Río de Janeiro para ocupar su puesto de tutora de la princesa, fue recibida en palacio por un tal Plácido, ex barbero convertido en mayordomo y tesorero imperial, que la condujo a la habitación que le había asignado en el sótano del ala donde vivía Leopoldina. Ese hombre altivo y antipático ejercía una influencia considerable sobre la vida del palacio. No sólo era el jefe de todos los empleados, sino también el encargado de pagarles, así como de entregar la «mesada» a Leopoldina y contabilizar sus gastos. Varias damas de la corte, que miraban a esta intrusa con una mezcla de recelo y curiosidad, permanecieron en la habitación todo el tiempo que la mujer tardó en deshacer su equipaje. Por los comentarios que hacían sobre las prendas que desempacaba, la inglesa tuvo la impresión de haber desembarcado en una tribu de indios amazónicos en lugar de un palacio donde residía la primera familia de un imperio. Su impresión inicial mejoró cuando subió al porche donde la familia imperial la esperaba para darle la bienvenida junto a otro grupo de cortesanos. El emperador leyó una carta ante todos los allí presentes por la cual otorgaba a la inglesa el poder necesario para la educación moral, intelectual y física de las princesas.

La llegada de Maria Graham fue una bendición para Leopoldina, que estaba entristecida y muy necesitada de compañía. *«Desgraciadamente me doy cuenta de que no soy amada»*, le confesó en seguida con voz de angustia. Se había tenido que rendir ante la evidencia de que la relación de su marido con Domitila era estable y duradera. Había descartado los rumores, pero no había podido cerrar los ojos ante la evidencia. El borrador de una carta que el emperador había olvidado en el secreter le confirmó lo peor: *«Qué gusto ayer por la noche, todavía me parece que estoy en ello, ¡qué placer!, ¡qué consuelo!... Te mando un beso de parte de "mi cosa".»* Leer aquello le produjo auténtico dolor físico, como si le hubieran clavado el filo acerado de una daga en el corazón. Porque, a pesar del comportamiento inmaduro y hasta soez que demostraba la carta, le quería con toda su alma. Cualquier otra mujer hubiera reaccionado enfrentándose al marido, exigiendo explicaciones, clamando al cielo. Ella no. No es que fuese cobarde, pues había demostrado gran coraje y fortaleza de espíritu en los momentos difíciles de la independencia. Sin embargo, no la habían criado para imponerse frente al marido, al contrario. Toda la educación y los consejos paternos le habían inculcado pasividad y sumisión ante el hombre. El hecho de que el ambiente familiar no se resintiese de una falta de armonía en el matrimonio era más importante que su felicidad personal. Además, no podía luchar porque se encontraba muy sola. Hasta el mismísimo Bonifacio había sucumbido a las intrigas de los que rodeaban a su marido. ¿Cuánto tiempo aguantaría ella? Ante el dolor y el engaño, había reaccionado a su manera, con gran sentido del deber, sufriendo en silencio, fingiendo no saber nada, esperando que la hoguera de la pasión se apagara pronto, como tantas otras veces había ocurrido en el pasado.

A tan infausta situación se unía la preocupación por Maria da Gloria, su primogénita. Pedro había retomado su idea de casarla con su tío Miguel siguiendo la tradición monárquica más arcaica. Pretendía así apartar a su hermano de cualquier veleidad de querer usurpar el poder del rey, como ya lo había intentado en la *Vilafrancada*. Tenía intención de mandar a su hija a Portugal al terminar el año. Para Leopoldina, la simple idea de que su hija, tan joven e inocente, pudiese casarse con el pérfido Miguel la sumía en un profundo desconcierto. ¿Cómo podía su marido defender aquello? El propio Bonifacio la había consolado con la promesa de impedir esa boda contra natura. Sin embargo, ya no tenía a su viejo amigo a su lado. Desde su caída, no podía compartir su angustia con nadie o simplemente conversar sobre los temas que le interesaban. Por eso, en Maria Graham encontró un salvavidas al que aferrarse. Por fin tenía alguien con quien charlar de algo que no fuese niños, enfermedades, caballos o política. La erudita inglesa se convirtió en su consuelo en sus horas de melancolía; autora de varios libros de viaje y hasta de una novela de literatura juvenil, la ayudaba a olvidar que había sido «exportada a ese país de ignorancia», y con ella revivía sus días en Europa, hablaba de sus parientes que la inglesa había visto más recientemente, de los lugares que no conocía, de los libros que se leían y de la música que se escuchaba. Aprovechaba todas las horas del día que tenía libres para reunirse con Maria, especialmente durante la siesta mientras Pedro dormitaba en su habitación.

Sin embargo, los viejos demonios que estaban agazapados en las cuatro esquinas del palacio se pusieron a conspirar contra «las extranjeras», como las llamaban. La horda de criados y damas de compañía, en su mayoría portugueses, capitaneados por Plácido, vieron con malos ojos la irrupción de una segunda extranjera, como si no tuvieran bastante con una. ¿Es que no existe una dama portuguesa competente para educar a las princesas?, se preguntaban las cortesanas en sus corrillos. Heridas en su amor propio, las damas apenas saludaban a la inglesa, contestaban de mala gana a sus preguntas o le hacían el vacío. Cuando la pequeña enfermó de gripe, el emperador, que iba todas las mañanas a visitarla, saludaba de buen humor a la inglesa, quien permanecía de pie mientras criadas y damas de compañía pugnaban por postrarse y besarle la mano. Al irse, las mujeres murmuraban indignadas: «¡Qué monstruosidad!... ¡Maldita hereje que no demuestra el debido respeto al emperador!... ¿Quién se cree que es?... ¡Si no es más que una plebeya!» Lo hacían lo suficientemente alto como para ser escuchadas. Según ellas, besar la mano al emperador siempre que había ocasión era un deber sagrado. Desconcertada, Maria Graham preguntó a Leopoldina lo que debía hacer.

—Ya sabes: donde fueres, haz lo que vieres... —le respondió.

Contrita, la inglesa aprovechó la siguiente visita del emperador para adelantarse y besarle la mano. Pero Pedro se echó a reír, y en cambio le dio un firme apretón de manos:

—*A hand shake!* —exclamó—. Así es como se saludan los británicos, ¿no es cierto?...

Y siguió conversando con ella de manera cordial y desenfadada. La pequeña anécdota dio la vuelta al palacio, pero sólo consiguió que todos, incluido Plácido y el cura marsellés que daba clases de francés, sintieran todavía más celos de la recién llegada.

Otro día, una dama de compañía llamó la atención de la inglesa de mala manera porque en el carruaje donde se desplazaban ésta se había sentado en el lugar «de honor». Maria le respondió que se abstuviese de hablarle en ese tono, que no era ninguna criada de palacio. ¡Qué insolencia!, fue contando la dama por el palacio, ¡y encima siendo extranjera! De manera que las damas se retiraban después del almuerzo, y dejaban solas a la emperatriz y a la inglesa. Y cuando ésta se quedaba sola con la niña, las criadas la boicoteaban. No hacían caso cuando les pedía que atendiesen a la pequeña porque tenía hambre o estaba cansada. Una de ellas llegó a escupir en el suelo diciendo que no recibía órdenes de la intrusa. Otra se negó a bañar a la princesa en el cuarto de baño, como le había ordenado Maria, y quiso hacerlo en un barreño en una sala abierta por donde pasaban los esclavos y empleados, como era costumbre hasta entonces. La criada se negó a obedecerla «sin una orden escrita del emperador». Maria se exasperaba: las criadas sólo se precipitaban a atender a la niña cuando veían que Pedro y Leopoldina regresaban a palacio.

Era un ambiente irrespirable, pero Maria Graham, en el fondo, podía librarse de él cuando quisiese. Leopoldina, sin embargo, estaba condenada de por vida a aguantar la maledicencia, la mentalidad cerril de los que la rodeaban, que la aborrecían por el simple hecho de ser extranjera. Ese desprecio le dolía aún más porque se consideraba una «buena brasileña». ¿No lo había demostrado con sus actos? Hasta se había enfrentado a su padre para exigirle que la Santa Alianza reconociese a su nuevo país de adopción. Había llegado a declarar que estaba firmemente, y con todo su corazón, del lado de Brasil aunque su padre no se decidiese a favor de la independencia. Era un comportamiento insólito en una archiduquesa austriaca, que mostraba así su independencia de espíritu.

Sin embargo, quienes la odiaban eran portugueses que, por una razón u otra, se habían infiltrado en la vida de palacio y la habían contaminado con sus vicios y su ignorancia. La pequeña princesa se había contagiado de ese ambiente enrarecido. *«Maria da Gloria pegaba a los negritos, les daba patadas, era capaz de abofetear a una compañera blanca, pequeña y tímida, con la energía y el ánimo de una tirana»*, escribió Maria en su libro *A Voyage to Brazil*. Habló con la madre de esa niña solicitando su cooperación, y se quedó boquiabierta cuando la señora le contestó:

—Daría la muerte a una hija que no juzgase un honor recibir una bofetada de una princesa.

Ante una mentalidad así, ¿qué podía hacer Maria Graham? Cualquiera de sus iniciativas era sistemáticamente criticada en los pasillos. Si animaba a la niña a correr por los jardines y a observar los insectos, como quería su madre, las portuguesas de palacio ponían el grito en el cielo porque la pequeña se ensuciaba el trajecito. El juego de herramientas que la emperatriz había regalado a su hija con la idea de educarla un poco «a la europea» había desaparecido sin apenas usarse. Según las damas, no quedaba bien que la princesa estuviese revolviendo la tierra sucia como los negros. Consideraban que las herramientas eran «una pillería europea de la emperatriz que no sabía lo que convenía ni al clima de Brasil ni a la dignidad de los Braganza».

## 67

Leopoldina ni siquiera podía contar con el apoyo de su padre, Francisco II. Aunque éste se negaba, según el principio de legitimidad, a reconocer a Brasil hasta que don Juan lo hiciese, por otra parte se veía obligado a defender la monarquía brasileña porque era un freno a la ola de republicanismo que azotaba el resto del continente. De manera que Leopoldina no podía contar con que su familia presionase a Pedro. La política dictaba las relaciones, por encima de su felicidad personal. Ése era su destino. Su padre sólo se manifestó cuando escribió a su yerno diciéndole que consideraba el respeto a la religión y a las buenas costumbres superiores a una Constitución. Era una manera sutil de combinar en una frase su condena al comportamiento inmoral de Pedro con su hija y a su tendencia demasiado «democrática» y liberal. A Pedro no le afectó en absoluto. Ni en lo uno ni en lo otro estaba dispuesto a cambiar.

Pedro y Leopoldina tenían sus esperanzas puestas en que Gran Bretaña, cuya política había jugado a favor de la independencia de las ex colonias españolas, reconociese a Brasil. Los ingleses, sin embargo, pusieron una condición imposible de cumplir, al menos en un futuro próximo: que Brasil aboliese el comercio de esclavos. En cuanto a las demás potencias, no se atrevían a dar el paso y reconocer a Brasil por el mismo problema que se lo impedía al emperador de Austria, esto es, el de la legitimidad de la monarquía portuguesa. Había que ganarse a Portugal a la causa, y luego los demás países caerían como las fichas de un dominó. ¡Si pudiese convencer a don Juan!..., se decía Pedro. Pero ¿cómo reanudar el diálogo si todos los puentes estaban rotos y si hacerlo conllevaba el riesgo de ser percibido como traidor por sus propios súbditos brasileños?

La oportunidad le llegó de Lisboa el 25 de abril de 1825, día del cumpleaños de su madre Carlota Joaquina. Ese día, Miguel, nombrado generalísimo del ejército portugués por sus secuaces absolutistas, dio otro golpe contra su padre con la intención de arrebatarle el poder. Lo que no había conseguido en la *Vilafrancada* menos de un año antes pensó lograrlo entonces en lo que se dio en llamar la *Abrilada*. Durante una semana Miguel y sus huestes mantuvieron a don Juan encerrado en su palacio, presionándole para que abdicara a su favor. Mientras, sus hombres hacían reinar el terror en Lisboa, arrestando a personalidades civiles y militares a las que acusaban de ser partidarias del liberalismo. De no haber sido por la intervención del cuerpo diplomático, Miguel y su madre hubieran conseguido hacerse con el poder. Sin embargo, el azar quiso que William Carr Beresford, el almirante que había gobernado Portugal después de la invasión francesa y que había ido a Río a intentar convencer a don Juan de que regresara a Portugal, estuviera en aquel momento en el palacio de Bemposta. Él y su colega, el embajador francés, salvaron la situación y pusieron al rey a salvo en el *HMS Windsor Castle*, que estaba fondeado en el Tajo. Desde la seguridad de ese refugio frente a la ciudad, y con el apoyo militar británico, don Juan recuperó el control sobre su propio ejército y tomó una serie de medidas: cesó a su hijo Miguel de su cargo de generalísimo del ejército, ordenó la captura de sus simpatizantes y la liberación de todos los que habían sido arrestados por los absolutistas. En esas circunstancias, Miguel no tuvo más remedio que acudir a la convocatoria que le hizo su padre a bordo del barco británico. Se abalanzó a besarle la mano en un gesto de sumisión que contrastaba con el comportamiento levantisco que acababa de demostrar.

—Has visto que gracias al apoyo de las naciones amigas, siempre dispuestas a restituir la legitimidad que pretendías robar, tu intentona no ha prosperado —le dijo don Juan.

Miguel no se atrevía a mirarle a los ojos. Nunca había tenido mucha relación con su padre, y el hecho de que le hablase cara a cara, con esa solemnidad propia de un rey, le amedrentaba.

—¿Quieres morir por un disparo británico? —le preguntó don Juan—. Yo preferiría que eso no ocurriese porque eres mi hijo, y sé que actúas movido por el odio que me tiene tu madre. Pero tu actitud es indigna. La traición de una esposa se puede soportar, la de un hijo es fuente de un dolor sin fin.

Miguel seguía en silencio. Parecía que el feroz golpista se había convertido en un cordero, pero era experto en aparentar docilidad, pues no en vano había tenido a su madre de maestra. Don Juan prosiguió:

—Tienes el mundo en contra: los ingleses, los franceses, la Santa Alianza. Te pido que desmovilices públicamente a todos tus seguidores...

Un rictus de frialdad se apoderó del rostro de Miguel, quien alzó la mirada desafiante:

—¿Y si no lo hago?

—Serás el causante de mucho dolor, de muchas víctimas que caerán bajo el fuego de nuestro legítimo ejército.

—Nuestros seguidores son muchos y...

—¿Me sigues desafiando? —interrumpió el rey—. Si persistes en tu actitud, no sólo serás responsable ante Dios de lo que ocurra a vuestros seguidores, sino que no puedo responder de tu seguridad personal. Ni de tu seguridad, ni de tu vida... Serás castigado como te mereces. Tú verás.

Este último argumento, salvar su propia piel, hizo más efecto sobre el hijo rebelde que el de evitar represalias contra los suyos.

—Está bien, padre. Os obedeceré.

—Si lo hacéis, os prometo indulgencia.

Viendo que no tenía salida, Miguel capituló poniendo fin a la sublevación de los miguelistas, ante el gran disgusto de su madre. Fiel a sí mismo, don Juan fue benevolente a la hora de castigarle. Lo mandó al exilio a Austria por un tiempo indeterminado. Se trataba de un exilio dorado, entre bailes y cacerías, donde tendría que expiar el pecado de no haber sabido poner coto a la ambición de su madre.

El gran problema, como siempre, era Carlota, la instigadora, la autora intelectual de la sedición. ¿Qué hacer con ella? A don Juan le embargaba una desagradable sensación de *déjà vu*. Sabía que Carlota alegaría estar enferma, como en el pasado, o utilizaría cualquier argucia con tal de no abandonar Portugal, donde tenía su núcleo de seguidores. Al rey se le ocurrió pedir ayuda a su cuñado Fernando VII y le envió una carta: «*Lo que más amargura me produce es ver que los atentados contra mí emanan de personas con quienes me unen los más estrechos vínculos y considero a la reina, mi mujer y hermana de su majestad, la más culpable... Sin perjuicio de adoptar las medidas que en mi calidad de rey y marido serían lícitas, me atrevo a pedir a su majestad que, si así lo juzga conveniente, escriba a su hermana para proponerle la necesidad de ir a vivir a alguna provincia de su reino, para ahorrarme así tener que recurrir a cualquier otra resolución más severa...*»

Fernando atendió el ruego de don Juan y mandó una larga carta a Carlota Joaquina: «*Cuando las cosas llegan a cierto punto, el único recurso para disipar recelos y evitar desconfianzas es alejarse algún tiempo del foco que las alimenta...*» Pero, tal y como temía don Juan, Carlota no hizo caso y no dio la más mínima señal de querer salir de Portugal. Al contrario, se mostró desafiante para que la arrestasen y hacerse la víctima, lo que siempre le había dado buen rédito político. No estaba dispuesta a desperdiciar una oportunidad de espolear a sus simpatizantes para que la divinizasen aún más en el altar del absolutismo.

De modo que don Juan, decidido a condenarla a la penumbra política, la obligó a trasladarse de la Quinta de Ramalhão al palacio de Queluz para poder vigilarla mejor. La reina tenía orden de no salir de aquella jaula dorada que, según decían, tenía más espejos que Versalles. «¡Ojalá sirvan para que pueda ver el reflejo de su perversa conciencia!», confesó don Juan a un fraile. La mayoría de los criados eran policías disfrazados, encargados de espiar los pasos de la reina. También debían informar de todas las entradas y salidas de palacio y de lo que se hablaba sobre el señor infante y su madre.

Privada de la compañía de su hijo del alma y rodeada de informadores, Carlota Joaquina entró en una decadencia física y psicológica que se reflejaba en una forma de vestir todavía más desaliñada que de costumbre. El cabello hirsuto, desharrapada y sucia, iba de luto «por la pérdida de la monarquía», como decía irónicamente, pero de un luto esperpéntico, con ropa vieja de algodón estampado, sombrero de fieltro y dos escarcelas en la cintura llenas de reliquias que sonaban como cascabeles cuando se desplazaba.

En Río de Janeiro, Pedro estaba indignado con «los desatinos del hermano Miguel». *«Si es cierto que, como se dice, él ha sido un traidor a su majestad, en este momento deja de ser mi hermano...»*, escribió a su padre. En cambio Leopoldina respiró aliviada: el destino de Maria da Gloria había dado un brusco giro, ya no habría boda entre tío y sobrina y madre e hija se quitaban un buen peso de encima.

En sucesivas cartas, Pedro intentó convencer a su padre de que más valía acabar con el estado de hostilidad permanente que reinaba entre sus dos países reconociendo la independencia de Brasil «por vuestro propio interés». La independencia de Brasil era, según Pedro, la verdadera salvación del reino luso. *«Sin un Brasil amigo, Portugal no tiene comercio; y sin comercio no tiene nada»*, concluía. Tenía mucha razón el joven emperador, pero don Juan estaba receloso de sus hijos. Uno de ellos se había arrogado la mayor colonia de su antiguo imperio y otro le intentaba destronar a intervalos regulares... Desconfiado como era, se enrocó y no contestó.

El cariño y la dulzura de Leopoldina pudieron más que los argumentos políticos de Pedro. La mujer estaba feliz de reanudar el contacto con su suegro; de pronto, aunque estuvieran separados por un océano, se sentía menos sola. Las respuestas que recibió a sus cartas estaban llenas de afecto paterno: don Juan le decía lo mucho que sentía la separación, lo mucho que la extrañaba, lo mucho que la quería. Estas palabras eran un bálsamo para el corazón herido de Leopoldina. Entre ellos existía la complicidad de los que saben lo que significa sufrir el desamor, el abandono, la traición de los seres queridos. Esa solidaridad ante el dolor íntimo era un vínculo más poderoso que la propia sangre. Entre ellos pasaba una corriente de calor y confianza que Leopoldina aprovechó para conseguir lo que estimaba era su misión: apuntalar la monarquía en su país de adopción. *«Augusto padre* —le escribió a don Juan—, *me falta rogar a vuestra majestad que sea un ángel de paz firmando el reconocimiento de Brasil...»*

Don Juan se lo pensó, consultó con sus asesores y mandó a Río al embajador Charles Stuart a negociar un tratado. Pedro fue generoso a la hora de fijar la indemnización personal que su padre debía cobrar por las expropiaciones de sus bienes en Río. Pero don Juan le pedía lo imposible: le exigía el pago de las cantidades adelantadas por Gran Bretaña a Portugal para costear la expedición militar con la que las Cortes quisieron reconquistar Brasil. ¿Cómo conseguiría que los brasileños aceptasen semejante condición? Pedro no lo veía posible y se negó. Entonces el embajador británico fue a visitar a Domitila a su casa de Mataporcos. Allí, entre copas de alcohol de caña y dulces de frutas tropicales, le puso al corriente del bloqueo en la negociación y solicitó su ayuda. Domitila intervino y convenció a Pedro: ¿no era ineludible y urgente la necesidad de reconocimiento internacional para dar vida e ímpetu a este nuevo imperio?

—Pídele al inglés que se mantenga esa cláusula en secreto, y ya está —acabó diciéndole Domitila.

Pedro claudicó. Poco después, el embajador escribía a su ministro de Asuntos Exteriores, lord Canning: *«Debemos a la influencia de la señora Domitila de Castro la remoción de un obstáculo que hubiera podido malograr toda la negociación.»*

Aquel reconocimiento público a la amante supuso una nueva humillación para Leopoldina, porque el ejemplo del británico fue seguido por otros extranjeros deseosos de conseguir algo del emperador. La austriaca perdía relevancia, a pesar de ser ella quien estaba en el origen de toda la negociación, de haber sido clave en todo el proceso de independencia. A partir de ese momento, Pedro hizo mayor ostentación de su amante en sociedad.

Aunque la cláusula más dura se mantuvo en secreto, Pedro fue muy criticado por republicanos y liberales que juzgaban el tratado inaceptable. Sus adversarios denunciaron también «riesgo de recolonización» porque el tratado omitía cualquier mención a la sucesión del Reino de Portugal y temían que Pedro pudiese asumirlo algún día. En consecuencia le pidieron que renunciase formalmente a ese trono, lo que significaba, después de la *Abrilada,* dejar a Miguel de heredero. Y Pedro no veía con malos ojos la idea de don Juan de dejar abierta la puerta a la posibilidad de que, a su muerte, Pedro le sucediese también como rey de Portugal. Al fin y al cabo, tenía veintiséis años y mucha vida por delante, o por lo menos eso pensaba en aquel momento. ¿Por qué limitarse a ser emperador de Brasil si también podía ser rey de Portugal? El escollo a su ambición estaba en la Constitución brasileña, que impedía que el emperador llevase dos coronas. Pero había tiempo para lidiar con aquello.

Don Juan escogió un día 22 para reconocer la independencia de Brasil: un 22 de junio había nacido Leopoldina. El gélido 15 de noviembre de ese mismo año, firmó el tratado de reconocimiento de la independencia brasileña en su despacho del monasterio de Mafra: era el día de la onomástica de la emperatriz. Si la política está hecha de gestos, los de don Juan eran un homenaje a la admiración y al afecto que sentía por su nuera. Era su manera de darle importancia, de ayudarla desde la distancia. A don Juan le dolía haber perdido Brasil. En el fondo, la idea de un reino trasatlántico, dual, con el que había soñado cuando se mudaron a Río de Janeiro, se había terminado.

Los gestos de Pedro, sin embargo, apuntaban a Domitila: *«Mi amor y mi todo: el día en que hace tres años empezamos nuestra amistad firmo el acuerdo de nuestro reconocimiento como imperio por Portugal...»* Cada uno escogía sus fechas según el dictado de su propio corazón para señalar la envergadura de lo que estaba en juego: al desaparecer el riesgo de guerra con Portugal, Brasil oficialmente entraba a formar parte del concierto de las naciones. El punto final de la lucha por la independencia marcaba también el principio de la andadura de una nueva gran potencia.

Aparte del lado solemne, el tratado también tenía un sentido familiar: al reconciliarse Brasil y Portugal también lo hacían padre e hijo. *«Tú no desconoces cuántos sacrificios he hecho por ti* —le escribió don Juan a Pedro después de la firma— *sé grato y trabaja también de tu parte para cimentar la felicidad recíproca de estos pueblos que la divina providencia confió a mi cuidado, y haciéndolo darás un gran placer a este padre que tanto te ama y que te da su bendición.»* El rey que había perdido su imperio envejeció, y pronto aparentaba más edad que los cincuenta y nueve años que tenía. Había engordado, el problema de su pierna seguía haciéndole sufrir y caminaba con dificultad. Se dejó crecer una barba mal rasurada que iba a juego con su vestimenta raída y vieja, con su ánimo abatido y que le daba un aire de vagabundo de la calle.

La ratificación del tratado fue seguida por el establecimiento de relaciones diplomáticas con Londres, que a cambio de sus buenos oficios de intermediaria recibía un tratamiento comercial de «nación más favorecida». En cuanto a la abolición del tráfico de esclavos, los ingleses aceptaron una moratoria de cuatro años, aunque nadie era tan ingenuo como para pensar que Brasil la cumpliría. Pero Gran Bretaña no iba a quedarse sin reconocer a Brasil por un mero problema de intereses y moral histórica. Después, el resto de potencias cayó, en efecto, como un dominó. Hubo intercambio de embajadores con las demás cortes de Europa, incluida Austria. Leopoldina, que sentía la satisfacción profunda del deber bien hecho, pensaba que a partir de entonces podría mostrarse ufana de su origen: «*Será posible confesarme públicamente europea o alemana, lo que tanto me costaba esconder, pues mi corazón y pensamiento están cerca de vosotros y de mi patria querida*», escribía a su hermana.

# SÉPTIMA PARTE

—

El hombre es el único animal que hace
daño a su pareja.

MAQUIAVELO

## 68

Una vez firmado el tratado, Pedro vio gruesos nubarrones que se perfilaban en el sur, en la provincia Cisplatina anexionada por don Juan después de la salida de los españoles. En Montevideo surgía un movimiento rebelde contra la dominación brasileña, fomentado por los gauchos, hombres rudos acostumbrados a la vida de las pampas donde domaban caballos salvajes que les permitían hacer incursiones guerrilleras muy eficaces. Unos buscaban la independencia total de la provincia; otros luchaban para anexionarla a La Plata. El caso es que el sur vivía en estado de guerra latente y las tropas brasileñas sufrían importantes reveses. Pedro suspendió las garantías constitucionales en lo que llamaba «la banda Cisplatina» (actual Uruguay) y contrató nuevos reclutas en Europa para engordar las filas de su ejército de cara a embarcarse en una larga campaña militar. Aprovechó la situación bélica para no convocar al recientemente elegido Parlamento durante más de un año y tener las manos libres para gobernar a su antojo, rodeado de ministros jóvenes y maleables. Se había hecho inmune a las críticas que le acusaban de despotismo y de querer rodearse de una guardia pretoriana. En aquellos días, Pedro veía el futuro con optimismo. Creía ciegamente en su buena estrella.

Su vida personal le proporcionaba grandes alegrías. Vivía entre sus dos mujeres con absoluta naturalidad, ajeno al sufrimiento que pudiera estar causando a su legítima esposa. El cura marsellés que daba clases de francés a su hija, así como los empleados del palacio, con el odioso Plácido a la cabeza, le intentaban convencer de que no había nada malo en su conducta. Ellos preferían la amante brasileña, cercana y amoral, a la esposa austriaca, que veían lejana y severa. ¿No era propio de reyes tener amantes?, le decían. ¿No habían tenido *maitresses* los grandes monarcas de Francia? El cura francés regaló a Pedro y a Domitila libros que contaban las crónicas escandalosas de finales de los reinados de Luis XV y Luis XIV. De repente, la amante y el emperador se veían en el contexto de los grandes monarcas del pasado, que tenían *affaires* con vistosas cortesanas como madame Pompadour o madame Du Barry y, predispuestos por el ambiente de la esclavitud que les rodeaba y que rebajaba los imperativos de la moral, les parecía que lo suyo formaba parte del orden natural de las cosas. No era de extrañar que Leopoldina desarrollase hacia aquel cura perverso auténtica aversión.

Pedro las quería a las dos contentas, o por lo menos lo más felices posible, y cuando iba de cacería repartía sus trofeos entre ambas: un cuarto de venado a cada una, doce perdices a la amante, doce palomas a la mujer, etc. Y si volvía de una cabalgada por el campo, repartía cestas de fresas, ramos de flores, quesos, higos, lirios blancos... Domitila se llevaba la mejor parte: recibió varios caballos como regalo y alhajas con la efigie del emperador. Rara vez Pedro obsequió a Leopoldina una joya.

Ambas le daban hijos a intervalos puntuales. Con Domitila tuvo a la pequeña Isabel Maria casi al mismo tiempo que Leopoldina alumbraba, por fin, a un hijo varón. En su candidez, la austriaca pensó que ésta era su oportunidad, que cumpliendo el más ferviente deseo del emperador —que era tener un heredero— quizá volviese a ella. De nuevo tenía la satisfacción íntima de haber cumplido con su deber, pero también la sensación difusa de que no sería recompensada por ello, al contrario. Había deseado tanto un hijo varón que a lo largo del embarazo había solicitado la ayuda de una francesa que pretendía conocer el secreto para condicionar el sexo de un feto. La mujer venía por las noches a su habitación y hacía sus conjuros mágicos hasta altas horas de la madrugada. No quiso cobrar nada hasta ver el resultado, y cuando nació el niño, esperó en vano que la emperatriz le pagase. Pero Leopoldina estaba sin un conto. Al final, mandó varios requerimientos al emperador reclamando la recompensa pactada.

Como colofón de su desdicha, Leopoldina vivía en un estado de permanente bancarrota. La mesada no le alcanzaba y Plácido se quedaba con casi todo para pagar los gastos de ropa y el sueldo de Maria Graham. Por lo tanto siempre estaba pidiendo dinero prestado a sus parientes, al embajador Mareschal, a algún amigo de paso, y cuando se le agotaba, pedía en secreto a prestamistas que abusaban cobrándole altas tasas de interés. Sin embargo, por nada en el mundo hubiera renunciado al deber sagrado de ayudar a criados o criadas inválidas y repartir limosnas entre los más pobres. ¿No era la enseñanza de Jesucristo socorrer a los débiles? Se tenía por una buena cristiana que, al ir de paseo, llevaba consigo una bolsita llena de monedas de plata que repartía alegremente a todos los que le daban pena, que eran legión. En el acto de dar encontraba Leopoldina sus únicos momentos de felicidad, quizá porque veía a gente que aún se sentía más miserable que ella, o porque se sentía con poder de hacer feliz a la gente. Un día se encontró atado a un poste a un esclavo que acababa de recibir cuarenta latigazos por haber huido y haberse refugiado en un quilombo de la montaña, una de las comunidades de esclavos que vivían casi como animales, escondidas en las selvas. Lo mandó desatar, recordando a los capataces que el látigo estaba prohibido por la Constitución. Se enteró de que le habían descubierto en la ciudad, donde él había ido a visitar a su enamorada, una mulata que trabajaba de criada en una casa. Sin pensárselo dos veces, Leopoldina compró el esclavo a los capataces del dueño.

—Ya eres libre —le dijo.

El hombre se lanzó a sus pies y los besó con fervor.

—No me des las gracias...

—¿Cómo no voy a hacerlo, señora, si me ha dado la vida? —le contestó.

Se lo volvió a encontrar unos meses más tarde, durante uno de sus paseos por los alrededores. El hombre salió de su choza al verla pasar, y la persiguió gritando su nombre.

—¡Soy Sebastião! ¿No se acuerda de mí?

Leopoldina se acordaba perfectamente. Aunque tenía prisa por volver al palacio, aceptó la invitación que le hizo el pobre negro de presentarle a su mujer. La emperatriz entró en aquella choza agachando la cabeza. El interior carecía de muebles, vivían en el suelo, que estaba impoluto. La mulata era una mujer joven y de facciones alegres. Acunaba en sus brazos a un niño, el hijo que había tenido con Sebastião. ¿No era ésa la verdadera felicidad?, se decía Leopoldina, convencida de que las enseñanzas de Jesucristo encerraban todos los secretos para alcanzar la dicha. Se encariñó con aquella familia y a partir de entonces todas las semanas les llevaba algo de comida o ropa para el niño o les daba dinero si veía que pasaban apuros.

Por eso, cuanto más desgraciada se sentía, más dadivosa se mostraba: para sobrevivir, para sentirse útil y amada, para pensar que su vida tenía un sentido. Si ella no podía ser feliz, haría feliz a los demás. El problema era que esa prodigalidad agravaba su infortunio porque estaba siempre endeudada y con sensación de penuria material y afectiva, mientras veía cómo su marido rodeaba a Domitila y su familia de un ambiente de lujo.

La salud de Leopoldina se vio afectada por el último parto. Como si de alguna misteriosa manera hubiera transferido la robustez de su salud al recién nacido: su hijo crecería sano y fuerte mientras ella se debilitaría cada vez más. El tiempo demostraría que también transmitió a su retoño la virtud de su carácter, su serenidad, su sed de saber y su generosidad. El niño fue bautizado con el nombre de Pedro de Alcántara en una ceremonia majestuosa en la iglesia de Gloria, cuya ladera estaba cubierta por dos batallones de soldados extranjeros. Otro batallón, en la puerta, hacía funciones de guardia de honor. Radiante, vestido de sus mejores galas, el emperador llevaba al heredero del trono de su vasto imperio americano en brazos y lo entregó al capellán mayor de los ejércitos imperiales, quien lo bautizó y lo bendijo en loor de multitudes.

Domitila no asistió al bautizo, no era su lugar; todavía prevalecía un cierto pudor sobre las relaciones ilegítimas entre ella y el emperador. Pero estaba dolida porque, en contraste con los fastos que habían saludado la llegada al mundo de Pedro de Alcántara, ella había tenido que inscribir a su hija en el registro como «hija de padre desconocido». No es que tuviera envidia de la emperatriz, pues Domitila no era una persona intrínsecamente malvada; sin embargo aquello le parecía injusto.

—No quiero hijos para criarlos en la calle —le había dicho a Pedro.

—No le faltará de nada en el mundo —le volvió a decir él.

Pero carecía de coraje para reconocer públicamente a su hija espuria. Viendo a su amante afligida, la tranquilizó: «Sólo te pido un poco de paciencia.»

Para Domitila era incómodo seguir viviendo entre la sombra a la que su estado de concubina la condenaba y la luz pública a la que esa misma condición la exponía. Era lógico, pues, que quisiese salir de la clandestinidad, pero al hacerlo, también era lógico que chocase contra los principios de la buena sociedad y el sentimiento de los brasileños que adoraban a Leopoldina.

Una noche se presentó en la puerta del pequeño teatro de San Pedro, acicalada y elegantemente vestida para asistir al espectáculo de la *troupe* de moda, *Apolo y sus Bambolinas*. Después del incendio del Teatro Real la noche del juramento solemne de la Constitución, las funciones se montaban en escenarios improvisados o en pequeños teatros como éste.

—¿Tiene usted invitación? —le preguntaron en la entrada.

—No, no sabía que...

—Lo siento, la entrada está restringida.

—Soy Domitila de Castro.

El empleado se cuadró y se adentró en el edificio. A los pocos segundos salió junto al director. Domitila le ofreció su sonrisa más seductora y repitió su nombre, como si fuese la llave que abría todas las puertas.

—No puedo hacer excepciones, señora. Esto es un teatro privado y sólo se puede acceder por invitación.

Se le congeló la sonrisa, y sus rasgos adoptaron un semblante grave, como si lo que iba a decir fuese transcendente:

—Soy amiga del emperador, déjeme pasar.

—No, señora, lo siento, no puedo.

El hombre se mantuvo en sus trece. Parecía complacido humillando a la amante que tanto humillaba a la emperatriz. Domitila, muy ofendida, tenía lágrimas en los ojos. Desde la puerta del teatrillo llamó a sus porteadores, que acudieron prestos con la silla de mano para llevársela de vuelta a casa.

El incidente provocó un arrebato de furia imperial. Al día siguiente, el intendente general de la policía, cuyo nombramiento había apoyado Domitila precisamente, ordenó suspender las funciones del teatrillo y la *troupe* recibía la orden de desalojar el edificio en el acto. El director, los propios actores y miembros de la compañía fueron obligados a tirarlo todo por las ventanas —muebles, trajes y atrezo— que fueron recogidos y llevados frente a la iglesia de Santana, donde acabaron ardiendo en una monumental hoguera. Con este hecho, Pedro esperaba que el mensaje calaría: Domitila era intocable.

A este escándalo siguió otro que estalló durante la Semana Santa en la capilla imperial cuando, de acuerdo con Pedro, Domitila fue a sentarse en el palco reservado a las damas de palacio para presenciar la ceremonia religiosa. Al reconocerla, la austera baronesa de Goitacazes se levantó de repente y, aunque la misa ya había empezado, salió rauda de la iglesia. Las demás la siguieron. Entre el rozamiento de las faldas de seda, el tintineo de los collares y los murmullos de indignación, abandonaron la tribuna profanada por la presencia sacrílega de la amante del emperador. ¡Menuda la descarada esa!, musitaban. ¡Quiere exhibirse sin consideración alguna para la emperatriz y la familia! Fue un ultraje brutal para Domitila, que permaneció sola en el palco, abochornada. «Estoy harta de vivir a escondidas, de que me rechacen así», le dijo a Pedro en un mar de lágrimas esa misma noche. Tenía claro que quería disfrutar a la luz del día de su ascendiente sobre el emperador. Se lo susurró en la cama, al fragor de una noche de amor tumultuosa, mientras él le quitaba la ropa y ella fingía ser forzada por su macho ansioso. Habían aprendido a conocerse, sabían cómo excitarse y dónde estaban los puntos sensibles de cada cual. Pedro podía hacer el amor con Domitila sin fin, como en tiempos de Noémie, la bailarina francesa. Disfrutaba poseyéndola hasta el último resquicio de su pensamiento, hasta el último pliegue de su cuerpo. Sin embargo, había algo más: se habían vuelto indispensables el uno para el otro. Había amor entre ese ser deificado y la plebeya elevada por él a la condición de amante, de mujer con cierto barniz de finura, un amor que sobrepasaba el deseo. Por eso Pedro acabó rindiéndose ante su exigencia que era, como en el caso de todas las grandes amantes, ser reconocida por el poder legítimo, en este caso por la mismísima emperatriz. No se conformaba con ser la hembra favorita del rey. Semejante al cazador que marca previamente la presa que considera suya para apropiársela, quería comprometerle a la vista de todos para convertirse en una gran dama. El precio que pedía por la humillación recibida era alto, pero en sus brazos el emperador era un muñeco obediente.

—Yo tengo la potestad de nombrar a las damas de palacio... Te nombro en este momento dama de honor de la emperatriz.

—Ella nunca lo aceptará.

Domitila sabía excitar su prepotencia de gran señor, siempre deseoso de imponer su voluntad y sus caprichos.

—Eso déjamelo a mí.

Cuando Pedro hizo pública su designación de Domitila de Castro como dama de honor de la emperatriz, la austriaca se tambaleó. No se esperaba semejante mazazo.

—¿Por qué me hacéis eso? —le preguntó nada más verle entrar en el salón del palacio.

—Para que se acaben los rumores sobre mi supuesta relación con la señora de Castro...

Era una respuesta desconcertante. Leopoldina tardó en reaccionar.

—Pero estáis con ella..., todo Río lo sabe, todo Brasil lo sabe, y parte de Europa...

—No podéis hacer caso a todo lo que os cuentan. Sabéis tan bien como yo que estamos rodeados de malas lenguas. Si la nombro vuestra dama de honor principal es precisamente para ahuyentar los rumores. Además, os he comentado varias veces que debo varios favores a su padre, el coronel Castro, por sus servicios en la guerra Cisplatina.

¿Dónde estaba la verdad y dónde la mentira? En el fondo Leopoldina deseaba con toda su alma creer a su marido. Pedro jugó la carta del esposo-buen-padre-de-familia que puede tener algún desliz, pero que en el fondo es fiel hasta la médula a su matrimonio, a sus hijos y a los verdaderos valores. Aquello era justo lo que Leopoldina precisaba oír. Esas palabras le devolvían la vida que se le estaba yendo a fuerza de padecer su sufrimiento en silencio y fueron acompañadas del gesto de acercarse a ella, de pasarle el brazo por la espalda y de apoyar su cabeza sobre su hombro. Una muestra sencilla de afecto que tocó su fibra más íntima. Hacía tanto tiempo que no le demostraba ternura... Por un momento pensó que había recapacitado, y que volvía a casa, a sus brazos, a su regazo. Se sintió querida, aunque sólo durante un fugaz instante que bastó para convencerse de lo que en un estado normal de lucidez nunca hubiera creído. Era capaz de ver blanco aunque fuese negro. No sólo tenía sed de afecto, sino también una enorme necesidad del amor de su marido porque la justificación de su vida giraba en torno a él: su matrimonio como deber religioso, sus hijos, su dedicación a la independencia, su vida en Brasil, su título de emperatriz, su existencia, todo. La vida sin él no podía considerarse como tal. Sola en un entorno hostil, necesitaba a Pedro como el aire que respiraba. Todo era válido con tal de mantener encendida una llama, por débil que fuese, en el corazón de Pedro, para facilitar el regreso del esposo infiel a la armonía familiar.

¿Qué pasaría si rechazaba a Domitila como primera dama de la corte? Se arriesgaba a perder la estima de su marido, a apagar esa frágil llama. Quizá, si le decía «sí», cesarían las habladurías... También, en su aceptación, desempeñó un papel importante el miedo a contradecirle, a provocar su ira descontrolada, lo que a la postre podía causar perjuicio a la realeza. Por encima de todo había que evitar el escándalo, porque eso llamaría la atención de toda la nación sobre la vida disoluta del emperador, lo que perjudicaría la propia dinastía y quizá la sucesión de sus hijos. Además, al ser considerada extranjera por los cortesanos portugueses del palacio, un escándalo la aislaría completamente. ¿Quién tendría valor de ponerse de su lado? Únicamente Maria Graham, cuya presencia era cada vez más criticada entre el personal del palacio. Sabía que si se enfrentaba a su marido, perdería la única persona de la corte con la que se sentía íntimamente ligada por el corazón y la religión.

No tenía alternativa, no había salida, excepto la resignación pasiva y la paciencia. Además, no podía reaccionar como una esposa normal porque no lo era. Leopoldina representaba una institución, la monarquía, a la que su educación daba mayor valor que a su propia vida. Los reyes nacían y morían, eran aclamados o depuestos, pero la monarquía existía desde el albor de la historia, y seguiría existiendo durante muchos siglos. Por eso, no convenía echar leña al fuego de los adversarios de la realeza. Y luego estaba la religión. Su resignación era la expresión de un arraigado sentimiento de deber hacia la dinastía, y que mantendría hasta su muerte. Su paciencia era una conquista del alma, una victoria de su voluntad sobre su propia naturaleza, cuyo resultado era el férreo control que tenía sobre sus emociones.

—Que la señora de Castro entre a mi servicio cuando lo estiméis oportuno —acabó diciéndole Leopoldina.

De manera que la respuesta de este «nuevo Napoleón», como le llamaban las malas lenguas, cada día más numerosas, estuvo a la altura de la afrenta recibida por su enamorada. Para más inri, Pedro nombró a Domitila primera dama de la emperatriz —«del emperador», como decían con sorna sus adversarios políticos, el día del cumpleaños de la pequeña Maria da Gloria.

La designación abría a su amante las puertas del palacio de San Cristóbal. A partir de ese momento tendría derecho a trabajar desde el palacio, a estar presente en todas las reuniones, a acompañar a la emperatriz a todas las excursiones, además de asumir un lugar de honor junto a su majestad en todas las funciones públicas. *«Fue un modo de infligir a la emperatriz el más odioso de los fastidios, imponiéndole su presencia desde el momento en que salía de sus apartamentos privados»*, escribía Maria Graham.

347

## 69

Una gran recepción en el palacio saludó a la nueva dama de honor, que estaba espléndida aquel día de gala. Como si fuera una versión tropical de madame Pompadour, iba vestida a la moda de Luis XV, con un traje de seda blanco y el toque exótico de unas flores tropicales prendidas en el pelo. Aunque ya se conocían, Pedro no se atrevió a presentarla directamente a Leopoldina y optó por delegar tan delicada tarea en otra dama. Cuando la vio acercarse, la emperatriz se acordó del mal de Lázaro... ¿Cómo olvidar una mujer tan agraciada y afligida de semejante dolencia? Entonces cayó en que todo aquel bulo era sólo para despistar. «Qué dosis de sangre fría debía de tener...», pensó. No la recordaba tan guapa. Quizá era la seguridad de contar con el apoyo incondicional del emperador lo que aumentaba su insolente hermosura. En contraste, Leopoldina estaba desmejorada; su piel tenía ronchas rojas por el agresivo sol del trópico, se le perfilaba una doble papada, tenía el pecho caído, el andar desgarbado... Había engordado porque comer se había convertido en uno de sus escasos placeres. Comer para olvidar, para darse gusto, para mimarse, para poder tragar las mentiras de su marido. Cada vez tenía más nostalgia de los platos alemanes y siempre que podía encargaba jamones de Westfalia, pasas de Corinto, pan de azúcar de Hamburgo y agua Seltzer contra el reuma... Pero el resultado no era nada gratificante, al contrario. Las malas lenguas decían que estaba evolucionando como lo hacían las mujeres de su raza, las germanas que a partir de cierta edad engordan y se hacen flácidas. Ella misma debió de darse cuenta del contraste que ofrecía con su interlocutora porque una sombra fugitiva le nubló la vista. Sin embargo, la ocultó en seguida con una sonrisa, recuperó su aplomo y se dirigió a Domitila con gran presencia de espíritu y cordialidad, fingiendo no saber nada, tendiéndole la mano que la otra se inclinó para besar.

Educada en el control de sus sentimientos, nadie podía saber si Leopoldina sabía lo que pasaba o no. Y ella misma

¿sabía? Su mente era como un péndulo, oscilando de la lucidez al autoengaño, en un vaivén agotador y a la postre deprimente. El propio Mareschal, que la veía con frecuencia, también dudaba y escribía a la corte de Viena: *«Me parece imposible que la señora archiduquesa no vea lo que pasa directamente bajo sus ojos; su alteza real tiene la prudencia de nunca mencionar nada y de simular que nada percibe. En contrapartida, el señor príncipe se muestra lleno de atención y de respeto por ella, no desaprovecha ocasión alguna para elogiar las virtudes de su esposa y la felicidad que preside su unión.»* Pero aquellas palabras no convencieron a Francisco II, que en un oficio llegó a decir: *«Por lo que me cuenta el barón Von Mareschal, fui informado, ¡ay de mí!, sobre qué hombre miserable es mi yerno.»*

Su yerno aprovechó el tercer aniversario de su aclamación, que además coincidía con su cumpleaños, para ennoblecer a treinta y nueve personas, la mayor parte amigos suyos y colaboradores. El Chalaza se vio así recompensado con el título de jefe del gabinete particular del emperador. Era solamente para dignificarle, porque era el único miembro de ese gabinete, pero sonaba grandilocuente, como si existiese una auténtica oficina «imperial». En realidad, esos nombramientos eran una cortina de humo para disimular lo que de verdad le importaba: entre los diecisiete vizcondes, barones y condes brillaba con un resplandor especial el nombre de Domitila, a quien le correspondió el título de vizcondesa de Santos. Para colmo del cinismo, el decreto que sancionaba el ennoblecimiento Pedro lo justificaba por servicios prestados a «mi muy amada y querida mujer». Leopoldina ni siquiera se escandalizó, pues ya nada la sorprendía. Simplemente se entristecía de ver que «la otra» ganaba terreno a sus expensas. Desde el exilio, los Bonifacio se tomaron estas promociones como una afrenta, ellos que habían nacido en Santos y que se mostraban tan orgullosos de su ciudad. *«Oh, Dios mío* —escribió José—. *¿Por qué me conservas la vida para ver mi país ensuciado de tal manera?... Los condes de Mermelada del emperador Christophe* —escribió en referencia al emperador de Haití que, en efecto, había nombrado un «conde de Mermelada»— *por lo menos habían dado un servicio a los negros, pero nuestros vizcondes y barones ¿qué* *han hecho para merecerlo?*» La opinión pública también se sintió ofendida. Las ideas democráticas que Pedro había contribuido a promover chocaban de lleno contra el abuso de poder que representaba condecorar a tanta gente sin mérito público alguno. La ciudad se llenó de pasquines que ridiculizaban a los nuevos nobles y a la monarquía y hubo un estribillo que se hizo muy popular: «Condes sois, puesto que vivís.»

A estas alturas, Pedro no podía ignorar que su actitud desvergonzada hacía sufrir a su esposa, pero prefería fingir que no se daba cuenta de nada, para de ese modo no tener que justificarse. Le parecía que su mujer era insensible a la humillación, que su resignación era el resultado de su apatía e indiferencia. Era puro egoísmo de parte de un hombre acostumbrado a seguir ciegamente sus impulsos, sin detenerse a ponerse en la piel de los demás; de un hombre corrompido por la impunidad que le confería su poder.

Una tarde, mientras estaba durmiendo su sacrosanta siesta, una de las damas del palacio, la aristócrata que había reñido con Maria Graham en el carruaje y que tenía gran ascendiente sobre el emperador porque era una de sus aduladoras más fervientes, irrumpió en su dormitorio. Llevaba el cabello despeinado y tenía el rostro deformado por los sollozos: parecía portadora de una trágica noticia. Pedro llegó a pensar que acababa de ser agredida en algún pasillo, pero no era así: venía a quejarse de Maria Graham. La situación, dijo sorbiéndose los mocos, había llegado a un punto crítico. Todas las damas, siempre según ella, habían decidido abandonar Río y regresar a Lisboa, convencidas de que en San Cristóbal «sólo eran toleradas las extranjeras».

—¿Cómo es eso? —preguntó Pedro.

—La gobernanta inglesa es una tirana, señor, y lo peor es que ejerce su tiranía sobre la princesa Maria da Gloria...

Continuó lanzando una extensa lista de acusaciones: Maria Graham había profanado el lugar de honor en el carruaje imperial, se negaba a llevar uniforme por no considerarse una empleada de palacio, y a que Plácido y sus compinches jugasen a las cartas en la antecámara de la princesa. Dejó para el final la acusación más grave: la inglesa inculcaba en la mente

350

influenciable de la niña prejuicios e ideas falsas —le hablaba, por ejemplo, de la igualdad entre los hombres—, ideas destinadas a que la pequeña olvidase la diferencia entre su noble ascendencia y la del más miserable de sus súbditos.

—Señor, nosotras somos vuestras fieles criadas —añadió compungida mientras se pasaba un pañuelo por el rostro—. Hemos abandonado nuestra patria para servir la casa de Braganza en una tierra de negros y macacos...

El emperador, medio dormido, estaba enfurruñado. A nadie le gusta que le despierten de la siesta con semejante alboroto. La mujer continuó con su letanía:

—¿Por qué a una extranjera, por el simple hecho de hablar varias lenguas, se la trata como a una princesa? ¿Por qué tiene permiso para dar órdenes a los verdaderos amigos de su majestad? Es tan inmerecido, tan injusto... —dijo en un profundo suspiro.

Pedro se levantó y en una explosión de rabia, soltó:

—¡Que salga del palacio inmediatamente! No quiero que nadie perturbe a mi familia, ni que se enfrenten a mis incondicionales ni que nadie insulte a los herederos de mi casa.

—Señor, me temo que una orden verbal de vuestra majestad no será tomada en serio por la extranjera. ¡Es tan vanidosa!

—¡Que se lo diga Plácido!

—No le hará caso, señor.

—Está bien, deme papel y tinta.

La mujer, exultante, obedeció. Pedro tomó asiento en su escritorio y, haciendo un esfuerzo por controlar su mal genio, escribió una carta a Maria Graham conminándola a que se limitase a pasear con las infantas por el jardín y a dar a Maria da Gloria solamente clases de inglés.

Luego ordenó llamar a Leopoldina:

—Quiero que entregues esto a Maria Graham.

Las lágrimas de sus ojos brotaron antes de que terminase de leer la carta. ¿Qué podía hacer?, se preguntaba la emperatriz. ¿Pedirle que se retractase? Conociendo el inconmensurable orgullo de su marido, sabía que no cambiaría de opinión. Habían condenado a su única amiga, y ella era la encargada de comunicarle la orden.

«*Sus ojos estaban rojos de tanto llorar*», escribiría Maria Graham en su diario. Leopoldina la besó llamándola «queridísima amiga» y explicándole la situación.

—No puedo ayudarte, Maria de mi corazón; tus enemigos, como los míos, deben de beneficiarse de una influencia muy poderosa —le confesó Leopoldina en clara alusión a Domitila—. Mi apoyo sería contraproducente.

—Lo entiendo perfectamente, majestad. Es mejor que no hagáis nada, vuestra situación sólo podría empeorar...

—Creo que lo mejor es que dejéis el palacio.

Ambas entendieron que era imposible que Maria Graham continuase ejerciendo la función para la que había sido contratada. Sacudida por la emoción, la inglesa también rompió a llorar. No lo hacía por ella, sino por Leopoldina. Debía de sentirse como ella misma, como una prisionera de Estado, y encima sometida a calumnias e insultos de parte de gentuza como esas cortesanas, criadas o el mayordomo Plácido.

Estuvieron un rato en silencio. Leopoldina la miraba con sus ojos violeta, acuosos de tanto llorar.

—Mi sino es que me separen de todos los que quiero, de todos los que aportan a mi vida algo de interés y distracción.

Fue la única queja que escuchó de Leopoldina. La austriaca soportaba estoica los golpes de la vida. No se resistió porque adivinaba que sus adversarios cada vez eran más poderosos y que acabarían sometiendo su matrimonio a una prueba demasiado arriesgada para la cual no estaba preparada. Resignada, Leopoldina se refugió en la religión, rogando a Dios que abriese los ojos de su marido. ¿Qué otra cosa podía hacer? Aceptar la humillación formaba parte de la penitencia.

De acuerdo con su amiga, Maria Graham escribió al emperador, en tono dolido, una carta en la que alegaba no considerarse únicamente la profesora de inglés de la princesa y ofreciendo su dimisión. «*Espero que su majestad no lamente haber escuchado tan apresuradamente las quejas falsas de las que he sido objeto.*» La carta fue tomada como un acto de desafío y de soberbia impropios de una persona al servicio del emperador y creó un revuelo que asustó a Leopoldina.

—Tengo miedo por ti... —le confesó la austriaca mientras,

con unas manos transparentes que dejaban ver la nervura de sus venas, ayudaba a su amiga a colocar libros y ropas en los baúles—. No quiero que comáis nada que no venga de manos conocidas... Hay mucha gente malvada en este palacio...

No fue fácil despedirse. Lo hicieron dándose un largo abrazo y luchando por contener la emoción. Sobraban las palabras.

Maria Graham nunca olvidaría la mirada altiva y triunfal de Plácido el día siguiente, mientras la veía abandonar el palacio a pie, bajo una lluvia torrencial, cargando ella misma y su criada con parte del equipaje. Enterada de que el mayordomo se había negado a proporcionar un carruaje a su amiga, Leopoldina irrumpió en el despacho de su marido. Cuando se trataba de defender a alguien que no fuese ella misma, actuaba con vehemencia:

—No puedes dejar que Maria se vaya así... ¡Ni siquiera le han puesto un carruaje!

Pedro, que ya estaba arrepentido por su impetuosa reacción de la víspera, fue en persona a ordenar a Plácido que pusiese los caballos y carruajes necesarios a disposición de la inglesa.

Maria Graham permaneció unos meses más en Río. El matrimonio imperial se la encontraba de vez en cuando en sus paseos por la ciudad y Pedro se mostraba con ella solícito y atento. Había reconocido su error, se había arrepentido y prueba de ello es que, en una ocasión, llegó a sugerir a la inglesa que volviese a su antiguo puesto. Maria no recogió el guante, pero tampoco le guardó rencor: *«Era propenso a explosiones de violenta pasión —escribió— seguidas por una civilidad franca y generosa, una disposición a hacer más de lo necesario para deshacer el mal que había podido causar, o el dolor que su momento de rabia había podido provocar.»*

El 8 de septiembre de 1825, a punto de embarcar de regreso a Inglaterra, fue a despedirse de Leopoldina. La emperatriz estaba sola en su biblioteca *«frágil de salud y con mayor depresión de ánimo que de costumbre»*.

—¿Te puedo pedir un favor? —le preguntó tímidamente la archiduquesa.

—Claro...

—Me gustaría que me dieras un mechón de ese bonito pelo rubio tuyo..., quiero tener un recuerdo de ti. Y por favor, mándame todas las noticias que sepas de mi familia, aunque sean dimes y diretes, me gustará mucho oírlos; ya sabes, un escritor francés dijo que «la felicidad ajena es la alegría de los que no pueden ser felices...».

Maria asintió, se acercó al secreter y con unas tijeritas de oro, se cortó un mechón que luego ató con un cordelito. Se lo dio a Leopoldina, quien lo apretó fuertemente en su mano.

Al dejar a su amiga, la inglesa sentía una opresión en el pecho, una sensación de gravedad que no podía definir, el presentimiento de que su amiga del alma iba a sufrir *«una vida de vejámenes mayores de los que había sufrido hasta entonces, y en un estado de salud poco propicio para soportar un peso adicional».*

70

Leopoldina estaba cada vez más hundida en la aflicción porque veía que el tiempo no arreglaba las cosas, como esperaba con tanto ardor. La influencia clandestina de la amante imperial se hacía sentir con pasmosa indecencia. *«Por amor de un monstruo seductor* —escribía a su hermana— *me veo reducida a un estado de esclavitud y totalmente olvidada de mi adorado Pedro.»* Dios tardaba demasiado en colocar a su marido sobre los raíles de una vida decente y la espera no sólo se hacía eterna, sino exasperante y angustiosa; era como una tortura del alma. La depresión de Leopoldina metamorfoseaba su físico y su carácter. *«No reconocerás a tu vieja Leopoldina en mí* —escribió a su hermana María Luisa—. *Mi naturaleza alegre y bromista se transformó en melancolía y misantropía. Solamente amo la lectura, pues los libros son los únicos amigos que la gente tiene aquí.»* El silencio y la abnegada resignación de Leopoldina, que muchos tomaban por la aceptación tácita de los desmanes de su marido, eran la expresión de un profundo desasosiego. Verse condenaba a la penuria mientras él se gastaba un dineral en Domitila le revolvía las entrañas. Toda la ciudad cotilleaba el altísimo precio del manto bordado que le había regalado para que se lo pusiese el día de su cumpleaños. Convencido de que el poder de un hombre se medía por la ostentación de la amante, no sólo la agasajaba con vestidos lujosos, joyas y hasta casas en el campo, sino que su familia también fue objeto de su generoso derroche. A la madre, que Pedro trataba de «vieja de mi corazón», le dio un sueldo vitalicio mayor que la mesada que recibía Leopoldina. Toda la familia disfrutó de prebendas. Era de conocimiento público que tras los nombramientos de los jefes provinciales y hasta de algunos obispos estaba la alargada mano de la concubina. Sin embargo, Domitila no lo hacía para asumir poder político. No era madame Pompadour, no tomaba partido en las disputas y rencillas políticas, no era ambiciosa en ese sentido. Era muy hermosa y le interesaba más su atuendo que los asuntos de Estado. Leal con sus amigos, no tenía pudor en conseguirles favores, promociones, títulos de parte del emperador, y eso bastó para granjearle la furia de sus enemigos, que alegaban que su presencia en la corte estaba corrompiendo el imperio, lo que por otra parte era cierto.

Leopoldina, minada por dentro, se veía obligada a asistir a toda esa decadencia sin poder realmente detener el proceso. Porque a pesar de que el pueblo rumoreaba sin cesar y bien alto sobre la vida del emperador, convencido de que era víctima de algo tan africano como un hechizo de magia sexual, nadie se atrevía a hacerle frente, excepto los adversarios que estaban en el exilio, como los hermanos Bonifacio. Desde lo alto del trono, la inmoralidad cínica era espectáculo que el país entero podía contemplar. El sentido de la moral pública había caído tan bajo que hasta Felicio, el ex marido zurrado por el emperador, se puso de nuevo en contacto con Domitila para obtener el ascenso a capitán. Y Pedro se lo concedió.

Domitila se enriquecía rápidamente jugando con el poder, y lo hacía a escasos metros de donde se encontraba la emperatriz porque pasaba los días en San Cristóbal. Desde su despacho de dama de honor, podía ver cómo progresaba la construcción de su palacete, regalo de Pedro. Él había escogido ese emplazamiento con la idea de verla con un catalejo desde su habitación y eventualmente mandarle mensajes con una linterna o por señas... La pequeña provinciana con cicatrices en los muslos de las cuchilladas que le había infligido su marido iba a residir como una de las más nobles damas del imperio. Pronto tendría criados de librea, salones con suelos de maderas nobles, paredes cubiertas de los más bellos tapices, muebles de jacaranda, porcelana de Limoges y lienzos de maestros europeos... Por lo pronto, su sola presencia y ascendiente sobre el emperador la convertían en un imán para todos los negociantes, generales, banqueros, artistas, ministros, diplomáticos u obispos a quienes podía cambiar la vida y que se inclinaban sumisos ante la inmoralidad del imperio. Decidida a no volver a la pobreza de donde había salido, a todo le ponía un precio: un favor, una recomendación, una gracia... Y todo el mundo lo sabía. Un día llegó su amigo Schichthorst, un mercenario alemán, acompañando a un capitán de navío francés que buscaba desbloquear un cargamento confiscado en la aduana. Al francés le pidió un *conto,* que era una cantidad considerable, sin darle garantía de éxito. Cuando Schichthorst abandonó el palacio, Plácido, el mayordomo, le alcanzó y le pidió que le acompañase a su cuarto. Allí le dio unos billetes en mano:

—Es costumbre de la casa pagar un cinco por ciento a los intermediarios de cualquier transacción.

Schichthorst estaba tan sorprendido como encantado. Plácido prosiguió:

—Su excelencia —dijo refiriéndose a Domitila— siempre tendrá mucho gusto en atenderle con semejantes negocios.

Domitila vendía sus favores a quienes los querían comprar con dinero y no veía nada malo en ello. Pronto, cualquier gestión comercial de cierto calado tenía que pasar por sus manos. Al emperador, su intensa pasión le cegaba tanto que ya ni siquiera se molestaba en disimular. Descuidaba completamente a Leopoldina, quien más que nunca vivía pendiente de la llegada de los barcos correo. Las cartas de sus hermanas o de José Bonifacio le proporcionaban una fugaz ilusión de felicidad, pero también se inquietaba cuando no recibía respuesta. «¿Qué estaría pasando en Portugal que don Juan no le escribía?», se preguntaba con ansiedad. Mantener una nutrida correspondencia era un remedio contra la nostalgia que volvía a atormentarla y que la invadía a medida que su marido se alejaba más y más de ella. Le quedaba el consuelo de sus hijos —*«que constituyen mi delicia»*, como decía— y de la naturaleza: se distraía manteniendo un pequeño jardín zoológico en la isla del Gobernador provisto de una interesante colección de animales que traía de sus paseos a caballo. Como Pedro ya no la acompañaba, Leopoldina salía sola o en compañía de algún fraile, y volvía con extraños trofeos: un pequeño caimán, pájaros bellísimos y plantas carnívoras. Si no se los quedaba, los enviaba al gabinete de Historia Natural de Viena o a su hermana, «para tus museos», con una nota donde glosaba *«el paraíso terrestre que es Brasil que se encuentra en el estado en el que el Todopoderoso expulsó a Adán y Eva del Edén»*.

Pedro también disfrutaba del monte, pero a su manera. Se iba de excursión con Domitila, vestida de amazona con tocado escocés ornamentado de una pluma. Se perdían en la parte alta del Corcovado, buscaban las cascadas que Pedro solía frecuentar con Noémie como queriendo recuperar los mejores momentos de su juventud, y allí se abandonaban el uno al otro con ternura de animales salvajes a la sombra de árboles gigantescos, entre lianas y raíces retorcidas como serpientes.


71


No todo era placer en la vida de Pedro. La convulsa existencia de la nueva nación exigía que estuviera muy alerta. Se había conseguido la independencia y proclamado la Constitución. Se daba cuenta de que no podía alargar más esta etapa en la que había gobernado de forma autocrática, de modo que convocó el primer Parlamento post-constitucional para mayo de 1826. Sin embargo, el sur resistía. Para cortar las alas a esos gauchos rebeldes, declaró la guerra a las provincias unidas del Río de La Plata. Ordenó bloquear el puerto de Buenos Aires e impedir así que los uruguayos se aprovisionasen. El plan de ataque preveía concentrar un ingente número de tropas brasileñas en el sur. Era una campaña militar que se anunciaba larga y de tal envergadura que precisaba asegurarse el apoyo del país. Necesitaba consenso.

Para conseguirlo emprendió viaje a Bahía, donde además había esclavos africanos liberados que atacaban impunemente a los colonos portugueses en nombre de la igualdad y la libertad, como en el Santo Domingo francés, donde los negros rebeldes masacraron a los blancos. Era urgente detener ese brote de violencia. Esta vez, como gran novedad, dando una vuelta de tuerca más, decidió viajar acompañado de Leopoldina y de Domitila.

Su comportamiento en el viaje provocó un aluvión de cotilleos y comidillas que animaron durante años, y hasta décadas, la vida de los brasileños, pero que en aquel momento eclipsaron su actividad política. Sin darse cuenta porque estaba cegado por la vanidad del poder, su conducta socavaba su prestigio y su capacidad de gobernar. Pedro se estaba convirtiendo en una parodia de sí mismo, en un espectáculo delirante que fomentaba en el pueblo jugosas habladurías y ácidas críticas. Antes de la partida aparecieron pasquines en los muros de Río atacándole. Incluso recibió cartas anónimas denunciando el escándalo que suponía llevar a la mujer sólo para servir de tapadera a la amante. Esta vez, Leopoldina, preocupada por su hija que tan sólo tenía siete años, abandonó su calma imperial cuya rigidez aparentemente insensible ofendía a Pedro, y se atrevió a protestar:

—Llevándonos a las dos estáis dando un mal ejemplo a Maria da Gloria. Es una niña muy viva que se da cuenta de todo...

Era tan raro que ella reaccionase así que Pedro, desprevenido, se quedó mudo unos segundos. Luego reaccionó:

—No hay nada de malo en que te acompañe tu dama principal.

«Esa mujer le hace perder el juicio», pensó Leopoldina, que optó por no discutir.

Pedro no cambió de planes, de manera que el 2 de febrero el emperador embarcó con su esposa, su hija Maria da Gloria, su amante, el Chalaza y setenta y ocho invitados en su navío favorito, el *Pedro I*, cuyas bodegas iban cargadas con ochocientos pollos, trescientos picantones, doscientos patos, cincuenta palomas, treinta capones, doscientas sesenta docenas de huevos, treinta corderos, mil naranjas y seiscientos limones... ¡Qué lejos quedaban los viajes espartanos a Minas Gerais o São Paulo, cuando dormía en el suelo y comía lo que le ofrecían por el camino! Qué diferencia entre ser un príncipe revolucionario y un emperador ensoberbecido...

A pesar del lujo y la abundancia de víveres, fue un viaje interminable e incómodo, pues el barco era vetusto y poco espacioso. Para Leopoldina, obligada a medir las palabras y a controlar sus reacciones, fue una tortura cruel. No se le escapaba la manera que él tenía de acariciar a su amante con la mirada, deteniéndose en el talle, deslizándose entre los bucles de su cabello, en la línea que dividía sus pechos de perfecta redondez y suavemente cubiertos de encaje... No quería reconocerlo, pero sentía unos celos terribles de la mujer que le había robado a su «adorado Pedro». Domitila estaba resplandeciente y era de una simpatía innegable. Hablaba con todos, ya fuesen simples marineros o nobles cortesanos, y a todos seducía. No tardó en ganarse la simpatía de la pequeña Maria da Gloria, que paseaba de su brazo por cubierta ante la mirada ofuscada de la emperatriz, que se sentía una flor marchita a punto de ser completamente pisoteada por el hombre a quien amaba. ¿Cómo se atrevía Pedro a deshacer lo que Dios había unido?, se preguntaba desesperada. ¿Cómo podía llamarla «Mi Titilia» a todas horas, y delante de todos? ¿Cómo podía querer tanto a la hija de un chusquero? Tenía sed de venganza, en el fondo deseaba que esa mujer desapareciese, se cayese por la borda, se ahogase, muriese, sí, muriese..., y al mismo tiempo se reprendía por ello, consciente de que los celos habían abierto una brecha en su alma por donde se colaban los pensamientos más violentos, las ideas más descabelladas, que entraban en conflicto directo con los preceptos de su fe cristiana. Ni las partidas de backgammon con las demás cortesanas ni las charlas bajo el toldo del castillo de proa conseguían mitigar el dolor de las llagas abiertas en su corazón. Para no tener que soportar la visión hiriente de su hija sentada en la mesa del comedor entre su padre y la amante, prefería comer sola en su camarote. Le parecía que la criada que le servía la cena era un ser envidiable porque tenía un marido que amaba y que la quería. «Ésa sí que es feliz», se decía. Henchida de pena, siempre se retiraba temprano y, de rodillas en su oratorio, hablaba en secreto con Dios de los combates de su alma. «Señor, apiádate de mí, acógeme bajo tu manto...»

En Bahía, fueron recibidos con todos los honores. Antes de abordar la barca que les llevaría del *Pedro I* a tierra, el emperador pidió que Domitila se uniese al matrimonio. Ese trayecto hasta el muelle le hizo recordar a Pedro la última vez que pisó esta ciudad, en 1808, después de la larga y peligrosa travesía desde Lisboa. Entonces era un niño y miraba ese nuevo mundo, tan luminoso, tan distinto al Portugal empobrecido, oscuro y amenazado por Napoleón del que había salido, con fascinación y deleite.

—¿Veis todas esas mujeres con turbante? Eso lo puso de moda mi madre —dijo Pedro a sus acompañantes.

Contó cómo, después de la travesía que les había traído desde Portugal, la muchedumbre, compuesta en su mayor parte de esclavos o descendientes de esclavos, contemplaba con ojos de asombro ese otro mundo de hombres, mujeres y niños vestidos con pesadas chaquetas de terciopelo, calzados de zapatos de tacón, medias de seda, ropa oscura y pesada que les hacía derretirse bajo el sol abrasador del trópico. Veían desembarcar a canónigos, concejales, curas e hidalgos que portaban estandartes portugueses.

—Era el mundo al revés —contaba Pedro—. Ellos, los brasileños, pulcramente vestidos y nosotros los europeos, con familia real incluida, desembarcando como pobretones después de tres meses de un viaje espantoso. Algunos cortesanos iban en harapos y todos olíamos mal.

La imagen que dio Carlota Joaquina al desembarcar era muy distinta a la de cualquier princesa que los brasileños hubieran podido forjar en la imaginación. Esa mujer menuda, con la expresión dura de alguien contrariado al verse en un lugar que le parecía detestable, salía del barco junto a otras mujeres que también llevaban turbante. Tan exótica les pareció aquella manera de cubrirse la cabeza a las bellas brasileñas de piel cetrina, cimbreadas, con piernas largas y amplia sonrisa, que decidieron adoptar esa «moda» traída de Europa por tan esperpénticos miembros de la realeza.

—Lo que no sabían es que mi madre llevaba turbante porque en plena travesía hubo una plaga de piojos. Los nobles fueron obligados a tirar sus pelucas por la borda y mi madre y las demás mujeres tuvieron que ser esquiladas como ovejas.

Pedro no podía contar esa historia sin partirse de risa.

—No seáis malo, es vuestra madre —le reprendía dulcemente Domitila mientras Leopoldina, con la mirada perdida en el horizonte y enrocada en su propio dolor, no dejaba traslucir emoción alguna.

Ya en tierra, fueron recibidos por una multitud que les lanzaba vivas y gritos, y por los dignatarios locales que habían preparado una carpa para protegerse del sol. Después de los discursos de bienvenida se desplazaron a la catedral. Pedro se acordó de su padre, de la emoción del rey ante aquellos altares dorados finamente labrados, de la primera vez que escuchó embelesado las voces sublimes de un coro de negros, de aquel primer contacto con un mundo nuevo en el que encontró la felicidad.

De allí fueron a los aposentos que las autoridades les habían preparado. Los de Domitila eran puro lujo: la cama estaba cubierta de ricas colchas de seda de Goa bordada, el tocador bien surtido con afeites, perfumes y ungüentos. Tenía hasta su propio comedor y cuartos para sus criadas. Eran aposentos más espaciosos y ostentosos que los reservados a la emperatriz, lo que alimentó el chismorreo entre la población. En todas partes, los funcionarios trataban a la amante como si fuese la auténtica soberana. Leopoldina se daba cuenta de su propia decadencia, de su inmensa soledad, de que no podía contar con nadie. El mundo era un contubernio contra su persona y no había nadie para salvarla. Cuando los días siguientes salieron en carruaje descubierto, Pedro insistió en manejar los caballos él mismo para marcar sus distancias con la elite esclavista cuyos miembros se desplazaban tumbados en una hamaca sujeta por un palo y cargada por un par de esclavos. Ocupaba uno de los asientos delanteros junto a la emperatriz, y detrás iban la pequeña Maria y Domitila. Como una familia feliz... «¿Cómo podía ser tan inconsciente?», se preguntaba Leopoldina, convencida de que su marido, cruel como un niño, estaba hechizado por la amante.

Para ella, que sabía ocultar los celos bajo la bondad más angelical, los veinticuatro días que duró aquel viaje fueron infernales. Tedeums, comidas, besamanos, actos oficiales... El último día Pedro recibió en audiencia a casi seiscientos súbditos, y hasta tuvo tiempo de comprar dos negritos por doscientos cuarenta mil reales para su servicio... Vivía tan integrado en la sociedad brasileña que no podía escapar a sus costumbres, aunque él los compraba y los liberaba después, como había hecho con los esclavos de la hacienda Santa Cruz.

En todo momento estuvieron acompañados de la amante, guapa, dicharachera, sensual, feliz, alabada, triunfante. Verle feliz por el amor de otra era, para la emperatriz en la sombra, un suplicio, una agonía, un desconsuelo tremendo. Cuanto más les veía quererse, más lacerante sentía la llaga en su alma. Si Pedro consiguió apaciguar los ánimos de la población y granjearse el apoyo que necesitaba para la guerra en el sur, Leopoldina regresó a Río consumida, habiendo perdido la última ilusión y esperanza de recuperar jamás a su marido. Su corazón sangraba porque, a pesar de todo, le seguía queriendo, porque el sacramento que la unía a su marido era sagrado, porque era el padre de sus hijos, el primer y único hombre de su vida. Que hubiera violado de manera tan trivial e irresponsable su honor, que hubiera pisoteado su dignidad, que hubiera pasado por encima de su hija..., todo se lo podía perdonar si hubiera habido una mínima señal de consideración. Pero no la hubo. Le costaba admitirlo, pero ésa era la realidad. Llegó a añorar cuando vivía engañada, porque entonces existía una luz de esperanza. La lucidez a la que ese viaje la había condenado era despiadada: la dejó cegada, vacía, mustia, desganada, hundida, como una planta sin el sol que la vivificara. De regreso a Río, le costaba poner buena cara cuando le presentaban a un viajero interesante, como podía ser el barón Von Langsdorff. Apenas si le atendió cuando, en otras circunstancias, se hubiera deleitado con su conversación. Era un esfuerzo ingente, casi sobrehumano, mantener la compostura, hacer como si nada, saludar, sonreír, dar la mano y seguir fragmentos de conversación cuando lo que quería era llorar, ahogarse en su propio llanto y dejarse morir.

## 72

En las semanas siguientes, Domitila organizó la mudanza y la instalación en su nueva mansión, que estaba a tiro de piedra del palacio, en la rua Nova do Imperador, justo enfrente de la entrada principal a los jardines de San Cristóbal. La casa, de dos pisos, exhibía un lujo señorial. El salón y el comedor, de forma oval y proporción exquisita, estaban decorados con frescos que simbolizaban los cinco continentes. Una águila majestuosa presidía desde el techo el dormitorio reservado al emperador. Las paredes estaban tapizadas de maderas nobles de la selva, el suelo era de marquetería con incrustaciones de madera de diferentes tonos, y el mobiliario estaba compuesto de mesas de caoba, sillones chester de cuero, camas con baldaquín, colchas de seda bordadas, jarrones chinos y samovares de plata. Todo contribuía a crear una atmósfera de opulencia alrededor de la amante, lo que a su vez aumentaba su poder. Desde uno de los torreones del palacio de San Cristóbal, Pedro podía observar con su catalejo el dormitorio de su amada. Sabía que en las horas de máximo calor la sorprendería con las piernas al aire, la falda arremangada y tumbada en un sofá. Si ella se sabía observada, se desabrochaba la falda, luego se quitaba las enaguas y la ropa interior con parsimonia y se dejaba caer en la cama, totalmente desnuda, y se ponía a jugar con sus dedos con el vello del pubis. Sólo le quedaba esperar a que un empleado del palacio le trajese por la tarde una nota de Pedro contándole la escena desde su punto de vista. E irremediablemente llegaba el emisario: «Mi amor, mi Titilia, al verte esta mañana, "tu cosa" enloqueció y si no fui en seguida a verte y abrazarte es porque tenía una reunión con los ministros... Te mando *este regalo mío para que lo guardes con amor... Tu "demonio".»* El obsequio era una pequeña mata de su vello púbico.[2]

No había pasado un mes desde el regreso de Bahía cuando Pedro hizo pública su relación con la vizcondesa de Santos, para mayor dolor y humillación de Leopoldina. Consiguió que los ministros del imperio y los consejeros de estado firmasen un «certificado de reconocimiento de la hija espuria» que había tenido con Domitila. Si dieron su consentimiento tan fácilmente es porque en la sociedad colonial era normal, hasta cierto punto, hacer ostentación de las mancebas y educar a los hijos legítimos y a los naturales todos juntos. La mentalidad en Brasil no era tan diferente a la de la España de finales del XVII, donde era aceptado que los hijos naturales y legítimos se educasen juntos. Quien fue más honrado y valiente que los poderosos del imperio fue el vicario de la pequeña iglesia de San Francisco, un admirador de la emperatriz, que se negó a modificar el libro de asiento del bautismo. Para intentar convencerle, a Pedro no se le ocurrió otra cosa que mandarle un cuadro en el que representaba a Jesús perdonando a María Magdalena. El mensaje debió de resultar demasiado sutil porque el párroco no se dio por aludido. De modo que Pedro, impaciente, acabó recurriendo a la imposición ministerial y firmó un atestado de reconocimiento que entregó al Chalaza para que éste lo llevase en mano al recalcitrante cura, que se vio obligado a firmar. La hija natural pasaba a ser «hija de mujer noble y limpia de sangre» en los libros oficiales. Para no dejar lugar a dudas, Pedro esperó el día del cumpleaños de la pequeña para ennoblecerla, y la nombró duquesa de Goias con tratamiento de alteza. La convertía así, para regocijo de Domitila y desespero de Leopoldina, en la más alta dignataria del imperio después de los miembros de la familia real.

En una convocatoria que ordenó publicar en la Gaceta Oficial del Estado, invitó a toda la corte a celebrarlo en la nueva mansión de Domitila. Ese día, Leopoldina vio por la ventana cómo Pedro salía en un carruaje tirado por seis caballos,

2. Cartas de Pedro I a la marquesa de Santos, compilación de Alberto Rangel, p. 285.

como en las fiestas de gran gala. Herida de muerte, se encerró en sus aposentos y se dejó caer en la cama. Fue el día más triste de su vida, como confesaría después. Lo hubiera pasado llorando sola de no haber sido porque un impulso la animó a salir. No podía quedarse allí encerrada, ni dejarse vencer. Su instinto de supervivencia la llevó a hacerse con un caballo y a perderse por el campo, buscando en el contacto con la naturaleza un alivio contra su dolor, una manera de encajar lo que su marido le infligía en público. Luego pensó en visitar uno de los numerosos institutos de beneficencia que había fundado, porque siempre era gratificante ver a esos miles de niños rescatados de la calle, pero la idea de ser blanco de las comidillas de los encargados la hizo desistir. Acabó en la choza del negro Sebastião, el esclavo liberado que vivía en el campo con su mujer y su hijo. Con ellos se sentía libre y a gusto, no un objeto de observación ni de escarnio. Les llevó comida, ropa y un juego para el niño. Les entregó el poco dinero que llevaba, como si al hacerlo pudiese conjurar su propia desgracia. Que la emperatriz de Brasil sólo encontrase consuelo en el pobre Sebastião decía mucho del abismo de su soledad.

Mientras, en el palacete de Domitila, Pedro presentaba a su hija bastarda a la cuarentena de invitados que habían acudido como moscas a un panal de rica miel. Eran una mezcla de miembros de la pequeña nobleza, ricos comerciantes y funcionarios. La alta aristocracia no estaba presente; condes y marqueses habían declinado la invitación alegando todo tipo de excusas. Quedaba claro que no aceptaban a la intrusa, y no querían frecuentarla. «¿Has ido a besar la mano de mi hija?», preguntaba Pedro a diestro y siniestro, con una insistencia que sugería más bien una orden. La mano de la pequeña, de dos años de edad, se la disputaban ministros y cortesanos, que se inclinaban para besarla ante la mirada de orgullo del viejo coronel Castro, antiguo mulero y militar convertido en gentilhombre por arte y gracia de las faldas de su hija. Domitila estaba en la gloria, en el apogeo de su poder. Bella, enamorada, influyente y noble... ¿Qué más podía pedir? Tenía a parte de la buena sociedad a sus pies. Después de un suculento banquete, respondió al brindis de su amante levantando su copa por la felicidad de su hija.

Pocos podían imaginar lo que sufría Leopoldina y los esfuerzos sobrehumanos que hacía para fingir ante todos indiferencia y calma interior. Sobre todo teniendo en cuenta que las pruebas que tenía que pasar eran cada vez más duras, indigestas e insufribles, como el día en que le fue presentada la niña de manera oficial. Vino acompañada a palacio de su abuelo, el coronel Castro. Leopoldina les recibió en la veranda, saludó al viejo soldado y miró con ternura a esa niña que se parecía a Pedro sin ser suya. Entonces la cogió en brazos, le dio un beso, la volvió a abrazar y rompió a llorar, conmovida por lo que su marido exigía de ella. «Tú no tienes la culpa», le repitió varias veces entre sollozos. Tan afligida se sintió, que pasó el día entero tumbada en su cama, llorando todas las lágrimas de su cuerpo.

Pedro quería mucho a esa niña, y pidió que se la trajesen a palacio todas las tardes. Quería mezclarla con sus hijos legítimos, y esa promiscuidad provocaba en Leopoldina la más acérrima repulsión. Temblaba de indignación cuando veía a Pedro agarrar la manita de su hija diciendo: «Anda, bonita, da la mano para que la besen tus hermanas.» El primer día, la princesa Paula se negó a hacerlo. Cuando su padre la obligó, la pequeña hizo ademán de inclinarse, pero en el último momento dio a la niña un fuerte empujón. Pedro levantó la mano contra su hija Paula, mientras la duquesita lloraba.

—¡No le pegues! —saltó Leopoldina.

—No pienso tolerar...

—¡No os atreváis a tocarla! —siguió la emperatriz, con los ojos inyectados en sangre y furiosa como nunca la había visto Pedro—. ¡Que el propio padre presente a sus hijos inocentes la prueba de su traición conyugal me pone enferma!

—Son hermanos, y para mí son iguales, y como tales se criarán juntos. Es la voluntad del emperador... y la haré respetar.

A continuación, Pedro reprendió de tal manera a su hija Paula que después de ese incidente, cada vez que veía a su media hermana, la princesita se agarraba de las faldas de las criadas de puro miedo. Pero la presencia de la duquesita no se limitaba a los días de diario, sino que estaba en todas las ceremonias oficiales, como la que tuvo lugar en el acto de reconocimiento del pequeño Pedro II como heredero del trono. Nadie doblegaba la santa voluntad del emperador y Leopoldina se reconcomía al ver a sus hijos en pie de igualdad con la hija de la amante adúltera de su marido. Como persona y descendiente de la muy antigua y leal casa de Habsburgo podía encajar todas las humillaciones, pero la ofensa que representaba la degradación de sus hijos le resultaba demasiado dolorosa.

La dura y triste realidad se imponía, y Leopoldina tuvo que reconocer el fracaso de su actitud. La bondad, la paciencia, la comprensión..., nada había funcionado. Y el problema era que su carácter no le permitía actuar de otro modo. Ella no era una latina de sangre caliente capaz de escandalizarse y de poner a su hombre en vereda. Estaba demasiado subyugada, en una posición de dependencia de la cual no sabía ni podía escapar.

Ahora que su marido dejaba de ser «su adorado Pedro», cuestionaba su carácter. ¿La había querido alguna vez? ¿Ni siquiera un poco? Tenía sus dudas. Pensó que todos aquellos años había vivido engañada, confundiendo la actitud diligente y cariñosa en público que siempre le había prodigado su marido con el amor verdadero. Ella lo había sacrificado todo desde el principio de su matrimonio..., ¿y él? ¿Qué había sacrificado él? Tuvo que reconocer que nada, que la preocupación que mostraba por ella era sólo disimulo, pose social. El peso de esa verdad la aplastaba porque se encontraba sin amigos, sin nadie que la entendiese y la ayudase, en un estado de abandono total. El castigo de las sucesivas humillaciones, cada vez más crueles, el desprecio de su marido por los vínculos morales y religiosos más elementales, las deudas que acumulaba por su tendencia a la caridad y la obligación de esconderlas a Pedro, la sensación de ser tratada como una más del serrallo, todo ese peso la hundía en una depresión que se hizo constante. A medida que Pedro, esclavo de sus pasiones sexuales, transgredía todos los límites de la moral, ella se refugiaba más y más en la religión. Pero ni la Virgen María ni el Todopoderoso conseguían cicatrizar las heridas de su corazón lacerado. Fue perdiendo interés en el ambiente de la corte, en los asuntos de gobierno, en las relaciones con los políticos, en el mundo que la rodeaba, excepto en sus hijos. Dejó de luchar y renunció a la vida mundana. «No poseo ascendiente alguno sobre los asuntos públicos», confesaba sin remilgos a los pocos que se acercaban a ella a pedirle un favor. Las horas del día se le hacían demasiado largas y ansiaba la llegada de la noche. Cuando regresaba a su habitación, a veces después de su paseo matutino, ordenaba cerrar las persianas: «¡Hagan la noche, señoras!», pedía a sus damas. Parecía que sólo el amor que sentía por sus hijos la mantenía viva. Pasaba largo rato con ellos, acariciándoles el pelo, leyéndoles cuentos, contándoles historias de Europa, que ahora añoraba más que nunca..., siempre luchando por no dejar ver el pozo de su profunda tristeza, conteniendo las ganas de llorar hasta que volvía a sus aposentos donde se desbordaba en un mar de lágrimas.


73


Los excesos y la amoralidad de Pedro hicieron que su magia se evaporase; ya no suscitaba en el pueblo la admiración de antaño, ni siquiera el mismo respeto. Su comportamiento con Leopoldina, los excesos que permitía a su amante, las contradicciones de su carácter que lo hacían pasar ora por un demócrata, ora por un dictador, todo contribuía al desmoronamiento de su imagen. Eso, unido a los últimos treinta meses en los que Pedro había gobernado de manera despótica, había mermado su popularidad. Todas las mañanas las calles de Río amanecían con nuevos pasquines en los que le ridiculizaban de una forma que cada vez resultaba más violenta: «¿*Qué esperáis de este marido brutal, escandalosamente libertino, que todo lo desmoraliza, que trata de la forma más indecente a su esposa?*», decía uno de ellos. En otro se veía el dibujo de un carruaje conducido por la amante, que de una mano llevaba las riendas y de la otra un látigo. Otro mostraba la caricatura de la emperatriz apuñalando a Domitila mientras Pedro, de rodillas, pedía perdón...

Todo ese descontento repercutió en Pedro. Durante una temporada dejó de ver a Domitila y prestó más atención a Leopoldina. ¿Reaccionaba ante el sufrimiento que le infligía?, se preguntaba la emperatriz, sorprendida por ese súbito cambio en su comportamiento. ¿Habría hablado alguien con él? Cuando una mañana de domingo Pedro le pidió que le acompañase a la capilla de Gloria a escuchar misa, Leopoldina se esforzó en disimular el vendaval de emoción que aquella simple petición levantó en su fuero interno. Que su marido le pidiese el favor de acompañarle a la iglesia de Gloria, esa capilla que había sido testigo de los más importantes acontecimientos familiares, la hizo pensar que no todo estaba roto entre ellos, que el vínculo que les unía seguía palpitando. ¡Necesitaba tan poco para que su corazón se acelerase! La atención que él le prodigaba era como un filtro que le devolvía la vida. Cuando estaba con él, olvidaba como por arte de magia todos los desmanes y las humillaciones que le había hecho pasar, y sólo contaba la dicha de estar disfrutando del objeto de sus sueños, sus pensamientos y deseos. «Quizá no esté muerta para el amor», pensó. Durante una temporada en la que la pequeña duquesita de Goias dejó de aparecer por el palacio, el emperador se mostraba muy atento con Leopoldina y salían todos los días juntos. La austriaca y las demás damas del palacio llegaron a pensar que él estaba entrando en razón, que había tomado conciencia de que su mal comportamiento estaba mermando seriamente el prestigio de la realeza y que por lo tanto debía reaccionar. ¿Era un espejismo? ¿Podía fiarse? Leopoldina tenía sus dudas, su corazón estaba demasiado magullado para hacerse ilusiones, pero lo cierto es que no podía resistírsele, ni siquiera cuando una noche entró en sus aposentos y, por primera vez en meses, quizá años porque había perdido la cuenta, él la abrazó, la desnudó e hicieron el amor.

Luego llegó una mala noticia que aún les unió más. Estaba Leopoldina junto a Pedro en el despacho cercano a la veranda cuando llegó un emisario del puerto con noticias traídas de un barco portugués que acababa de atracar: don Juan VI, el rey de Portugal, había muerto seis semanas antes, mientras estaban en Bahía. De indigestión, según las fuentes oficiales. A Pedro se le saltaron las lágrimas, nadie le había visto llorar en mucho tiempo, desde la muerte de su hijo. Ella también estaba muy afectada, pues perdía a un segundo padre.

—Pero si nunca ha tenido problemas de salud... —dijo Pedro, esbozando un gesto de incredulidad.

—Acuérdate de las molestias en su pierna, de los baños de mar en aquel artefacto —le recordó Leopoldina.

—Nunca le vi enfermo ni convaleciente en una cama.

—Pero comía mucho.

—Necesito ir a Gloria. ¿Vienes conmigo?

Fueron los dos a rezar por el alma de aquel padre bonachón, de aquel suegro solícito y cariñoso, de aquel rey prudente e indeciso que había sabido mantener el imperio y que había cambiado la faz de Sudamérica. Fue un momento de duelo y recogimiento que compartieron como el matrimonio que en su día fueron, ese que Leopoldina quería resucitar de entre la niebla del tiempo. Desde allí fueron cabalgando al otro lado de la *lagoa*, al jardín botánico que Pedro se había afanado últimamente en rehabilitar. ¿Qué mejor homenaje que devolver su antiguo esplendor al paraíso que su padre había creado con tanto mimo y dedicación? Luego volvieron a San Cristóbal, donde esperaban encontrarse con pasajeros del barco portador de la luctuosa noticia, para recabar detalles. Así supieron por un fraile agustino que don Juan había enfermado yendo de camino a una procesión religiosa, después de haberse zampado su comida favorita: pollo horneado en manteca, queso y varias naranjas. Cuatro horas después fue presa de violentos espasmos y lo vomitó todo. Transportado al convento de Bemposta, los médicos hicieron lo posible por salvarle, pero fue en vano. Su agonía duró una semana, una larga semana de dolores, calambres y vómitos.

—¿Avisaron a mi madre?

—Los frailes de Bemposta avisaron a la reina de la inminencia del desenlace, pero ella se negó a visitarle —le respondió el religioso—. Alegó que no se encontraba bien y que estaba demasiado lejos para viajar.

—¡Pero si estaba en Queluz!

—A no más de cinco leguas de la ciudad, señor...

El fraile le miró fijamente a los ojos, como tanteándole para saber si debía continuar con su relato. Al final se decidió a hacerlo:

—Por las calles de Lisboa corren rumores sobre la muerte de vuestro padre, señor... Parece extraño que a los pocos días sus dos médicos, así como su cocinero particular, le siguiesen a la tumba... Los masones y el partido apostólico, simpatizante de vuestra madre, se han lanzado acusaciones mutuas...

—¡Esa zorra ha conseguido matarle! —gritó Pedro fuera de sí, refiriéndose a su madre.

Lo dijo con tanta vehemencia, que los pájaros del jardín dejaron de cantar, los perros se inmovilizaron y giraron la vista hacia su amo, y los criados se esfumaron.

—No digas eso, que te van a oír los niños... —intervino Leopoldina.

—Demasiadas casualidades, y mi padre no era un hombre enfermo.

El fraile prosiguió:

—Lo extraño es que las naranjas desaparecieron de los cuencos en los que habían sido ofrecidas. Dicen que se les había inyectado una solución de arsénico, pero no se puede probar nada, señor.

—¡Dios mío! —dijo Pedro tapándose la cara con las manos y con la voz apagada.

Más tarde, y por la vía de un embajador, Pedro y Leopoldina se enteraron de que la reina había mostrado un ánimo exultante el día que recibió las condolencias del cuerpo diplomático. Un humor que no se correspondía con la circunstancia, lo que bastó para que aumentasen las sospechas de que ella era la autora intelectual del crimen.

El rey don Juan VI —«el único que me engañó», según dijo Napoleón en su exilio de Santa Helena— dejó un mundo un poco mejor que el que había encontrado cuando fue obligado, contra su voluntad, a asumir la regencia. A la postre, el balance de su reinado era positivo: había salvado la corona, había trasplantado de la noche a la mañana un gobierno y un Estado en una colonia atrasada y remota, había abierto el comercio y dinamizado la economía de un territorio gigantesco; en definitiva, había sentado las bases de un país que crecía unido, y de una independencia que, al fin y al cabo, no se gestó con la misma violencia que padecieron las colonias vecinas. Aunque sólo fuera por eso, se había ganado el cielo.

Ahora, el eco inquietante de una pregunta flotaba en el aire, de Lisboa a Río, de Oporto a Bahía: si Pedro era emperador de Brasil, si su hermano Miguel estaba exiliado en Austria, si Carlota Joaquina seguía codiciando el poder... ¿Quién acabaría sucediendo a don Juan?

No hubo tiempo para divagaciones y especulaciones, como tampoco lo hubo para el duelo. Pocos días después de la noticia de la muerte del rey, llegó otra del otro lado del océano: Pedro había sido proclamado rey de Portugal por su hermana, la regente Isabel María, cumpliendo así los deseos de don Juan. «¡Viva Pedro IV de Portugal!», exclamaban los portugueses. Al saberlo, el emperador, sentimental y siempre con las emociones a flor de piel —tanto las buenas como las malas— no pudo impedir que las lágrimas brotasen de sus ojos. Saberse reconocido por su padre, ese mismo padre que durante la infancia y la juventud tanto le había ignorado, le conmovía. Luego sintió un dolor casi físico, el desgarro de la separación definitiva. «Gracias, padre... No te decepcionaré, estaré a la altura de tus más bellos sueños...» ¡Ah!... El sueño de don Juan: la unidad del mundo lusitano. Se acordaba de cuánto le hablaba de ello... ¿No era ése el más bello destino que sus hijos podían dar a sus vidas, el mejor legado a su cultura, a su imperio? Hasta el final, hasta después de su muerte, don Juan intentaba hacer realidad su sueño de unir Brasil y Portugal bajo un mismo cetro... Cómo le hubiera gustado a Pedro hablar con su padre en ese momento, comentarle que aquel sueño era imposible de realizar porque no era el de los brasileños, porque les había dotado de una Constitución que prohibía expresamente llevar ambas coronas... Estaba seguro de que el Parlamento, al que había convocado para dentro de diez días, se opondría ferozmente a ello. «Miedo a la recolonización», dirían los patriotas. De modo que para seguir siendo Pedro I de Brasil, sabía que debía renunciar a ser Pedro IV de Portugal, aunque en el fondo le hubiera gustado mantenerse en ambos tronos. Acariciaba una idea, la de abdicar la corona portuguesa a favor de su hija Maria da Gloria. Estaba seguro de que su padre le alabaría el gusto. De esa manera mantendría a Portugal, el lugar donde se encontraban las raíces de su familia, bajo su esfera de influencia. Pero era consciente de que se trataba de una maniobra dinástica difícil de conseguir: estaba convencido de que su madre se opondría con todas sus fuerzas, ella que soñaba con descalificar a los Braganza y colocar de rey absoluto a Miguel.

De temperamento y carácter muy distintos, al final padre e hijo se habían encontrado del mismo lado, el de la libertad y en contra del absolutismo. «Renunciaré a vuestro trono, padre, pero no a las ideas constitucionales...» No, no estaba dispuesto a renunciar a ellas, y no sólo por convicción. Ahora había otra poderosa razón para luchar por la libertad de Portugal, para dotar a su país de origen de una Constitución liberal como la que había hecho para Brasil. Esa razón no quería desvelarla públicamente, aunque Leopoldina la adivinaba. Era personal, íntima. Pedro no podía dejar pasar la oportunidad de dar una lección a su madre y vengar así la muerte de don Juan. Haría justicia.

Pedro y el Chalaza se pusieron a trabajar de nuevo sobre un texto constitucional para Portugal. Al principio, se limitaron a hacerlo sobre una copia del texto brasileño, cambiando las palabras «imperio» por «reino» y «Brasil» por «Portugal». En éstas estaban cuando llegaron noticias de Miguel a través del embajador de Brasil en Viena. El hermano exiliado decía estar arrepentido de haber intentado destronar a su padre y buscaba reconciliarse con la familia.

—¿No será una maniobra suya para regresar a Lisboa y mejorar sus posibilidades de hacerse con el trono? —se preguntó Pedro.

El Chalaza le contestó:

—Es posible, pero el embajador insiste en que le ha notado sinceramente arrepentido y que quiere contribuir a la paz familiar...

—Si eso es cierto, le voy a proponer la oferta que le hice

hace tres años... Si acepta, es que está arrepentido de verdad y podríamos entendernos.

Para gran disgusto de Leopoldina, Pedro volvió sobre su vieja idea de casar a su primogénita con Miguel. Era una manera de neutralizar a su hermano y a los absolutistas para proteger el linaje de los Braganza. Si Miguel se comprometía a casarse con su sobrina, con la pequeña Maria da Gloria, y jurar la Constitución que estaban elaborando a toda prisa en el despacho de San Cristóbal, podría gobernar Portugal durante la minoría de edad de la princesa, y juntamente con ella como rey consorte después de su boda formal. Era el mismo acuerdo que había mantenido a su abuela doña María en el trono junto a su marido y tío carnal Pedro III, defensor a ultranza de los jesuitas, protector de la alta hidalguía, responsable de haber levantado el soberbio palacio de Queluz. Si Miguel accedía, tendría la seguridad de que sus descendientes le sucederían en el trono. Pedro pensó que era un acuerdo bueno para todos. Excepto para Leopoldina:

—Vuestro abuelo Pedro III era un hombre justo y devoto, y quería tanto a la reina como ella le quería a él... Sabéis perfectamente lo que pienso de vuestro hermano Miguel.

—La gente puede cambiar, además el poder y la legitimidad corresponderán a Maria da Gloria, como heredera mía.

—No quiero perder tan pronto a mi hijita, tiene un corazón bueno.

—Pero tiene carácter y es independiente. Sabrá reinar, estoy convencido de ello. Maria da Gloria puede conseguir la felicidad de una nación fiel y valiente que lleva mucho tiempo sufriendo. Es un alto y noble ideal para una hija que quiero tanto como vos.

—Haréis con ella lo mismo que han hecho conmigo.

Pedro la miró fijamente, frunció el ceño y un velo de temor a que su mal genio explotase pasó sobre la mirada de la emperatriz. Pero el emperador tenía prisa:

—Os he hecho emperatriz... ¿De qué os quejáis? —dijo dándose la vuelta y dejándola plantada en el salón.

El ruido de sus botas sobre el parqué de madera retumbó en el cráneo de Leopoldina, como si le estuvieran martilleando la cabeza. Mientras Pedro regresó a su despacho a continuar con la Constitución, ella se encerró en sus aposentos y escribió a Maria Graham: «*Es posible que dentro de poco tenga que hacer un nuevo sacrificio, separarme de una hija que adoro. Lo único que me consuela es que vivirá en nuestra querida Europa que espero volver a ver, porque estoy convencida de que allí yo gozaría de mayor reposo de espíritu y de mucho consuelo.*»

Estaba pensando seriamente en volver a Europa, ahora que había recuperado un poco de ánimo. Recordaba con nostalgia el tiempo cuando, previendo la salida de Pedro para Portugal, rogaba al embajador alemán que la ayudase a fletar un velero para reunirse con su marido, a pesar de las Cortes y de las órdenes del rey... Qué lejos parecía aquello, cómo había barrido el tiempo sus ilusiones. Ahora estaba decidida a regresar, a pesar de que se sentía débil de salud, lo que al principio achacó a los malos momentos y a la depresión. El médico que la reconoció la sacó de dudas: estaba nuevamente embarazada. Era el precio que tenía que pagar por haber vuelto a sentir la sangre caliente de su marido. Tendría que posponer su viaje a Europa indefinidamente.


74


Al final la Constitución portuguesa, aunque abría el país a la participación política, resultó menos liberal que la brasileña. Pedro copió la idea de la Cámara de los lores de Gran Bretaña para dar más poder a la nobleza local. Pensó astutamente que más valía tener a los aristócratas de su lado que como conspiradores contra el nuevo régimen. Cuando hubo terminado, hizo enviar copias del texto a Lisboa y a Viena, donde estaba su hermano. ¿Cómo lo recibirían en Portugal? No estaba seguro de que fuese con entusiasmo, pues el país vivía anclado en el pasado.

Poco después recibió la buena noticia de que Miguel aceptaba el trato. Se comprometía a acatar el contrato prenupcial y a jurar lealtad a la nueva Constitución portuguesa, lo que hizo en presencia del embajador de Portugal en Viena. Según la Carta Magna, Miguel asumiría la regencia unos meses después, al cumplir los veinticinco años.

—Ha cambiado, se ha hecho más maduro —comentó Pedro, satisfecho.

—Dudo de que sea sincero —dijo Leopoldina—. Es tan ambicioso como tu madre.

—No, lo que pasa es que ha entendido la importancia de lo que le he propuesto.

—Creo más bien que Metternich ha ejercido alguna influencia sobre él... Al fin y al cabo, Maria da Gloria es nieta del emperador de Austria. Ha visto la manera de salir de Viena y regresar a Portugal.

Y «la reina... ¿qué estaría tramando?», se preguntaba Leopoldina. Carlota Joaquina seguía manteniendo en Queluz su cuartel general, donde recibía a ministros e hidalgos de España porque ella presidía la facción española del partido absolutista, considerado el elemento más extremista —algunos dirían que sanguinario— de aquella formación política. En España, la noticia de que Portugal había adoptado una Constitución liberal fue recibida como una bomba. En Portugal suscitó una gran oposición, empezando por el clero, siguiendo por los magistrados que vieron sus ganancias y su influencia amenazadas por ese nuevo principio de división de poderes, y terminando por la pequeña nobleza que había quedado fuera de la «cámara de aristócratas» pero que controlaba al campesinado.

Ese descontento era maná que le caía del cielo a Carlota Joaquina. Nunca había dejado de conspirar para preparar el regreso de Miguel, «su niño, su héroe, su ángel», pero también su siervo sumiso. Llevaba obsesionada con ello desde la *Abrilada*. Que su hijo hubiera prestado juramento a Pedro y a la Carta Magna no la enfureció. Al contrario, vio en ello la posibilidad de sacarlo de Viena y traerlo cerca de ella. Segura de su ascendiente sobre Miguel, ya maquinaría para que renegase de sus juramentos. Disponía de medios para ello. Había heredado de su marido una importante suma de dinero y oro, que pensaba utilizar para poner en el trono a su hijo Miguel. Sobornaría a jueces y funcionarios, pagaría a turbas para que sembrasen el caos en las calles, compraría parte del ejército. Contaba con el apoyo fundamental de la parte más conservadora del clero. La suya era una labor de zapa, de poder oculto porque rara vez aparecía en público. Pasaba los días de sol sentada en una esterilla en el jardín. Los conspiradores de turno la oían canturrear una copla que parecía escrita a propósito para ella: *«En porfías soy manchega, y en malicias soy gitana, mis intentos y mis planes, no se me quitan del alma...»*

En Río de Janeiro, el acuerdo con su hermano Miguel permitió a Pedro anunciar, la víspera de la reunión convocada del Parlamento brasileño, que abdicaba el trono portugués. A sus ocho años de edad, Maria da Gloria era designada reina de Portugal. Un anuncio que vino justo a tiempo para desactivar las protestas de sus cada vez más numerosos adversarios, que no aceptaban que su monarca se portase como el rey del país que les había colonizado durante tres siglos. Además, le llovían las críticas porque, aunque en teoría la Constitución garantizaba los derechos de los ciudadanos, en la práctica la había suspendido varias veces para encarcelar a opositores, atajar rebeliones y juzgar de manera sumaria a los líderes secesionistas, como había ocurrido con fray Caneca y el aplastamiento de la Confederación de Ecuador. Le acusaban de haber cercenado la libertad de prensa al mandar cerrar los periódicos y censurar los panfletos editados por los Bonifacio. En su discurso al Parlamento, rodeado de la misma pompa que había acompañado la apertura de la Asamblea Constitucional tres años antes, Pedro pasó revista a los logros obtenidos en el frente diplomático, como el reconocimiento de Portugal y de las demás naciones, lo que había apuntalado la independencia. Se acordó de su padre cuando dijo que «el honor nacional» exigía que la banda oriental fuese preservada como provincia del imperio. Don Juan se había obcecado con la idea de que el río de la Plata debía ser la frontera natural del sur de Brasil, sin tener en cuenta que la cultura de los gauchos era más española que portuguesa, y que aquélla no era una sociedad esclavista sino igualitaria. Su hijo había hecho suya aquella causa y frente al Parlamento de la nación anunció su intención de acabar con el conflicto lanzando una ofensiva en el verano próximo. «Yo mismo iré a Río Grande do Sul a ver con mis propios ojos las necesidades del ejército...», anunció grandilocuente.

El viraje que había dado hacia su esposa y la restricción de visitas a la amante no mermaron el amor que Pedro sentía por Domitila, que era profundo e irreprimible. Valoraba que su amante no disimulase sus sentimientos al sentirse abandonada o menospreciada, que protestase, no como Leopoldina; prefería un contrincante a una víctima, era mucho más estimulante. Un día tuvieron una pequeña discusión en la que Domitila se quejó de que se sentía sola. Pedro se marchó ofuscado, y momentos después ella se dio cuenta de que la estaba espiando desde el palacio con el catalejo. No dudó en cerrar todas las ventanas. A las pocas horas recibió una nota de Pedro: *«Gracias por haber cerrado las persianas justo cuando intentaba verte con mis ojos»* y después de dar libre curso a su enfado, terminaba: *«Perdóname si uso un lenguaje un poco fuerte, pero es mi corazón, que te pertenece, el que está hablando.»* Más adelante, se disculpaba: *«... Si a veces me muestro hosco contigo es debido a mi desesperación de no poder disfrutar de tu compañía tanto como antes.»*

Aunque Domitila entendía las razones de su alejamiento provisional, la nueva situación le producía angustia. Como también era consciente del rechazo de la población hacia su aventura con el emperador, tenía miedo de quedarse sola durante la larga temporada que Pedro preveía pasar guerreando en el sur. Temía que sus numerosos enemigos buscasen revancha. Poco a poco esa preocupación se reflejaba en la correspondencia. Las cartas que se enviaban dejaron de tener el tono jocoso y ligero de los primeros tiempos y se fueron tiñendo de gravedad.

Sin embargo, el mensaje había calado y Pedro estaba dispuesto a todo menos a poner en peligro su relación con Domitila. De modo que aprovechó la fecha de su cumpleaños, cuando era habitual que el emperador repartiese títulos, condecoraciones, promociones y amnistías, para demostrarle su devoción. El 12 de octubre de 1826 el país entero vivía pendiente de la publicación de los favores imperiales en el *Diario Fluminense.* Cuál no fue la sorpresa de los brasileños al descubrir que el padre de Domitila era nombrado vizconde de Santos y la propia vizcondesa era ascendida a marquesa de Santos. En su magnánimo dispendio, Pedro llegó a condecorar a Maria Benedicta, la hermana de Domitila, y a su marido con los títulos de vizcondes de Sorocaba, aparte de encargarse de los gastos de la educación del pequeño Rodrigo. Un precio espléndido por unas cuantas noches de placer. Consiguió un puesto a todos sus familiares, ya fuese de ayudante, de mozo de la cámara imperial o de militar. Jamás se había visto tal diluvio de honores otorgados a una sola familia. El emperador la consideraba suya, quizá porque nunca había tenido una vida familiar estable. Pero esa lluvia de prebendas era una desfachatez, un burdo acto de abuso de poder que indignó por igual a la corte y al pueblo. Incapaz de controlar sus impulsos, perdidamente enamorado, Pedro se enfangaba cada vez más en las arenas movedizas de su amor adúltero.

Leopoldina se hundió de nuevo en el desánimo, con la sensación de tener un puñal clavado en el pecho. Su última y tenue esperanza se desvaneció. La puntilla la recibió a los pocos días, cuando Pedro le pidió que le acompañase a visitar al padre de Domitila, el nuevo vizconde de Santos, que a sus ochenta y cinco años había sufrido una apoplejía.

—No es mi lugar, prefiero no ir.

Pedro no insistió, pero le pidió que por lo menos le acompañase a Gloria a rezar por el restablecimiento de la salud del coronel. «Es un buen amigo mío, y también lo fue de mi padre», alegó para convencerla. Leopoldina no se atrevió a negarse una segunda vez. La marquesa de Itaguai, que había escuchando la conversación, cuando estuvo a solas con Leopoldina le sugirió que desobedeciese.

—No vayáis, señora... —le dijo en voz baja.

—Cada uno reza a su manera —le respondió la emperatriz—. Él pide a Dios por el viejo Castro, yo pido para que Él le abra los ojos.

Y le acompañó.

Luego, durante seis días y seis noches, Pedro estuvo a la vera del lecho de su viejo amigo, convirtiéndose prácticamente en su enfermero, desatendiendo a su esposa, a su familia legítima y a los asuntos de gobierno. A su muerte, le organizó unos funerales grandiosos, desproporcionados con la relevancia social del coronel. Una pompa nunca vista desde tiempos del rey don Juan, que costó una fortuna. Daba igual, Pedro se hacía cargo, como había hecho con los gastos de medicinas y de médicos del difunto. Para compensar tanto dispendio, ordenó al cocinero francés del palacio de San Cristóbal que redujese el presupuesto de comida, y decidió vender algunos de los purasangres que Leopoldina montaba habitualmente. La reacción de su esposa le resultaba indiferente: lo más probable era que no dijese nada, como siempre. Todo lo hacía por amor a Domitila, y si ahora necesitaba ser consolada, él se quedaría a su lado el tiempo necesario. Se encerraron en el palacete, ajenos al resto del mundo, enrocados en su mutua pasión. Aquello fue la gota que hizo desbordar el vaso.

Leopoldina perdió la paciencia y el control sobre sí misma que tan férreamente había mantenido siempre. Una noche, sentada en su secreter, escribió a Pedro la carta que pensó que nunca podría escribir: *«Hace un mes que el señor no duerme en casa. Desearía que el señor escogiese a una de las dos, o la marquesa de Santos o a mí, o si no que me diese licencia para retirarme junto a mi padre a Alemania.»* No la firmó «Emperatriz de Brasil», como de costumbre, sino «María Leopoldina de Austria», para poner distancia y recordarle su sacrificio de tantos años en Brasil. Pero el emperador no se dignó responderla, y esa indiferencia la mantuvo prostrada y abatida. Iba por el tercer mes de embarazo, y a las náuseas, los mareos y el calor se añadía el convencimiento de que ya sí, definitivamente, estaba muerta para el amor de Pedro. Dos días más tarde supo a través de sus criadas de confianza que su marido, después de leer la carta, había dicho a Domitila que le daba igual perder el imperio siempre y cuando conservase el objeto de sus deseos. Exasperada, Leopoldina tuvo una pesadilla y se despertó de madrugada encharcada en sudor. En su sueño se había visto sin fuerzas para la labor de parto y había asistido a su propia muerte... Al despertarse sobresaltada se incorporó y se secó la transpiración. Tosió por el humo de las hojas de tabaco que los esclavos quemaban para ahuyentar a los insectos. Mandó llamar a uno de los criados de su marido:

—Recoja toda la ropa del emperador y métala en baúles.

Vestida con un camisón ancho sujeto por pinzas, el pelo suelto y desordenado, se sentó en su mesa y, a la luz de un quinqué, se puso a escribir otra carta. Estaba enfebrecida, le temblaba el pulso y el criado se asustó al verla tan desbocada. *«Pido que os mudéis a casa de vuestra amante —decía aquella carta—. Por mi parte, me voy a residir al convento de Ajuda a la espera de que mi padre me mande buscar...»* Pero el criado no obedeció, no recogió ropa alguna y fue corriendo a casa de Domitila a avisar al emperador.

Era casi el amanecer cuando llegó Pedro a los aposentos de Leopoldina. Venía acompañado de Domitila, vestida con un traje de seda negro que daba por contraste una palidez inusual al tono de su piel. Él tenía aspecto desaliñado y se le veía afligido. Se acercó a la mesa, arrancó la carta y la leyó.

—Estoy consolando a una familia que está de luto y escogéis este preciso momento para...

—¿Una familia de luto?... —interrumpió Leopoldina con ironía—. ¡Descuidáis a vuestra esposa y a vuestra familia para atender a... —En ese momento miró a Domitila—. Al..., al padre de vuestra amante.

—¡Alteza...! —susurró Domitila, sorprendida por la franqueza de la emperatriz.

Pedro intervino. Estaba desorientado con esa reacción de su mujer:

—Os creéis todas las intrigas de las criadas y todos los cotilleos de los cortesanos...

—¡No soporto más vuestras mentiras! —le cortó tapándose las orejas con las manos.

—Conocéis la amistad que mi familia tenía con el coronel Castro. Mi amistad con su hija...

—Le habéis pagado un entierro suntuoso, y a vuestra familia le reducís los gastos de comida..., ¿creéis que nadie se da cuenta de vuestros tejemanejes? ¿Que Dios no es testigo de vuestros desmanes e injusticias?

Volviéndose hacia Domitila, añadió:

—... ¿Y de vuestros pecados?

—Lo mezcláis todo —intervino él—. Siempre habéis creído que esto era vuestra lujosa corte de Viena, y siempre habéis gastado más de lo que os correspondía... No hay mendigo en la ciudad que no haya recibido una limosna vuestra, y a veces más que una limosna. La casa imperial no dispone de fondos para que los distribuyáis como os plazca.

—¡Cómo podéis decir eso si le habéis pagado un palacete! —dijo señalando a Domitila—. ¡Si la colmáis de honores convirtiéndoos en el hazmerreír de la corte y de la nación entera!

—¡Os prohíbo hablar así!

Con los ojos inyectados en sangre, Leopoldina se volvió hacia Domitila:

—¿Qué le habéis hecho para que acabe perdiendo el juicio de esta manera? ¿Qué brujería habéis empleado, me lo podéis decir?

—Alteza, no es bueno que os alteréis así... —respondió mientras se acercaba al rostro de la emperatriz con un pañuelo.

—¡No me toquéis!

—Está bien, tomad... —le dijo entregándole el pañuelo.

—¡Salid de mis aposentos! No quiero veros aquí...

Pedro intervino:

—Es vuestra dama de honor y las órdenes en mi palacio las doy yo.

Leopoldina siguió desgranando un rosario de reproches dejando al desnudo tantas heridas tapadas durante demasiado tiempo. A pesar de que Pedro le hizo una seña para que se quedase, Domitila prefirió marcharse de la habitación. Los esposos continuaron intercambiando gritos y palabras duras que retumbaron en los muros del palacio, manteniendo al servicio bien despierto. Él todavía negaba la evidencia, lo que provocaba la exasperación de su mujer.

—Seguid mintiendo, emperador, seguid... Seguid humillándome e insultándome, pensando que no me doy cuenta de nada, que soy una dócil princesa enamorada... Ya no, Pedro. Ya no soy aquella mujer que sólo veía la vida a través del hombre que amaba. Ésa la habéis matado. ¡Allá vos y vuestra

382

conciencia! Yo me marcho al convento de Ajuda, ya mandará mi padre a alguien para sacarme de aquí. No puedo más.

—¡No os vais de aquí! ¡Sois la emperatriz de Brasil!

—¡Soy una mujer engañada, pisoteada, insultada, ridiculizada...! No soy emperatriz, soy la mujer de un emperador de pacotilla... ¡Ésa soy yo!

Le miró fijamente a los ojos antes de continuar:

—¿Tenéis miedo del escándalo? Ya sé, me queréis de adorno, he vivido mucho tiempo engañada, pero se acabó, Pedro... ¡Haced emperatriz a vuestra concubina, a ver qué dirá el pueblo! ¡Yo me marcho!

Leopoldina se dio la vuelta para dirigirse hacia la puerta, pero Pedro, rojo de ira, temblando como si estuviera a punto de padecer uno de sus ataques epilépticos, intentó impedírselo. En el rifirrafe que siguió, acabó perdiendo el control y la empujó con fuerza al intentar detenerla. Leopoldina tropezó y cayó al suelo, retorcida de dolor. Al abrir los ojos, intercambió con su marido una mirada cargada de sombra y desesperación:

—Lo habéis conseguido... —le susurró con un hilo de voz—. Pensé que nunca llegaríais tan lejos, pero os habéis atrevido..., me habéis pegado, a mí y a vuestro hijo —balbuceó mientras señalaba su tripa—. Habéis perdido el juicio del todo, emperador. Ahora sí que me habéis matado... de verdad.

Pronunció esas palabras con una extraña parsimonia, como si hubiera recuperado la serenidad, hablando desde otro plano de la realidad. Era un tono tan sereno, tan nebuloso que Pedro, a pesar del calor agobiante, sintió un escalofrío. «¡Dios mío, qué he hecho!», dijo al dejarse caer de rodillas entre sollozos:

—Perdonadme, alteza, perdonadme..., os lo ruego, no quería haceros daño...

Leopoldina casi no podía hablar y le costaba respirar hondo. Sus ojos violeta tenían un brillo especial, que Pedro no le conocía. Ella le acarició el rostro con sus dedos débiles y apretó el índice contra los labios de Pedro. No quería oírle reconocer sus faltas y disculparse porque sabía que se enternecería. No quería perdonarle más.

75

El eco de aquella riña conyugal, transmitido por los criados y las damas de compañía, salió del palacio y viajó por la ciudad, penetrando en todos sus barrios, de los más pudientes a los más miserables, de los cuarteles del ejército a los barracones de los esclavos, de los lupanares a los conventos, de los tugurios del puerto a las mansiones de los aristócratas, y luego voló por encima de los cerros y las llanuras, llegando a todas las aldeas, todas las *fazendas*, todas la ciudades del inmenso país. La población vivió el empujón y otros decían la patada a la esposa del emperador como si éste se la hubiera dado en persona a cada uno de sus habitantes. Hasta entonces, Pedro era percibido como un ser original, excéntrico y ciertamente déspota, pero en el fondo fiel a sus principios liberales y con gran olfato para la política, lo que no dejaba de ser cierto. Sin embargo, a partir de ese momento era un hombre marcado por un acto de una vileza extraordinaria. Pegar a una mujer embarazada, aun en un país donde las mujeres eran tratadas muchas veces como bestias de carga, era de canallas, de escoria. Pegar a *nossa imperatriz*, la adorada Leopoldina, no tenía perdón de Dios. Su aura estalló en mil pedazos con aquel puntapié, por mucho que se hubiera arrepentido en seguida. Si Leopoldina había perdido el corazón de su marido, ganó para siempre el corazón del pueblo, que entendía lo que era ser maltratado por un poderoso. El pueblacho se identificaba con su dolor resignado, de buena cristiana, tan parecido al sufrimiento de los humildes. La noticia también cruzó el océano: «...*Escucha el grito de una víctima* —escribió Leopoldina a su hermana— *que de vos reclama, no venganza, pero sí piedad, socorro de afecto fraternal para mis hijos que van a quedar huérfanos y en poder de las personas que fueron autores de mis desgracias.*» Ese presentimiento de la muerte cercana no la abandonaría más.

Pedro estaba afectado y desconcertado. La larga pasividad del carácter de su mujer se había quebrado, y ahora era otra mujer que no conocía. No sabía hasta dónde podía llegar Leopoldina, pero tenía la sensación de que muy lejos. «Los alemanes son así —le dijo una vez el Chalaza—. Aguantan mucho, pero cuando llegan al límite se rompen y son capaces de cualquier cosa.» Ahora empezaba a entender el significado de esas palabras a las que no había dado importancia. El caso era que Pedro se debatía en un mar de dudas, donde todo se mezclaba: estaba preocupado por la salud de Leopoldina, y por cómo seguiría reaccionando; pero también tenía una urgente necesidad de huir de sí mismo. Tenía que irse por muchas razones; la más importante era su deber de participar en la campaña militar de la provincia Cisplatina. No podía echarse atrás, pues la maquinaria ya estaba en marcha. Además, pensó que la guerra le ayudaría a recuperar el prestigio perdido.

Cuando los médicos le dijeron que los males de su mujer se debían probablemente al embarazo, decidió no posponer sus planes y marchar tal y como había previsto. Quiso aprovechar el acto oficial del besamanos de despedida para dar una imagen conciliadora —sentía urgentemente la necesidad de rehacer su imagen— y pidió a Leopoldina que asistiese. Al principio, ella aceptó, pero cuando se enteró de que la marquesa de Santos estaría presente, se desdijo. Pedro reaccionó irritado:

—Los médicos dicen que estáis bien.

—Me encuentro muy débil, Pedro... Además, no quiero mostrarme en público junto a ella.

—¿Por qué no? Es eso lo que hay que hacer, precisamente para desmentir los rumores y todo lo que se dice sobre nuestra discordia...

Lo que buscaba Pedro era que este acto oficial sirviese para que Leopoldina, que ya no podía fingir más ignorar sus relaciones con Domitila, sancionase de una manera tácita el papel de la amante. La austriaca se negó en redondo.

—No pienso aceptar públicamente un vicio que repruebo —le contestó con una firmeza inusual en ella.

—Os he nombrado regente en mi ausencia, deberíais asistir. Es un acto protocolario...

Leopoldina negó con la cabeza y Pedro salió de la habitación dando un portazo. Se negaba a admitir que su mujer no era la de siempre, que se había transformado irremediablemente, que ya no se dejaba manipular.

La mañana del 24 de noviembre de 1826, la flota imperial compuesta por diez navíos de guerra estaba en la bahía de Guanábara lista para partir, con ochocientos hombres a bordo, entre oficiales y mercenarios. Pedro acudió al palacio a despedirse de Leopoldina, embutido en su deslumbrante uniforme de almirante. El cuarto estaba en penumbra; sólo entraba la luz de los rayos de sol que pasaban por las rendijas de las persianas. La encontró muy delgada, con la tez gris y los ojos hundidos bajo las cejas. Las líneas tan menudas que antes estaban ligeramente impresas sobre su rostro ahora lo surcaban por completo. Sus sienes estaban azuladas, el pelo, destrenzado. Sudaba mucho, ¿o quizá eran lágrimas de despedida?

—¿Cómo os encontráis?

—Bien —mintió Leopoldina.

—Si es necesario, puedo retrasar mi viaje unos días.

—No, Pedro, no... Me han dicho que la flota está lista... debéis cumplir con vuestro deber, que es partir y arreglar las cosas allí abajo. Yo me encargaré de las de aquí.

—Volveré pronto, en un mes estaré de regreso.

Leopoldina hizo un esfuerzo sobrehumano para alzarse en la cama.

—Tengo un regalo que quiero que guardéis...

Con su mano trémula y ardiente cogió un paquetito que estaba en su mesilla y se lo entregó a Pedro, que lo deshizo cuidadosamente. Era un anillo con dos pequeños diamantes y una inscripción en su interior con sus nombres respectivos y dos corazones. Leopoldina volvió a tumbarse, exhausta.

—Me estoy muriendo, Pedro... Cuando regreséis del sur, ya no estaré aquí.

Unos gruesos lagrimones corrían sobre sus mejillas desfiguradas, y le quemaban bajo el camisón.

—No digáis eso...

Pedro se esforzaba en mirar un grabado colgado en la pared que mostraba unas mariposas para contener sus ganas de llorar. Su mujer prosiguió:

—...Pero tengo fe, los que la vida ha separado se reunirán en la muerte.

Por primera vez, parecía que Pedro se daba cuenta de la inmensidad de los destrozos que había causado. En ese momento, hubiera hecho cualquier cosa para consolarla. Le hubiera dicho que de ella era su alma, su amor puro, y de su amante el cuerpo, y los placeres de la pasión..., pero no era del todo cierto, y ya la había castigado bastante con sus mentiras. De todas maneras, no podía hablar y la emoción le provocó un nudo en la garganta.

—Abrázame... —le pidió ella en un susurro.

Se inclinó, la tomó entre sus brazos y la apretó fuertemente contra su pecho. En ese momento rompió a sollozar como un niño. Leopoldina cerró los ojos. Qué precio tan alto había tenido que pagar por ese abrazo..., pero allí estaba, con la cabeza hundida en el pecho del hombre que amaba por encima de todo y que temblaba de puro llanto. Era un relámpago de felicidad en el umbral oscuro de la muerte.

—Quiero que sepas que te perdono —le dijo mientras le pasaba la mano por el cabello, como hacía con sus hijos—. Ojalá te perdonen todos y nadie te guarde rencor.

Mantuvo la mano de Pedro entre las suyas como para indicar que sólo ellos conocían el secreto de aquella despedida, tan sencilla, pero a la vez tan terrible por el miedo que suscitaba.

Pedro estaba tan conmovido y la vio tan mal que dio la contraorden a la flota para que permaneciese en el puerto dos días más, a la espera de ver cómo evolucionaba su esposa. El problema logístico de mantener a los ochocientos hombres fondeados en Río era enorme, pero bien se lo debía a Leopoldina. De entre el fango de su comportamiento indecente surgía un destello de rectitud moral. Al día siguiente volvió a visitar a Leopoldina, que se encontraba conversando con el barón Mareschal, y la agradable sorpresa le levantó el ánimo.

—Pero ¿no os habéis ido ya?

—No lo haré hasta que estéis mejor.

—Estoy mejor..., ¿no se nota?

Esa misma tarde, Mareschal envió su informe a Viena:

*«Tuve la honra de ser testigo de cómo el emperador, que parecía fuertemente conmovido, le testimoniaba su pesar de abandonarla en ese estado..., pero su estado no reviste peligro alguno.»*

## 76

Mareschal se equivocó, como lo hicieron los médicos que finalmente dijeron a Pedro que podía irse tranquilo. La flotilla puso rumbo al sur, mientras la emperatriz, espoleada por ese sentido del deber tan suyo, hizo acopio de sus escasas fuerzas y, en calidad de regente, se acicaló lo mejor que pudo con una gruesa capa de maquillaje para disimular su mala cara, se vistió y bajó a la sala de reunión a despachar con los ministros. Su lucidez y sentido común habituales les hizo olvidar su aspecto espectral.

Aquel esfuerzo le costó caro. Regresó a su cama muy fatigada, con la respiración entrecortada y midiendo sus pasos para no tropezar. Tenía sudores fríos porque empezó a subir la fiebre, tanto que fue víctima de convulsiones que los médicos describieron como «afecciones espasmódicas». Por la noche se despertó con un dolor agudo en el vientre, y luego sintió un calor líquido que se esparcía en la cama, una marisma viscosa que fluía entre sus piernas. Sacudida por un ramalazo de pánico, empezó a gritar y acudieron criados, damas del palacio y médicos que a base de aplicarle gasas frescas en la frente lograron calmarla. Decía que se le iba la vida por abajo y, en parte, era cierto:

—Su majestad ha expulsado un feto de sexo masculino —le anunciaron en tono rutinario.

Añadieron que no había razón para asustarse más. Los médicos seguían teniendo la seguridad de que el origen de la dolencia estaba en ese aborto, y esperaban que a partir de entonces la paciente iniciase una progresiva recuperación. Pero la fiebre no remitió, y a los espasmos cada vez más violentos se añadieron síntomas de desorientación, insomnio, tos y vómitos. Reunidos alrededor de su cama, pronunciaron un nuevo diagnóstico: «fiebre biliosa». Ahora admitían que esa fiebre era la causa, y no la consecuencia, del aborto. Mareschal, esta vez, acertaba con su propia evaluación: *«Hay una afección moral que provoca los espasmos y que indica el verdadero núcleo de la enfermedad; los médicos dicen que de allí viene el mayor peligro, porque es un mal para el cual no tienen remedios.»* Pedro ya no estaba y Leopoldina se moría enferma del alma.

El súbito empeoramiento de la emperatriz precipitó la llegada del obispo y un grupo de frailes que vinieron a administrarle los santos sacramentos. Al terminar, ordenó a todos los criados que acudieran a la habitación, y éstos se situaron alrededor de la cama, con el aire grave y lágrimas en los ojos. Uno a uno les preguntó si les había ofendido por palabras o hechos.

—No quiero dejar este mundo con la impresión de que alguien pueda necesitar algún tipo de reparación por algo que le haya hecho...

Nadie dijo nada, sólo respondieron con más sollozos. Nuevamente, la emperatriz fue presa de convulsiones por la subida de la fiebre y se despidió de todos los que la habían servido, a pesar de que no siempre lo habían hecho con lealtad.

Después de doce horas de delirio, Leopoldina recuperó la lucidez y, sintiendo la inminencia del fin, pidió despedirse de sus hijos. Los criados los llevaron ante su presencia y los niños entraron tímidamente, vestidos de blanco impoluto. La mayor, Maria da Gloria, de ocho años, reina de Portugal, lloraba amargamente. Era la única que se daba cuenta de la magnitud de la tragedia. Los otros eran demasiado pequeños: Januaria tenía cuatro años, Paula tres, Francisca dos y Pedro uno. «Hijos míos queridos... ¿Qué será de vosotros después de mi muerte?», se preguntó Leopoldina cuando se hubo quedado sola, aterrada ante la idea de que pudieran ser entregados a los cuidados de la marquesa de Santos.

La emperatriz siempre había gozado de la simpatía de la alta aristocracia, que nunca había aceptado a «la intrusa», y que además se identificaba con el alto linaje de la austriaca. La marquesa de Aguiar, una mujer mayor que siempre la había apreciado mucho, dejó su domicilio y se instaló en los aposentos de Leopoldina mientras duró la enfermedad. Fue ella quien la tranquilizó, y le aseguró que se haría cargo de los niños... hasta el regreso de su padre. Sentía gran compasión por aquella alma afligida, despreciada, desamparada en un mundo que nunca la había comprendido. Una mañana, estaba velando a la enferma cuando vio por la ventana a Domitila, que entraba en el porche del palacio acompañada de su hija. Decidida a impedir esa visita, salió del cuarto y dio el aviso a los que esperaban en el rellano del otro lado de la puerta, el marqués de Paranaguá, ministro de Marina, y el antiguo tutor de Pedro, el ascético y delgado fray Antonio de Arrábida.

—No podemos dejar que esa presencia amargue los últimos momentos de la emperatriz, es insultante.

—Tenéis razón, hay que impedirle el paso, mal que le pese al emperador —dijo el fraile.

Domitila y su hija cruzaron el salón atestado de gente y subieron la escalera. En la entrada del dormitorio de la emperatriz, fray Arrábida se interpuso en su camino:

—No se puede entrar, señora, son órdenes de la emperatriz.

—Vengo a darle un regalo, y a preguntarle si necesita algo...

—Lo siento mucho, no se puede entrar. La señora está muy mal.

—Por eso mismo, soy su dama de honor —insistió Domitila.

En ese momento intervino la marquesa de Aguiar:

—Os lo ruego, marquesa. Dejadla descansar. No vengáis por aquí, porque vuestra presencia la perturba.

Domitila se ruborizó con el tono seco que la aristócrata había empleado con ella. De nuevo se sentía marginada, humillada, reducida a su propia realidad, la de una advenediza en un mundo que no era el suyo. Y no estaba Pedro para imponerla. De modo que se retiró con la cabeza gacha, cogiendo a su hija de la mano, avergonzada por el desaire, abriéndose paso entre la multitud silenciosa de cortesanos que ocupaban la planta baja y la escalera, y que ya murmuraban a sus espaldas cosas crueles:

—Lo que quiere es heredar el lugar del trono que va a quedarse vacío como ya ha heredado el lecho imperial...

No sólo los cortesanos entraban y salían del palacio a todas horas, sino que llegaban visitas de todo tipo de gente, blancos, mulatos, esclavos liberados, ricos y pobres. Unos venían a inscribir su nombre en el libro de visitas con una nota de simpatía, otros a recabar noticias sobre la evolución de la augusta enferma; todos iban con el rostro abatido y lágrimas en los ojos. Fuera del enorme parque que rodeaba el palacio, una multitud se agolpaba en la verja de entrada, deseosos de oír una noticia favorable, un atisbo de esperanza. La ciudad entera estaba conmocionada. El Teatro Imperial anunció que suspendía las representaciones hasta que la emperatriz se recuperase. En las plazas, en las calles, en las iglesias no se hablaba de otra cosa. Pronto surgieron procesiones organizadas por las hermandades de las parroquias que efectuaban el largo recorrido hasta la verja de entrada al palacio suplicando que el Todopoderoso atendiese sus humildes y fervorosas súplicas. «*La consternación del pueblo es indescriptible* —escribía el representante de Prusia—. *Nunca desde la muerte de Luis XV, rey de Francia, se ha visto semejante sentimiento de unanimidad. El pueblo se encuentra literalmente de rodillas implorando a Dios que salve a la emperatriz.*» Ese fervor popular era también el caldo de cultivo de un sinfín de rumores, que iban desde que «los médicos estaban matando a la emperatriz» hasta que «la estaban envenenando por orden de Domitila». El más corrosivo de los rumores alegaba que Pedro, antes de partir, había dado la orden de que en su ausencia la emperatriz fuese envenenada. Surgió tal agitación entre el pueblo que los comercios optaron por cerrar sus puertas. Aparecieron violentos pasquines que describían al emperador como alguien incapaz de lidiar con los asuntos de Estado y le exigían «a él y a su amante» que se apartasen y se reconociese al príncipe heredero bajo la tutela de la emperatriz. La indignación del pueblo llegó a tal punto que la policía se vio obligada a recorrer las veinticuatro horas del día el barrio donde vivía la marquesa de Santos.

El emperador no sabía nada de cómo estaban las cosas. Después de cinco días de travesía, había desembarcado en Santa Catarina, desde donde mandó dos cartas casi idénticas:

una a su «querida hija y amiga de mi corazón», la otra a su «querida esposa de mi corazón». A la una le contaba que sentía gran nostalgia de no verla, a la otra que su ausencia le partía el alma. Pero la pasión se la reservaba a Domitila: *«Soy tuyo a pesar de todo, ya sea en el cielo o en el infierno o no sé donde...»* De allí partió a caballo a Porto Alegre, una distancia de cuatrocientos kilómetros que recorrió acompañado por el Chalaza y un grupo de militares. Al llegar, descubrió que las condiciones de su ejército eran mucho peores que las que le habían descrito. La tropa estaba desmoralizada, ocupada en defenderse de los constantes ataques de los uruguayos desde el sur. Temían que les invadiesen parte de la provincia. Pedro reaccionó desplegando una febril actividad para sacudir la torpeza de los suyos. Despidió a oficiales que consideraba incompetentes, degradó a algunos y promovió a otros. Arengó a la soldadesca, solicitó voluntarios entre la población local y prometió la victoria. En muy poco tiempo logró levantar la moral del ejército, pero ahora tenía sus dudas de que pudiesen ganar esa guerra.

Una noche apareció en su campamento un emisario a caballo. Llegaba de Santa Catarina con el correo de Río de Janeiro. Pedro reconoció en seguida la caligrafía de la primera carta que abrió. La hubiera reconocido entre muchas: era de fray Arrábida, el hombre que le enseñó a escribir: *«Hasta a mi pluma le cuesta escribir estas palabras* —decía—. *La virtuosa emperatriz Leopoldina ya no es de este mundo.»* Pedro cerró los ojos e intentó no romper a llorar delante de sus oficiales, pero no lo consiguió. Siguió leyendo entre lágrimas: *«...Endulzad con la religión el dolor punzante de tan grande perdida.»* A pesar de que siempre se había mostrado indulgente con su pupilo, el anciano tutor no había dudado en apuntar la responsabilidad del monarca en la muerte de su esposa. Pedro lo sintió como una punzada en el corazón.

El sobresalto de la noticia, la lacerante verdad escondida entre las líneas de su tutor y el pánico a la muerte le produjeron temblores, luego convulsiones. Ahora ataba cabos: se había despertado sobresaltado la noche anterior, con una pesadilla que no acertaba a recordar excepto por las imágenes superpuestas de Leopoldina enferma. Había presentido el desenlace, del mismo modo que los animales presienten las grandes catástrofes naturales. «Don Pedro dio pruebas inequívocas de un gran dolor», según dijo el Chalaza, que le ayudó poco a poco a calmarse. Había mucho correo por leer, le dijo, muchas decisiones que tomar. Ya habría tiempo para el dolor y las lágrimas. Ahora era preciso serenarse, concentrarse, reflexionar. Pero Pedro apenas podía leer las demás cartas debido al torrente de lágrimas que le nublaban la vista. Muchas se las tuvo que leer su amigo, sentado a su vera junto a la hoguera del campamento. Así supieron que los bellos ojos de la emperatriz se cerraron para siempre a las diez de la mañana del 11 de diciembre de 1826, tras varios días y noches de fiebres y delirio, nueve años después de que el paisaje de Brasil los deslumbrase por primera vez. Que la muerte le había devuelto la serenidad a las facciones, y que «parecía pacíficamente dormida», como la describió Mareschal. Que dos médicos hundieron su cuerpo en un baño de alcohol de vino y de cal a fin de provocar el endurecimiento de las carnes y poder embalsamarla. Que fue expuesta para el último besamanos en su lecho cubierta de una colcha de la India y recostada contra dos almohadas de seda verde y oro, y sus manos fueron cubiertas de finos guantes de hilo. Que la gente, hasta los que la denigraron en vida o no le prestaron la más mínima atención cuando se encontraba sola y desesperada, rompía en sollozos al ver ese cadáver de menos de treinta años, tan lejos de su familia y de su marido... Que sus hijitos se portaron con una contención imperial, digna de los mejores vástagos de las casas de Austria y de Braganza. Que al final la emperatriz consiguió lo que se había propuesto, acabar en el convento de Ajuda, bajo la protección de las monjas, aunque no para esperar algún emisario enviado por su padre para rescatarla, sino para ser enterrada entre sus muros. Que de noche el cortejo funerario había cruzado la ciudad en un silencio estremecedor, seguido de una inmensa procesión de gente con cirios en la mano y escoltados por la guardia alemana a caballo. Que se leía la más profunda aflicción en todos los rostros, que mulatos, indígenas, ingleses, portugueses, españoles, italianos, prusianos, todos la lloraban..., especialmente los pobres. Que uno de ellos, un ex esclavo llamado Sebastião, interrumpió el sepulcral silencio para gritar con una voz rota: «¿Quién tomará partido por nosotros ahora? ¿Quién nos defenderá? ¿Quién nos dará comida?... ¡Nuestra madre se fue y nunca volverá!» Que se abalanzó sobre el féretro y la policía tuvo que intervenir para arrestarlo y ponerle grilletes... Que los lamentos en las escuelas y los asilos de caridad no dejaban de oírse, que la noche de las exequias hubo temor a un motín del pueblo, que los rumores que habían circulado durante la enfermedad de la emperatriz habían exasperado a la nación entera, que todas las tropas estaban en estado de alarma, que las patrullas recorrían las calles para evitar cualquier conato de disturbio y que todos sentían «el vacío peligroso del trono de Brasil». Luego hubo cartas que le hirieron en su amor propio y que le irritaron sobremanera, como la del marqués de Paranaguá, ministro de la Marina, que en nombre del Consejo de Ministros ofrecía sus condolencias. El mismo que había impedido la entrada de Domitila en el cuarto de la emperatriz agonizante hacía una mención clara en su carta a la culpabilidad de Pedro: *No debo ocultar a vuestra majestad imperial que para aumento de nuestra inquietud el pueblo murmura, y mucho, sobre el origen de la molestia, atribuyéndola a causas morales y no físicas.* Luego había una carta de Domitila, que contaba su versión de los días aciagos que estaban viviendo, de cómo le prohibieron la entrada a la habitación de Leopoldina, a ella que sólo iba a aportarle consuelo, de cómo su casa era vigilada por la policía, del miedo y la soledad que la atenazaban...

Demasiadas noticias, demasiadas informaciones, demasiados sentimientos se agolpaban en la atribulada mente del emperador. Quería ver a sus hijos, abrazar a su amante, recuperar el contacto con el gobierno y con su poder. Necesitaba olvidar sus aventuras militares y volver cuanto antes a Río. Aparte del dolor por la muerte de Leopoldina, de la indignación por la manera en que Domitila había sido tratada, sintió algo nuevo en su interior, algo que hasta entonces nunca había sentido, un miedo difuso a perder el trono. A perderlo todo, a dejar de ser él mismo.

De modo que volvió galopando a Santa Catarina y de allí embarcó en el *Pedro I*, donde escribió una carta a Domitila en la que anunciaba su llegada, una carta que mostraba el complejo laberinto de su alma: *«El portador de esta carta te contará los sufrimientos, las aflicciones, los pesares y, por encima de todo, el disgusto por la muerte de mi esposa. La nostalgia de ti y de todos los míos me ha hecho casi enloquecer, llegando al punto de no haber comido nada en tres días y apenas haber podido dormir. Pedro I, que es tu verdadero amigo, sabrá vengarte de todas las afrentas que te han hecho aunque le cueste la vida. Soy tu mismo amante, hijo y amigo fiel, constante, desvelado, agradecido y verdadero, digo, otra vez, amante fiel. El emperador.»* Pedro convertía así el pecho de su amante en el lugar más idóneo donde verter lágrimas de dolor por la muerte de su mujer.

## 77

Llegó a Río «con los ojos húmedos y el aire deprimido», como le describió Mareschal. Lo primero que hizo fue pronunciar un discurso en el Parlamento y de nuevo se echó a llorar cuando habló de la sentida pérdida de su augusta esposa: «No pierdo una esposa, pierdo un ángel de la guarda», declaró en un paréntesis de lucidez, con la voz quebrada. Inmediatamente después se puso a escribir una carta a su suegro Francisco II: *«Mi tristeza excede todas las expresiones que se pueden usar, y diré a vuestra majestad que ella existe todavía en mi corazón, y existirá siempre, hasta que la muerte me separe de este mundo...»* Francisco II pensó que era una carta hipócrita, pero le respondió haciéndose pasar por ingenuo, devolviéndole el pésame y sobre todo dándole el consejo de que se volviera a casar para que los niños tuvieran pronto una madre digna de la educación que merecían. Hasta ofreció sus buenos oficios para la consecución de tan deseable unión. El emperador de Austria era un hombre práctico. No había movido un dedo para ayudar a su hija, convencido por su poderoso ministro Metternich de que era conveniente que Leopoldina aguantase lo imposible por el bien de la monarquía en el continente americano. Y aunque no podía tener simpatía alguna por su yerno, sí la tenía por sus nietos: a fin de cuentas, su nieta mayor reinaría en Portugal y los otros heredarían la corona de Brasil. Por ellos, estaba dispuesto a mantener la relación con Pedro e incluso a encontrarle una nueva esposa. Francisco II se regía por la razón de Estado. La muerte de una princesa, aunque se tratase de su propia hija, no podía ser un obstáculo a la marcha de los asuntos del mundo.

En uno de sus quiebros característicos, Pedro, en la reunión que ese mismo día mantuvo con sus ministros y con fray Arrábida, pareció olvidarse por completo de Leopoldina y dio libre curso a sus ansias vindicativas. Quizá en otra ocasión ellos se hubieran achantado pero ahora todos le plantaron cara:

—La emperatriz estaba demasiado agotada para recibir gente, y pensé que esa visita no sería de su agrado... —se disculpó el franciscano.

—La marquesa de Santos iba a cumplir con su deber de dama de honor y no teníais por qué impedírselo.

—La razón para hacerlo —intervino el marqués de Paranaguá— es vuestra relación con la marquesa de Santos, de todos conocida. Permitidme deciros que es un grave error, majestad.

Antes de que Pedro pudiese responder, intervino otro ministro:

—Habéis elevado a la marquesa de Santos por encima de la soberana, lo que explica no sólo los ataques contra su majestad, sino también las críticas cada vez más violentas contra el régimen monárquico.

—Por el bien de la nación y de la monarquía, debéis ponerle un final —añadió el marqués de Paranaguá—. Este asunto se ha convertido en un grave problema de Estado.

—¡Éste es un asunto privado! —clamó Pedro.

—Sois la más alta representación de la nación. Todo lo que hacéis repercute en la vida del país. Bien lo sabéis.

—¡Soy un hombre libre!

—No hay libertad sin responsabilidad —intervino de nuevo fray Arrábida—. ¿Qué ejemplo dais a vuestros hijos, majestad?

—Nunca he faltado a mi deber con mis hijos. No los mezcléis en esto.

—El imperio cruje por todas sus juntas. —añadió el ministro—. Debéis ser sensible a ello y poner remedio antes de que sea demasiado tarde.

Pedro dio un golpe en la mesa con el puño, tan fuerte que retumbó y se hizo el silencio más absoluto. ¿Cómo se atrevían a enmendarle la plana a él, al emperador aclamado por el pueblo? No quería volver a oír que debía sacrificarse como hombre para el bien de la institución monárquica. Le recordaba las palabras de su madre cuando le obligó a dejar a la bailarina francesa que tanto quería. Ahora todos le decían que había ido demasiado lejos, pero él no quería reconocer que el peso de su amor adúltero, como el de un brazo tiernamente cruzado sobre el pecho, se había convertido en un fardo para el ejercicio de su función. Su vínculo con Domitila seguía nublándole la razón. Era una relación demasiado intensa y pasional como para que cediese ante la petición de sus ministros, esos privilegiados que él había colocado en sus puestos de poder. No iba a permitir ahora que unos funcionarios y un cura le dictasen su conducta y le sermoneasen. No, no y no. Él seguiría gestionando su vida a su antojo, así que no sólo desoyó los consejos de sentido común que le habían dado, sino que destituyó a cuatro de sus seis ministros, y dejó en sus carteras al ministro del Imperio y al de la Guerra, el único que merecía haber sido despedido por el caos de la campaña en el sur. Apartaba a personas que le habían mostrado siempre afecto y lealtad. En un ataque de furia sintomático de su dependencia de Domitila, prohibió a fray Arrábida, su amigo de siempre, la entrada al palacio, donde anunció que se retiraba ocho días, en compañía de sus hijos, en señal de duelo.

De los ocho días de luto, dos los pasó enteramente con Domitila. Si él buscaba consuelo en sus brazos después de dos meses de separación, ella necesitaba apoyo: tenía una razón de peso, pues estaba de nuevo embarazada. Las noches ardientes que habían pasado mientras Leopoldina se debatía entre el abandono y la soledad engendraban una nueva vida, como si el destino, aun después de muerta, quisiese dar una vuelta de tuerca más al sufrimiento de la austriaca. Este nuevo vínculo vendría a reforzar la pretensión de la amante, que comenzaba una fase inédita en su ya antigua aventura con el emperador de Brasil. Prefirió no mencionar la idea que saltaba como un insecto en la jaula de su mente, porque Pedro aún se encontraba bajo la conmoción del espanto de la muerte, pero le costaba contener las riendas de su imaginación... En el fondo, con la desaparición de Leopoldina, lo hacía también el último escollo a su ambición... ¿Por qué no soñar con lo más alto, convertirse en emperatriz casándose con Pedro? Una emperatriz brasileña, capaz de sintonizar con el pueblo, sensible a sus necesidades, a sus aspiraciones, a sus ideales.

Tanto los ministros como todos aquellos que veían con preocupación la deriva sentimental del emperador contemplaban esa probabilidad con un cierto temor. Si su delirio amoroso venía a coincidir con las aspiraciones más disparatadas de la amante, aquello podría culminar en el episodio de inmoralidad más odioso que jamás existiera en una corte. Sin contar que podría acarrear el fin de la monarquía en Brasil de una vez por todas.

La calle también lo barruntaba. Después de haberse quitado de encima a la esposa legítima..., ¿por qué iba a detenerse la amante ahora?, pensaba la gente. Los diplomáticos afincados en Río se hicieron eco de la preocupación general. El barón Mareschal estaba muy intrigado por el hecho de que Domitila usase un escudo de armas propio, cuyo blasón aparecía hasta en el membrete de sus cartas. Era el escudo de Inés de Castro, la noble gallega que en el siglo XIV había sido repudiada por la nobleza por el hecho de haber sido amante del rey de Portugal y que al final, a título póstumo, acabó nombrada reina a pesar de todo. ¡Qué bien cuadraba esa historia dentro de la suya, ese eco lejano que daba sentido a su propia biografía! Mareschal se enteró de que Domitila andaba buscando pruebas de esa improbable genealogía... Buscaba legitimidad, que era precisamente de lo que carecía para ser la esposa de un emperador. Pero si consiguiese algún tipo de documento sobre sus orígenes nobles, alguna prueba que la ligase a Inés de Castro..., ¿quién podría negar entonces sus raíces nobles, antiguas y españolas? ¿Quién se atrevería a denigrarla? ¿A impedirle el paso en todas las habitaciones de todos los palacios reales en los que quisiera entrar? Hasta el embajador francés escribió una carta a su ministro diciendo que le parecía notar en la amante un comportamiento altivo, como si ya asumiese su papel de sucesora de Leopoldina. Metternich estaba tan preocupado que escribió a Mareschal: «*Es inadmisible que el emperador piense en casarse con la marquesa de Santos... Sería inconcebible, por no decir algo peor, que el emperador confiase la custodia de sus hijos a la marquesa de Santos y la nombrase tutora.*»

Pedro sentía el rechazo a su alrededor. El hecho de que sus ministros se hubieran mostrado tan firmes en su censura era sintomático de una pérdida de autoridad, y hasta de respeto, pensaba él. Las palabras de fray Arrábida, un hombre parco y franco de cuyo afecto no cabía dudar, retumbaban en su conciencia. Pero no dio su brazo a torcer. Para mostrar su determinación —otros dijeron que su insensatez— acudió a las solemnes exequias por el alma de Leopoldina acompañado de Domitila, que lucía una tripa tan prominente como insolente. Fueron dos días de celebraciones religiosas donde Pedro se hartó de escuchar los tópicos que los hombres usan desde tiempos inmemoriales para defenderse de la muerte: que era un mal inevitable, que ni la belleza ni la juventud ni el amor escapaban a la putrefacción, que las enfermedades y otros males que acompañan a la vida podían ser peores que la muerte en sí, que más valía fallecer que envejecer... Prefirió el sermón de la misa pontifical que hablaba de inmortalidad y de gloria, bonitas palabras que confortaban el corazón y lo engañaban como si el recuerdo de una persona pudiese remplazar su presencia. Durante todos estos actos, que culminaron con una oración fúnebre y la absolución en el convento de Ajuda, Pedro, siempre suspicaz, notó el peso de las miradas de reproche, una inusitada frialdad entre los cortesanos, la desafección del pueblo que ya no le gritaba vivas ni se agolpaba a la salida de la iglesia para tener un breve contacto, aunque sólo fuese visual, con su majestad imperial. Alarmado por un sentimiento de aislamiento que apenas había experimentado antes, impresionado por el eco de la muerte, mandó llamar a fray Arrábida de vuelta a palacio. Necesitaba la seguridad que la mera presencia de su viejo tutor le proporcionaba. El hombre regresó con buen ánimo, y Pedro le recibió como si nunca hubiera pasado nada. Hablaron del tiempo pasado, de cuando se conocieron en Lisboa la víspera del viaje que les trajo a Brasil, cuando Pedro era un niño de nueve años, de la interminable travesía, de la emoción de ver una mañana, después de días de encalmada, un punto a lo lejos que resultó ser un bergantín repleto de montañas de frutas de todos los colores, frutas tropicales cuyos nombres y sabores desconocían, pero que contenían todo el sabor y la felicidad que ese nuevo mundo prometía: piñas, papayas, mangos, guayabas y otras frutas de nombres exóticos como el *caju*, la *pitanga* y el *açaí*. Más que un acercamiento entre dos barcos, aquello había sido un acercamiento entre dos mundos. Fray Arrábida, que conocía muy bien a su antiguo pupilo, sus numerosos y odiosos defectos pero también sus innegables cualidades, debía de ser la única persona en el mundo que sintiera compasión por él. Había sido testigo de cómo había sido criado solo, prácticamente abandonado por su madre, sin cariño familiar, huérfano de padres vivos, contemplando el espectáculo de cómo su progenitor era despreciado, y por eso ahora, en el fondo, entendía que se aferrase como loco al cariño de una mujer, aunque no sancionaba su comportamiento. Veía que el emperador no se daba cuenta de las contradicciones de su actitud; le veía perdido en el atolladero de su confusión. Sólo esperaba poder guiarle hacia una salida, siempre y cuando Pedro quisiera encontrarla.

## OCTAVA PARTE

—

No es fácil aconsejar y servir a un príncipe extremadamente arbitrario en sus ideas, inteligente, mas sin discernimiento ni principios, muy celoso de su autoridad, irritable, y de extrema inconsistencia en sus amistades...

Barón von Mareschal

## 78

El tiempo empezó a poner las cosas en su sitio. A pesar de que Pedro nunca estuvo enamorado de Leopoldina, a lo largo de los años se había acostumbrado a ella, a su presencia tranquila, a sus sabios consejos en tiempos difíciles, a su dedicación constante. Había sido una mujer siempre dispuesta a perdonarle sus excesos y sus indiscreciones, y a aguantar con paciencia de santa su personalidad tiránica. Ahora los niños preguntaban por ella, y por muy próxima que estuviera Domitila, no era una sustituta para su madre. Querían saber de su mamá, de por qué les había dejado, adónde había ido, cuándo volvería... «Pobre niño —dijo un día abrazando a su hijo pequeño—. Eres el príncipe más infeliz del mundo.» Enfrentado a esas situaciones difíciles, Pedro sufría por ellos lo que no había sido capaz de sufrir por su cuenta. Les compadecía y extrañaba el amor que les prodigaba Leopoldina. El hecho de que fuese un buen padre le ayudó a apreciar más a su esposa, a asimilar lo terrible que había sido como marido.

Al principio, apenas notó el vacío que había dejado Leopoldina, ocupado como estaba en dejar sentada su autoridad y en demostrar su devoción por Domitila. Sin embargo, poco a poco, con el paso de las semanas y los meses, se fue apoderando de él un sentimiento de nostalgia, de pena por la pérdida de una mujer que sus hijos querían más que a nadie en el mundo y que le había amado siempre desde lo más profundo del alma. A nadie le sobra gente que le quiera, ni siquiera a un emperador, y menos a unos niños huérfanos. Ese sentimiento era exacerbado por la mala conciencia que le roía por dentro. Que su esposa hubiera muerto por una enfermedad del alma, y no física, como bien se lo habían repetido, es decir que la ostentación de su adulterio hubiera precipitado el fin de Leopoldina, era ahora como un hierro candente aplicado a su corazón. La vida no se vivía de la misma forma con el peso de aquella culpa. Para intentar sacársela de encima, escribió unos versos de mal poeta que muchos atribuyeron a su ansia de dejar atrás su mala fama. Otros le tildaron de hipócrita.

En la segunda sesión parlamentaria de mayo de 1827, entre informes sobre las derrotas militares en la guerra cisplatina y denuncias de los desmanes de la administración del imperio, evocó entre lágrimas a su difunta esposa. ¿Lloraba por ella, por el dolor de su ausencia? Ni siquiera lo sabía a ciencia cierta, perdido en su laberinto mental, atenazado por la congoja. Tampoco ahora le habían aclamado a su llegada a la sede del Parlamento, a pesar de llevar su atuendo imperial que evocaba una mezcla de monarca europeo y cacique americano, con su capa de plumas de tucán, su cetro rematado con un unicornio, su sable con empuñadura de diamantes y su enorme corona. ¿Lloraba porque ya no concitaba la ilusión popular? ¿O más bien porque se daba cuenta de que desde la muerte de Leopoldina todo había cambiado? Sentía a su alrededor el peso de las intrigas políticas, el bisbiseo de los altos funcionarios de aspecto sombrío que se callaban en cuanto le veían aparecer, las conspiraciones que imaginaba que estarían tramando... Además, no parecía tener el viento a su favor. Sentía que su vida, tanto en lo personal como en lo político, había entrado en un callejón sin salida. Domitila no le había dicho abiertamente que quería casarse, pero se lo había insinuado, y en lugar de alegrarse se había sentido profundamente molesto. Aquello venía a añadirse a los rumores que circulaban en la ciudad sobre su próxima boda con «la amante», que le habían irritado sobremanera. Aquello era algo que chocaba de lleno contra su amor propio y su vanidad... ¿Cómo podría considerar siquiera nupcias tan desiguales? Una amante era una amante, y no debía confundirse con una esposa. Ambas cumplían funciones bien distintas, aunque Domitila parecía ignorarlo.

—Soy descendiente de Inés de Castro —le dijo un día, haciendo valer su pretendida legitimidad.

Pedro alzó los hombros. Por primera vez, la encontró patética en su pretensión. Domitila sintió el desprecio, y le espetó:

—¿Tú no te jactas de ser constitucional? ¿Liberal? ¿De ser un hombre para quien la cualidad de ciudadano es más importante que la de príncipe? Si es así, mi linaje no debería importarte.

Domitila no podía entender que en Pedro, por encima de todo, contara el orgullo de su estirpe, de ser hijo y descendiente de reyes, de ser emperador, monarca, soberano. Por muy enamorado que estuviera, no estaba tan loco como para casarse con una plebeya porque sabía que afectaría a su propia identidad, a su ser íntimo y privado, algo a lo que no renunciaría nunca porque sería como renunciar a existir. Ahora se daba cuenta de cómo el alto linaje de Leopoldina había contribuido a establecerle como monarca ante los ojos del mundo y de la sociedad local. Lo que antes no valoraba porque lo daba por hecho, en estos momentos lo echaba de menos. El problema era que Domitila no podía comprender, y aún menos admitir, que su papel no podía ser otro que el de amante, de eterna segundona aunque el campo estuviese libre. ¿No le había dicho mil veces Pedro que era todo suyo, que le pertenecía en cuerpo y alma? *«Te he dado mi corazón y quiero poseer el tuyo íntegramente»*, le había escrito hacía poco tiempo. Tenía cartas para probarlo, y hasta un mechón de pelo púbico envuelto en papel guardado en un cajón. Pero Pedro estaba enfrentado a su eterno conflicto, entre ser hombre y ser soberano, y no sabía cómo dirimirlo. Domitila, perpleja, sentía que Leopoldina muerta empezaba a ocupar un espacio entre ella y el emperador mucho mayor que el que ocupaba en vida. Quizá era su venganza desde el otro mundo.

En su actividad política, las cosas no iban mejor. Una división argentina acababa de destruir el destacamento naval brasileño en el río Uruguay. Unos días más tarde, seis mil soldados brasileños caían en una emboscada de las fuerzas argentinas. Los brasileños recuperaron parte del terreno perdido aprovechando que el enemigo estaba dividido entre los que preconizaban la independencia de Uruguay y los que defendían su integración en una confederación de provincias argentina. De acuerdo con sus ministros, Pedro quería aprovechar ese momento de confusión y sobornar al general uruguayo Lavalleja para mantener el territorio dentro del imperio brasileño. Sin embargo, no consiguió el apoyo necesario en el Parlamento de Río: esa guerra había costado ya la friolera de treinta millones de *contos de reis* y la pérdida de ocho mil hombres. Los terratenientes, aliados a poderosos intereses esclavistas, y que eran mayoría en la cámara de los diputados, no querían emplear más recursos en luchar por la banda Cisplatina, una tierra impropia para el cultivo de caña de azúcar o de café, y donde no existían esclavos.

—Que nuestro sur no sea para Brasil lo que es el norte para los Estados Unidos de América, un poder contrario al comercio de negros —espetó un diputado.

A causa del éxito del cultivo del café, los dueños de plantaciones estaban aferrados más que nunca al comercio de esclavos. La importación de mano de obra había crecido proporcionalmente a las exportaciones de café. Nunca habían llegado tantos africanos a los puertos brasileños como en aquellos años. Unos meses atrás, Pedro, aprovechando que gobernaba solo y sin tener que rendir cuentas ni a Parlamento ni a Asamblea alguna, había firmado con los ingleses un tratado por el cual, después de un periodo de gracia de cuatro años, la Armada británica podría interceptar cualquier barco negrero. Los miembros de la mayoría pro esclavista del Parlamento acababan de enterarse y estaban furiosos. Estaban tan necesitados de mano de obra esclava que llegaron a contemplar la anexión de Angola y Mozambique, para ellos mucho más rentable que la banda Cisplatina.

—El tratado que firmasteis a vuestro albedrío, aprovechando que no convocasteis el Parlamento durante un largo periodo de tiempo, es perjudicial para la dignidad, la independencia y la soberanía de la nación brasileña —le soltó Vasconcelos, diputado de Minas Gerais, un individuo de treinta años que aparentaba tener el doble debido a los estragos de la sífilis y que, gracias a sus dotes de orador, se había convertido en el portavoz y líder de la mayoría conservadora.

—Olvidáis que necesitábamos el apoyo de los ingleses para conseguir el reconocimiento de la independencia —replicó Pedro—. El tratado era una contrapartida.

—¡No, señor! El apoyo de los ingleses lo necesitáis sobre todo para seguir con vuestra política en Portugal, necesitáis un aliado para contrarrestar a los absolutistas.

Era un golpe bajo, porque venía a introducir en la cámara de diputados de Brasil una duda sobre la lealtad del emperador a «su país de adopción», como decían con sorna. El viejo reproche de haber nacido en Portugal volvía a ser utilizado como arma arrojadiza. Vasconcelos prosiguió:

—...Pero nosotros no tenemos por qué pagar el precio de mantener vuestros intereses en Portugal.

—¿Cómo pueden sus señorías olvidar que yo he dado la libertad a Brasil, que con mi presencia he colaborado a asegurar la unidad nacional, que he dado una Constitución a esta nación que ya quisieran para sí la mayoría de los pueblos de Europa? ¡Mis intereses y los de Brasil son idénticos! —se defendió Pedro con vehemencia.

—Si así fuese, no hubierais firmado ese tratado con los ingleses, que perjudica enormemente nuestro comercio, que arruina nuestra agricultura, que reduce drásticamente los ingresos del Estado... Sobre todo, que infringe el derecho que esta cámara tiene de legislar para Brasil. Hoy por hoy, habéis hecho que los brasileños sean susceptibles de ser juzgados por jueces británicos y en tribunales británicos. ¿Es eso un ejemplo de lealtad a la patria?

Ante la dureza del ataque, Pedro intentó la vía de la conciliación:

—Está bien, me comprometo a intentar negociar un aplazamiento de los términos del tratado con los ingleses, pero tarde o temprano tendremos que lidiar con el problema de la esclavitud. El mundo avanza hacia la libertad y no podemos darle la espalda.

—Señor, os llenáis la boca con esa palabra: libertad. Pero lo que intentáis es acabar con la libertad que tenemos nosotros, los brasileños, de rescatar a los pobres africanos de la muerte o de un destino peor que la muerte. Lo que hacemos es salvar a esos negros de sus taras, de la promiscuidad, del canibalismo, de la idolatría, de..., de... la homosexualidad, y su majestad quiere impedirlo.

Un aplauso y un murmullo de aprobación recibieron la perorata del diputado. Entre el alboroto general, surgió la voz de Pedro, cansina:

—Tenemos diferentes concepciones de lo que es la libertad individual, señor Vasconcelos. Lo que digo es que no podemos ir contra la Historia.

Pedro sabía que si le atacaban con tanta saña era porque olían su debilidad. Nunca en el cenit de su gloria aquellos perros sabuesos se hubieran atrevido a tanto. Aprovechaban su descrédito, provocado en gran parte por la muerte de Leopoldina, para pisotearle, porque no era justo, pensaba Pedro, que le acusasen de favorecer los intereses de Portugal por encima de los de Brasil, y todo porque había tenido que resolver la sucesión a favor de su primogénita. Había sido desleal con su esposa, de acuerdo, pero nunca lo había sido con la nación. Que mezclasen lo personal y lo público para atacarle, de nuevo le exasperaba. Pero ¿no era eso el sino de su vida? Ahora se daba cuenta de que nunca podría desligar su condición de hombre de la de gobernante. La muerte de Leopoldina se había llevado por delante ese muro que había querido elevar entre ambas categorías. Y al caer, había dejado en evidencia su incuria, su amoralidad, su volubilidad, sus tremendos defectos.

Sentía la necesidad de reaccionar, de dar un golpe de timón a su vida para recuperar prestigio y poder, para poder seguir siendo él mismo. Empezaba a estar cansado de tanto politiqueo, de tanta palabrería y de tanta falsedad. Sentía que el caos, el espíritu irredento y republicano se estaban apoderando de nuevo del Parlamento ahora que él había de tomar decisiones transcendentales sobre el futuro de la dinastía familiar a ambos lados del océano.

## 79

Joven, emperador y viudo, la mala conciencia le perseguía con su cohorte de remordimientos. Al embajador francés le confesó que «llevaba la vida indigna de un soberano» y que el pensamiento de la emperatriz no le abandonaba. ¿Lo decía de corazón? ¿O era porque aprovechaba cualquier encuentro, cualquier oportunidad, para mejorar su imagen? Domitila nunca le había visto tan taciturno, y lo achacaba a los problemas de gobernanza que tenía en el Parlamento. Pedro se daba cuenta de que no podía conseguir nada importante sin contar con la cámara de diputados, de mayoría ultramontana y esclavista. Se veía reducido a la impotencia por el sistema político que él mismo había diseñado y le exasperaba darse cuenta de que su sueño de conseguir un imperio liberal se hacía añicos. En la cuestión portuguesa se encontraba bloqueado porque su hermano Miguel, que se había comprometido a acudir a Río para conocer a su sobrina y a despachar con él, no llegaba nunca. En su última carta se disculpaba en tono sumiso y anunciaba que su visita se retrasaría hasta octubre, al tiempo que le renovaba *«las inviolables y fieles demostraciones de obediencia, acatamiento y amor de un vasallo fiel y hermano amante y agradecido»*. La realidad era que Miguel estaba retenido en Viena por Metternich, que no veía con buenos ojos que el futuro regente de Portugal se contaminase de las ideas liberales de su hermano. Metternich había hecho de la Santa Alianza un auténtico sindicato de reyes con el fin de detener el avance de los movimientos liberales y pensaba que nadie como el yerno de su majestad apostólica, Pedro de Braganza y Borbón, había contribuido tanto a dañar su proyecto. Nunca pudo entender, y aún menos justificar, la obsesión de Pedro por otorgar «constituciones libertarias» a los pueblos. Que lo hubiese hecho Napoleón, un aventurero arribista, lo podía entender, pero le parecía inconcebible que un príncipe como Pedro, de sangre antigua y dinástica, imitase al emperador francés burlándose de los principios sacrosantos que habían regido las casas reales durante siglos.

El día del cumpleaños de la duquesita de Goias ocurrió un incidente que abrió los ojos de Domitila sobre la peligrosa dirección que la mente torturada de su amante estaba tomando. En medio del almuerzo, servido con gran pompa en el comedor del palacio de San Cristóbal, el emperador se quedó callado, lívido, y acto seguido se levantó de la mesa y desapareció. Domitila pensó que se sentía indispuesto, pero como el retraso duraba y los invitados se preguntaban qué pasaba con el anfitrión imperial, fue a buscarlo por todo el palacio. Lo encontró en los antiguos aposentos de la emperatriz, abrazado a un retrato de Leopoldina y sollozando como un niño. Más tarde, Pedro contó al Chalaza que había tenido una visión, la imagen fugaz de una Leopoldina triste que se difuminó inmediatamente. ¿Sería porque el ágape se celebraba en la misma sala que había servido de capilla ardiente donde velaron su cadáver?

Esa misma noche fue a las caballerizas, donde seguía flotando la sombra de la emperatriz. Estuvo admirando los magníficos alazanes de Pomerania, y hasta se puso a cepillar a su preferido. Luego siguió con su inspección y dio órdenes de limpiar mejor las cuadras o de poner otro tipo de forraje en los comederos. Le gustaba el olor a estiércol, que le recordaba a su infancia, a sus primeros momentos de libertad, cuando jugaba al escondite en la cuadras del palacio de Queluz con su hermano Miguel y los hijos de los palafreneros. Volvió caminando hacia el palacio, dejando atrás los relinchos de sus caballos y a sus mozos de cuadra polemizando sobre el tropel de órdenes nuevas. Era una noche calurosa, atravesada por la fragancia de la madreselva y el jazmín. Despidió a su ayuda de campo porque quería estar solo. La silueta del palacio se recortaba contra la noche clara de luna llena, y a lo lejos el mar era de plata. Se sentó en la hierba y se detuvo unos instantes a contemplar el ballet de luciérnagas a su alrededor. Necesitaba pensar, ordenar sus ideas. Llevaba varios días dándole vueltas a la sugerencia que le había hecho su suegro en su última carta. Para restaurar la dignidad imperial que, ahora lo reconocía, su conducta había contribuido a debilitar, necesitaba un golpe de efecto, algo drástico. La mejor manera de lograrlo, ahora lo veía claro, era volviéndose a casar. El viejo Francisco II tenía razón, un emperador no puede estar solo, a la intemperie. Ahora calibraba en toda su extensión la sugerencia que le hizo. Sólo una nueva boda, entendida como un acto dinástico, como un negocio de Estado, podría contribuir a redorar su blasón. Y si el precio era reformar su vida, estaba dispuesto a pagarlo. La novia sólo podía ser de Europa porque era el único lugar en el mundo donde existían princesas disponibles. No quería ni pensar en la reacción de Domitila, que esperaba el casamiento porque lo veía como la prolongación natural de su relación amorosa. Parecía que, en Pedro, el soberano había triunfado definitivamente sobre el hombre.

Antes que nada, lo primero que necesitaba era sondear al barón Von Mareschal. Tenía confianza en aquel hombre amable y discreto que siempre le había dado sabios consejos de política interna. Para conseguir una princesa europea, necesitaba su ayuda, así como la de la casa de Austria. Quería asegurar la colaboración de su suegro, que se había ofrecido a buscarle una candidata. El barón, de una prudencia exquisita, en seguida se dio cuenta de la importancia de aquel asunto y también del peligro potencial que encerraba. Lo primero que hizo fue preguntar si la marquesa de Santos estaba al corriente de su decisión.

—Todavía no. Está muy embarazada y no es el momento de decirle algo semejante. Para ella será un duro golpe.

Mareschal se pasaba el dedo por su barbilla, dándole vueltas a cómo decir lo que quería decir:

—Vuestra majestad imperial seguramente ignora la repercusión que vuestra relación con la marquesa de Santos ha tenido en Europa. Debéis saber que ha sido un tema de conversación en todos los palacios y cenáculos y hasta se han publicado artículos y comentarios en periódicos de varios países.

—Estoy acostumbrado a los rumores. Un monarca vive rodeado de cotilleos, chismes... No hay que dejarse afectar por ello.

—Sí..., rumores, chismes..., tenéis razón, majestad... —bisbiseó Mareschal, pensativo—. Pero ¿cómo explicaros? En Europa, dada la diferencia de costumbres, hubo una condena general hacia vuestro comportamiento.

Pedro se hizo el sorprendido, y respondió:

—Quiero que sepáis que estoy decidido a cambiar de estilo de vida, barón. No sólo lo deseo, sino que lo necesito.

—No lo dudo, majestad, y quiero ayudaros. Pero es importante que, teniendo en cuenta lo delicado que es el tema, reine la franqueza entre nosotros. Antes de que os decidáis a escribir a vuestro suegro, debéis saber que también él está resentido como monarca y como padre.

Pedro no contestó. Estuvo un rato silencioso, hasta que dijo:

—Os ruego que me creáis, estoy decidido a emprender el camino de la rectitud moral.

—En ese afán de franqueza para que esto pueda salir bien, entenderéis que he de preguntarme qué nos garantiza que cumpliréis con vuestras declaraciones. No pongo en duda vuestra buena fe, pero conozco el corazón humano.

—¿No me creéis, barón?

El austriaco tosió. Parecía sopesar sus palabras:

—Es difícil creeros, majestad, lo reconozco, sabiendo que la persona que ha ejercido una influencia tan larga sobre vuestro corazón sigue viviendo a las puertas del palacio; que su hija, reconocida y elevada a categoría de duquesa en vida de doña Leopoldina, vive prácticamente bajo vuestro mismo techo; que la marquesa está embarazada... ¿Quién puede responder de que no habrá una recaída de su majestad imperial en su antiguo afecto?

—Yo mismo, con mi palabra.

—Conozco bien la bondad de vuestro corazón —respondió el hábil diplomático— y puedo vislumbrar cuán dolorosas pueden ser las medidas que por la necesidad de encontrar una nueva mujer han de imponerse necesariamente. Medidas que no se pueden aplazar...

—¿Como cuáles?

—Conviene confiar la duquesa de Goias a quien pueda educarla de acuerdo con su jerarquía, y mandar a Europa a la madre...

Pedro frunció el ceño. Aquello no le gustaba nada.

—No puede ser, os he dicho que está embarazada.

—Entonces quizá habría que enviarla a Santos, a su ciudad. Entendedme: libre de la marquesa, podéis dar a la pretendida novia la seguridad de una conducta recomendable. Y el Imperio austriaco podría avalaros...

—¿Qué más consejos me dais?

—Empezad por el emperador, por vuestro suegro, que está preocupado por sus nietos, como es natural, y por eso quiere ayudaros. Escribidle una carta bonita y afectuosa, así como a la reina madre; tiene hermanas casaderas, no lo olvidéis... Otro consejo que considero útil es mandar a Viena a la joven reina Maria da Gloria para que perfeccione su educación al lado de su abuelo... Eso puede ser de gran ayuda.

Pedro no pensaba acatar todos los consejos del diplomático porque no estaba acostumbrado a sentirse tan constreñido y era un hombre demasiado celoso de su independencia, pero le escuchó con paciencia y salió satisfecho del encuentro porque terminaron hablando de las posibles candidatas y era como soñar en voz alta. Mareschal había sugerido el nombre de la princesa Ludovica Guillermina, hermana del rey de Baviera y de la emperatriz de Austria. «¿Es hermosa?», le preguntó Pedro. «De una belleza extraordinaria», le respondió Mareschal.


80


Enardecido por su conversación con el barón, escribió una carta a su suegro donde hacía acto de contrición. Mencionaba el *«error político y religioso de mi vida, que toda mi maldad acabó, que prometo a su majestad enmendar desde ya mismo para comportarme como un verdadero cristiano».* A su esposa, la reina, declaró: *«Deseo de ahora en adelante vivir conforme manda nuestra santa religión.»* Al marqués de Barbacena, que estaba desanimado por los reveses de la guerra en el sur, le encargó la misión de ser el negociador de estas segundas nupcias y le apremió a viajar a Europa lo antes posible para traer a Brasil a la nueva emperatriz, y de paso a su hermano Miguel, que se hacía el rezagado.

Sin embargo, el tono de las cartas no engañaron al emperador de Austria ni a su mujer, que hicieron saber a Pedro, siempre a través de Mareschal, que palabras de semejante significado, en la pluma de alguien que se había desmandado tanto, que había causado tantos escándalos, que tanto había hecho sufrir a su hija Leopoldina, carecían de total credibilidad a no ser que fuesen respaldadas por actos concretos que demostraran una nueva manera de vivir, un «*comportamiento en el que no hubiera un mínimo lugar a la hipocresía*».

De manera que Pedro, si quería avanzar en la búsqueda de una nueva mujer, se veía obligado a romper con Domitila. La razón le decía que debía hacerlo, lo tenía asumido, pero el corazón se rebelaba. Habían tenido una discusión después del incidente de la celebración de la duquesita de Goias.

—No quiero que pienses que me voy a casar contigo. Eso nunca puede ocurrir —le había dicho Pedro bruscamente.

Unos lagrimones rodaron por las mejillas de Domitila, que no entendía por qué, de repente, era blanco de esa agresividad.

—Déjame por lo menos demostrarte que...

—... Ni aunque me demostrases que eres la heredera directa de Inés de Castro podría casarme contigo.

Como siempre, él se ablandó viéndola llorar y suavizó sus palabras. Invocó la razón de Estado, el interés de la dinastía, la necesidad de rehacer su propio prestigio y el de la monarquía. A medida que enumeraba las múltiples razones por las que no podía casarse con ella, se iba agrietando la coraza de su determinación. A ella no la engañó con pretendidas conversiones que harían de él un hombre virtuoso. Eso era de cara a los demás. A ella sólo se la podía tratar con franqueza, por muy dolorosa que pudiera resultar.

—Barbacena está encargado de buscarme una nueva esposa. Le he mandado a Europa.

—Llevamos seis años juntos y ahora me tiras como un pañuelo usado. Ahora que podríamos gozar el uno del otro sin...

Los sollozos le impedían seguir. No conseguía admitir que Pedro había escogido el imperio por encima de ella. Él dio marcha atrás, tímidamente:

—Seguiremos gozando el uno del otro como lo hemos hecho siempre... —le dijo él, acercándose.

Ella levantó la mirada. Sus ojos negros bañados de lágrimas brillaban como cuentas de azabache.

—¿A escondidas, quieres decir? ¿Después de haberte dado cuatro hijos y con un quinto en camino?

—Te ruego que me comprendas, Titilia... detrás de mí hay una familia, una dinastía, un país a los que me debo. Que me case de nuevo no significa que deje de quererte, te querré siempre.

Poco a poco fue dándose cuenta de lo mucho que le iba a costar romper con ella. La vieja herida que creía cicatrizada volvía a sangrar: una cosa era saber que tendría que sacrificar su corazón de hombre para salvar su herencia, su trono; otra muy distinta era ponerse a ello.

—Nunca serás un hombre libre —le dijo Domitila.

—Quizá tengas razón, pero lo que te pido es que me ayudes, no que me lo pongas más difícil todavía...

—¿Que te ayude a qué? ¿A que me eches? ¿Cómo puedes pedirme eso?

—Te pido que no quieras mi ruina, ni la tuya, ni la de mi país.

Domitila estaba sintiendo en carne propia el mismo desconcierto que debió de sentir Leopoldina cuando cayó en desgracia. ¿Cómo responder a un ser tan contradictorio como Pedro, mezcla de brutalidad y ternura, pasión generosa y cálculo egoísta? Lo mejor era cortar la discusión por lo sano. Su instinto le decía que más valía no provocar al hombre que tenía enfrente, al dueño de su vida. No debía darle razones para la ruptura, al contrario. Por mucho que le hubiera apetecido insultarle, pegarle, arañarle, tirarle una estatua a la cara, hizo un esfuerzo por contenerse. Confiaba en lo necesitado que estaba Pedro de sus caricias, de su cuerpo, de su experiencia sutil en el arte de amar, siempre dispuesto a reincidir. Ésa era una baza a su favor que no valía la pena echar por tierra por simple cuestión de orgullo. Una vez había llegado a ese punto, la supervivencia era más importante que la dignidad personal. De modo que salió de la habitación y desapareció por los corredores del palacio, ante la mirada perpleja de los criados que nunca habían asistido a una discusión entre los dos. Pedro permaneció solo, apesadumbrado, sin saber realmente de dónde sacaría las fuerzas para arrancársela del corazón.

Estuvieron una larga temporada sin frecuentarse, la más larga desde la llegada de Domitila a Río de Janeiro. «Han dejado de verse», notificó el representante de Prusia, siempre tan optimista. Mareschal estaba satisfecho porque parecía que Pedro estaba siguiendo sus consejos. Sin embargo, la determinación del emperador vaciló cuando supo que la marquesa de Santos había dado a luz a una niña. Le pareció insólito tener que quedarse en el palacio conteniendo las ganas de ir a conocer a su nueva hija. No había fuerza en el mundo que se lo pudiera impedir, ni Mareschal ni el emperador de Austria ni el temor a los rumores que volverían a dispararse. A sabiendas de que arriesgaba la reputación que tan difícilmente estaba intentando recobrar, bajó a la mansión de Domitila y entró por una puerta trasera para satisfacer el deseo de contemplar a esa pequeña que era de su sangre, que era parte de su vida, dormir en la cuna, junto a la mujer tendida en su cama y cuyo cuerpo le hacía enloquecer.

La casualidad quiso que el día del bautizo de la pequeña —la llamaron María Isabel— el marqués de Barbacena partiese rumbo a Viena para acelerar la búsqueda y negociación de una nueva esposa, como años antes lo había hecho otro marqués, el de Marialva, por orden de don Juan VI, y entonces había vuelto con Leopoldina. La historia se repetía, o por lo menos, eso parecía a finales de 1828.


81


Sin embargo, el marqués de Barbacena lo tenía ahora mucho más difícil. La pésima reputación de Pedro como marido había cruzado los mares, y las princesas huían despavoridas ante la idea de que pudieran acabar reviviendo en carne propia el calvario de Leopoldina. Temblaban de miedo ante la posibilidad de caer en las redes de ese «sultán sudamericano que asesinaba a sus esposas mientras transformaba la corte en un burdel de lujo»... Eso era lo que se contaba en los mentideros de las cortes de Europa. No era de extrañar que las dos princesas de Baviera, hermanas de la emperatriz de Austria, rechazasen la oferta. Como el repudio de la mano de una princesa significaba para un monarca un duro golpe a su dignidad, el marqués, para quitarle hierro al asunto, apuntó en una carta a Pedro: «...*Juzgando por las otras hermanas casadas y que no han tenido hijos, es de prever que estas dos también sean estériles, lo que presupone un mal de familia.*» Flaco consuelo para Pedro, que no buscaba precisamente más sucesión, sino una esposa capaz de estar a la altura de la corona y de hacer de madre de sus vástagos. Al principio se lo tomó con sentido del humor y falsa modestia. Mandó un retrato suyo al marqués para que la próxima candidata «*no se espante al ver esta cara hosca la primera vez*».

Barbacena fue dándose cuenta de lo difícil que era «vender» al emperador de Brasil en las cortes europeas, aun contando con el apoyo de Francisco II, cuando, una tras otra, las princesas rechazaron sus propuestas formales de matrimonio. Todo eran excusas, evasivas o rotundas negativas. Surgió una posible candidata, la princesa Mariana Ricarda, hija del rey de Cerdeña, «*de veinticuatro años, muy afable y de costumbres ejemplares*». De nuevo Pedro daba libre curso a su entusiasmo, hasta que un despacho le informaba de que dicha princesa no quería ir a vivir tan lejos de su familia... Nuevo chasco, que se añadía al esfuerzo de abstinencia sexual que le había prometido a Mareschal, y que le tenía amargado: «*Dígale a mi suegro* —escribió al marqués— *que vivo en un país caliente, que tengo veintinueve años, y que se acuerde de sus tiempos mozos para que calcule la necesidad en que estaré...*» Francisco II, convencido por Mareschal de que Pedro era sincero en su voluntad de enmendarse, aseguró que no descansaría hasta procurar una perfectísima novia para su yerno y una madre cariñosa para sus nietos. Estaba demostrando ser mejor abuelo que padre. No había olvidado el sufrimiento de Leopoldina, pero la educación y el porvenir de sus nietos estaban por encima de sus sentimientos personales, *noblesse oblige*. De modo que se embaló con la idea

417

de proponer a sus sobrinas, las princesas de Wurtemberg, pero de nuevo se topó con un imposible: eran protestantes. Pedro respondió que la religión le era indiferente, siempre y cuando los hijos fuesen educados como católicos romanos. Pero ni con ésas. Una a una, las princesas juzgadas aptas para el matrimonio de pronto se volvían inaccesibles. ¿Es que el emperador de uno de los más vastos imperios del mundo no despertaba la simpatía de ninguna de ellas?, se preguntaba Pedro en sus partidas de dominó con Mareschal. ¿No había ninguna a la que sedujera la aventura de un trono en una tierra tan remota y exótica?

Mareschal se esforzaba en decirle que debía continuar llevando una existencia virtuosa, que todo empezaba por ahí. Era cierto, se había distanciado de Domitila y había prometido vivir «castamente como un santo durante ocho meses», el plazo que se había dado para conseguir esposa. Pero reprimir su impulso sexual, lo que al principio intentó con sinceridad, era como pedirle guayabas a un mango. Lo primero que necesitaba era olvidar a la mujer que le había clavado su dardo en el corazón, y para conseguirlo buscó la compañía de otras plebeyas, como la francesa Clémence Saisset, una pequeña modista parisina que bajo pretexto de ofrecer la última moda de Francia a las princesas, se había introducido en el palacio. Sus rasgos físicos y su barniz de cultura le recordaban mucho a Noémie, su primer amor. No pudo mantenerse impasible ante los avances sutiles de esa mujer de ojos verdes y mirada pícara, piel blanca y unos senos redondos y brillantes de sudor que parecían a punto de explotar entre el encaje del corpiño. Se veían a la hora de la siesta, y más tarde también de noche gracias a la complicidad del marido, que soportaba la traición de su mujer a cambio de favores comerciales. Autorizado a colgar el escudo de armas de la familia imperial en la fachada de su tienda de telas en la rua do Ouvidor, se convirtió así en «proveedor imperial». Su súbita prosperidad era blanco de todo tipo de comentarios maliciosos hasta que una noche, mientras él y Clémence tomaban el fresco en el jardín de su casa, les asustó el ruido de un disparo. Una bala rebotó en el muro del porche donde se encontraban. Se desataron todo tipo de ru-

mores y Pedro temió verse envuelto en un escándalo susceptible de echar por tierra todos sus esfuerzos para cambiar de
vida y encontrar nueva esposa. Temeroso de la mala publici-
dad, se las arregló para que metiesen a la modista y a su marido en un barco con destino a Francia, no sin antes darles una
jugosa indemnización como precio a su silencio. Ocho meses
más tarde, la señora Saisset daba a luz en París a un hijo varón.
Para que nadie dudara de sus orígenes, lo bautizó con el nombre de Pedro de Alcántara Brasileiro.

¿Quién había disparado contra el matrimonio francés? La
policía no detuvo al sicario, pero Pedro tenía una idea de
quién había sido el instigador del atentado. La confirmación
la obtuvo unas semanas más tarde, después de pasar una larga
temporada con sus hijos en la hacienda Santa Cruz, donde se
había refugiado para huir de la tentación de volver a ver a
Domitila. Agitado, impaciente y frustrado, Pedro se alejó de
los asuntos públicos y se dedicó a visitar las plantaciones imperiales, los hornos de ladrillos construidos por iniciativa de un
arquitecto francés, y a supervisar la entrega de parcelas de tierra y casas a sus empleados, todos ex esclavos que él mismo
había liberado por iniciativa propia para predicar con el ejemplo, a la espera de que entrase en vigor el tratado contra la
esclavitud que había firmado con los ingleses, y del cual no
había pedido moratoria alguna.

Sin embargo, en el ámbito personal dejaba una tentación
por otra. En Santa Cruz, volvió a caer en los brazos de la hermana de Domitila, la baronesa de Sorocaba, de quien ya tenía
un hijo. «Una mujer muy apetecible», según palabras de Mareschal. El hecho de que fuera como un sucedáneo de su hermana, le ayudaba a calmar su adicción. Además, nada proporcionaba a Pedro más felicidad que ver a sus hijos jugar todos
juntos, aunque tuviera que regañar a Maria da Gloria, que se
negaba a mezclarse con sus medio hermanos naturales. El diplomático austriaco se inquietaba al ver a Pedro tan desorientado, tan a la merced de sus instintos más básicos que no lograba controlar. Una noche llegó a Santa Cruz la noticia de
que la baronesa había sido víctima de un atentado al volver a
la finca. Un disparo había destrozado los cristales de su ca-

rruaje. Afortunadamente, había salido ilesa. Esta vez, sin embargo, el matón fue detenido con una pistola todavía humeante en la mano. Su identidad no dejaba lugar a dudas sobre la autoría del crimen: era un criado de Domitila.

Pedro, conocedor de los celos que podía albergar la marquesa de Santos y de la inquina que sentía por su hermana, reaccionó indignado. Estaba seguro de que Domitila había instigado también el atentado contra el matrimonio de modistos franceses. Era evidente que estaba dispuesta a morir matando. Haciendo gala de su habitual furia imperial, Pedro destituyó al jefe de policía —amigo íntimo de Domitila— y a ella le mandó una nota en la que la conminaba a embarcar para Europa en el buque *Trece de Mayo*, bajo pena de verse envuelta en la investigación judicial del atentado. También le daba la orden de entregar a las dos hijas que había tenido con él a sus criados para que fuesen a vivir al palacio de San Cristóbal. Él se encargaría de su educación. Esta vez hablaba como un soberano, no como un amante. Daba órdenes de emperador. La idea de expulsarla a Europa era originalmente de Mareschal. Pedro la había rechazado caballerosamente para no hacerla sufrir en el momento delicado en que se encontraba después de su último parto. Ahora ya no había excusas.

Domitila, pillada in fraganti, confesó su participación en ambos atentados, pero lo hizo de una manera tan natural, tan cándida, tan confiada que disipó la ira de Pedro como por encanto. No intentó defenderse. Lo había hecho por amor, le dijo. Se había arriesgado a acabar en la cárcel por amor. Haría lo que fuese porque le quería. Sí, estaba desesperada por encontrarse en la cuneta, confesó, y ella no era Leopoldina, que aguantaba todo lo que le echaran. ¿No eran los celos la expresión más sublime del amor? ¿Merecía aquello el cruel castigo de mandarla exiliada a miles de millas de distancia, donde no conocía a nadie, donde no hablaba el idioma, donde no tenía propiedades? ¿Lejos de sus hijos?

—Pedro, ahórrame ese suplicio, te lo ruego. Si desaparezco en este momento, sería como admitir mi culpabilidad. Por favor, no me hagas eso. Te propongo otra cosa, me iré a Santos a finales del mes que viene. No te incordiaré más, te lo juro. Me iré con los niños y ya está.

—Está bien. Te irás, pero no con los niños. La duquesa de Goias y Maria Isabel se quedan en San Cristóbal.

Domitila bajó la cabeza. Sabía que nada le haría mudar de opinión. Si le resultaba duro separarse de las niñas, dejárselas, por otra parte, significaba mantener el vínculo con él. Lo que conseguía era ganar algo de tiempo, unas semanas que podían ser cruciales para que él recapacitase, para que se diese cuenta de que la necesitaba como una droga porque era la mujer de su vida, porque sólo ella sabía hacerle disfrutar como un hombre de su temple se merecía. Su única baza era aguantar. Apechugar y rezar por que Barbacena no le encontrase una novia casadera.

82

La intuición de Domitila se reveló cierta. El hielo se derritió completamente en las semanas siguientes. Pedro recapacitó, aunque a su manera: se dio cuenta de que no podía romper todos sus vínculos con ella; era pedirle demasiado a su corazón. No podía, aunque quisiera, y Mareschal fue testigo del conflicto que le atormentaba. *«Aunque príncipe y emperador, es ciertamente en estos momentos uno de los hombres más desgraciados de este mundo»*, escribió el diplomático que, al igual que sus colegas afincados en Río, informaba puntualmente a su gobierno de las recaídas imperiales. Un mes después de haber dicho a la marquesa que la quería echar de la ciudad, el emperador le abrió su corazón: *«Mi querida hija y amiga de mi alma —le escribió—. Lo que me atormenta y lo que siempre me atormentará es no poder estar contigo como antes. Ya no te ofrezco mi corazón porque es tuyo, este corazón que nació para ser siempre infeliz.»* Había algo nuevo y desesperado en sus cartas, como si barruntasen que la reconciliación sería breve y que le seguiría una ruptura definitiva. *«Estoy triste y melancólico —le confiesa el día de su aniversario—. Estoy con saudade de ti...»* La situación era especialmente delicada para ella, que volvía a la penumbra del principio, cuando disimulaban su relación. Ahora se encontraba en la difícil tesitura de estar a la espera de que a su amante viudo le encontrasen una novia en Europa. Para una mujer que había estado tan cerca de la cumbre, altiva y orgullosa, aquella caída en desgracia hería profundamente su amor propio. Su progresiva sensación de soledad y aislamiento se veía recrudecida por los cortesanos, quienes, al presentir su declive, se comportaban con ella de manera cada vez más fría y distante. Ya nadie en Río presumía de tener acceso a la marquesa...

Pedro hizo un esfuerzo por mantener las relaciones en un plano de simple amistad. Le escribía para preguntarle por su salud, para anunciarle que le mandaba un pequeño regalo —un pavo, un ramo de claveles, una capibara que había cazado en la selva— y sobre todo para darle noticias de las niñas: *«La duquesa tomó un purgante de aceite de papaya, fui a verla por la noche, estaba mucho mejor y ha dormido muy bien.»* En otra carta le anunciaba que él mismo había vacunado de viruela a la pequeña María Isabel. Sin embargo, se dirigía a Domitila como *«Querida marquesa»* y firmaba *«tu amigo que te estima mucho»*. Ya no era su *«demonio»*, su *«fuego»* o simplemente Pedro.

Daba igual. Domitila sentía que volvía, que estaban a punto de recuperar la sinceridad bajo esa mascarada de formalidad, y no se equivocó. Pero se trataba de una sinceridad a veces hiriente. En una nota, Pedro le anunció que se verían en el teatro el miércoles por la noche y que después iría a su casa: *«Arreglaremos nuestro modo de vivir, por el cual gozaremos (antes del casamiento) uno del otro, sin que andemos siempre en las viperinas lenguas de los malditos charlatanes.»* La propuesta no podía satisfacerla porque seguía manteniéndola en un segundo plano, pero le daba la oportunidad de tenerle en sus brazos. ¿Quién sabía si no acabaría por renunciar a la idea descabellada de un nuevo matrimonio? Poco después, recibía otra nota cuyo tono era distinto, más acorde a lo que había sido su relación: *«Iré lo más pronto que pueda a verte para estar en tus brazos, único lugar donde reposa tranquilo y satisfecho este tu hijo, amigo y amante, el emperador.»*

Volvieron a las andadas. Por mucho que intentasen disimular en público, en boca de todos los habitantes de la ciudad

circulaban historias sobre su renovada relación, historias pro-
pagadas por los criados que estaban al tanto de todos los movimientos entre el palacio y la mansión de abajo. Para alguien
que había estado a punto de expulsar a su amante del país,
Pedro mostraba unos extraños celos: «¿A quién has visto por
la tarde?, ¿por qué había luz encendida en la sala a las once de
la noche?» Celos que a ella le sonaban a gloria porque indica-
ban la dependencia cada vez mayor de Pedro. Y es que siete
años de convivencia, de amores carnales intensos, de hijos
compartidos, de complicidad y amistad, no se podían tirar por
la borda de un plumazo. Volvieron a la vieja familiaridad que
tanto añoraban ambos. Para Pedro, aquello era como regresar
a casa, a la intimidad del hogar, al calor de lo conocido. De
nuevo podía quejarse libremente de cosas que sólo se atrevería a confesarle a ella, como el escozor recurrente de la uretra,
una dolencia venérea que le obligada a la abstinencia sexual
durante unos días. *«Tu cosa ha exprimido alguna humedad»*, le
escribió, a lo que ella contestó enfadada: *«Eso es cosa de la hacienda Santa Cruz.»* No es que pensase que su hermana se lo
había contagiado, pero no se hacía ilusiones e intuía que Pedro, suelto en la finca que conocía desde niño, se había dedicado a viejas prácticas con negritas del lugar y por eso ahora
«su cosa» supuraba. Para hacerse perdonar, él pasaba sin reparo de los ardores del pene al lirismo más exuberante: *«Esta
tarde voy a sus pies y de allí no me levanto hasta que vuestra merced
me perdone.»* Volvía a visitarla casi todas las noches, deslizándose por la puerta secreta, subiendo a su dormitorio y dejándose
caer de bruces en un abismo de amor, la voz trémula y los ojos
febriles, obedeciendo las órdenes que le daba ella —cierra la
ventana que nos pueden ver, quítate las botas, déjame desa-
brocharte el braguero—, bajo la mirada severa del águila imperial colgada del techo que parecía desplegar las alas cuando
explotaban de gozo y luego se quedaban flotando en las sábanas empapadas de sudor y humedad.

Era una situación de bienestar que tenía las horas conta-
das. La llegada del marqués de Barbacena de Europa fue
como una ola que arrasó aquel frágil atisbo de felicidad. El
emperador, ansioso de oír de viva voz noticias del otro lado

del océano, lo recibió en San Cristóbal, rodeado de sus hijos. Llevaba en brazos al único varón que le había dado Leopoldina: «Mi hermano Miguel y yo seremos los últimos malcriados de la familia —le dijo al presentarle al futuro emperador Pedro II—. ¡Éste estará bien educado!» Barbacena miró al niño, medio dormido, y le sorprendió el parecido que guardaba con la archiduquesa austriaca.

El marqués venía muy favorablemente impresionado por Miguel, cuya lealtad a Pedro y a la Constitución que había jurado le parecían a prueba de dudas.

—Su credo político se reduce a obedecer las órdenes de vuestra majestad imperial —le aseguró a Pedro—. Creo que debéis seguir el consejo de los ingleses, y que disculpéis a vuestro hermano de un viaje a Brasil... Mejor que vaya directamente a Portugal para que asuma sin mayor dilación el puesto de regente constitucional.

—¿Y Maria da Gloria?

—Como sabéis, he sido recibido por el emperador Francisco en Viena. De nuevo insiste en que le mandéis a la pequeña Maria. Se ha ofrecido a educarla y formarla como corresponde a su rango hasta que alcance la edad en que pueda consumarse el matrimonio.

Era la misma idea que le había sugerido Mareschal. Separarse de Maria da Gloria no era de su agrado, pero ahora que Barbacena le había tranquilizado sobre la postura de su hermano, se daba cuenta de que ése era el siguiente paso. Todas las potencias europeas habían reconocido ya a la joven reina de Portugal. Si Miguel no iba a venir a Río, no había razón para mantener indefinidamente a la reina de Portugal en Brasil.

—Está bien, mandaré a la reina a Viena para que esté bajo la protección de su abuelo. A condición de que vos seáis su custodio durante el viaje.

El marqués aceptó honrado y a continuación pasaron al tema candente, el de los impedimentos encontrados en la búsqueda de una nueva esposa. Para quitarse de encima la responsabilidad del fracaso, Barbacena acusó veladamente al emperador Francisco de haber escogido candidatas imposibles, y sobre todo a Metternich de actuar por detrás para sabotear cualquier intento y así denigrar a Pedro en las cortes de Europa. No había olvidado el poderoso Metternich que Pedro había cometido el pecado de dar una Constitución a Portugal. Quizá hubiera algo de verdad en ello, pero Pedro no le creyó del todo; le parecía una venganza demasiado pueril de parte de alguien como Metternich. Lo que sabía a ciencia cierta era que el emperador Francisco estaba preocupado por sus nietos y que Metternich no se atrevería a ponerle trabas. Al final, el marqués reconoció cuál era el problema principal:

—Se puede resumir en la permanencia de la marquesa de Santos en la corte y en vuestra vida.

Se hizo un silencio, como si aquellas palabras pesasen más que las otras. El marqués temía una reacción iracunda del emperador e inmediatamente quiso desviar la atención:

—Pero soy razonablemente optimista, majestad... Vengo con una sugerencia esperanzadora: dos princesas suecas, dos hermanas que suman belleza y educación. Con el cabello color de oro.

Aquello bastó para que la imaginación de Pedro se inflamase. Ya se veía junto a una princesa albina en un país de negras, mulatas y mestizos: todo un golpe de efecto para deslumbrar a los brasileños y para devolverle renombre y consideración. Olvidó la mención a su amante, su atención se dirigía a conseguir a la princesa sueca que ya le hacía soñar.

—¿Cómo se llama la más guapa de las dos?

—Cecilia, la princesa Cecilia de Suecia.

Mareschal insistió en la misma cuestión que el marqués de Barbacena, de manera que Pedro acabó convencido de que la escandalosa relación con Domitila era la razón principal de tanto rechazo y causa de las vejaciones que había recibido. Pensó que no podía permitirse el lujo de perder nuevas oportunidades. Ya no había escapatoria: había llegado el momento de tomar una decisión. Así que volvió a colocarse en un plano de fría amistad con la marquesa de Santos. De un día para otro abandonó las visitas. El tono de las cartas se hizo menos familiar, más distante, hasta convertirse pronto en glacial y autoritario: *«Es indispensable que salgas de la ciudad este mes, o a mitad del mes que viene a más tardar. Ésta es mi decisión definitiva que espero obedezcas y respetes como le corresponde a mi súbdita y principal vasalla.»* No eran palabras de amigo ni de amante; de nuevo mandaba el soberano, el emperador.

No recibió respuesta a lo que planteaba en su carta, pero sí una invitación de Domitila para celebrar su trigésimo cumpleaños. Al hacerse la sorda, la mujer pensaba ablandarle, pero esta vez él se plantó: *«Yo te amo, pero todavía amo más mi reputación, ahora también establecida en Europa entera por el procedimiento regular y enmendado que he acometido. Al mismo tiempo que te renuevo mi amor, te digo que no puedo ir allí, lo que es conveniente para no mortificarte a ti ni entristecerme a mí. Siempre te tendré una lícita y sincera amistad. El emperador.»*

Domitila no se engañó sobre la catástrofe que esa carta le anunciaba. Sintió el vacío del precipicio que se abría ante sus pies, y reaccionó con genio levantisco. No podía entender que su hombre, que retozaba una semana antes en la cama con ella confesándole lo más recóndito de su intimidad, ahora la tratase de esa manera brutal y despiadada: *«Señor, mi presencia no le ha de ser fastidiosa ni que vuestra majestad se case ni que deje de casarse y sólo de esta manera mis enemigos tendrán consuelo. Manténgase vuestra majestad en la certeza de que le estaré eternamente agradecida por tantos beneficios como le debo.»* A vuelta de correo, Pedro le contestó: *«Nunca esperé menos de su sano juicio y le agradezco el gran sacrificio que hace por mí.»* Aun así, hubo un tira y afloja porque ella se retrasó de nuevo y Pedro empezó a creer que no se marcharía nunca. Nervioso, le envió cartas amenazantes, pero la marquesa se defendió, valiente, no dejándose aplastar, desafiando la cólera del emperador: *«No busco pretextos frívolos para retrasar mi viaje. Sé cumplir con lo que prometo. Saldré antes de final de mes y le pido que no me incomode más.»* Con gran desazón, siete años después de su llegada, retomaba el camino de São Paulo. Durante todos estos años, había sido la amante titular del emperador, había tenido ministros y embajadores a sus pies, había vivido en carne propia todos los triunfos y todas las humillaciones de las grandes cortesanas. Dejaba a dos hijas detrás, y eran la esperanza que anidaba en lo más profundo de su corazón para que las relaciones con Pedro no se rompieran.

De ahora en adelante Pedro no caería en la tentación de ir a verla, no sentiría la suave fragancia de su cuerpo ni acariciaría esa piel serena y dorada ni los vellos encrespados de la entrepierna. Barbacena, Mareschal y los demás diplomáticos —todos espías de su intimidad, pensaba Pedro con cierto recelo— tendrían que dar fe de la verdad, contando a sus respectivas cortes o ministerios los hechos tal y como se habían desarrollado.

83

—Adiós, hija mía, que Dios te proteja...

Pedro abrazó a su hija con lágrimas en los ojos al dejarla a bordo de la fragata que estaba a punto de zarpar para Europa. Tenía el corazón henchido de pena. En pocos días, había perdido a la mujer de su vida y a dos hijas. Días después de la marcha de Domitila, la pequeña Isabel María, la más pequeña que había tenido con su amante y que había ennoblecido con el título de duquesa de Ceará, había caído víctima de una meningitis fulminante. De nuevo el horror de la muerte de un niño le había desgarrado las entrañas. Los otros hijos eran demasiado pequeños para encajar tal pérdida, pero aun así la atmósfera del palacio se tornó densa y triste. Sin presencia femenina, sin una madre para ocuparse de ellos, San Cristóbal se había convertido en un lugar lóbrego. La tragedia íntima de Pedro se veía exacerbada por sus esfuerzos ímprobos para no llamar a Domitila de vuelta, para no fundirse en sus brazos y consolarla, para no contestar a su última carta: «*Estoy segura de que querrás verme muy pronto, yo estoy devorada por la impaciencia, languideciendo...*»

Ahora, a punto de partir, la reina María II de Portugal le devolvía una mirada llena de melancolía. La pequeña iba al encuentro del destino del que su madre Leopoldina la había intentado apartar. Se iba a un país frío y lejano a vivir con un abuelo y una familia que le eran extraños, y conocería a su tío y marido, con quien compartiría la regencia de un país empobrecido y decadente en la más pura tradición familiar de los

427

Braganza... De la misma manera que un día su abuela Carlota Joaquina abandonó a los diez años de edad el palacio de Aranjuez para ir a Lisboa al encuentro de un marido que no conocía, ahora le tocaba a Maria da Gloria iniciar el viaje de su vida. Lo hacía con el estoicismo de las princesas a quienes habían inculcado el sentido del deber y de la alta responsabilidad que su sangre azul exigía. En eso, Maria da Gloria era como su madre, muy consciente de su identidad y de su papel de reina, nieta de reyes e hija de emperador. Pedro estaba seguro de que cumpliría su misión con la grandeza que podía esperar de una heredera suya.

Luego se despidió efusivamente del marqués de Barbacena. Su futuro pendía de la habilidad de ese diplomático que se había comprometido a velar por su hija y a seguir buscándole una esposa. En el caso de que las princesas suecas no resultasen, Pedro le había dado instrucciones claras acerca de cómo debía ser la próxima candidata: noble de nacimiento, hermosa, bondadosa y educada. Al darse cuenta de que era mucho pedir, el emperador añadió:

—Puedo transigir sobre la primera y la cuarta condición, pero no sobre la segunda.

El pedigrí y la cultura eran lo que Leopoldina le había ofrecido, y no los valoraba tanto.

—Tráigame una mujer guapa y virtuosa —le pidió al marqués.

Pedro abandonó la fragata en la que había pasado la última noche con su hija del alma y una barca le llevó a la costa. Allí se sentó en una roca, viendo largo rato cómo la fragata levaba el ancla, las velas se hinchaban e iniciaba su singladura, escoltada por un barco de guerra británico, cortesía de la potencia que había sido la primera en reconocer a Maria da Gloria como reina. Se acordó de Leopoldina, de cuando vieron juntos la marcha de su padre. En aquel entonces, la perspectiva de quedarse solo al mando de la colonia le había llenado de una mezcla de ilusión, expectación y miedo a lo desconocido. Ahora se sentía vacío, con el corazón apagado y negro como una brasa fría. Ya no estaban Domitila, ni Leopoldina, ni la pequeña Isabel María, y su hija mayor se alejaba en aquel barco... era como ver su propia vida desaparecer en la línea brumosa del horizonte. El peso abrumador de la soledad, que nunca había experimentado con tanta intensidad como en ese momento, hizo que, a sus veintinueve años, se sintiera un hombre ya mayor.

Soledad en su vida privada, soledad en su vida política..., el mundo se había transformado en un desierto para el emperador de Brasil. La mayoría del Parlamento vetaba sistemáticamente todas sus propuestas de aumentar el presupuesto militar. ¿Cómo iba a ganar así la guerra del sur?, se preguntaba impotente. Los terratenientes esclavistas no querían reforzar el ejército porque se negaban a proporcionar al gobierno los medios necesarios para hacer respetar el tratado de abolición de la esclavitud firmado con los ingleses. No querían buques armados persiguiendo a sus barcos negreros. Les daba igual perder la provincia cisplatina si conseguían mantener el comercio de esclavos. Para desbaratarles la estrategia, Pedro reclutaba sin cesar mercenarios extranjeros, lo que causaba roces con la población local. Un día, el regimiento alemán afincado en Río se amotinó por un problema entre un soldado alemán y un oficial brasileño. La chispa degeneró en una ola de violencia que se desató por toda la ciudad. Soldados irlandeses se unieron a los alemanes gritando por las calles: «¡Muerte a los brasileños! ¡Muerte a los portugueses!», provocando la respuesta de los brasileños, que gritaban: «¡Sin cuartel para esos extranjeros! ¡Matadlos a todos!» De pronto los negros de Río, espoleados por los criollos, se dedicaron a la caza del blanco con auténtico entusiasmo, dando libre curso a siglos de rencor. Por primera vez, podían usar el arte marcial de la capoeira con permiso de las autoridades y lo hicieron con fruición. Cuando al amanecer del día siguiente Pedro llegó a caballo al Campo de Santana, se le cayó el alma a los pies al ver todos esos cadáveres de soldados rubios o pelirrojos a quienes había prometido una vida mejor y un futuro más digno en Brasil. Saltándose las garantías constitucionales, dio la orden de castigar con cien latigazos a todo negro que fuera sorprendido con una arma en la mano. Y acto seguido, abroncó a su ministro de la Guerra por no haber sabido controlar el conflicto y destituyó a todos los miembros de su gobierno para formar otro gabinete.

Pero el mal estaba hecho. El motín se llevó por delante los sueños del emperador de poblar Brasil con inmigrantes europeos para crear una nación moderna de pequeños propietarios y sobre todo de ganar la guerra en el sur, ya que sus dos mejores unidades del ejército acabaron diezmadas y desmoralizadas. Resignado a perder esa guerra por la falta de apoyo de sus diputados —a quienes tildaba de mezquinos y de falta de visión— el emperador acabó firmando a regañadientes un tratado de paz con la provincia de La Plata. En nombre del Imperio brasileño reconocía la disputada provincia como la nueva nación independiente de Uruguay. Tuvo que decir adiós a la idea del gran Brasil, adiós a la idea que don Juan había acariciado tanto. No estar a la altura del sueño de su padre le hundió en un estado de profunda consternación y tristeza. No estaba acostumbrado al fracaso, y el regusto amargo que le dejó esa rendición le hizo cuestionarse su papel de emperador y el propio sistema político que él mismo había diseñado para Brasil. «Hemos perdido Uruguay... ¿Qué perderemos después? ¿Cuál será el próximo territorio en querer segregarse?», preguntaba a los diputados, a quienes acusaba de inacción y desidia. Temía que esa primera pérdida sólo fuese el principio de una larga etapa de desintegración imperial. No iba desencaminado: el eco de la victoria de los uruguayos se expandió por el resto del territorio con vagas promesas de libertad e independencia. En la lejana provincia de Pernambuco estallaron disturbios provocados por soldados amotinados y un puñado de civiles revolucionarios. Pedro, que ya había aplastado sin contemplaciones la Confederación de Ecuador, se alarmó al leer los pasquines subversivos que empapelaban las calles de Recife.

—¡Un ejército débil sólo puede alentar los movimientos secesionistas! —clamaba a los diputados, reclamando más fuerzas, más armas, más presupuesto.

Ellos no se inmutaban. Sólo veían las ventajas que un ejército desgastado y sin medios tenía en el mantenimiento de su comercio de mano de obra esclava.

Cómo añoraba en esos momentos de crisis a su padre, y a Leopoldina. «La unidad, hijo mío, recuerda que la unidad del imperio es nuestra misión principal, para eso servimos los reyes...» ¡Cómo le entendía ahora! Cómo se daba cuenta de la dificultad de las decisiones que había debido tomar, empezando por la de trasladar toda la elite de la nación portuguesa a Río de Janeiro para salvar el imperio... ¿Qué le aconsejaría ahora su padre? Ahora que la unidad del país se veía amenazada, ¿qué le diría Leopoldina? ¿Valía la pena mantener un Parlamento libremente elegido si ese mismo Parlamento conspiraba contra la integridad del imperio? ¿Si los miembros que lo componían estaban más celosos de sus privilegios que de mantener la nación unida? Estaba desgarrado en su eterno conflicto: como soberano, se sentía obligado a rendir cuentas a la memoria de su padre, a su linaje, y a Dios. Como hombre, amante y defensor de la libertad, sólo se debía a sí mismo, a los valores que siempre había defendido como persona. No tenía a su padre, pero tenía a los miembros del Consejo de Estado, a quienes consultó.

—Nuestra recomendación es suspender las garantías constitucionales en la provincia de Pernambuco —sentenciaron.

Pedro les miró con sus ojos lánguidos y no dijo nada. Había recibido presiones de senadores que le pedían una decisión más autoritaria todavía. Uno de ellos, un viejo adulador, le había escrito una carta cuyas palabras le habían llegado al alma: «...*Viendo un bello imperio fundado por el genio y el amor de su majestad imperial a punto de naufragar en manos de la canallesca.*» La canallesca eran los diputados. Aquellas palabras sintonizaban con su estado de ánimo y su opinión, y le empujaban a emprender una acción mucho más drástica que la recomendada por el Consejo de Estado... Lo que le sugerían era que suspendiese la Constitución en todo el país, un poco como ya había hecho con la Asamblea Nacional. Rumiaba la idea de pedir ayuda militar a las monarquías europeas amigas para derribar el régimen parlamentario. Era un golpe de Estado en toda regla: sacrificar la libertad para mantener la unidad del imperio.

Pedro podía cambiar de opinión como una veleta, pero su

viejo fondo de hombre rebelde contra el orden establecido, en su caso contra la monarquía absolutista, se había mostrado inalterable a lo largo de los años. Consciente de que la decisión que consideraba adoptar era muy peligrosa y arriesgada, solicitó la opinión previa de los pocos en los que tenía depositada toda su confianza. Su antiguo tutor, el franciscano fray Arrábida, que había sido nombrado obispo de Anemuria, le contestó con el corazón en la mano: «*Mi emperador, mi señor, mi amigo: sería un vil traidor, un ingrato, un cobarde, si disimulase ante su majestad imperial el horror que su sugerencia me ha causado.*» Seguía diciéndole que, en efecto, existía un fermento revolucionario en Brasil, «*inevitable en una sociedad enfrentada al cambio, con costumbres duras, hábitos crueles de una población de amos y esclavos*», pero que traer tropas europeas para expoliar al pueblo de su Constitución acabaría en un baño de sangre. «*Quémelo, señor. Queme el papel que habla de esta cuestión, porque su simple mención será considerada un crimen.*» Tan vehemente como el franciscano se mostró el marqués de Paranaguá, el mismo que Pedro había destituido por haber impedido la entrada de Domitila al cuarto de Leopoldina agonizante, pero cuyo criterio y lealtad valoraba. El aristócrata le contestó que «*sólo el genio del mal, no alguien que quiere a su majestad con el corazón y sentido del deber, podría aconsejarle invitar a tropas extranjeras a Brasil a intimidar a sus súbditos. Significaría el retorno del absolutismo y la violencia*». Le recomendaba una sola cosa: gobernar, observar las leyes y hacerlas respetar. Pero eso, con un Parlamento constantemente enfrentado al gobierno, era más difícil de lo que parecía.

El emperador apreciaba esos consejos porque venían de personas íntegras que no le decían lo que quería oír, como cualquier adulador, sino lo que pensaban sinceramente. Y lo vio claro: ¿Dónde iría a parar su reputación de «defensor perpetuo», de príncipe liberal, de dador de constituciones por la que un día sería susceptible de alcanzar la gloria? Se dio cuenta de que nadie entendería que eliminase libertades que él mismo había contribuido a implantar, que solicitar ayuda a monarcas extranjeros para intervenir en Brasil era una locura... Seguro que Metternich sería el primero en enviarle tropas..., pero no, no le daría ese gusto. No podía dar marcha atrás y dejar su pasado sin sentido. ¿No había creído siempre en el Estado de derecho y en la libertad? Y la libertad... ¿no implicaba también ceder? Ceder poder, ceder terreno, saber perder en suma. Pero ¡qué difícil era perder cuando se estaba acostumbrado a ganar! ¡Qué difícil ser un hombre cuando se es emperador! Si su instinto le pedía intervenir para acabar con el Estado liberal que él mismo había concebido, la razón, a la luz de los sabios consejos del fraile y del marqués, le indicaba lo contrario. Si algo había aprendido en la vida era a dominar sus impulsos. De modo que se echó atrás. No sería un cacique, ni un dictador ni un usurpador. Cambiar de rumbo era prerrogativa de gente sin sustancia o de los jóvenes, de hombres con poca historia a sus espaldas, pero ya no era su caso. A sus treinta años, no se sentía joven. De modo que decidió mantenerse fiel a sí mismo, al sistema representativo con el que había dotado Brasil. Intentaría utilizar la parcela de poder que le quedaba para evitar la destrucción del imperio por revolucionarios o perder el control del país a manos de los esclavistas conservadores. No podía aspirar a más.

84

Las noticias que llegaron de Portugal acabarían despejando sus dudas y le llevarían a luchar por sus ideales de libertad con más empeño que nunca. Sin embargo, también le empujarían a un abismo al fondo del cual, a la manera de un navegante nocturno que veía surgir la costa de entre la niebla, descubriría el perfil cada vez más nítido de su propio fin.

Si Pedro había considerado la posibilidad de un golpe en Brasil, su hermano acabó dándolo en Portugal, con el agravante de haberlo hecho a traición, con premeditación y alevosía. Después de la *Vilafrancada* y la *Abrilada*, ahora, a la tercera, lo había conseguido. Miguel había burlado a todos, empezando por el propio Pedro y pasando por el marqués de Barbacena. «¿Cómo he podido caer en esa trampa?», se preguntaba el emperador, exasperado y furioso, adivinando la larga mano de Carlota Joaquina en aquella infamia. Padecía en carne propia la peor forma de ira, que era la ira contra sí mismo, por ingenuo, por haberse dejado embaucar como un necio. «¡Cómo he podido pensar en casar a mi hija con ese pérfido!», se lamentó, pensado en Leopoldina y en la razón que tenía. Le habían engañado desde el principio, y lo más doloroso es que habían sido su propia madre y ese hermano que siempre había querido proteger y ensalzar. El sabor agrio de la traición, ésa que viene de dentro, de la proximidad del corazón, del lugar donde anidan los sentimientos más íntimos que se remontan a la infancia, ya no le abandonaría nunca más. Ahora ataba cabos... Las continuas disculpas para evitar viajar a Brasil, las evasivas a preguntas concretas, todo apuntaba a un contubernio entre madre e hijo para arrebatar la sucesión legítima al trono portugués. Una ignominia, una afrenta, un acto de deslealtad que le hacía revolverse en la cama y despertarse en plena noche, despavorido, cubierto de sudor y gritando que Miguel era un traidor y que jamás debía haber pensado en casarle con su hija.

Lo que no sabía era que Miguel había intentado serle fiel, a su manera pacata y tímida. Cuando llegó a Lisboa para asumir la regencia, Carlota Joaquina ya había gastado los cincuenta millones de cruzados de la herencia que había recibido de su marido en sobornar a parte de la plebe hambrienta, a regimientos enteros del ejército y sus oficiales con el fin de resucitar «el espíritu nacional y apostólico» y poner a su hijo querido, su discípulo amado, su siervo sumiso —el «mesías salvador», como lo llamaban los absolutistas— en el trono. La misma noche de su llegada a Queluz, después de un largo viaje cruzando Europa entera, el mesías fue recibido por su madre.

—Apestas a vino —le dijo Carlota al abrazarle...

—Si lo hago bebido, el viaje se me hace más corto —replicó Miguel.

Carlota le pasó el brazo por la cintura y se lo llevó por los pasillos del palacio, para evitar los oídos indiscretos de los criados:

—Déjame que te explique —terció la reina madre sin más preámbulo—. El plan es caer sobre el palacio de Ajuda, detener a tu hermana la regente, arrestar a sus ministros y aclamarte como rey.

—Madre, no sé si...

—Hazme caso..., no sabes cómo he ansiado tu regreso, hijo mío —le dijo estrechándolo en sus brazos.

—Madre, sabéis que he jurado fidelidad a Pedro y a la Constitución...

—Sí, lo sabemos todos... Has tenido que hacerlo coaccionado por tu hermano, pero él está en Brasil traicionando los principios de la monarquía. Tú no querrás hacer lo mismo ¿verdad? —le preguntó mirándole fijamente a los ojos.

Miguel bajó la vista y reprimió un eructo. Carlota prosiguió con su arte de madre manipuladora:

—Escucha, hijo de mi alma. Yo no te voy a obligar a asumir lo que te corresponde por ser mi hijo... Entiendo que estás comprometido con tu hermano, pero en ese caso, si no quieres hacer de bandera de nuestro partido absolutista, serás remplazado, y aquí paz y en el cielo gloria.

—No, madre, no, no es eso, es que...

Carlota no le dejó seguir:

—Habrás perdido la oportunidad de tu vida, pero si es eso lo que quieres, eres libre de elegir. Piénsatelo, hijo, yo no te quiero influenciar. No puedo obligarte a ser rey si no es ése tu deseo.

Miguel no tardó en pensárselo, aun estando medio borracho. Tres días después, el 25 de abril, cumpleaños de su madre, después de irrumpir con sus tropas en el palacio de Ajuda en el centro de Lisboa, rompía públicamente con los compromisos constitucionalistas jurados a su hermano Pedro y accedía al trono como rey absoluto a los gritos de: «¡Viva don Miguel, nuestro señor! ¡Viva la reina emperatriz, su madre!» Mientras, Carlota Joaquina, que había permanecido en Queluz encabezando la rebelión, daba órdenes a su fiel general Póvoa para iniciar la campaña de terror que asolaría al país:

—¡Córteme cabezas, general! ¡La Revolución francesa cortó cuarenta mil y la población no disminuyó ni un ápice!

En Lisboa, la resistencia de los constitucionalistas fue aplastada en pocos días, pero en Oporto pelearon con bravura. A final, los liberales que no murieron en la lucha o acabaron encerrados en las cárceles absolutistas emprendieron el camino del exilio, la mayoría a Inglaterra, otros a la isla de Terceira en las Azores, que seguía bajo control de los constitucionalistas. Otros, finalmente, a Brasil.

Carlota Joaquina, divinizada por sus fieles, transformada en heroína de la contrarrevolución, en «divinidad tutelar del absolutismo», en «madre de los pueblos», extendió el largo brazo de su influencia al país vecino: el gobierno de su hermano Fernando VII sería el primero en reconocer a don Miguel I como rey único y legítimo de Portugal. Por fin, Carlota Joaquina había conseguido la gran venganza que había pergeñado a lo largo de su existencia. No había podido destronar a su marido en vida, pero le había arrebatado la sucesión.

Pedro estaba asustado por su hija, sola en Europa. Temía que cayese en las redes de su madre y su hermano, que podrían convertirla fácilmente en reina consorte, y reclamar así la legitimidad que habían usurpado. Pensó que lo mejor era que volviese a Río lo antes posible, y así se lo indicó al marqués de Barbacena. Éste, a su llegada a Gibraltar y nada más tener conocimiento del golpe, había decidido no entregar la joven reina constitucionalista a su abuelo absolutista en Viena, y en su lugar llevarla a Londres, donde podía encontrarse con exiliados portugueses.

Pedro estaba profundamente turbado. La dimensión del ultraje era tal que no sabía cómo reaccionar. Necesitaba tiempo para pensar, para organizar su vida y retomar el control que le habían arrebatado. De lo que estaba seguro era de que no iba a dejar pasar este agravio, que haría pagar caro a Miguel y a su madre semejante traición. No ya sólo por él, ni por su hija, ni por esa violación descarada del orden dinástico, sino por la memoria de su padre que le había confiado la sucesión. Luchar por restablecer su derecho era hacer justicia a la única persona de su familia que en el fondo le había querido. En ese momento sólo tenía una certeza en el corazón: vengaría la memoria de don Juan, aunque le costase la vida.

## 85

Esperar a que la rabia que sentía crepitar como un caudal de lava en sus venas se enfriase, serenarse, moderar los impulsos para pensar con claridad, recuperar prestigio como emperador, organizarse, pasar a la acción... Todo empezaba por encontrar esa esposa esquiva que le seguía obsesionando. En las instrucciones que mandó a Barbacena, le rogaba encarecidamente que prosiguiese con la búsqueda. Sin embargo, las primeras noticias que recibió fueron descorazonadoras: la princesa Cecilia de Suecia había rechazado el ofrecimiento. Así, sin más, ni siquiera había dado una disculpa. Su cabellera albina no deslumbraría a las multitudes mestizas de brasileños. Otra frustración más, otra humillación que socavaba sus ilusiones. Ahora Barbacena estaba entusiasmado con un vivero de princesas que decía haber descubierto en la corte de Dinamarca y le aseguró que pronto recibiría buenas noticias. Pero Pedro, que ya estaba en guerra contra el mundo, harto de lo que consideraba una farsa, montó en cólera: «*Con ésta ¡son cuatro repulsas!* —contestó a Barbacena en una carta dictada al Chalaza—. *Cuatro repulsas recibidas en silencio son suficientes para que el mundo entero compruebe que busqué hacer mi deber procurando casarme. Recibir una quinta repulsa implica deshonra no sólo a mi persona, sino al imperio; por lo tanto, estoy firmemente resuelto a desistir de esta empresa.*»

—¿Estáis seguro de que queréis enviar esto? —le preguntó el Chalaza, la persona más cercana en aquella etapa de soledad e impotencia.

—¡Claro que sí! Tú escribe lo que te mando.

Pedro siguió dictando como un poseso una serie de cartas dirigidas a su suegro y a varios aristócratas que estaban involucrados en la búsqueda. El Chalaza, que conocía bien el genio de su patrón, se sometió pacientemente a hacer de escribano mientras Pedro, entre frase y frase, insultaba, hablaba solo, gritaba, maldecía; en definitiva, daba rienda suelta a su ira imperial.

—¡Esto ha ido demasiado lejos!... ¡Si sigo, voy a parecer un hombre sin vergüenza ni carácter! No quiero que me busquen más novias.

Un rato después, interrumpía el dictado para soltar su última ocurrencia:

—Estoy pensando en ir yo personalmente a Europa a conseguir lo que no logran encontrar los intermediarios.

A su amigo le parecía una idea descabellada pero no le contradijo. Entendía que Pedro estaba herido en su amor propio, que los sucesivos rechazos eran aún más difíciles de soportar a causa del sacrificio que había supuesto la ruptura con la marquesa, y dejó pasar tiempo. A los dos días, cuando le vio más sereno, le enseñó el paquete de cartas sin mandar, y se las volvió a leer, pausadamente.

—Son órdenes un poco insólitas, ¿no creéis, majestad? ¿No pensáis que es mejor esperar unos días antes de enviarlas?

Poco a poco, fue consiguiendo hacerle entrar en razón, haciéndole reflexionar sobre la inconveniencia de dejarse llevar por el pundonor mancillado, por un arrojo que podría costarle caro porque así él mismo se cerraba todas las puertas.

—Está bien, no las mandes —zanjó Pedro.

El Chalaza, muy diligente, escribió a lápiz de lado a lado de las hojas: «No vale», y guardó el paquete en un cajón. Comprendía que aquella furia tan aguda era la expresión del afán del emperador de dominar una situación que escapaba a su control. Con su peculiar sentido común, le sugirió utilizar otros canales que no fuesen Barbacena, demasiado ocupado en encargarse de Maria da Gloria y escaldado después de haberse dado de bruces contra tantas puertas cerradas.

—¿Por qué no intentar con el vizconde de Pedra Branca?

El vizconde no tenía ni el nivel ni el rango de Barbacena, pero era un hombre fino, de buen gusto, un bahiano culto que era el encargado de negocios de la embajada de Brasil en París. Tenía acceso a los más exclusivos cenáculos de Europa y se había propuesto como casamentero. Pedro alzó los hombros, como dando a entender que ya no creía en ello. El Chalaza insistió:

—Dejadme hablar con él, veremos qué puede hacer.

—Si te empeñas, inténtalo... —dijo Pedro, quien en el fondo no quería perder esa batalla aunque su dignidad le impedía mostrar excesivo celo en ganarla—. Pero recuerda que cualquier iniciativa debe revestirse de mucho tacto y prudencia.

Cansado de verse privado de una presencia femenina en el palacio y en su vida, hastiado de tanta espera pero a la vez esperanzado, su pensamiento volvió a dirigirse hacia Domitila: *«Ah, hija mía, no te puedo explicar la saudade que sufre mi corazón* —se atrevió a escribirle—, *saudades que se tornan cada día más agonizantes cuando pienso que yo soy la causa de haberme separado de ti. Pero en fin, hija, no hay remedio. El amor que te tengo es inextinguible en mí, y muchas veces, cuando pienso en mi soledad, me saltan lágrimas por la pérdida de mi querida Leopoldina y de ti.»* La carta tuvo el efecto de insuflar aire en las brasas de la pasión. Domitila, que se aburría en São Paulo, esperaba como agua de mayo la oportunidad de volver a Río y tomó esa carta como una invitación. A un amigo cortesano le había confesado lo difícil que le resultaba soportar el forzado destierro: *«Paso los días sin saber cuál será el venturoso día que me lleve de nuevo a la corte, donde existe todo lo que me interesa y me puede dar alegría.»* De modo que contestó a Pedro anunciándole que tenía una sorpresa para él, y que estaría en Río «el día 20 de este mes». Sin embargo, a Pedro no le gustó que ella tomase la decisión por su cuenta, que diese por hecho que él estaba de acuerdo en que regresara a Río. De modo que mandó sendas cartas de protesta, una a Domitila y otra a su madre, donde no hacía reparos en mostrar su enfado: *«Una persona que ha salido de la nada gracias a mí debería, por reconocimiento eterno, hacer lo que le pido... Tengo sobradas pruebas de que su fin es oponerse a mi casamiento. Si la marquesa se presenta en Río sin orden mía yo le suspendo las mesadas.»* La madre le respondió unas líneas de lo más barrocas: *«Siento en el alma que un producto de mi desgraciado vientre venga al mundo para dar motivo de inquietud a vuestra majestad.»* El caso es que Domitila se achantó y permaneció en São Paulo. Ya esperaría el momento adecuado. Según ella, todo era cuestión de paciencia.

Empezaron a llegar a Brasil cientos de refugiados portugueses huyendo del régimen absolutista de Miguel. Llegaban sin nada, algunos en harapos, como vagabundos. De un día para otro les habían echado de sus casas, habían confiscado sus comercios, les habían amenazado y expulsado de sus ciudades. Los más afortunados habían conseguido exiliarse. Otros se pudrían en las inmundas celdas de las cárceles de Lisboa y de Coimbra, y muchos fueron asesinados. Todos esos refugiados le rogaban encarecidamente a Pedro que regresara a Portugal para asumir la dirección de la lucha contra el despotismo de su hermano. «¡Nada detendrá a Miguel, sólo Pedro!», decían. En el mismo sentido se pronunció Benjamin Constant, el sabio suizo que tanto admiraba el emperador. La confianza que le demostraba su ídolo intelectual, pidiéndole públicamente que asumiese el mando del esfuerzo de guerra liberal, le impresionó profundamente, y no lo olvidaría. Constant veía la lucha por liberar Portugal como una primera batalla en una guerra contra el absolutismo en toda Europa.

Para socorrer a sus compatriotas. Pedro abrió una suscripción popular y mandó al Chalaza a recaudar fondos entre las ricas familias brasileñas. Él mismo subscribió dieciocho mil francos y desde São Paulo, en un acto de generosidad no desprovisto de interés, la marquesa de Santos más de treinta mil. En su calidad de «tutor y protector natural» de la reina María II, el emperador publicó un decreto en el que nombraba una regencia de tres hombres, encabezada por el duque de Palmela, embajador de Portugal en Gran Bretaña, aquel que vino a Río a decir a don Juan y a su gobierno que los tiempos habían cambiado y que debían adaptarse. A estos tres hombres les encargó el gobierno constitucional en el exilio. Recibía cartas de su hija desde su casa de Laleham, cerca de Londres, donde Barbacena, a la espera de devolverla a Río, la había instalado con el beneplácito del rey Jorge IV. Pedro se deleitaba leyendo las descripciones del *cottage* rodeado de sauces, de los patos en el estanque, de la bondad de la duquesa de Palmela y de cómo pasaba los días bordando banderas para los soldados que irían a defender sus derechos.

Los asuntos portugueses empezaron a tomar tanta relevancia, y Pedro estaba tan inmerso en ellos, que la oposición en el

Parlamento de Río redobló sus ataques. Volvían a acusarle de ser más portugués que brasileño, de no haber roto nunca el cordón umbilical con la madre patria. Era cierto, no lo había roto ni pensaba hacerlo nunca. Pero de ahí a que le tachasen de renegado mediaba un abismo. La lucha que se avecinaba, y a la que Pedro era llamado a participar cada vez con más vehemencia, no era sólo por Portugal, sino también por la libertad en Europa y en el mundo, como bien se lo había indicado Constant. Aquélla era una causa que transcendía el Imperio brasileño... ¿Cómo podrían entenderlo aquellos diputados locales que sólo pensaban en el rendimiento de sus negocios basados en el tráfico y la explotación de mano de obra esclava? Eran mundos opuestos, causas enfrentadas. Y Pedro se sentía cada vez más alejado de los intereses de sus diputados.

Le dominaba la rabia que sentía bullir en sus venas y ascender en borbotones al cerebro. Rabia porque era un emperador sin poder real, un soberano sin esposa, un hombre sin compañía. ¡Y Barbacena seguía fracasando! Al rechazo de la princesa Cecilia de Suecia se añadía ahora el de las danesas que el marqués intentó suavizar alegando que eran «demasiado feas». Las princesas de Baden tampoco respondieron. El contacto del Chalaza, el vizconde de Pedra Branca, hablaba acaloradamente de la posibilidad de una princesa «menor» en lo que a realeza se refería, pero de una gran belleza, una sobrina lejana de Napoleón. A estas alturas, Pedro no creía en nada. Le parecía que se había prestado a un espectáculo humillante para deleite de sus adversarios, como Metternich. Ahora desconfiaba también de su suegro, a quien acusaba de sabotear sus intentos.

Para mostrar su desprecio hacia las cortes europeas que tanto le habían humillado, y porque estaba harto de estar solo, decidió caer de nuevo en brazos de la marquesa de Santos. En contraste con la última carta, le mandó otra reclamando su presencia. Domitila vio por fin el cielo abierto y le contestó: «*No pretendo incomodar a vuestra merced. Os respetaré siempre como mi soberano y mi amo y os juro que no me entrometeré en vuestra vida.*» Pensó que su estrategia de paciencia y espera había funcionado y dio las gracias al Señor. «*Si la señora marquesa llega el sábado de Aleluia, será una Aleluia completa»*, le respondió Pedro. El 29 de abril de 1829, después de diez meses de ausencia, Domitila reapareció en la corte de Río de Janeiro, con el rostro resplandeciente y aire triunfal. Al entrar de nuevo en su palacete que tanto había añorado, vio un enorme ramo de lirios blancos con una nota de Pedro: *«Hija mía, acepta estas flores y con ellas este corazón que siempre fue tuyo.»* Olorosos y perecederos, hubo quien dijo que eran flores mortuorias, símbolo de un amor que no tardaría en marchitarse.

El día siguiente apareció Domitila en San Cristóbal para asistir a una recepción de bienvenida ofrecida por su majestad imperial. Lo hizo a bordo de un bello carruaje tirado por seis caballos y conducido por mozos de librea. Con su capa de terciopelo bordada y decorada con plumas de tucán y piedras preciosas y su gargantilla de oro de la que pendía un retrato del emperador engarzado en diamantes, subió la escalera entre dos filas de guardias imperiales que levantaban las lanzas a su paso como un arco de honor. Un chambelán la condujo en presencia del emperador, quien la esperaba vestido de gala y rodeado de sus hijos. Al ver a su hijita la duquesa de Goias, dudó un segundo sobre a quién debía saludar primero. Ganó su instinto maternal y se acercó a la niña, la apretó fuertemente entre sus brazos y le cubrió la cara de besos. Luego se inclinó ante la mano extendida de Pedro y la besó. Él estaba deslumbrante en su uniforme bordado de encajes de oro y trufado de condecoraciones. Acto seguido, Domitila saludó a las demás princesas, vestidas de blanco, impolutas, e intercambió banalidades de rigor con el emperador. Le entregó un sobre que Pedro abrió, ceremonioso. Era una invitación para que pasase a tomar el té a su residencia esa misma noche. Pedro la miró con sus ojos caídos, le sonrió y le dijo: «Acepto.» Luego, haciendo caso omiso del protocolo, la acompañó al salón donde estaban los demás invitados. La vida volvía a ser como antes.

Los diplomáticos extranjeros certificaron la recaída imperial, sin entender realmente las razones que habían llevado a Pedro a reincidir. ¿Era una recaída de amor? ¿Un ataque de soledad? ¿O era más bien la crisis de amor propio de un soberano cansado de desempeñar el ridículo papel que le había impuesto la búsqueda infructuosa de una esposa y que deseaba reafirmarse ante el mundo? Según el embajador de Suecia, la influencia de Domitila de nuevo se hacía más palpable que nunca. El hombre había asistido a la fiesta suntuosa que la amante imperial, para reforzar el antiguo vínculo con Pedro, organizó en su palacete con motivo del cumpleaños de la duquesita de Goias, esa hija que su padre adoraba. Acudió un nutrido número de invitados que fueron testigos de su renovado prestigio. La mujer estaba radiante, y de nuevo era blanco de la envidia de muchos. Al son de la orquesta, Domitila y Pedro abrieron el baile en el salón oval que había sido testigo de tantas otras celebraciones, de tanta gloria pasada. En ese momento, Domitila estaba convencida de que la separación había avivado el amor de su amante.

86

Sin embargo, la suerte estaba echada y la Historia, cuando se repite, tiende a ser una parodia del pasado. No duró mucho el idilio, apenas tres meses, que fue el tiempo que había transcurrido desde el regreso de Domitila hasta la llegada por barco de la valija diplomática que venía de la embajada en París. En su interior había un paquete envuelto en cartulina y papel cebolla con una nota del remitente, el vizconde de Pedra Branca, y estaba dirigida al emperador. Sentado en su despacho de San Cristóbal, Pedro deshizo el envoltorio y descubrió un retrato. Mostraba el rostro de una princesa franco-alemana de diecisiete años, emparentada con Napoleón... y dispuesta a casarse. Le pareció bellísima. Hacía tiempo que le habían hablado de esa joven, pero no le había prestado atención porque Barbacena le había desanimado siempre, alegando que era de un linaje menor, indigno del emperador de Brasil. Pensaba que Pedro no debía casarse con «bonapartistas» para evitar ofender a la Santa Alianza que se había propuesto «exterminar esa raza». ¿No se debía el boicot del marqués, también, a que no estaba en el origen de ese hallazgo, que era del viz-

443

conde y de sus contactos franceses?, se preguntaba ahora Pedro.

Barbacena no sabía hasta qué punto Pedro estaba asqueado con la Santa Alianza y las vejaciones que le habían hecho padecer... Además, al emperador no le importaba el marchamo napoleónico, o que no perteneciera al linaje de las grandes familias reinantes... ¿No le acababan de mostrar esas familias todo su desprecio? De modo que ante la insistencia del vizconde bahiano, Pedro declaró que ante todo necesitaba ver el retrato de la chica. Y ahora que estaba frente a ese rostro oval, de facciones finas perfectamente dibujadas, enmarcado en una cabellera de mechas rubias, con ojos garzos en forma de almendra, una nariz perfecta, labios de coral, cuello de cisne y una expresión dulce en la mirada, su corazón partió al galope. Sí, se dijo, es ella. Tiene que ser ella. Se llamaba Amelia de Beauharnais de Leuchtenberg y era la segunda hija del príncipe Eugene de Beauharnais, hijo adoptivo del mismísimo Napoleón, que le había nombrado virrey de Italia. Según la carta adjunta del vizconde, era *«muy razonable y ponderada».* Su infancia había estado marcada por los relatos de la grandeza y el poder de su familia, así como por la decadencia y el empobrecimiento que la debacle napoleónica les había causado. Su tía Hortensia vivía la vida de una eterna exiliada y su hermano Augusto, a quien adoraba, había sido privado del derecho a llevar el título de duque que le correspondía por herencia paterna, a pesar de haber nacido como príncipe de Venecia. Amelia no se casaba por un arrebato romántico, como lo había hecho Leopoldina. En el emperador de Brasil vio la oportunidad de vengarse del destino de su familia, que le parecía injusto y cruel. A su madre le informó de su decisión por carta: *«Acepto, querida mamá, pero entregar todo mi porvenir a un esposo que no conozco y del cual me han llegado informaciones poco tranquilizadoras exige un gran sacrificio, al que quiero poner precio.»* El precio que pedía era que el emperador hiciese duque a su hermano. Se casaba para mejorar el estatus de su familia. Iba a ser emperatriz.

Si ésa era la condición, Pedro estaba dispuesto a cumplirla sin ningún problema. ¿No había hecho marquesa a su amante? En un imperio con inflación de títulos nobiliarios, poco le costaba esa atención hacia su futuro cuñado, así que aceptó con entusiasmo. Lo importante era despejar el terreno para que la unión se llevase a cabo lo antes posible. Sólo faltaba preparar un contrato prenupcial que Barbacena podría firmar en su nombre, y arreglar una boda por poderes que se celebraría en Múnich, en honor a la madre de Amelia, duquesa viuda de Leuchtenberg, perteneciente a la familia real bávara.

En la nota que el Chalaza mandó a Barbacena junto al papeleo necesario para la boda, escribió: *«No os podéis hacer idea de la felicidad de nuestro amo. Está contando los minutos que tarda este envío para saber si está todo ultimado y puede dar parte a las cámaras. La idea es que todo esté listo para fines de septiembre, que es cuando os espero junto a la emperatriz y la reina.»* Pero Barbacena, conociendo el temperamento del emperador, tenía miedo de llegar a Río con la nueva esposa y encontrar a la concubina en el palacio. Así que le escribió informándole de que un periódico de Londres daba como cierta su inminente boda... con la marquesa de Santos. Y preguntaba muy diplomáticamente cómo sería posible ocultar ese hecho a doña Amelia. Con el Chalaza se sinceraba y le confesaba que tenía un miedo cerval a provocar «el mayor de los escándalos» y quedar mal ante las cortes europeas.

La información del diario británico hizo zozobrar la operación. La madre de Amelia escribió a Pedro: *«Hijo mío, porque ahora me atrevo a trataros con ese dulce nombre, os ruego que apartéis de mi hija todo lo que podría darle la idea de faltas pasadas, de modo que no asustéis ese corazón que es la pureza misma.»* Ahora Pedro, por muy emperador que fuese, estaba obligado a expulsar de nuevo a Domitila. Del palacete, de Río y de su vida. Y no sólo a ella: también a la duquesa de Goias, a la que quería con pasión, pero cuya mera existencia sugería «faltas pasadas». Ése era el verdadero precio que tenía que pagar por recibir como esposa a ese tesoro de princesa.

Pedro no se lo pensó mucho. La decisión estaba tomada desde hacía tiempo. Era impulsivo pero también era calculador. A Domitila le comunicó por carta que había encontrado una esposa: *«Siento mucho perder tu compañía, pero no hay reme-*

445

*dio*», le decía al final. Cuando Domitila quiso verle en persona para pedir explicaciones, los criados le dijeron que su majestad acababa de sufrir otro de sus ataques epilépticos y no podía recibirla. Era cierto, vio salir al médico de los aposentos y le confirmó que el emperador estaba descansando, recuperándose de un ataque muy violento.

—Su Majestad ha acumulado mucha tensión en los últimos tiempos.

—Pero necesito verle, déjeme pasar...

—El emperador ha dicho que no desea ver a nadie.

—¿Ni siquiera a mí?

—Ni siquiera. Lo siento, señora...

Domitila tenía la sensación de haber vivido ya ese momento. La embargaba el mismo sentimiento que el día que intentó visitar a Leopoldina y no la dejaron entrar en el cuarto. La sensación de no pertenecer, de ser de pronto una extraña, de ser blanco de la inquina de los demás era desconcertante y dolía. El rechazo dejaba en el paladar un sabor agrio.

Volvió llorando a su palacete. La peor tortura que podían hacerle era apartarla de Pedro, marginarla del hombre que la había hecho ser quien era. En un arrebato, mandó quitar todos los ramos de lirios blancos que, en sus jarrones de porcelana china, decoraban la mansión. Subió a su cuarto, desde donde podía ver el palacio de San Cristóbal, en lo alto de la colina. Había luz en la habitación de Pedro. ¿Qué estaría haciendo? ¿Estaría leyendo? ¿Escribiendo? ¿Quizá escribiéndole a ella? ¿Estaría sufriendo? ¿La echaría de menos? La luz se apagó de pronto y el palacio quedó a oscuras. Domitila sintió un pellizco en el corazón. Presentía lo peor. Su única esperanza era que este proyectado matrimonio, como tantos otros con anterioridad, también se fuese al traste.

Arriba en el palacio, el médico consultaba de nuevo los códices médicos como si pudiese encontrar soluciones al mal del emperador. Al comprobar los escasos recursos que ofrecían, se puso a escribir unas recomendaciones donde, mezclando opiniones filosóficas y versos en latín, aconsejaba moderación en todo: «El abuso de los placeres venéreos es una ruina cierta», añadía como apostilla final.

Domitila no iba a retirarse sin librar batalla. Le escribió una carta que no tuvo respuesta: *«Sin que haya nada cierto todavía, te enfadas conmigo y te portas de una manera que no merezco...»* Pero se equivocaba; esta vez, los preparativos de la boda iban en serio. Las negociaciones del contrato prenupcial habían sido fluidas y Barbacena lo había firmado. La última página de aquel romance de amor estaba a punto de pasar.

Domitila acudió de nuevo al palacio y solicitó una audiencia con Pedro. Esta vez un edecán la guió hacia el despacho de la planta baja, frente a la veranda y al jardín tropical con sus flamboyanes en flor, sus guacamayas y pavos reales que emitían gritos guturales. Pedro estaba pálido, más enjuto, y tenía el rostro surcado de profundas ojeras. Por la mirada y el tono de su voz, Domitila supo que tenía las de perder.

—¿Por qué no me dejaste cuidarte? He estado muy preocupada...

—Hija mía, eso ya no puede ser —le contestó con la voz ronca—. No es bueno que te vean aquí, entiéndelo. Si te han dejado entrar hoy, es porque quiero decirte que ya no hay margen para contemporizar...

—¿Llamas contemporizar a que me preocupe por ti?

Pedro la miró fijamente y habló poco a poco, como si quisiera asegurarse de que esta vez iba a ser comprendido:

—Tienes que regresar a São Paulo lo antes posible.

Hubo un silencio que se hizo eterno. Domitila le conocía demasiado bien para saber que no le haría cambiar de parecer. Sin embargo, no podía tirar la toalla sin más.

—Si estoy aquí hoy —le dijo ella—, si he vuelto a la corte cuando estaba en São Paulo, es porque me llamaste.

—Lo sé, pero esto no es un asunto que concierna a nuestra vida privada. Es un negocio de Estado.

—¿Nuestros hijos también son un negocio de Estado?

—Legítimos o ilegítimos, siempre he mostrado desvelo por todos ellos, bien lo sabes. Quería hablarte de nuestra hija...

—¿Dejarás que me la lleve a São Paulo conmigo?

—Tengo planes más ambiciosos para ella, de eso te quería hablar... Quiero que vaya a París, al convento del Sagrado Corazón; es uno de los mejores colegios de Francia. Allí perfeccionará su educación.

—¿Te obligan a deshacerte de ella como han hecho conmigo?

—Nadie me obliga a nada, soy el emperador.

—¿Entonces por qué nos echas de tu vida?

—Es conveniente que la niña y tú dejéis la corte. Y para ella es mejor París que São Paulo... En eso me darás la razón, ¿no?

Domitila estaba confundida, presa de un tumulto de emociones, que iban de la furia al resentimiento pasando por el miedo.

—¿Por qué me volviste a llamar? —insistió.

—Te dije que podrías volver, pero sólo hasta mi matrimonio. Relee la carta que te mandé y verás que digo la verdad. La boda por poderes se celebrará en Múnich la semana que viene. Ya está todo listo, no hay marcha atrás.

Domitila se apoyó en el respaldo de un sillón, como si hubiera recibido un golpe físico. El graznido de un pavo real rasgó el aire cálido y cargado de humedad. Aún le quedaba una carta por jugar. Conociéndole, pensó que así lo ablandaría:

—Pedro, hace tres meses que no tengo la visita...

«La visita» o «la asistencia» se utilizaba indistintamente para mencionar la menstruación. En otras ocasiones, cuando le había anunciado que otras visitas no habían llegado, Pedro había reaccionado con alegría. Esta vez no. Era como si un velo le hubiera cubierto la expresión del rostro y le hubiera apagado la chispa que brillaba en el fondo de sus ojos oscuros. Se enfureció.

—¡No puede ser mío! —gritó.

—Pues lo es. De tres meses.

Un hijo más de su amante era un peligro que amenazaba con derrumbar todos sus planes. Pedro perdió los estribos, la insultó y la amenazó con exiliarla, no a São Paulo, sino al interior de Brasil.

—¿Y qué quieres que haga? ¿Arrancármelo de las entrañas? —preguntó ella a gritos.

El emperador resollaba, exhausto. Un loro del jardín repetía «... traña, traña» con sádica persistencia. Pedro temblaba. ¿Cómo podía odiar a esa mujer si en el fondo la seguía queriendo? No deseaba ese hijo, pero menos aún hacerla abortar. Se negaba a aceptar ese nuevo vástago, pero ya veía su carita redonda y le repugnaba tener que reprimir su pulsión paterna. Todo era tan complicado, tan imposible, tan contradictorio y tan doloroso. Domitila se había convertido en su tormento.

—¡Fuera de aquí! —gritó—. ¡Fuera de mi vida!

Estaba deshecha, sufriendo la agonía sin fin de aquella historia de amor que no terminaba nunca. También ella quería acabar, pero al mismo tiempo deseaba prolongarla..., aunque sólo fuese una semana más, un día más, una hora más. Quería que le dijese «te quiero» una sola vez, o que le repitiese cualquiera de las magníficas frases que le había escrito en sus cartas, para así marchar tranquila, con una semilla de esperanza plantada en el corazón. Aunque fuese mentira, pero que se lo dijese.

No lo consiguió, y se hundió en un pozo negro de desesperación. Todo se mezclaba en su mente: sentimientos encontrados, intereses contrapuestos, promesas comunes, deseos y efusiones recíprocas... Pedro, ya sosegado, la miró largamente. Domitila no temía al hombre que tantas veces se había prostrado a sus pies. Era la única persona en el mundo que osaba hacerle frente... Por eso, por saber defenderse con tenacidad, Pedro la admiraba. La quería, claro que la quería, pero no se lo podía decir. Ya no se lo podría decir nunca.

—Tienes que salir de Río de hoy en siete días —le comunicó para zanjar la discusión.

Fiel a sí mismo, a las pocas horas Pedro estaba arrepentido de haberla tratado bruscamente, de haberle hecho daño. Así que decidió compensarla generosamente para hacerle más llevadera la ruptura. Dio instrucciones al Chalaza para liquidar los bienes que la marquesa poseía en Río, que le serían recomprados por las arcas imperiales. Pedro adquirió todo, hasta el palacete de abajo por el que pagó trescientos *contos*. Dejaba a su amante dueña de una auténtica fortuna.

Domitila de Castro quiso resistir y mandó decir que dejaría el palacete, pero que no saldría bajo ningún concepto de la ciudad. Que aceptaba cualquier casa, aunque fuese modesta, con tal de permanecer en Río de Janeiro. Por nada en el mundo quería alejarse del hombre que sabía que podía volver a seducir. Pero Pedro, que no quería caer en la tentación, se mantuvo firme. Exasperado por el tira y afloja, redujo el plazo para que abandonase el palacete a tres días.

—Y dile a la marquesa —ordenó al Chalaza— que si no se va en el plazo que le doy, se olvide de cobrar las mesadas. Que le serán retirados sus criados y sus damas de honor. Y a ellos dales orden de que a partir de hoy no la atiendan más.

Para que el mensaje calase, Pedro envió un paquete a Domitila. Cuando lo abrió, ella se deshizo en llanto: contenía los regalos que a lo largo de los años ella le había hecho: dibujos con poemas de amor, un cuadro, una sortija, una fusta, unas espuelas con diamantes engarzados, algunas cartas con flores secas... Por la tarde llegaron mozos del palacio de San Cristóbal con la misión de empaquetar el mobiliario y mandarlo al puerto.

—¡No saldré de aquí! —decía ella, encolerizada, viendo cómo se llevaban sus muebles, sus óleos, sus lámparas...—. ¡La Constitución protege mis derechos! —se atrevió a añadir en un alarde de desesperación.

Sin embargo, aquéllos eran los últimos estertores de una mujer que no aceptaba ser despechada. Se repetía que si había vuelto era porque él se lo había pedido. Había cometido la locura de mezclar sus deseos con la realidad, pensando que sería para siempre, que se casarían, que su regreso marcaba la lógica evolución de aquel romance.

—Por favor, apiádate de una desgraciada... —acabó musitando en un mar de lágrimas, con el cabello hirsuto, los rasgos deformados por el llanto, y apoyada contra la pared en medio de su salón vacío...

Nadie la escuchó.

El 28 de agosto de 1829, el periódico de Río de mayor tirada, el *Diario Fluminense*, publicaba una nota: «*La excelentísima señora marquesa de Santos salió ayer de esta corte para la ciudad de*

*São Paulo. Su mobiliario está embarcado a bordo del bergantín* Unión Feliz, *que sigue para Santos el 29 del corriente mes.» Unión Feliz...* el destino ponía su granito de ironía en aquel final.

Domitila de Castro no volvía como había llegado, sino como una acaudalada aristócrata que podría vivir siete vidas sin tener que trabajar ni medrar para ganarse el sustento. Sin embargo, se iba con el corazón roto y un hijo en sus entrañas, sin saber qué había hecho para merecer aquel segundo y definitivo destierro. Se había despedido de la duquesita de Goias, y el esfuerzo por contener la emoción la dejó exhausta, consumida. No había podido hacerlo de Pedro, que la evitó hasta el final.


## 87

Más que enamorado, Pedro se había encaprichado de aquel retrato de Amelia. Contemplarlo había dado rienda suelta a su ensoñación. El desbordamiento de efusividad que mostraba en sus cartas a Barbacena y a la joven novia era, sobre todo, la expresión de su profundo reconocimiento. El hecho de que una princesa se atreviese a cruzar el océano para unirse a un soberano que todos los ministros austriacos de Europa pintaban como asesino de su primera mujer le devolvía la dignidad, la confianza en sí mismo, la credibilidad y un puesto entre sus pares de la realeza. El «sí» de Amelia le había resarcido de tanto rechazo y tanta maledicencia, y por ello les estaría, a ella, al vizconde, a Barbacena y a todos los que habían colaborado en la hazaña, eternamente agradecido. «... *Háblele de mí* —le pedía al marqués— *para que conozca la manera de pensar de su esposo, que vea que es realmente hombre de bien y de carácter, que sabe y que siempre sabrá desmentir con sus actos las calumnias que vierten sobre él...»*

Su comportamiento cambió drásticamente. «*Nuestro amo* —escribía el Chalaza— *es otro hombre. Ya no duerme nunca fuera de casa y siempre se desplaza acompañado de sus gentilhombres de cámara.»* Estaba enfrascado en los preparativos para la llegada de su nueva esposa. Ordenó limpiar la ciudad, colocar banderines en las fachadas de las casas y erigir arcos de triunfo gracias a las suscripciones de los comerciantes. Como se había enterado de que el color favorito de la nueva emperatriz era el rosa, mandó adornar palacios y edificios oficiales con toldos y guirnaldas de ese color y pintar, también de rosa, las ventanas y las columnas que imitaban las de Trajano en Roma. Lo hizo sin disminuir el ritmo del resto de sus actividades. Seguía con su afán de ocuparse de detalles que por su rango no le correspondían. Era el precio que había de pagar por no saber delegar. Quería tener la iniciativa en todo y se atosigaba al intentar mantener al día su vida amorosa, su trabajo político, sus actividades deportivas, los negocios dinásticos, los problemas de la sucesión de la corona portuguesa... Pero era infatigable.

Después de la boda celebrada en la capilla familiar en Múnich, Amelia y Barbacena se desplazaron a Londres para recoger a Maria da Gloria y embarcar todos juntos en Plymouth rumbo a Río, a bordo de dos fragatas, la *Emperatriz* y la *María Isabel*, que Pedro había puesto a su disposición. Conociendo el afecto que Amelia tenía por su hermano, también el cuñado Augusto, de diecinueve años, fue invitado a Río. Los cuatro hicieron la travesía en tres semanas, y para matar el tiempo a bordo aprendían portugués, jugaban a las charadas, hacían punto, leían y ensayaban pasos de baile en cubierta.

El 16 de octubre de 1829, mientras la fragata *Emperatriz* fondeaba en la bahía de Río, un vapor proveniente del puerto, con el emperador a bordo, se le acercó veloz. Nada más abarloarse, Pedro subió la escalera y cruzó la pasarela. Su proverbial ímpetu le impedía respetar los plazos de tiempo que mandaba el protocolo. Ardía en deseos de conocer a su mujer y de abrazar a su hija. En cuanto le vio, «la pequeña» corrió hacia él. *«Tan emocionado estaba abrazando a la reina que casi pierde los sentidos»*, escribió el marqués de Barbacena. Pedro había temido tanto que su hija fuese a caer víctima de intrigas enemigas o hasta de una emboscada del propio Miguel que no podía creer que la tuviera en sus brazos... más guapa que nunca, una adolescente. Amelia asistía a ese reencuentro sin atreverse a abrir la boca. Barbacena la describió como tímida, pero en realidad estaba muerta de miedo. Una cosa era oír hablar de

Pedro en los salones de París y otra era tenerlo enfrente, con esa personalidad exuberante, sabiendo que eran marido y mujer. Lo cierto es que asistir a aquel despliegue de ternura filial fue para ella tranquilizador. ¿Era ese hombre abrazado a su hija y con lágrimas en los ojos el monstruo del que hablaban los cotilleos de salón en Europa? No podía creerlo. Que Pedro se hubiera dirigido antes a su hija que a ella, mostrando ese derroche de afecto paterno, ese afán de protección, la conmovió y aquello bastó para que empezara a mirar con otros ojos a ese hombre garboso, de piel curtida y rostro bronceado. Cuando Pedro dejó a la pequeña y se volvió para saludarla, sonriente y tembloroso, lo primero que pensó fue que la realidad era mejor que el retrato. Amelia era más alta de lo que había imaginado, bien proporcionada, elegante, con abundante pelo color miel y una sonrisa que evocaba la de las mujeres del Renacimiento. Durante la cena que compartieron a bordo, el emperador pudo comprobar que, aparte de guapa, era inteligente y de una madurez sorprendente para su edad. Después de los tumultuosos y recientes vaivenes de su corazón, de tantos años de mala vida, de tanta desilusión con la política, de las traiciones familiares, de la viudez y la separación, de tanto amor prohibido y desamor, Pedro sentía muy dentro de sí un rebrote de pura felicidad, como no había experimentado desde hacía muchísimo tiempo, quizá desde los tiempos remotos de su relación con Noémie. Esta otra francesa que admiraba del otro lado de la mesa era un regalo del cielo. Sus gestos refinados, su voz suave, su sencillez, y sobre todo su sonrisa le proporcionaban un placer sereno y profundo, como si después de la travesía de un temporal hubiera arribado a una playa de aguas mansas. Hasta le mudó la expresión del rostro: ese velo que parecía apagar el brillo de su mirada, esas arrugas y ese ceño que eran reflejo de las tensiones pasadas, ese aire serio y retraído dieron paso a su antiguo semblante jovial y pícaro. Fue como si la llegada de Amelia, al igual que la brisa que soplaba sobre la bahía de Río de Janeiro, barriese de golpe los nubarrones que se amontonaban amenazantes en el horizonte de su vida.

Hubiera deseado disfrutarla aquella noche, pero las condiciones del contrato, a petición expresa de la madre de Amelia, estipulaban que Barbacena sólo podía entregarla a Pedro cuando hubieran recibido la bendición de la iglesia. De modo que esa noche durmió solo en el palacio, con la alegría de saber que sería la última.

El día siguiente fue un día de gran gala. Embutido en su uniforme de generalísimo, Pedro volvió a la fragata a recoger a su mujer, y lo hizo en su galeón imperial propulsado por remeros. Ya en el dique y de camino a la capilla imperial, quiso sentarse en el mismo carruaje que transportaba a Amelia, pero el marqués de Barbacena le recordó la promesa hecha a la madre... De modo que tuvo que ceder.

Durante el tedeum, Pedro no pudo contener las lágrimas al oír las voces del coro. Se parecía cada vez más a su padre, lloraba casi tanto como el pobre don Juan, y ahora tampoco le importaba el qué dirán, no como antes, cuando quería parecer el más fuerte, el más valiente, el más macho. El tiempo había templado esos orgullos. Lloraba por la emoción indescriptible que le suponía haber conseguido a esa mujer y al mismo tiempo se maldecía por haber estado a punto de tirar la toalla. ¡Qué cerca había estado de perder esa felicidad! La espera había valido la pena.

Parecía el hombre más feliz sobre la faz de la tierra al salir de la capilla con Amelia del brazo. La gente dio rienda suelta a su júbilo y se pusieron a bailar en las calles al son de las orquestas que tocaban los ritmos de aquel país inmenso, del *forró* nordestino al *lundu* angoleño, para gran regocijo de los cariocas. Pedro y Amelia se desplazaron a la iglesia de Gloria, fuente de la devoción de la familia real desde los tiempos de don Juan. A pesar de encontrarse bajo el hechizo de la belleza, la juventud y la gracia de Amelia, Pedro tuvo un pensamiento furtivo hacia la mujer que le había acompañado tantas veces a rezar allí y a la que tanto había hecho sufrir. Aunque estuviera enterrada en el convento de Ajuda, Leopoldina no había muerto del todo, seguía viva en el imaginario popular. Más viva que cuando lo estaba en realidad, y Pedro tenía miedo de que se vengase desde el lado de los muertos. Su mala conciencia le acompañaría siempre.

Después de recibir la enhorabuena de los miembros del cuerpo diplomático, fueron al antiguo palacio real, allí donde había vivido los primeros días de su llegada a Río, y anunció ante la multitud de funcionarios y cortesanos congregados que, en homenaje a la nueva emperatriz, había creado la Orden de la Rosa...

—... Cuya divisa es: amor y fidelidad —apostilló muy serio el emperador.

Amelia no percibió la mueca de ironía que pusieron muchos de los que conocían a su marido, incluidos el Chalaza y Mareschal. Su atención se centraba en la siguiente ceremonia, por la que Pedro otorgaba a su cuñado Augusto el título de duque de Santa Cruz con tratamiento de alteza real. En la mente del emperador, su cuñado Augusto merecía ampliamente esa medalla porque, al contribuir a su felicidad, había contribuido también a la del pueblo entero. Prueba de la devoción popular era el ambiente en las calles. El apogeo de los múltiples festejos fueron unos fuegos artificiales que dos soldados del regimiento alemán prendieron después de escalar las abruptas paredes del Pan de Azúcar. Los reflejos multicolores inundaron la bahía de luz.


88


El palacio de San Cristóbal había sido objeto de mejoras y reformas, por orden del emperador. Los plafones y los frescos románticos se habían pintado de nuevo y la fuente a la entrada estaba ahora iluminada por lámparas de aceite. Los nuevos cascos de la guardia de honor imitaban a los bávaros, un detalle que no pasó desapercibido a Amelia. Al subir la escalera para conducirla a sus aposentos, tan atronador era el ruido de su propio corazón que Pedro temía que su mujer lo oyese. El seductor por antonomasia que no sabía disfrutar de otros placeres que no fueran el sexo, el conquistador que pensaba que la monogamia era el resultado de una libido disminuida o claramente de una enfermedad mental, estaba ahora hecho un flan. Curiosamente, estaba mucho más alterado que ella, virgen y casta.

—¿Y ese palacete? ¿Quién vive allí? —preguntó la joven señalando a través de las rendijas de las persianas de su dormitorio la antigua casa de Domitila.

—Ésa es la casa de Maria da Gloria. Sirve también de sede del gobierno portugués en el exilio.

Pedro había decidido darle ese uso al edificio, que ahora rebosaba de exiliados intrigando para reconquistar el poder en la lejana madre patria. Cerró las persianas con suavidad y apretó a Amelia contra su pecho. Luego la atrajo hasta la cama y rodaron entre las sábanas, besándose y acariciándose. Sus dedos expertos soltaban botones, desataban nudos, deslizaban medias, apartaban enaguas hasta que pudo contemplarla desnuda, iluminada por la luz plateada de la luna. Estaba maravillado ante ese cuerpo blanco y terso, suave y con perlitas de sudor, que yacía de medio lado y que desprendía un olor a panecillo recién horneado. Le acarició el costado y la tripa, y luego el vello púbico, que no era encrespado como el de Domitila, sino escaso y lacio. Se acordó fugazmente de Noémie; desde entonces no había vuelto a sentir ese estremecimiento, más parecido al éxtasis que a la urgencia del deseo. Ella tuvo la audacia de tocarle para ir descubriendo las posibilidades del placer, pero se encontró con un hombre paralizado. «¡Dios mío! ¿Cómo me ocurre esto a mí ahora?», se dijo él, mortificado. No era la primera vez que le ocurría; últimamente había notado un bajón en su apetencia sexual, pero nunca pensó que podría fallar del todo. ¿Qué le pasaba? ¿Por qué no sentía ese volcán de excitación que en otras ocasiones le nublaba el entendimiento? ¿Se estaba haciendo viejo? ¿O «su cosa» había dejado de funcionar de tanto como la había maltratado? Si había hecho hijos a mujeres de paso, ¿no iba a poder hacerle uno a su legítima esposa, a la nueva emperatriz? Para un recién casado con una mujer tan joven y tan guapa, aquel fallo de la virilidad era lo más desmoralizador que podía ocurrir. ¿Era un castigo divino por todas las mujeres que había penetrado sin el más mínimo miramiento? En todo caso, fue una lección de humildad que acabó tomándose con sentido del humor. La última frase de una carta de Pedro a su amigo el marqués de Resende decía:

*«... Si ella no me deja preñado a mí, que es la única desgracia que me falta sufrir.»*

De día, durante casi un mes, los recién casados fueron homenajeados en todo tipo de festejos. Acudieron a funciones de teatro, óperas de Rossini, bailes, recepciones, desfiles militares, un picnic en la isla del otro lado de la bahía regado con vino de Burdeos, etcétera. Al igual que había hecho con Leopoldina, Pedro, tomando las riendas del cochero, enseñaba a su esposa y a su hermano los alrededores de la ciudad: pasearon por el bosque de Tijuca, por el río de Laranjeiras a cuyas orillas las lavanderas criollas, cantando, batían la ropa contra las piedras, por los parques floridos de Botafogo, por el jardín botánico... Por las noches, el matrimonio imperial se recluía en San Cristóbal a disfrutar, si el cansancio lo permitía, de los gozos del amor. Para entonces, el gatillazo no era más que un mal recuerdo y Pedro había retomado algo de su energía habitual, aunque nunca con el brío de antaño, cuando Domitila le volvía loco de amor. Deseaba ardientemente dejar embarazada a su mujer, pero la «visita», ahora que no la quería, llegaba con insolente puntualidad.

Al regresar de uno de sus paseos, acompañado de su hija, la emperatriz y su hermano, y viendo que el cielo se cubría de nubes panzudas, Pedro hizo restallar el látigo y puso los caballos al galope para llegar al palacio antes de que se pusiera a llover. La mala suerte quiso que uno de los caballos resbalase sobre los adoquines, y, al caer, uno de los arneses se rompió con un fuerte chasquido. El emperador intentó controlar la situación sujetando con fuerza las riendas, pero los caballos, presas del pánico, partieron al galope. El carruaje se salió de la carretera y volcó en una curva. Pedro, que estaba de pie, fue proyectado a varios metros de distancia y su cuerpo quedó tendido en el suelo. Estaba inconsciente. Augusto tenía un brazo roto, Maria da Gloria, magulladuras y algún corte. Amelia salió ilesa, pero temblaba como una hoja. Se tranquilizó cuando, al cabo de cinco minutos, Pedro recuperó la conciencia. Estaba tremendamente dolorido. La joven emperatriz, con gran presencia de espíritu, mandó llamar a los médicos del palacio y decidió que los heridos fuesen transportados al caserón más próximo, que pertenecía a un noble cortesano. Los médicos confirmaron que Pedro tenía dos costillas rotas e insistieron en operarle para quitarle un «tumor» consecuencia del accidente. A pesar del diagnóstico benigno, Pedro pidió que hiciesen venir a su confesor. Desde hacía algún tiempo, tenía miedo a la muerte. Antes nunca pensaba en ello, pero ahora era una idea recurrente cada vez que le ocurría un percance o se encontraba mal.

La emperatriz permaneció todo el tiempo junto a su esposo, animándole y cuidándole con cariño. «Es la enfermera más inteligente que he podido encontrar», dijo el emperador. Aquel accidente sacó a la luz el verdadero temperamento de Amelia, cuyo comportamiento ejemplar y responsable fue loado por todos. A partir de entonces, según Barbacena, *estuvieron tan ocupados el uno del otro que parecían enamorados de toda la vida*.

Tres semanas más tarde, ya estaba suficientemente recuperado como para ser trasladado al palacio de San Cristóbal. Nada más llegar, recibió una visita inesperada. Después de seis años de un duro exilio, José Bonifacio había vuelto. Desde hacía varios meses vivía retirado en la isla de Paquetá, llevando el duelo por su mujer, que había fallecido en el viaje de vuelta. Se había decidido a cruzar la bahía y hacer esa visita sólo después de enterarse de otro exilio forzoso, el de la marquesa de Santos. Tenía cierta aprensión porque no sabía cómo iba a recibirle Pedro.

Sin embargo, el emperador lo hizo con los brazos abiertos. Se había arrepentido mil veces de haber cedido a su impulsividad y haberle forzado al exilio. ¡Cómo lo había echado de menos desde entonces! No tenerlo cerca le hizo darse cuenta de que nunca había lidiado con un hombre comparable en el panorama político. Le guardaba un profundo afecto, secreto hasta ese día:

—Amelia, os presento a mi mejor amigo —le dijo tumbado en la cama.

José Bonifacio, sorprendido por tanta efusividad, se relajó y empezó a charlar animadamente con el matrimonio. Disfrutaba hablando en francés con la nueva emperatriz. Le gustó que no tuviese la pasividad angelical ni la sumisión de Leopoldina y pensó que con su carácter podría ejercer una influencia más beneficiosa sobre el emperador. Como siempre, seguía sin tener pelos en la lengua:

—No vengo como agitador, tranquilizaos, majestad, no quiero poner el trono en peligro.

Pedro recordaba con nostalgia los heroicos días de la independencia.

—Os ofrezco el puesto que deseéis... Escoged.

—Oh, no, majestad, de ninguna manera. No quiero ningún puesto. Sólo quiero servir de abogado del diablo, sin emolumentos ni obligaciones. Quiero ser libre de hablar de la manera más franca posible y, si me lo permitís, mostraros los errores y las faltas que cometéis, porque eso es de interés de vuestra majestad, de vuestros hijos y de todos nosotros.

Se rieron de buena gana. Ocurría lo que suele pasar con las amistades forjadas por una intensa vivencia común. Si se consigue olvidar los agravios, se retoman en el punto en que se dejaron.

A continuación Bonifacio expuso su idea de la situación en Brasil. Según él, las tensiones cada vez mayores entre el gobierno de Pedro y las Cámaras de Diputados amenazaban la supervivencia del sistema monárquico. Era urgente establecer pautas de comportamiento, definir bien las respectivas áreas de poder y hacer cumplir la Constitución a rajatabla. Recomendó a Pedro que sustituyese al actual jefe de gobierno por Barbacena, buen diplomático y más capacitado para contentar a las Cámaras. Pedro le escuchó con la máxima atención. Al final, Bonifacio se dirigió a la emperatriz:

—Ayudadme a que el emperador se reconcilie con la nación, os lo ruego.

Amelia y Bonifacio quedaron favorablemente impresionados el uno del otro. Tanto como en su día el viejo sabio lo había estado de Leopoldina.

## 89

Una vez terminada la convalecencia de Pedro, se estableció la rutina en San Cristóbal. La nueva emperatriz no parecía dispuesta a adaptarse a la desidia brasileña, como lo había hecho Leopoldina, y se mostró tan exigente con los asuntos de casa como con las costumbres y el ceremonial de la corte. En un afán de borrar cualquier recuerdo que hubiera podido quedar de la marquesa de Santos, convertida ahora en símbolo borroso del frenesí lujurioso de su marido, decidió redecorar el palacio por completo al tiempo que despedía a la camarilla formada por Plácido y los sirvientes más antiguos y corruptos. A Amelia no le temblaba el pulso, era luchadora. Ella no provenía de una corte poderosa y rica, como su predecesora, y su infancia había estado marcada por el infortunio de su padre y las vicisitudes de la ruina familiar. De nobleza secundaria, era burguesa en sus gustos y actitudes; no era una intelectual proclive a retraerse, ni se derretía de amor por su marido llegando a perder la dignidad. Con ella al mando, el hogar imperial se hizo convencional, respetuoso de las tradiciones y un dechado de virtudes.

En la misma línea, Pedro, siguiendo al pie de la letra los consejos de su médico, abandonó todo tipo de correría fuera del matrimonio: *«He hecho el propósito firme de no hacer nada sino en casa* —escribió a su amigo el marqués de Resende— *no sólo por motivos de religión, sino porque me escasea la capacidad ahora que vamos yendo los pies por delante a encontrarnos en el valle de Josafat donde cabemos todos, según dicen las escrituras.»* El marqués le contestó a vuelta de correo: *«Pido licencia para dudar de las pocas fuerzas que me dice que tiene.»*

Aparentemente, Pedro tenía todo para ser feliz, y sin embargo había un poso de inquietud que le impedía disfrutar de su nueva situación como merecía. No había asimilado la traición de Miguel y, a pesar del tiempo transcurrido, su deseo más persistente seguía siendo el de vengar a su hija de aquella afrenta. La herida provocada por esa espina que tenía clavada en el corazón supuraba. Aquella traición de su hermano le había unido más a Portugal. No conseguía desinteresarse de lo que allí pasaba y su postura era contraria a la mayoría de los que le rodeaban, que no querían ver a Brasil mezclado en esos asuntos. Pero cuantos más percances y mayor era la adversidad, más se aferraba a la lucha. Ocupado en sus deberes imperiales, espoleado por la opinión pública que a través de la prensa y el Parlamento le vigilaban de manera crítica, no veía cómo podría sacar tiempo y restituir los derechos de su hija, y aquello le exasperaba. Cuando se enteró de que su hermano estaba intentando que Gran Bretaña, Francia y Austria reconociesen su régimen, escribió de su puño y letra un artículo ditirámbico en el *Diario Fluminense*: «*Para ver cuán infame y abominable es Miguel basta decir que es mal tío, peor hermano y pésimo hijo, que intentó atentar contra la vida de su padre hasta que al final lo mató a disgustos, y según dicen con veneno...*» Los políticos brasileños se sentían molestos ante tanta vehemencia, pues no entendían por qué su emperador no se olvidaba de aquel mundo distante y se concentraba en el aquí y ahora.

Además, el hecho de estar casado con una mujer tan joven, algo que en un principio le había proporcionado una alegría inconmensurable, le hacía sentir doblemente el peso de sus treinta años de vida tan intensos. Era consciente de que la edad de Amelia se aproximaba más a la de su hija Maria da Gloria que a la suya. Cuando en el gran baile ofrecido por la corte en el palacio del Senado la vio bailar un vals con su hermano Augusto, tan ligera y vivaracha, Pedro se sintió fuera de lugar. Estaba preso en su mundo opresivo poblado de recuerdos, de lutos, de querellas políticas y, sobre todo, de preocupaciones dinásticas que le quitaban el sueño. Sus recientes problemas de salud exacerbaban su ansiedad. Había empezado a notar que sus piernas tendían a hincharse, lo que le recordaba a su padre y a aquella pierna que ponía en remojo todos los días en la bañera colgada del mar. ¿No decían que uno de los primeros síntomas de la vejez era empezar a parecerse al progenitor? Además, su sentido de la virilidad se vio afectado por los últimos escozores de la uretra, el fallo fatal de la noche de bodas, y la disminución general de su libido. Todo contribuía a provocarle pensamientos melancólicos que le hacían darse cuenta de que el tiempo que tenía para hacer justicia a su hija y a su difunto padre no era ilimitado.

Mientras se encontraba en ese estado de ánimo le sorprendió la noticia de la muerte de su madre. Estaba pasando unos días en una finca que acababa de comprar, arriba en las estribaciones de las montañas, donde el clima era fresco y permitía a la familia protegerse de los temibles calores del verano carioca. Una carta de su hermano Miguel, en términos sorprendentemente afectuosos, le anunciaba: *«Mi querido hermano de mi mayor estima. Nuestra madre ha tenido una muerte verdaderamente cristiana y no se ha olvidado del hijo ausente...»* Aludía a una joya legada por su madre y a parte de la herencia de don Juan que le correspondía al emperador.

—Ya no firma «Miguel» —comentó Pedro, visiblemente irritado—. Esta carta la ha redactado, sin duda, un secretario; él no sabe escribir así...

La noticia le sumió en un profundo desasosiego. Ahora, siendo huérfano de padre y madre, sabía que la siguiente generación en partir sería la suya. No guardaba demasiados recuerdos íntimos de su madre, y la tenía por responsable de la usurpación del trono de su nieta, pero era sentimental y, al fin y al cabo, se trataba de su madre. Se reconocía en su energía, en su actividad siempre febril, en su fuerza de voluntad, en lo temeraria que había sido, en su irreverente genio levantisco. Y en el amor a los caballos. La recordaba con sus modales soeces, mal arreglada y siempre con una palabra malsonante en la boca. Siempre intrigando, rígida como el acero en sus convicciones ultramontanas y ardiente como el fuego en su temperamento exuberante. Era un cúmulo de contradicciones: una mujer antigua que defendía a capa y espada el viejo mundo que desaparecía, y al mismo tiempo moderna porque nunca se resignó a ser aquello para lo que nació, una princesa consorte. Una mujer que hubiera querido ser rey. Para sus seguidores, era «el alma del absolutismo», «la nueva Helena que dio triunfo a la cruz de Jesucristo», «la mujer fuerte del Evangelio». Para los liberales y muchos portugueses, Carlota Joaquina estaba en el origen del popular dicho: *«De España ni viento ni casamiento.*» Para Pedro, una mujer que no había sabido ser una buena madre.

Las noticias precisaban que había muerto en Queluz víctima de un cáncer de útero, delgadísima, arrugada como una breva, pero feliz de ver a su hijo predilecto en el trono. Que fueron realizadas impresionantes ceremonias fúnebres en Lisboa, Oporto y Coimbra y que había sido enterrada en la iglesia de San Pedro en Sintra, cerca de la Quinta de Ramalhão que tanto le gustaba.

Muy afectado por todo lo que esa muerte removía en su interior, Pedro decidió regresar precipitadamente a Río. En señal de duelo, se encerró durante ocho días en el palacio de San Cristóbal. La primera noche se despertó de madrugada con un sentimiento de felicidad beatífica que duró hasta que se dio cuenta de que era un sueño. En él, su madre le hacía arrumacos y le cantaba una nana en español, mirándole con ojos de almíbar. No tenía el recuerdo de que eso hubiera ocurrido en la realidad. ¿No dicen que los sueños son la expresión de los deseos más recónditos del ser humano?


90


Pedro escuchó el consejo de Bonifacio y nombró a Barbacena ministro del Imperio. El marqués tenía la loable intención de establecer la práctica de un verdadero gobierno representativo. Pedro pensó que, al ser oriundo de Brasil, tenía el camino despejado, pero la situación estaba demasiado deteriorada. Los diputados reprochaban al emperador que abusase de su autoridad, y de padecer la influencia de lo que llamaban la «camarilla», el gabinete privado encabezado por el Chalaza, que era el centro de aquel núcleo de actividad. El escudero de Pedro, muy consciente del afecto que por él sentía el emperador, no se reprimía a la hora de verter sus opiniones sobre temas políticos. Dichas por él, parecían la expresión de un auténtico contrapoder en la sombra, lo que sembraba el desconcierto en ministros, diputados y cortesanos. En las provincias distantes, donde la información llegaba sesgada, la camarilla tenía una aura de misterio y despotismo. Corrían rumores de que allí se elaboraban minuciosamente planes nefastos para la nación: desvío de fondos públicos, represión de la libertad de expresión, en definitiva que el emperador estaba a la espera de imponer un gobierno absolutista.

La realidad era que a Pedro el «gabinete secreto» le servía para ejercer de rey de Portugal y de padre de la reina. Lo utilizaba para hacer todo lo que no podía hacer con la administración local. De lo que no parecía darse cuenta Pedro era de que una de las causas de su pérdida de prestigio radicaba en el hecho de que los miembros de esa «camarilla», así como la mayoría de los sirvientes del palacio, eran portugueses de nacimiento, al igual que él. Automáticamente, esto le hacía sospechoso a ojos de una opinión pública cada vez más influenciada por la prensa más nacionalista.

Tan peliagudo llegó a ser el problema que los ministros de Barbacena se plantaron diciendo que no continuaban en sus puestos mientras existiese ese otro gabinete secreto, que temían interfiriese en la gobernanza de la nación. Pedro se sintió coaccionado en su poder y libertad. No era plato de buen gusto verse forzado a elegir entre el gobierno que acababa de nombrar, o expulsar a su amigo del alma y a sus ayudantes.

Amelia le aconsejó tomar una decisión drástica para neutralizar las críticas de que se ocupaba más de la cuestión portuguesa que de la política brasileña.

—Si el precio que hay que pagar es prescindir del Chalaza, tendrás que asumirlo, *chéri*, aunque sólo sea por una temporada...

En el fondo, ella temía el ascendiente que el Chalaza tenía sobre su marido. Pedro, medio convencido, sondeó también a sus ministros y a José Bonifacio. Todos coincidían en que debía prescindir de su camarilla por el bien de la nación... Lo fundamental era dar prestigio a la monarquía y estabilidad al gobierno.

—No vas a convencer a los nacionalistas de que intervienes en Portugal como padre de una reina indefensa y por amor propio herido —le dijo Bonifacio—. Siempre creerán que existen otros motivos.

Pedro estaba tan deseoso de recuperar su buena imagen entre sus súbditos que cedió ante esos consejos, aunque lo hizo a regañadientes. Entre los numerosos refugiados que llegaban sin cesar encontraría a alguno para relevar al Chalaza en sus tareas de escribano y secretario, pero aun así le dolía apartar de su vida a su secretario, su amigo, su «conseguidor», su compañero de correrías, su bufón, su compadre, su Sancho Panza. Le propuso mandarle a Europa como su secretario particular con la vaga misión de atender sus asuntos personales en el viejo continente y una envidiable pensión que pagaría de su bolsillo, no del presupuesto oficial. Sólo hasta que las suspicacias desapareciesen. El Chalaza aceptó —hubiera aceptado ir al Polo Norte si se lo hubiera pedido Pedro—, pero sin ganas.

Pedro estaba tan compungido por la marcha de su amigo que le acompañó mientras le preparaban el equipaje, buscando en todo el palacio objetos que podían serle útiles para la travesía. Al final, apareció con dos botellas de aguardiente de caña:

—Quiero estar seguro de que vas a tener suficiente bebida durante el viaje —le dijo al entregárselas.

El Chalaza no tardó en vengarse de Barbacena. En cartas enviadas a Pedro desde Francia, decía tener indicios de que el marqués había aprovechado sus embajadas en el viejo continente para aumentar su fortuna personal. El secretario conocía bien a su amo. Le sabía capaz de actuar con total desprendimiento, le sabía apegado a una idea romántica de la gloria, a un culto excesivo de la honra, pero también conocía su talón de Aquiles: era muy cicatero con el dinero. Lo que no sabía el Chalaza es que al lanzar esa acusación iba a poner en jaque no sólo la estabilidad del gobierno, sino la posición misma del emperador.

En lugar de encargar una discreta investigación, Pedro dio rienda suelta a sus impulsos y se encerró en su despacho, solo, desconfiado, para dedicarse con ahínco a rehacer las cuentas de lo que había costado su segundo matrimonio, que por cierto le pareció carísimo, lo que le llevó a pensar que las acusaciones de su amigo eran ciertas. Examinó con lupa las facturas de los joyeros y de los carroceros, de los hoteles y los viajes en barco; se perdió en infinidad de cálculos para convertir libras en florines y francos en *contos de reis*. Indignado, llegó a presentarse en las oficinas del tesoro para requerir los libros de contabilidad oficiales, sin esconder que acababa de enterarse de las «briboñerías del marqués de Barbacena». Le reprochaba cosas insignificantes, como que hubiese una pequeña diferencia en el precio de una vajilla, o en el coste elevado de un collar, o que el alquiler de un par de carruajes no estuviese anotado. Era tan vehemente y sus modales tan burdos que perdió la escasa simpatía de la que disfrutaba entre los miembros del gobierno y del Parlamento. En la calle, la opinión general favorecía al marqués, quien tenía a su favor el hecho de ser brasileño de nacimiento. *«Siento mucho escribirle en un tono algo fuerte —le decía en una de las cartas con las que le hostigaba reclamando más información y más documentos—, pero así me lo pide mi genio, que en estos casos no cede a mi razón.»* En aquellos momentos, el peor enemigo de Pedro era él mismo.

Sintiéndose amenazado, Barbacena no perdió la compostura ni se acobardó. Conociendo la impulsividad del emperador, reaccionó de manera prudente y digna, procurando mantenerse en la frágil línea que separaba su propio honor de la voluntad de no exacerbar la furia imperial. Primero consiguió justificar satisfactoriamente todos los gastos, y la conclusión fue que el tesoro le reconocía a él una deuda que todavía no se le había saldado. Pedro empezó a darse cuenta de que había ido demasiado lejos, y que su vehemencia le había jugado otra mala pasada. Sin embargo, ya era tarde para dar marcha atrás; su honor no se lo permitía.

Luego el marqués dimitió, y la carta que envió a Pedro fue la más sincera y profética que un emperador hubiese recibido jamás: *«Uno de los tíos abuelos de vuestra majestad acabó sus días en una prisión de Sintra. Vuestra majestad imperial podría acabar los suyos en alguna prisión de Minas Gerais acusado de locura, porque realmente sólo un loco sacrifica los intereses de una nación, de su familia y de la realeza a los caprichos y las seducciones de criados y viajantes portugueses. Antes de retirarme a mi ingenio azucarero, no puedo sino suplicar a vuestra majestad imperial que mida el abismo en el que se lanza. Aún hay tiempo de mantenerse en el trono como lo desean la mayoría de los brasileños. Pero si vuestra majestad se mantiene indeciso y sigue con las palabras de brasileñismo y constitución en la boca pese a ser portugués y absoluto de corazón, en este caso su desgracia será inevitable...»*

Poco después de la dimisión de Barbacena, las relaciones de Pedro con el Parlamento aún se agriaron más. Respaldados por la opinión pública, los diputados no se dejaban inhibir por ningún temor. Votaron leyes que reducían drásticamente el presupuesto del gobierno, o sea el poder de Pedro. Los recortes en los ejércitos fueron masivos y una disposición especial mandó excluir de las filas a todos los oficiales extranjeros, excepto los que habían participado en la independencia. Desaparecían de golpe los mercenarios que tanta seguridad y buenos servicios habían procurado al emperador. Tampoco temieron los diputados votar una resolución según la cual los lindes de la hacienda Santa Cruz se reducían a los terrenos donde se había instalado originalmente don Juan, revertiendo a los antiguos propietarios las tierras anexionadas con posterioridad. Esa medida era un ataque personal a Pedro, que había perdido pie en aquel marasmo. Quizá no acababa de darse cuenta de lo mucho que había cambiado su país de adopción. Si durante la independencia apenas existía un periódico, ahora había medio centenar en todo el país. Si antes la prensa se limitaba a dar noticias de los príncipes de Europa, ahora lanzaban críticas severas contra los monarcas, a veces acertadas, otras rozando la calumnia, haciendo pasar rumores por hechos y distorsionando la realidad con omisiones y mentiras. Ahora se veía forzado a leer insultos contra su persona, como un artículo que le tildaba de «ladrón coronado». Si antes hubiera saltado sobre su caballo y hubiera ido a abofetear o a pegar un sablazo al autor de ese artículo, ahora tenía que aguantarse, él, el emperador y defensor perpetuo de Brasil... En realidad, estaba superado por los acontecimientos y el curso cambiante de la Historia. Su carácter exaltado y caprichoso chocaba de lleno con el mecanismo disciplinado que un régimen constitucional requería. No podía evitar mezclarse en las decisiones de sus ministros, imponer su criterio por el hecho de ser el emperador. En teoría era constitucional —creía firmemente en ello—, pero en la práctica se comportaba como un déspota. Había sido capaz de ganar la independencia, pero se mostraba incapaz de consolidar el sistema de monarquía constitucional. Era bueno en la adversidad y en la batalla; no estaba hecho para construir la paz. Necesitaba la emoción de las grandes gestas, sentir el gusanillo del peligro porque eso le hacía sentirse vivo. La vida monótona de un gabinete ministerial en un régimen constitucionalista le aburría solemnemente. Y de ahí su tendencia natural a sabotearlos.

Si el movimiento que él mismo había inspirado y que condujo a la independencia estaba a punto de fagocitarle, si le repudiaban como a un renegado por no haber caído en los excesos de los liberales y los patriotas, para los europeos vanguardistas y librepensadores seguía siendo el «Caballero de la Esperanza», «el benefactor de los pueblos». Así se lo comunicó una delegación de cuatro liberales españoles que hizo el viaje hasta Río:

—Majestad, hemos venido a pediros ayuda como español que también sois. Como sin duda sabéis, España lleva diez años viviendo bajo el reino de terror de vuestro tío Fernando VII. Las universidades están cerradas, las academias vacías y las cárceles llenas... El país está al borde de la anarquía.

—¿Qué puedo hacer yo desde aquí? —preguntó Pedro—. Ni siquiera he conseguido imponer el régimen constitucional en Portugal.

—Ayudadnos en nuestra lucha y seréis también el rey de España.

Hubo un silencio, interrumpido por otro de los españoles, que dijo:

—Y emperador de la Península. Emperador de Iberia.

Pedro sonrió. Aquello le sonaba bien. El tercero añadió:

—Majestad, esto os convertirá en uno de los monarcas más poderosos de toda Europa.

—... En el bastión del liberalismo —apuntó otro—. Seréis el jefe de la Santa Alianza de los hombres libres en oposición a la Santa Alianza de los reyes.

—Sois nuestra última esperanza, majestad. Os rogamos que

aceptéis esta triple corona de Brasil, España y Portugal de la que os habéis mostrado tan merecedor.

—No puedo, todavía no puedo ir a Europa. Estoy ocupado en consolidar este imperio americano, y es una labor que tengo que hacer paso a paso. Cuando haya terminado mi misión aquí, quizá vaya entonces a transformar la Península en una gran nación, poderosa, libre y feliz.

No había cambiado mucho desde sus años mozos, por eso la petición de los españoles le sedujo tanto. En el fondo, seguía queriendo ser un quijote, un héroe capaz de cambiar el mundo, de luchar contra las injusticias, de acabar con la esclavitud, de llevar la Constitución a otros países, a otros continentes. El requerimiento que le hicieron los españoles, y que luego le fue reiterado por carta, despertaba su ambición más profunda y sus ganas de aventura. Brasil, en toda su inmensidad, se le hacía pequeño.

91

Obsesionado con la idea de recuperar su estrella, decidió viajar a Minas Gerais, emulando la hazaña de su primer viaje oficial a la región como regente, cuando volvió en loor de multitudes y con renovado prestigio. Había además otra razón para efectuar ese viaje: quería que su mujer tomase unas aguas muy recomendables para la fertilidad.

Salió con Amelia y una comitiva de dieciséis personas, y de camino inspeccionó obras y puestos administrativos e impartió justicia, según su costumbre. En Paraibuna, hizo una donación importante al vicario de la parroquia para rehabilitar la iglesia. En la oficina fiscal del mismo pueblo, obligó al funcionario jefe a que sustituyese sus cinco esclavos por cinco hombres libres. Curiosamente, en lugar de ser felicitado, en un diario de Río un político le acusó de despreciar los derechos del dueño de los esclavos... ¿Qué podía hacer contra esa mentalidad? Bien poco, se decía. En Congonhas, donde fue a enseñar a la emperatriz las maravillosas estatuas de los profetas realizadas por Aleijadinho, pidieron su intervención para ayudar a una joven embarazada. Según el periódico de la época *Repúblico*: «*Un célebre Luis Coelho ha tenido una cópula ilícita con una chiquilla y se niega a desposarla. Una acción tan indigna no podía dejar de compungir el corazón imperial.*» De modo que Pedro hizo venir al pecador y le dio orden de casarse inmediatamente si no quería que le cortasen la cabeza. ¡El mayor fornicador del imperio obligado a castigar a un pobre diablo que quería escabullirse...! Así era la política.

En todas partes, la comitiva imperial fue homenajeada con innumerables ceremonias civiles y religiosas, con discursos de bienvenida amenizados de sonetos, odas e himnos. Pedro se dio cuenta de cuán profundo había arraigado el sentimiento nacional brasileño. El problema era que en algunos lugares estaba marcado por un odio hacia lo portugués que los políticos más nacionalistas, o «nativistas» como se les llamaba, se encargaban de atizar. Aunque reparó en que en ningún sitio se le faltó el debido respeto, también se dio cuenta de que la corriente de simpatía entre el monarca y su pueblo ya no vibraba con la intensidad de antaño. El trato de las autoridades locales era siempre correcto, pero faltaba entusiasmo, efusión, calor. Se enteró de que las fachadas de algunas de las casas donde había pernoctado habían sido apedreadas nada más irse. Se dio cuenta de que Río había contaminado al resto del país:

—No haber nacido en Brasil es mi pecado original, y nada puedo hacer contra ello —se decía en sus momentos de lucidez.

Fue entonces cuando pensó seriamente en abdicar a favor de su hijo Pedro. Era una manera de zanjar el problema de su «pecado original», y de mantener la monarquía. El precio que había de pagar era tan alto —renunciar al poder en el país que él mismo había fundado— que se abstuvo de comentarlo con Amelia. Pero si no le dejaban otra opción, más valía poner a su hijo en su trono que abrir la puerta al republicanismo... Por lo pronto, se trataba de aguantar unos años, hasta que el niño estuviese próximo a la edad de gobernar.

Cuando al cabo de varias semanas de viaje recibió cartas anónimas avisándole de que se estaba tramando un complot contra él, se puso de un humor sombrío e inquieto y decidió precipitar su regreso. Volvía con un sentimiento de vacío y abandono, decepcionado y desalentado, y se encerró en su palacio de San Cristóbal, como si al hacerlo pudiese detener el curso de los acontecimientos.

No supo que en la ciudad los miembros de la colonia portuguesa de Río habían decidido celebrar su regreso al grito de: «¡Viva el emperador de los portugueses!», encendiendo hogueras en las calles y lanzando la consigna de iluminar las fachadas de las casas como señal de bienvenida. No fue necesario nada más para provocar una reacción hostil de los «nativistas» brasileños, que salieron en tropel replicando con vivas a la Constitución y a la soberanía de la nación. Los gritos degeneraron en disturbios, alimentados por garrafones de alcohol que los taberneros portugueses ofrecían a los suyos. Al abrir las ventanas, los vecinos, despiertos por el vocerío, veían en las calles cómo ambos bandos peleaban con saña. Los brasileños más exaltados lucían los brazaletes oro y verde de las primeras horas de la independencia y recorrían las calles apagando hogueras y profiriendo gritos contra el gobierno. Los portugueses —tenderos, taberneros, estibadores, marineros...— se desquitaron lanzándoles todo tipo de objetos, piedras y botellas vacías. Durante horas desfilaron por las calles a los gritos de «¡Larga vida al emperador!» y demás eslóganes contra los republicanos, los federalistas y todos los que no habían iluminado las fachadas de sus casas. Al final, hubo tiros y algunos heridos.

Pedro se encontraba en medio de esos dos grupos de gente que se detestaba. ¿Qué podía hacer? Si intervenía para proteger a la minoría portuguesa, dejaría de ser brasileño a ojos de los otros. La situación exigía una acción firme, y Pedro, quizá por primera vez en su vida, no supo qué decisión tomar... También en eso empezaba a parecerse a su padre, pensó. ¿Dónde estaban su astucia y su atrevimiento? Su primera reacción fue la de coger el toro por los cuernos, salir a apaciguar a los dos grupos enfrentados, pero luego pensó que un soberano debía estar por encima de las facciones en lucha. Finalmente, pidió la intervención de la policía, que a duras penas impuso la paz, una paz debilitada por el odio ahora recrudecido entre ambas comunidades.

Cuando las calles de Río recuperaron una apariencia de orden, los emperadores decidieron salir a atender un tedeum de acción de gracias a la Capilla Imperial por haber regresado sanos y salvos del viaje, y luego un besamanos en el antiguo palacio. Entraron en la ciudad rodeados de hordas de portugueses exaltados, cincuenta de ellos a caballo, que escoltaban su carruaje gritando vivas. ¡Qué decepción al entrar en aquella iglesia barroca chorreante de oro, que había sido testigo del nacimiento del imperio! La nave estaba medio vacía, sólo ocupada por comerciantes y prósperos colonos portugueses. Apenas había brasileños «nativistas». Aún más escaso era el número de oficiales del ejército allí presentes. Y lo mismo ocurrió en el besamanos. Pedro volvió a palacio aquella noche de mal humor y con ganas de llorar. Definitivamente había perdido su estrella, y le costaba aceptarlo. Le costaba aceptar que Leopoldina, al morir, se hubiera llevado su suerte.

Al día siguiente, recibió una petición firmada por veintidós diputados exigiendo el castigo de los «extranjeros» que habían provocado lo que se dio en llamar las noches de las garrafadas. *«Si no se castiga a los portugueses, habrá una revolución»*, sentenciaba la petición. Pedro, que odiaba ceder, tener que transigir, parecer débil, reaccionó haciendo oídos sordos a la petición de los parlamentarios. En su lugar, llevó a cabo una remodelación ministerial y constituyó un gobierno formado únicamente por ministros nacidos en Brasil.

Pensó que la crisis estaba atajada, pero el mar de fondo persistía. Cinco días más tarde, los brasileños decidieron celebrar con un desfile militar el séptimo aniversario de la promulgación de la Constitución. Sin embargo, no invitaron al emperador al tedeum.

—¡Es inconcebible! ¡Una afrenta innoble! —protestaba Pedro.

Siempre le sorprendía la manera en que él, que había sido un príncipe revolucionario, defensor de las ideas del siglo, que otorgó a Brasil y luego a Portugal las constituciones más liberales de su época, era manipulado por sus adversarios, que le colocaban en una posición ideológica que no era la suya y en contra de la patria que había escogido. Si no podía acabar con toda esa tergiversación con un golpe de Estado, ¿qué solución le quedaba?

Al terminar el desfile militar en el Campo de Santana, el ministro de la Guerra le preguntó:

—Alteza, voy para el tedeum..., ¿venís también?

—No, porque no he sido invitado.

—Si me permitís, os aconsejo que vengáis. Es una oportunidad de demostrar que sois hombre del pueblo.

La emperatriz, que estaba escuchando la conversación, dio a su marido un empujoncito, como para animarle:

—Creo que el general tiene razón, *chéri*...

Pedro estaba desorientado. Nada de lo que sucedía le había ocurrido en el pasado, por eso no sabía cómo lidiar con tanto agravio. Acudir sin haber sido invitado no casaba con la condición de emperador, ni siquiera con el amor propio de un hombre común. Aparecer como un intruso... ¿no era humillarse?

—¿No ves que esto es una provocación? Si te plantas en medio de la iglesia, les vas a dejar a todos boquiabiertos. No se lo esperan.

Amelia supo sacudir su torpor mental, y hacerle ver claro una situación inédita para él. Al final, Pedro se colocó una rama de cafetal en la pechera, ensilló su caballo y se dirigió a la iglesia para demostrar que ni tenía miedo ni tenía prejuicios y que era más constitucional que nadie. Su entrada, como había previsto Amelia, causó una fuerte impresión. Un hombre se acercó a besarle la mano: «¡Viva el emperador, siempre y cuando sea constitucional!»

—Siempre lo fui, y prueba de ello es que aquí estoy, sin que me hayan invitado —contestó altivo.

Otro hombre le corrigió:

—Como primer ciudadano, es su deber acudir sin ser llamado...

Pedro se hizo el sordo y se adentró en la nave. A la salida, después de la misa, recibió la peor ofensa: hubo vivas a la soberanía, a la independencia, a la república, a la prensa, pero ninguno para él. Nunca le había ocurrido algo semejante. De pronto escuchó:

—¡Viva don Pedro II!

Pedro se dio la vuelta para ver quién había proferido ese grito, pero había demasiada gente, demasiadas miradas hostiles. Alzó los hombros, palideció y le oyeron murmurar:

—Pero si es un niño todavía...

Cuando regresó al Campo de Santana, Amelia, que lo estaba esperando ansiosamente, se quedó sorprendida por la palidez de su rostro, la tensión que había en sus facciones y una expresión de espanto en sus ojos que no le había visto antes.


92


Decidido a oponerse a este brote de odio, desafiante ante los que le amenazaban, en un arrebato de insensatez se negó a cancelar la fiesta de cumpleaños de su hija Maria da Gloria que tuvo lugar en el palacete de abajo. Era el besamanos de la reina de Portugal a sus súbditos, muchos de los cuales habían contribuido a exacerbar el ambiente de odio que ahora se respiraba en la capital. Después hubo un concierto y una cena ofrecida a los súbditos de la joven reina. En plena fiesta, llegó un mensajero con un despacho de la ciudad anunciando que habían vuelto a estallar los disturbios, esta vez con muertos y heridos. Pedro mandó detener la música y leyó el papel en voz alta ante una multitud que guardaba un silencio sepulcral. En su típico impulso, se dirigió a los ministros de Justicia y de Guerra, les abroncó delante de todos y les ordenó que saliesen a tomar las medidas necesarias para restaurar la calma. Sin embargo, esta vez los ministros se plantaron:

—No podemos reprimir el desorden —contestó el ministro de la Guerra—. No creo que debamos emplear la fuerza contra los manifestantes, majestad.

—No sabemos de qué lado está la tropa —añadió el otro.

Ese acto de desobediencia pública añadía aún más confusión a la gravedad del momento. Si ni siquiera sus ministros le obedecían, ¿en qué tipo de monarca se había convertido?

—Vuestra negativa a obedecer mis órdenes es una traición a los intereses del imperio —les espetó en un tono que dejaba traslucir más patetismo que autoridad.

Luego se volvió hacia los invitados, que estaban inquietos, y preguntó:

—¿Cómo se puede gobernar con ministros incompetentes, o peor, que están en connivencia con los exaltados?

En eso llegó un nuevo despacho, que venía a confirmar el estado alarmante de la seguridad pública en las calles de la ciudad. Entre los distinguidos invitados empezaba a cundir el pánico. Un ex ministro de la Guerra exhortó a Pedro a enfrentarse sin dilación a los agitadores. Los miembros del cuerpo diplomático le apoyaron.

—Lo más importante es proteger las vías de acceso para evitar un ataque al palacio —dijo uno de sus ministros—. Vamos a colocar a la guardia imperial a la entrada de San Cristóbal.

Pedro estaba perplejo, sin saber si debía castigar a sus ministros o salir al frente de la tropa como cuando era joven y tomó la delantera a su padre durante los disturbios de la Cámara de Comercio. Pero su sentido de la supervivencia le indicaba que ahora eso no funcionaría. Faltaba el ingrediente esencial para tener éxito: el apoyo popular. La calle ya no era su aliada, era su enemiga. De pronto estalló el diluvio, un providencial aguacero con rayos y truenos. Poco después llegó otro despacho diciendo que la situación de las calles se había calmado un poco gracias a la lluvia.

Para apagar este nuevo incendio, Pedro podía ceder y nombrar un gabinete de ministros no sólo oriundos de Brasil, sino liberales y nacionalistas extremistas. Pero no: a estas alturas necesitaba hombres de su absoluta confianza, no ministros que hiciesen el juego a sus adversarios. Lo que hizo al día siguiente fue destituir a los miembros de su gobierno y nombrar otro gabinete de hombres que consideraba fieles, con el marqués de Paranaguá al frente. La mayoría eran aristócratas con títulos pomposos, con el problema añadido de que eran todos portugueses de nacimiento y carecían, por tanto, de la popularidad necesaria para imponerse ante el pueblo.

Como era previsible, sus adversarios lo interpretaron como una declaración de guerra. Vieron en ese «gobierno de marqueses» la prueba de las intenciones absolutistas del emperador. Grupos de milicias populares, liderados por diputados del Parlamento, salieron a la calle y se apostaron frente a los cuarteles para incitar a las tropas a rebelarse. El Campo de Santana se fue llenando de una multitud vociferante que gritaba: «¡Muerte al tirano!» Oradores improvisados arengaban a la multitud y los líderes proponían marchar hacia el palacio. Se escuchó algún viva a la emperatriz Leopoldina, como si no acabase de morir nunca. Los más fervorosos pedían a la tropa que atacase San Cristóbal, detuviese al emperador y se proclamase la República Federativa. La revolución estaba en marcha.

Llegó al palacio una comisión formada por tres magistrados, que en nombre de los sublevados pidió reunirse con Pedro. Éste les recibió en su despacho para oírles decir que destituyera a ese gobierno, alegando que ésa era la voluntad del pueblo.

—Dígale al pueblo que he recibido su petición, y que pienso hacer lo que crea más conveniente para los intereses permanentes de la nación, que yo represento. Recuérdele también que actúo siempre de acuerdo a la Constitución, que me atribuye la facultad de nombrar ministros. Ésa es una prerrogativa estrictamente mía. Así que defenderé los derechos que la Constitución me garantiza, aun a costa de perder todo lo que poseo, hasta mi propia persona.

Su alegato, con la gravedad que contenía, hizo que sus interlocutores permaneciesen en silencio. Pedro concluyó:

—Estoy dispuesto a hacer todo por el pueblo, pero nada porque el pueblo me lo exija.

No parecía darse cuenta de que el pueblo le estaba obligando a ceder el poder, le estaba echando. Desde aquel palacio apartado de la ciudad y rodeado de un magnífico parque tropical no se oían los ruidos de sable que en ese momento subían del Campo de Santana. El ejército acudía a la llamada de los sublevados. Poco a poco, casi todas las unidades armadas se fueron uniendo a la asonada, incluida parte de la guardia imperial. Pedro se había quedado solo.

Recluido en su despacho, meditaba sobre el camino que había que seguir. Su mujer tenía los ojos enrojecidos de tanto llorar porque presentía otra debacle como las que había conocido de niña. También estaban con él sus ministros, nerviosos, y los embajadores de Francia y Gran Bretaña, que Pedro había convocado para que fuesen testigos de los acontecimientos. Ya era tarde para salir de forma insensata a enfrentarse a la plebe, como lo hubiera hecho unos años antes. Y también lo era para reunirse con los líderes de la oposición y para tomar medidas de orden militar. Estaba vencido y lo sabía.

Presa de un agotamiento súbito, se dejó caer en un sillón. Ojeroso, llevaba varios días sin afeitarse y las arrugas marcaban profundos surcos en sus mejillas. Sabía que le esperaba la humillación de aceptar las exigencias del pueblo, o sea ceder los derechos que la Constitución le reconocía y abrir la caja de Pandora para acabar siendo un pelele en manos de un Parlamento, o de lo contrario... abdicar, dejar el poder e irse. Plantarle cara al destino y mantener su orgullo incólume. Esta última solución cuadraba más con su temperamento imperial; algo había heredado de la soberbia de su madre. Llevaba cavilando esta solución desde que había sentido la virulencia del odio hacia lo portugués. La víspera, un parroquiano se la había recordado al gritar «viva Pedro II». Estaba seguro de que su hijito de cinco años, nacido en Río, el único varón que le había dado Leopoldina, sería bien recibido por el pueblo, que seguía profesando un amor sin fisuras por la archiduquesa austriaca. Si abdicaba a su favor el trono de Brasil, era como restituir algo del honor mancillado de Leopoldina, una pequeña compensación póstuma por tanto sufrimiento como le había causado. Se lo debía a ella, no sólo al pueblo.

Sin embargo, entonces se convertiría en un rey doblemente destronado. «¿Y qué?», se dijo. Ya no ansiaba el poder como antes, cuando estaba dominado por una ambición frívola, cuando ignoraba a todo del mundo. Se había cansado de contentar a unos, pactar con otros, contemporizar...; de haber deseado el poder realmente, hubiera dado ese golpe de Estado cuya idea le había rondado por la cabeza. Se hubiera convertido en un caudillo, en un sátrapa, en un tirano. No es que su ambición hubiera mermado; al contrario, había adquirido consistencia. Ahora quería algo más grande que el poder. A estas alturas de su vida, tenía afán de gloria y sabía que no la encontraría en Brasil.

El sol se puso detrás de las montañas y en un instante la noche cayó sobre San Cristóbal, sobre la bahía, la ciudad y las montañas. Los criados vinieron a encender las lámparas y las velas, pero en el palacio rodeado de tinieblas el ambiente se hizo más tenso. Pedro preguntó a sus ministros las implicaciones constitucionales que suponía la opción de abdicar. Estaba claro que tendría que irse, con su esposa y con Maria da Gloria, reina de Portugal. La idea de separarse del resto de sus hijos, probablemente para siempre, era insoportable, como una daga clavada en el corazón. ¿Podría con ello?

—Sus tres hijas y su hijo tendrán que permanecer en Río hasta la mayoría de edad de vuestro heredero, cuyas funciones serán asumidas por un Consejo de Regencia —le confirmaron en tono grave.

—Puedo asumir que mi hijo se tenga que quedar aquí, pero ¿por qué no puedo llevarme a las niñas conmigo?

—Entiendo la aflicción de vuestro corazón, majestad, pero habéis de ateneros a la razón política... No podéis llevaros a vuestras hijas, son hermanas del emperador de Brasil y, como tales, son princesas interesadas en la sucesión del trono.

De pronto le carcomían las dudas. Quizá, recapacitó, debía ceder ante las exigencias del pueblo y volver a colocar en sus puestos a sus antiguos ministros. Era una solución menos inclemente para su corazón. Se levantó del sillón y empezó a caminar por el despacho. Volvió a imaginarse a sí mismo cediendo ante las exigencias de ministros radicales, escuchó en su mente los improperios de los parlamentarios, vio los insultos en la prensa, sintió el escarnio del pueblo... No, aquella no podía ser la solución. Estaba atrapado, tendría que pagar el alto precio de separarse de sus hijos para conservar la honra, para seguir siendo quien era.

Entonces se volvió hacia el embajador británico:

—¿Podríais ayudarme a salir de Río? —preguntó.

—Sí, majestad. Podríamos poner a vuestra disposición el *HMS Warspite...* Podríais embarcar al alba.

«Al Alba...», musitó el emperador cerrando los ojos ante la inminencia del desenlace. Faltaba solucionar un problema delicado, el de la educación de los hijos que se quedaban en Río. ¿Quién podía responsabilizarse? Empezó a pensar, haciendo un repaso mental a todos los hombres de valor que le rodeaban... Fray Arrábida ya era demasiado mayor y además estaba muy ocupado con las tareas del obispado. De pronto, pensó en José Bonifacio, el individuo más eminente de todos los que había conocido. A pesar de sus pasadas desavenencias, le reconocía como el más recto, el más culto y el más sincero de todos. Sólo a él podía confiarle la custodia y tutoría de lo más preciado en su vida, sus hijos. Sabía que la decisión causaría recelo entre muchos de sus cortesanos, pero el bienestar de sus hijos era innegociable. Antes de publicar un decreto con su nombramiento, quiso mandar a Bonifacio una carta personal para asegurarse de que el anciano aceptaría la propuesta: «...*Espero que me haga este obsequio, porque si no me lo hace viviré siempre atormentado»*, terminaba diciendo.

Le interrumpió un oficial conocido, un devoto suyo, que le informó de que tres unidades de su guardia habían permanecido en San Cristóbal y estaban dispuestas a morir por él. Flaco consuelo.

—Transmítales mi agradecimiento por su lealtad —dijo Pedro con la voz trémula—, pero no quiero sacrificarlos. Déjeles ir al Campo de Santana a reunirse con sus compañeros.

—Si vuestra majestad quiere acabar con la sublevación, bastaría con desplazarse a la hacienda Santa Cruz para organizar allí una milicia. Podéis contar conmigo para ayudaros.

—Gracias, pero no puedo aceptar ese plan. No quiero que se derrame por mí ni una sola gota de sangre brasileña.

Más tarde, de madrugada, llegó otro militar, un comandante del batallón de artillería de Marina que vino a exponer al emperador lo que estaba sucediendo en el Campo de Santana. De nuevo le rogó que accediese a lo que proponían el pueblo y la tropa. De lo contrario, dijo, antes del amanecer los sublevados formarían un nuevo gobierno.

Pedro daba vueltas a su despacho como un felino en una jaula, y luego se dejó caer en el sillón:

—¿Vas a aceptar a tus ministros de nuevo? —preguntó tímidamente la emperatriz, confiando en su fuero interno en que se decantara por esa elección.

Pedro no respondió. Miró el retrato de su padre que estaba colgado de la pared. Don Juan hubiera transigido, hubiera aceptado de nuevo a esos ministros, aun convencido de su ineptitud. Se hubiera conformado con un poder coaccionado por la plebe. Así lo había hecho en vida. ¿No había tenido que soportar las humillaciones de las Cortes de Lisboa durante sus últimos años? Pedro no. Se le revolvían las tripas al pensarlo. Si se desdecía, daría un muestra de debilidad que sus adversarios aprovecharían más tarde para ser aún más intransigentes y entraría en un círculo vicioso donde tendría todas las de perder.

—Eso nunca. Antes abdico.

Se le avinagró el rostro y concluyó:

—Antes... que me maten.

Los sollozos contenidos de Amelia, casi inaudibles, eran la banda sonora del conflicto que desgarraba las entrañas de su marido. Debía elegir entre el imperio que había fundado o la honra, entre el compromiso o la Constitución, entre una improbable gloria o la felicidad de sus hijos.

El comandante tosió; esperaba una respuesta. Pedro se levantó del sillón y se acercó a su despacho. Hincó la plumilla en el frasco de tinta y escribió una nota, que le entregó diciendo:

—Aquí tiene mi abdicación. Me retiro a Europa... Que conste que dejo un país que quise mucho y que todavía amo.

Nadie dijo nada. Sólo se oía el zumbido de los mosquitos. Pedro suspiró:

—Los que nacieron en Brasil no me quieren porque soy portugués. Mi muy amado hijo Pedro de Alcántara no tendrá dificultad en gobernar, y la Constitución le garantizará sus derechos. Renuncio a la corona con la gloria de acabar como empecé: constitucionalmente.

Se acercó a Amelia y ambos se fundieron en un abrazo.

Ahora era él quien pugnaba por contener el llanto. Ella estaba deshecha, ya no era emperatriz. Su revancha contra los fracasos a la que el destino de su familia la había condenado se quedaba en nada. «Es mi sino», se decía.

*«El emperador ha sabido abdicar mejor de lo que ha sabido reinar* —escribió en su informe el embajador de Francia—. *Ha sabido estar a la altura mostrando una gran presencia de espíritu, una firmeza y una dignidad notables.»* Su reino había terminado. Pedro I había sido barrido por las mismas fuerzas que había contribuido a desatar. Artífice de la independencia del mayor país de América del sur, había cortado los vínculos con Portugal sin apenas derramamiento de sangre. Había sido fiel a los consejos de su padre manteniendo la unidad de la antigua colonia. Había promulgado reformas en el sistema jurídico y en la enseñanza, había promovido la fundación del Observatorio, de la Sociedad de Medicina, los periódicos se habían multiplicado, el país estaba reconocido internacionalmente. A pesar de todos sus errores y defectos, dejaba un valioso legado. Al pensar en todo lo que había hecho y al sentirse injustamente tratado, rompió en sollozos. Se agarró al brazo del embajador francés y salió a la veranda, desde donde se veían las luces de la ciudad:

—Me gustaría cubrirme el rostro con un velo para no volver a ver Río de Janeiro...

Una vez tomada la decisión, ya sólo deseaba irse, abandonar para siempre el escenario de su vida convertido en una llaga supurante. Mientras los sirvientes preparaban el equipaje a toda prisa bajo la mirada empañada de lágrimas de la emperatriz, Pedro entró sigilosamente en el cuarto de las niñas. Contempló largo rato a las princesitas que dormían profundamente. Su mirada se detuvo en un retrato de Leopoldina, que parecía mirarle con una sonrisa congelada. En ese momento pensó que ella nunca había abandonado esa casa, que su alma seguía habitando esas paredes. ¿Era el cansancio? ¿La superstición? ¿La mala conciencia? ¿El convencimiento de que algunos muertos no mueren del todo y que ocupan más espacio muertos que el que tenían en vida? Apartó de su mente aquellos pensamientos fugaces para los que no tenía respuesta, y se inclinó sobre las camas de sus hijas. Escuchó su respiración acompasada, puntuada de algún gemido. Una a una, las fue besando en la frente. A continuación entró en el cuarto de Pedro, cuyo pelo rubio acarició largamente. Acercó sus labios al oído del pequeño y le susurró con su voz ronca: «Tuyo es el imperio, mi niño...» Con los ojos anegados de lágrimas, le levantó el brazo y le besó la manita, como un súbdito más. Aquel niño era ahora su emperador, don Pedro II.

## NOVENA PARTE

—

Yo me siento a punto de muerte: querría hacerla de tal modo, que diese a entender que no había sido mi vida tan mala que dejase renombre de loco.

Don Quijote

## 93

El océano. El ancho mar que separaba y unía a ambos mundos. Al abandonar la costa de ese país que llevaba en su corazón como los hijos que en él dejaba, sentía como suyos los gemidos del buque en sus juntas. A la hora de partir, no podía dejar de recordar el otro gran viaje de su vida, el de ida con sus padres, cuando tenía nueve años de edad y arribó a Brasil en un bergantín propulsado únicamente por velas. La época de los vapores aún no había empezado y la travesía se había hecho eterna. Había tanta gente en el barco que hombres y mujeres, otrora perfectamente corteses, se peleaban como verduleros por un espacio donde tumbarse en cubierta y dormir a la intemperie, sin nada para cubrirse. Él, sin embargo, era un niño feliz de correr esa aventura, porque el buque, con sus toldillas, sus alcázares, su castillo de proa, sus cubiertas de artillería y sus bodegas cavernosas ofrecía una posibilidad casi ilimitada de explorar y de jugar. Entonces como ahora, estaba demasiado nervioso para dormir, pero por razones distintas.

Su padre había tomado pocas decisiones en su vida, pero la de trasladar en aquellos buques a toda la maquinaria administrativa del país, incluyendo la biblioteca de Ajuda con sesenta mil volúmenes, había marcado un hito en la historia del mundo. Pedro recordaba el miedo que sintieron antes de zarpar cuando, después de dos días de intensa lluvia, el viento de sudoeste les impidió levar anclas y huir del puerto de Lisboa. Era tal el terror que inspiraban las fuerzas de Napoleón que nadie se atrevía ni siquiera a pensar en enfrentarse a ellas; sólo deseaban escapar cuanto antes. La excepción era su madre, Carlota Joaquina, que soñaba con el desenlace opuesto. Para ella, aquel viento era su aliado y rezaba, apretando fuertemente las cuentas de su rosario entre los dedos, para que durase un día más. Sólo un día más, y el general francés Andoche Junot, que ya estaba a las puertas de la ciudad, conseguiría abortar la aventura excéntrica y estúpida —pensaba ella— de largarse a Brasil.

Recordaba Pedro el júbilo entre el pasaje, a la mañana siguiente, cuando el viento roló a noreste, «el viento español», como lo llamaban, porque soplaba desde la Península por encima del valle del Tajo y hacia el océano. «¡Izad trapo!» Miles de pasajeros suspiraron de alivio cuando sintieron cómo arrancaban los buques al hincharse las velas. A excepción de su madre, derrotada en su última esperanza, viéndose encerrada definitivamente en un hacinamiento al que no estaba acostumbrada, sin posibilidad de evadirse ni de salvarse. «¡Amura mayor! ¡Zafa cabos! ¡Caza foque y trinquete!...» En el vetusto *Príncipe Real*, Pedro y su padre lo veían todo desde lo alto del castillo de popa, asustados por los crujidos que la tensión de obenques y velas producían sobre los palos y el casco. Estaban rodeados de nobles, militares y cortesanos, pero también de médicos, carpinteros, boticarios, calafates, cocineros, artesanos, jueces, pajes... la mayoría de los cuales nunca había navegado o salido de Lisboa. Todos tenían ojos y bocas abiertos de consternación ante el desfile de los muelles desiertos del puerto, que ofrecían un espectáculo desolador: maletas, papeles mojados, cajas reventadas y diversos artefactos que pertenecían al patrimonio real y que las prisas habían obligado a dejar en tierra. El general Junot llegó justo a tiempo para ver a lo lejos los barcos con las velas desplegadas, en dirección al Atlántico. Enrabietado, disparó personalmente fuego de artillería contra el más rezagado: la jarcia y el palo saltaron por los aires y el velamen se desparramó sobre la cubierta. Sin embargo, fue un trofeo irrisorio: aquel barco no llevaba a nadie importante. Los navíos que había intentado alcanzar navegaban ya a lo lejos bajo escolta británica. Lo que veían sus ojos era, sin embargo, difícil de creer para Junot: desaparecía en el horizonte, flotando en aguas del Atlántico, el centro neurálgico de un imperio.

Más de dos décadas después, Pedro no había podido mantener a la familia unida, como lo había hecho su padre entonces. Aunque las circunstancias fuesen totalmente distintas, se reprendía por ello. Sentía auténtico dolor en el pecho al pensar en sus hijos, aunque el hecho de que Bonifacio hubiese contestado favorablemente a su petición contribuía a reducirle la ansiedad. El patriarca de la independencia se había sentido muy honrado de haber sido nombrado para desempeñar aquella alta responsabilidad. ¿Cómo no iba a estarlo si también se trataba de los hijos de Leopoldina, su amiga, su confidente, su emperatriz? Llevaría a cabo su misión con gran dedicación y coraje y acabó convirtiéndose en el más ardiente defensor del ex emperador y también en el más leal de sus partidarios.

Este viaje era muy distinto al de entonces. En la madrugada del 7 de abril de 1831, el ex emperador, ahora sólo duque de Braganza, salió llorando del palacio de San Cristóbal. Docenas de sus empleados y criados, la mayoría ex esclavos liberados por Leopoldina y por él, corrieron hasta el puerto detrás de su carruaje, suplicándoles que les llevasen con ellos. Les tuvo que decir que sólo había sitio para seis. El resto debía quedarse para servir a su hijo, su nuevo señor. Sin embargo, ellos no se dieron por enterados y los marineros ingleses tuvieron que repeler a la fuerza el abordaje de los sirvientes, que pugnaban por subir al barco. Pedro, vestido con una levita marrón y sombrero de copa, parecía más un viajero cualquiera preocupado por el bienestar de su mujer y por la suerte de su equipaje que un ex emperador. Amelia estaba hecha un mar de lágrimas. Todos se apiadaban de la ex emperatriz, que ante el desmoronamiento de sus sueños, se mostraba mucho más afectada que su marido. No tenía consuelo y de poco servía que Pedro le dijese que iba a volver a ver a su madre pronto. Estuvieron tres días en el *Warspite*, fondeado en la bahía de Río. Fueron tres días agotadores, en los que tuvo que organizar los mil detalles de su partida, incluido el inventario de su patrimonio: hacía listas de sus bienes muebles e inmuebles, los cuadros de todos los palacios, sus libros y mapas, las colecciones de minerales, contaba los caballos de sus cuadras, los carruajes —ingleses, alemanes, franceses, portugueses, algunos ostentosos, otros sencillos—, la plata, las vajillas. Preocupado en asegurar su independencia material ante el incierto futuro que se le avecinaba, consiguió negociar la venta de parte de sus bienes con el nuevo gobierno. El resto lo trataba con corredores y comerciantes, no siempre honrados, que buscaban hacer negocio con las prisas de la partida. Del palacio mandó traer toda su biblioteca, la ropa de cama, veinticuatro toallas finas de mano, dieciocho pañuelos de hilo, doce almohadas de plumón: también se instalaron a bordo dos urinarios imperiales. Lo que no vendía, lo donaba: por ejemplo, la mantelería nueva para su hijo, la vieja para la misericordia. En un alarde de magnanimidad, perdonó deudas de casas y tierras a amigos, sirvientes y protegidos. Daba gran importancia a los asuntos de dinero, pero no era avaro en el sentido estricto de la palabra. *«No hablaría de dinero principalmente ahora* —escribió al nuevo gobierno— *si tuviese con qué aparecer en Europa decentemente.»* De lo que no hablaba era de sus planes para reconquistar la corona de Portugal y, quizá, convertirse en emperador de Iberia. Las últimas cartas del Chalaza hablaban del entusiasmo con el que los miembros del Club Central Hispano-Lusitano de Londres querían aclamarle emperador constitucional de la Península. Sabía que era un espejismo, pero a pesar de todo se aferraba a ello, ahora que había perdido sus otros tronos.

Al final, y por indicación del almirante británico, que temía un ataque de los nativistas contra el *Warspite,* Pedro y su familia tuvieron que mudarse a la fragata *HMS Volage,* que zarpó el 13 de abril a las seis de la mañana. Río de Janeiro desapareció poco a poco en la bruma, difuminándose en ella la silueta del palacio de San Cristóbal, la cúpula dorada de la capilla de Gloria, las fortalezas de Santa Cruz y San Juan, los morros coronados de palmeras, el Pan de Azúcar y el Corcovado, todo el decorado donde habían transcurrido los últimos veintitrés años de su vida. Ese día la prensa local publicó la carta que Pedro había escrito a sus amigos: *«Abandonar algo tan querido como mi patria, mis hijos o mis amigos es penoso hasta para el corazón más duro. Pero no puede haber gloria más alta que dejarlos para conservar el honor. Adiós mi patria, adiós mis amigos, adiós para siempre.»*

## 94

A medida que se alejaba de la costa de Brasil, sentía crecer la morriña, sobre todo después de pasar la línea ecuatorial, momento en que el tiempo empezó a cambiar y a hacerse más fresco. Se acabaron veintitrés años de calor constante. Tuvieron seis semanas de navegación tranquila, hasta que les alcanzó un temporal que aterrorizó a Amelia, pero que fascinó a Pedro tanto como el que vivió en el viaje de ida cuando era niño. Se lo contó pormenorizadamente a su hijo en una carta, una de las muchas que le mandaría durante los meses siguientes, y aunque eran cartas que sobrepasaban la capacidad de entendimiento del pequeño Pedro II, lo hacía para dejar constancia de sus actos y pensamientos. Pensaba que quizá más adelante su hijo las leería y aprendería a conocerle. Le contó cómo el barco empinaba la proa, se detenía en la cresta de la ola y luego, en una embestida veloz, se deslizaba pendiente abajo e hincaba el mascarón de proa como una estocada en el mar. Le habló del agua que se filtraba por los tambuchos y las ventanas del castillo de popa, de los gritos de un marinero que pedía ayuda para achicar las sentinas, del chirrido de los cabestrantes y las poleas y el crujir de la jarcia. Le contaba que esas penurias no eran nada comparadas con la alegría de volver a ver, dentro de poco, a su hermanita la duquesita de Goias, interna en el colegio del Sagrado Corazón de París.

La carta fue enviada desde Faial, en las Azores, donde, después de dos interminables días de temporal, recalaron sólo diez horas para reaprovisionarse. Once días más tarde, Pedro era recibido en Cherburgo por las autoridades locales, por el Chalaza, por un grupo de refugiados portugueses y por cinco mil hombres de la guardia nacional francesa que le rindieron un cálido homenaje. Fue aclamado como campeón de la libertad, dador de constituciones, un hombre que había sabido sacrificarse y dejar el trono antes que violar la Carta Magna. Aquí no era visto como un déspota, sino como un monarca liberal. Qué bueno era sentirse de nuevo respetado, comprendido, e incluso amado... Qué bien sentaba un poco de calor humano para luchar contra el frío del destierro. Aquella bienvenida fue un bálsamo para su corazón henchido de nostalgia. Su vida dejaba de parecer un final; de pronto era como un nuevo principio.

En la mansión que el gobierno municipal puso a su disposición, Pedro recibió a numerosos emigrantes portugueses que habían solicitado una audiencia con el padre de su reina. Escuchó historias terribles de la represión en Portugal, planes descabellados para reconquistar el país; aceptó ofertas de colaboración —hombres dispuestos a alistarse inmediatamente para ir a luchar— y prometió restaurar a su hija en el trono lo antes posible. Supo que Benjamin Constant, poco antes de morir, dejó escrito que su llegada daría a Europa un rostro nuevo, que sería el hombre de la libertad constitucional europea contra los gabinetes autocráticos, que estaba llamado a desempeñar un papel inmenso, *«el más bello que le haya sido ofrecido a un príncipe en memoria de hombre»*. Eran bonitas palabras que vinieron a confirmarle el sentimiento íntimo de que estaba cumpliendo con su destino, pero que también le exigían mucho. Su admirado Benjamin Constant le había puesto en la tesitura del héroe: sólo cabía triunfar... o morir. No tenía ninguna intención de dejarse la piel en el intento, así que todo empezaba por el dinero: ¿de dónde iba a sacar fondos para levantar un ejército e invadir Portugal?

El general portugués Saldanha, un hombre comprometido con la causa liberal y de impecable reputación, le puso sobre la pista:

—Un español puede ayudarnos. Se llama Mendizábal y es muy amigo mío. Un hombre idealista con los pies en la tierra, un liberal. Es banquero, un genio de las finanzas. Se ha arruinado dos veces y también dos veces ha rehecho su fortuna. Es el mayor exportador de vinos españoles a Gran Bretaña. Al igual que yo, está convencido de que liberar Portugal es el primer paso para liberar el resto de la Península.

—¿Podéis ponerme en contacto con él?

—Vive en Londres... ¿Sabéis, majestad? Ahora más que

nunca sigue siendo deseo de los liberales españoles haceros rey de España.

Pedro no contestó, pero le gustó oír aquello. Decidió efectuar un viaje rápido a la capital de Gran Bretaña. Simpatizó mucho con el exiliado español Juan Álvarez y Mendizábal. Oriundo de Cádiz, Mendizábal era un hombre alto, de porte distinguido y una delgadez extrema, con una nariz aguileña que le confería un aire de viejo hidalgo. Había cambiado su apellido original, Méndez, porque decía que era de origen judío y en círculos financieros españoles carecía del prestigio de un apellido vasco. Liberal redomado, a la edad de treinta años había entregado su primera fortuna a la causa de la revolución liberal de Cádiz, en 1820. Después de la intervención francesa en España de los Cien Mil Hijos de San Luis, tuvo que exiliarse a Londres, donde rehízo su fortuna y continuó ofreciendo su talento financiero a la causa de la libertad en la Península. Para Mendizábal era urgente derrocar a Miguel, porque ese rey chapado a la antigua estaba resucitando un fanatismo cerril en la Península, el mismo del que se había nutrido la Inquisición y el que había desembocado en la persecución de los judíos y en la paralización del progreso en Portugal y España. Pedro y el español se necesitaban el uno al otro y el resultado de aquel primer encuentro se materializó unos días más tarde, cuando firmaron un acuerdo por el cual Mendizábal se comprometía a conseguir una línea de crédito de dos millones de libras a nombre de la reina María II. Luego, aprovechando el ofrecimiento que le hizo el rey de Francia, Luis Felipe, de alojarle gratuitamente en el castillo de Meudon, Pedro decidió irse a París, donde seguiría intentando recaudar fondos, conseguir apoyos, barcos, armas, soldados. «Me voy porque Londres es muy caro», le dijo a Mendizábal.

La razón más importante era que allí vivía su ojito derecho, la duquesita de Goias, y además hablaba bien francés —no así el inglés— y, puestos a exiliarse, se sentía más cómodo en un país latino. Su estado de ánimo oscilaba entre la angustia de encontrarse lejos de su tierra y de sus hijos y la satisfacción que le producía vivir por primera vez como un hombre cualquiera, como un burgués. *«Voy a vender mi plata y mis joyas para hacer un fondo y poder vivir de camisa blanca y engomada, sin deber nada a nadie»,* escribió a su hijo. Se evadía en sus recuerdos de Brasil cuando se sentía aplastado por la inmensidad del desafío al que había decidido enfrentarse. Añoraba sus caballos, el olor de la tierra tropical después del aguacero, los atardeceres rojizos, las sonrisas de la gente, y sobre todo a sus hijos, hasta los que no conocía ni conocería jamás. Le pesaba sobre la conciencia no haber reconocido a la última hija que tuvo con Domitila, y que nació unos meses después de haberse marchado a São Paulo. No lo había hecho por deferencia hacia Amelia, pero no por ello olvidaba a la pequeña. Antes de abandonar Londres, pidió a su amigo el marqués de Resende que escribiese a Domitila, en su nombre, para decirle que su precipitada salida de Río no le había permitido comunicarle sus intenciones a propósito de la pequeña María Isabel, pero le anunciaba que la había nombrado condesa de Iguazú y que quería que viniese a Europa, al igual que su hermana, la duquesa de Goias, para ser educada *«con aquel cuidado de decencia que exige su categoría».* Domitila contestó cinco meses más tarde diciendo que *«antes de dar esa prueba de amor paternal, ya tenía el proyecto de acompañar a mi hija a París a fin de darle la educación que se merece».*


95


*«El emperador don Pedro ha llegado hoy a París, ha cenado con el rey y ha asistido al concierto que ha tenido lugar en el Palais Royal».* Así empezaba la crónica del periódico *Le Moniteur* del 27 de julio de 1831. Lo que no contó aquel periódico es que antes de la cena con el rey, lo primero que hizo Pedro al llegar a París fue presentarse en el n.º 41 de la rue de Varennes, sede del colegio del Sagrado Corazón, para abrazar a la pequeña bastarda de su alma. ¡Cómo había cambiado en dos años la duquesita de Goias! Era clavada a su madre: tenía las mismas facciones, la misma gracia, el mismo encanto. No se cansaba de contemplarla. La pequeña había adquirido otros gestos, nuevas maneras; era una transformación prodigiosa. Tanto que había

olvidado el portugués, de modo que hablaron en francés mientras paseaban por el bulevar de los Inválidos bajo una lluvia fina que empapaba los tilos y los castaños. Pedro le contó lo mejor que pudo los acontecimientos que le habían llevado a abdicar y le habló de su hermana, la condesa de Iguazú, que pronto iría a estudiar allí. También le anunció la llegada de otro hermanito. Amelia, al fin, se había quedado embarazada. «Se lo debemos a las aguas de Minas Gerais», le dijo muy convencido. Ahora empezaba para todos una nueva vida, se verían a menudo. Los fines de semana y las vacaciones la niña iría al castillo de Meudon a jugar con su hermana, la reina María: «Ya verás, te gustará mucho.»

Con sus balcones y balaustradas de hierro forjado sostenidas por cariátides, sus altos ventanales y su imponente escalinata de entrada, el castillo de Meudon era tan espectacular como la vista que sus terrazas ofrecían de la ciudad, con los tejados de pizarra de los edificios de París brillando a lo lejos, dominados por la cúpula de los Inválidos y las torres de Nôtre-Dame. Pedro tomó posesión de su nueva morada distribuyendo él mismo los respectivos aposentos a la veintena de miembros de su comitiva. Visitó la biblioteca, la sala de billar, los salones decorados con lienzos enormes y tapices medievales... Era ciertamente un lugar muy apropiado para una monarquía en el exilio. Pero caro. Aunque no pagaría alquiler, Pedro había declarado que no quería ser una carga para Francia y que asumiría el coste de los gastos de mantenimiento, incluidas las cuadras con veinticinco caballos y seis carruajes. Ahora se preguntaba durante cuánto tiempo podría asumir ese coste...

Los meses que pasaron en Meudon fueron un paréntesis de felicidad en medio de aquel extraño destierro. Amelia estaba contenta con su maternidad que tanto le había costado y, sabiendo el enorme afecto que su marido sentía por la duquesita de Goais, acogió a la pequeña sin atisbo de resentimiento y con todo el cariño que una futura madre era capaz de dar. También olvidó las suspicacias que el marqués de Barbacena le había instilado y se reconcilió con el Chalaza, que atendía tan devotamente a su marido y que se mostraba muy solícito con ella. La alegría de Amelia con su nuevo estado y su nueva vida se contagió a todos los demás. Todo era nuevo en París, todo les interesaba en aquel mundo lleno de novedades, en plena Revolución industrial. La oferta de espectáculos era tan variada que no daban abasto a verlo todo. Para un adicto a la música como Pedro, el Teatro Italiano era el templo de su devoción. Cuando conoció allí a Rossini, le embargó una emoción indecible. Desde sus días de juventud, era un seguidor entusiasta de las obras del compositor italiano. Éste se sintió tan honrado de conocer al ex emperador que se ofreció a examinar sus composiciones musicales y a tocar una de ellas en el teatro. Hubiera sido una gran noche para Pedro de no haber sido porque parte del público abandonó la sala antes del final y un crítico publicó al día siguiente: *«El señor emperador debería centrarse más en expulsar a su sanguinario hermano de Portugal que en echar de los teatros a pacíficos amantes de la música.»*

No era fácil expulsar a su sanguinario hermano. La expedición exigía una cara y cuidadosa preparación. Pedro jugaba con una ventaja, la de disponer de los mejores oficiales militares, que en su mayoría eran liberales y detestaban la tiranía caprichosa de Miguel. En el mes de agosto llegó la buena noticia de que el conde de Vila Flor, al mando de la tropa constitucionalista acuartelada en la isla de Terceira, había vencido la resistencia en las demás islas de las Azores. Ahora todo el archipiélago estaba en manos de Pedro y los suyos. Con el reclutamiento de los prisioneros capturados, el ejército liberal contaba de pronto con unos ocho mil hombres. Era diez veces menos de los que disponía su hermano en la Península. Allí contaba con ochenta mil reclutas, en su mayoría campesinos analfabetos y devotos dispuestos a morir por su rey católico. La única manera de paliar ese desequilibrio era emplear fuerzas mercenarias..., pero para ello necesitaba dinero. También era preciso disponer de una flota para el transporte de tropas a la Península.

El castillo de Meudon se convirtió en el centro neurálgico de aquella campaña de guerra que iba a transformar Portugal en un campo de batalla donde se enfrentarían a muerte dos hermanos, dos ideologías. La lucha entre Pedro y Miguel empezaba a despertar el interés de toda Europa. Meudon era un desfile continuo de personalidades de todas las nacionalidades, de ministros y senadores franceses, de refugiados portugueses y españoles, de embajadores, militares, aventureros de toda índole que ofrecían sus servicios. Liberales de otros países y no sólo portugueses se apuntaban como reclutas. El Chalaza y el marqués de Resende trabajaban a destajo para atender la correspondencia y organizar la apretada agenda de Pedro. Éste intentaba abrir todas las puertas, apelando a la solidaridad de las grandes fortunas, los Poulain, los Lafitte, los Rougemont. A todos les explicaba la urgencia de la intervención, pero recibía pocas respuestas concretas, de modo que se tragaba el orgullo e insistía de nuevo. Consiguió abrir una línea de crédito de doce mil libras en el banco Rothschild a nombre del Consejo de Regencia en las Azores, pero al final el banco se negó a pagarla. Así iba, de humillación en humillación y con el humor cada vez más sombrío. El único que parecía inalterable al desaliento era Mendizábal, que aseguraba que pronto conseguiría dinero.

Pedro estaba entre la espada y la pared, cosechando negativas por un lado y presionado por los portugueses en el exilio para acelerar el ritmo de los preparativos, por otro. Coordinar una operación de semejante envergadura era complicado. El duque de Palmela, que ahora ejercía de jefe del Consejo de Regencia, llegó de las Azores para intentar convencer a Pedro de la necesidad de adelantar la invasión antes de la llegada del invierno. Pedro, que parecía más un monarca en ejercicio que un emperador destronado, le respondió que otros oficiales no juzgaban posible tenerlo todo listo antes de la próxima primavera. No sólo no podía adelantar el ataque, sino que habría que retrasarlo por lo menos seis meses.

—Eso va a causar una gran decepción entre los refugiados... Cuanto más tardemos en intervenir, más expuestos a represalias estarán los parientes que se han quedado en Portugal.

—Sé que tienen prisa por recuperar su patria, pero no podemos precipitarnos.

Faltaban muchos cabos por atar. El problema era saber cuándo estarían realmente listos, le dijo Palmela. No podían pretender levantar una tropa de otros ochenta mil hombres para igualar el ejército de Miguel. Tendrían que asumir que iba a ser una lucha en flagrante desigualdad de condiciones. En algún momento tendrían que decidirse a atacar con los medios obtenidos hasta ese momento. «Lo mejor es enemigo de lo bueno», le dijo para reforzar su argumentación. Pero Pedro prefería escuchar los consejos de los que optaban por posponer el ataque. Aparte de las razones de estrategia militar, había una razón muy personal. No quería irse antes de que Amelia diese a luz. Le venía a la mente el recuerdo de cuando Leopoldina parió, de pie en un pasillo del palacio de San Cristóbal, mientras la abrazaba. No, ni la impaciencia de la tropa ni la prisa de los portugueses por dar la batalla le harían abandonar a su mujer en aquel momento. Pero eso no se lo podía decir a Palmela.


## 96

«*Vive Don Pedro!*», le gritaban los parisinos cuando espoleaba su caballo, al término de unas maniobras militares en Vincennes en presencia del rey de Francia, y se acercaba a la multitud para explicarles su lucha por la libertad de Portugal. Sensible a la opinión pública tan favorable hacia su huésped de Brasil, el rey Luis Felipe le puso a su disposición los puertos de Quiberon, de la isla de Ré y de Belle-Isle para centralizar el armamento y el equipamiento de la flota y para embarcar las hipotéticas tropas. Sin embargo, no podía ofrecer ayuda financiera o militar directa. Francia, al igual que Gran Bretaña, deseaba mantener una apariencia de neutralidad en el conflicto portugués. Por muy amigos que fuesen, por muchas partidas de billar que jugasen, la razón de Estado era la razón de Estado.

Tal y como predijo Palmela, retrasar la expedición irritó a los portugueses en el exilio, que achacaron la actitud vacilante de Pedro a que ya no era portugués, sino un brasileño sin el coraje necesario para luchar por su patria de origen. Empezaron a circular libelos contra el ex emperador. No dejaba de ser irónico que en Brasil lo tildasen de portugués y ahora los portugueses lo tildaban de brasileño. Pero lo cierto es que el hecho de no conseguir el apoyo decisivo y material de los gobiernos británico y francés había supuesto un escollo importante para organizar la expedición. A esto se unía la penuria financiera del propio Pedro. Ya no podía seguir manteniendo los gastos del castillo de Meudon, de modo que optó por mudarse a un piso de alquiler en el centro de París, en el número 10 de la rue de Courcelles. Vivir en el centro tenía la ventaja de que la pequeña duquesa de Goias no necesitaría seguir interna en el colegio y podría mudarse con ellos. Sentía una extraña necesidad de estar en contacto con los suyos de manera más estrecha y cercana que antes, como si no hubiese asimilado aquel alejamiento forzado de su familia que el destino le había impuesto. O quizá por miedo a lo que se avecinaba.

A medida que pasaban los meses bajo el cielo plomizo de París y se iba despejando el camino hacia la invasión —Mendizábal por fin consiguió dinero para comprar barcos y armamento—, Pedro fue presa de una gran melancolía. Daba largos paseos y entraba en las tiendas como un simple ciudadano, bien para comprar algún juguete para sus hijas o algún regalo para enviar a Río, bien con la esperanza loca de toparse con algún brasileño que estuviera de paso en la ciudad. Así se encontró con varios aristócratas conocidos, como el barón de Santo Angelo, que había ido a París a estudiar pintura con Debret.

Añoraba tanto Brasil que hasta le dolía el cuerpo. En noviembre vio la nieve por primera vez, y si sus hijas jugaban excitadas con aquella novedad, él sintió con más fuerza que nunca el desgarro de la nostalgia. Los que le criticaban parecían olvidar que él no se había hecho brasileño por ambición política, sino por los múltiples vínculos que le unían a esa tierra, por lazos afectivos con todo tipo de gente de aquella sociedad colonial, desde simples esclavos hasta poderosos terratenientes, por una avalancha de recuerdos y un pasado lleno de grandes momentos. Y de grandes mujeres también. ¿Cómo olvidarlas? Allí había vivido durante más de dos décadas las etapas clave de su vida: la infancia, la adolescencia y la juventud; había protagonizado la gran aventura de la independencia, sus hijos habían nacido allí, uno de ellos heredaría el trono... Abdicar no significaba que automáticamente podía borrar todos los recuerdos de su memoria, ni que pudiera sentirse un portugués peninsular más de la noche a la mañana. Brasil estaba presente en su mente cada segundo del día, como una obsesión de la que era imposible librarse. ¿Qué sentido tenía vivir lejos de todo lo que su corazón anhelaba? Era como vivir apartado de su alma. En aquellos días aciagos, le pidió al Chalaza un pequeño favor:

—¿Te acuerdas de Noémie Thierry?

—¡Cómo no me voy a acordar!

—¿No era de París?

—Sí, de París.

—Con todos esos contactos tan formidables que tienes... ¿no podrías intentar localizarla?

El Chalaza se lo quedó mirando, como si aquel requerimiento fuese un acto de locura. ¿Para qué querría ver ahora a aquella chica que sería una mujerona gastada por los años? ¿No estaba enamoradísimo de Amelia? ¿Cómo podía perder el tiempo en esas zafiedades cuando debía concentrarse en la batalla de su vida? Pero el Chalaza era un buen amigo, un fiel escudero que obedecía a todo deseo que pudiera producir placer a su amo, dueño y señor.

Tan presente estaba Brasil en la mente de Pedro que, nada más ponerse Amelia de parto, convocó a su casa al embajador de Brasil para que fuese testigo del corte del cordón umbilical. Nació una niña que decidieron llamar Maria Amelia. «Ha nacido en París, pero es brasileña porque fue concebida antes de mi abdicación», recalcó Pedro. Quería que el embajador certificase que era una ciudadana brasileña miembro de la familia imperial. Y así lo hizo.

La alegría del nacimiento duró poco, sólo hasta el día siguiente, sexto cumpleaños del pequeño Pedro II, el niño emperador, acontecimiento que su padre celebró con un banquete en su casa. A la hora del brindis por la salud del emperador y de todas las princesas que se habían quedado en Río, Pedro se sintió indispuesto, se levantó de su sitio y corrió a su habitación. Pensó en un ataque epiléptico, provocado por el recuerdo de los hijos y la fatiga de los últimos tiempos. Sin embargo, esta vez era distinto. Durante dos días estuvo retorciéndose en su cama, ante la mirada asustada de su mujer y de sus hijas que no sabían cómo aliviarle el dolor. El médico le diagnosticó cálculos renales y le recetó paciencia. Recibió encamado la visita de Luis Felipe y su familia, pero tardó varios días en encontrarse mejor y poder levantarse.

Seguía convaleciente cuando una mañana, sentado en su despacho, escuchó la voz del Chalaza: «Tenéis visita, don Pedro.» Se abrió la puerta y vio entrar una mujer joven, bien vestida con un toque bohemio, de una belleza que le llegó al alma. Era Noémie Thierry. Pedro se quedó de piedra, boquiabierto, como si se le hubiera aparecido la Virgen en lugar de su antiguo amor. Pero ¿era ella realmente? Sí, reconocía los mismos ojos, la misma forma de cara, el mismo garbo seductor y el mismo tono de voz aterciopelado que le decía: *«Bonjour monsieur l'empereur»* mientras apretaba en sus manos su bolsito de terciopelo granate. Pedro creyó que se había vuelto loco, no podía ser cierto. Abrió y cerró los ojos repetidas veces.

—¿Noémie?

—Sí, soy yo.

—¿Noémie Thierry?

—Sí, bueno..., ése es el nombre de mi madre. Yo soy Noémie Breton...

Estaba frente a su hija.

—Dios mío, eres el vivo retrato de tu madre.

—Sí, eso dicen todos los que la conocieron.

No sólo había heredado la belleza de su madre, sino también el talento. El Chalaza la había localizado fácilmente porque la joven era actriz de reparto en una obra de Alejandro Dumas que se representaba en un pequeño teatro. Así fue como Pedro se enteró de que Noémie, su Noémie, había muerto de tuberculosis unos años atrás. La familia que la había acogido en Pernambuco y que la había atendido por indicación del rey hasta que tuvo a su hijo la casó después con un oficial portugués, pero aquel matrimonio había sido un rotundo fracaso. Después de malvivir en Recife durante varios meses, había conseguido enamorar a un marinero francés que la embarcó en un carguero rumbo a Francia. Nada más llegar a Nantes, abandonó al marinero y se marchó a París, donde pudo introducirse en la farándula del teatro, la auténtica familia de los cómicos. Meses después conoció al padre de la muchacha que ahora tenía enfrente, pero no se casó con él.

—¿Su madre le habló de mí?

—Sí, claro. Lo sé todo. Los paseos por el Corcovar..., ¿así se llama la montaña esa?

Pedro le corrigió:

—Corcovado.

—Ah, es cierto. Y el Pan de Azúcar, qué gracioso nombre...

Pedro sonrió. La chica prosiguió:

—Me habló de aquel general holandés que vivía solo en la montaña, de las funciones del Teatro Real donde se derretían de calor, de su madre que se opuso al matrimonio... Mire, he traído esto.

La joven sacó de su bolso un pañuelo de lino con el anagrama de los Braganza bordado en hilo de oro.

—Este pañuelo se lo dio su madre, la reina, a la mía...

En efecto, era el pañuelo que Carlota Joaquina había entregado a Noémie para que se secara las lágrimas el día en que había ido a visitarla a la choza del Corcovado para pedirle que se olvidase de su hijo. Pedro lo tomó en sus manos y lo miró como si fuese un objeto animado con vida propia. Cuánto dolor contenía ese trocito de tela... Al tocarlo, le daba la impresión de que acariciaba a Noémie. Siempre había sido un sentimental y con la edad no cambiaba, al contrario. La voz de la chica le interrumpió el ensimismamiento:

—... Yo no me cansaba de pedirle que me contase historias de su vida allá; me parecía todo tan exótico —dijo riéndose con una sonora carcajada de cristal.

Pedro estaba maravillado por el desparpajo de aquella chica, aquella réplica de su primer amor. Algo tenían las francesas que le resultaban irresistibles. En otro momento, hubiera intentado seducirla, aunque sólo fuese para sentir de nuevo el calor del fuego que le abrasó en sus años mozos, para volver a oler aquella piel dulce, a tocar aquellos pechos tibios que poblaron sus mejores sueños de adolescente... Pero no. Ahora no tenía agallas para intentarlo. Además ya no estaba seguro de que lo consiguiera. Es más, le daba miedo porque podría enloquecer de amor. Otra vez. ¿No dicen que el hombre es el único animal que tropieza dos veces en la misma piedra?

—Se preguntará usted por qué la he convocado... —dijo Pedro con una voz neutra que intentaba mitigar la emoción que le arrebataba— o, mejor dicho, por qué he intentado retomar el contacto con su madre...

—Pues sí, la verdad. Me imagino que es por el recuerdo.

—Sí, es por el recuerdo, claro. El mejor de los recuerdos...

Pedro parecía dubitativo, buscaba las palabras.

—...Pero quería decirle a ella..., bueno, decirte...

Se quedó callado, sin saber si debía continuar.

—¿Sí...? —insistió ella.

Pedro tosió. Siguió vacilando hasta que decidió soltarlo:

—No sé si sabes que tu madre tuvo un hijo mío que nació muerto.

La joven mudó de expresión y se puso seria. La mezcla de elegancia y rudeza de su interlocutor la despistaba:

—Eso no me lo había contado —dijo con un aire de gravedad que la hacía parecer aún más bella.

—Sí, e hice traer su cadáver embalsamado y colocado en un féretro al palacio donde vivía en Río.

Hubo un largo silencio. Pedro continuó:

—Un medio hermano tuyo.

La chica le miraba con ojos muy abiertos. No había esperado oír algo así, y le costaba disimular la conmoción.

—Lo he tenido en mi despacho todos estos años. Con las prisas de mi partida, el féretro se ha quedado allí. Acabo de recibir una nota de la Asamblea Nacional... Quieren saber qué hacer con él. Por eso quería ver a tu madre, para darle sepultura aquí en París después de tantos años... Si hubiera estado viva, claro.

Miró a la chica con ternura, antes de añadir, ya para terminar:

—Les diré que lo entierren en el convento de Ajuda.

¿Era la inminencia de la gran batalla que estaba por librar lo que le hacía refugiarse en el pasado? ¿Eran las ganas de saldar sus deudas con los que habían sufrido por su culpa? ¿O era el presentimiento difuso de la muerte? ¿O quizá simple miedo? Antes de concluir la entrevista, Pedro pidió si podía quedarse con el pañuelo. Noémie alzó los hombros, como diciendo que si ésa era su voluntad, se lo podía quedar.

—Espérame aquí un instante —le dijo.

La dejó sola. Ella manoseaba nerviosamente su bolsito entre sus dedos finos y largos, mientras miraba por la ventana. Los copos de nieve, densos e irreales, caían sobre los plátanos del patio y los tejados de pizarra. Pedro volvió poco después. Traía un obsequio envuelto en un saquito de terciopelo negro que había ido a buscar a su caja fuerte y se lo entregó. La joven lo abrió con cuidado y vio refulgir un brillante en su interior. Escuchó la voz de Pedro:

—Es un recuerdo de mi país. No se lo pude dar a tu madre, por eso te lo doy a ti.

—No..., no puedo aceptarlo —balbuceó la joven devolviéndole el presente.

Pedro hizo un gesto con la mano para que lo guardase.

—Es un intercambio. Yo me quedo con el pañuelo, tú con la piedra.

Le señaló la puerta y mientras ella se levantaba, decía:

—Pero esto... tiene mucho valor, no puedo...

Pedro la acompañó y le besó la mano al despedirse:

—Tenemos que guardar este secreto, no vayan a pensar que desvío recursos de la campaña... ¿Me lo prometes?

Noémie, soliviantada, asintió con la cabeza, esbozó una sonrisa de agradecimiento y desapareció escalera abajo.


## 97

Al regresar de misa justo enfrente de su casa, en la iglesia de St. Philippe du Roule, se encontró Pedro con el almirante Sartorius, que estaba esperándole. Era un veterano británico que había sido elegido para dirigir las fuerzas navales de su hija. Llegaba de la pequeña isla de Belle-Isle, donde estaba reunida la flotilla armada. La aportación de Mendizábal había sido decisiva para dar un empujón definitivo y acelerar los preparativos —le dijo—. El dinero lo había hecho todo más fácil.

—La expedición contra don Miguel ha dejado de ser un proyecto, ahora es una realidad. Sólo falta que le pongáis fecha.

Pedro pidió unos días más antes de poder contestar. No compartía el entusiasmo de Sartorius ni el de los exiliados portugueses, que le jaleaban porque pensaban que su simple aparición al frente de una tropa liberal bien disciplinada bastaría para que las fuerzas miguelistas depusiesen las armas. Pedro no lo veía nada claro; conocía a su hermano y sabía lo correosos que eran los absolutistas. No, aquella campaña no sería un paseo fácil.

Esa gran batalla que se avecinaba, que era como un exilio dentro de otro gran exilio, añadida a la dureza del invierno parisino, contribuía a acrecentar su melancolía, y ésta, al deterioro de su salud. La fatiga acumulada le llevaba a olvidarse del resto del mundo, de las dificultades de la campaña que estaba a punto de empezar, de la llamada de la gloria y la aventura... En aquellos días previos al último gran viaje de su vida, sólo quería una cosa: contemplar a su recién nacida. Permanecía largos ratos inclinado sobre la cuna, espiando un atisbo de sonrisa, descifrando en su carita algún parecido con él, con su madre, con el abuelo Juan o la abuela Carlota... Luego la cogía en brazos y la cubría de besos.

Fue Amelia quien le sacó de aquel estado de languidez.

—No puedes dejarte llevar por los vaivenes de tu corazón —le dijo—. Tus hijos están bien, nosotras estamos bien... Tus hombres van a pensar que prefieres la quietud de la vida de familia a los riesgos de una campaña política.

—Si piensan eso, estarán en lo cierto —le dijo esbozando una sonrisa cansada—. A veces me pregunto si he tenido razón en dejarme involucrar en este engranaje... ¿Sabes cómo me llama el caricaturista de ese periódico miguelista que circula entre los emigrados? Don Perdu...

—No dejes que eso te afecte; de peores ataques has sido blanco. Lo importante es que los pueblos de Europa esperan mucho de ti... No les puedes defraudar.

Fue ella quien le sacó de aquel entumecimiento mental. No podía dejar que su marido se desmoronase en víspera de una prueba tan dura. Aunque, en el fondo, lo entendía... ¿A quién le apetece ir a luchar contra su propio hermano? ¿Compartir la vida de la tropa, pelear por un país que ya no sentía como suyo? Comprendía perfectamente la falta de arrojo de su marido. También ella se resignaba, espartana, a no tenerlo cerca durante largos meses. Quizá a perderlo para siempre... Pero no había otra salida. No tenía sentido luchar contra las fuerzas poderosas que el propio Pedro había contribuido a desencadenar.

—Sí, Amelia, no hay otra salida, tienes razón.

En el fondo, a Pedro le costaba creer en la victoria por la desigualdad tan enorme de fuerzas. No se dejaba embaucar por los cantos de sirena de sus oficiales ni de los refugiados portugueses. Sin embargo, la suerte estaba echada. ¿Se imaginaba volviéndose atrás? Imposible. ¿Qué sería de su honor? Ya era tarde para quedarse fuera del meollo y esperar, cómodamente instalado en su piso de París, los comunicados del ejército en guerra contra su hermano. Podría haber delegado en nombre de su hija y seguir disfrutando de ese exilio que ahora se le antojaba dorado, pero no lo había hecho porque aquel comportamiento no iba con él. El confort burgués era tentador, pero no había nacido para ello. Ahora se daba cuenta de que, más que gloria, lo que ansiaba era redimirse de tantos errores cometidos, de tantas flaquezas y vilezas morales con las que había salpicado a los seres cercanos, hasta a los más queridos. Eso sólo se conseguía con el desapego hacia la vida y el don total de sí mismo. Y al final del camino, si había suerte, la gloria, y si no, la muerte. Su mujer estaba en lo cierto: no tenía otra salida.

A partir del momento en que lo vio claro, sus dolencias y achaques desaparecieron, o quizá prefirió olvidarlos. Consciente de que debía prepararse para una vida nueva, se dedicó a leer libros de táctica de guerra, a escudriñar mapas militares, a practicar en el campo de tiro y a participar en maniobras militares con el rey de Francia. Hasta que llegó Mendizábal, para decirle que todo estaba listo.

Antes de partir, redactó un testamento. Estuvo rebuscando en su memoria para no olvidar a ninguno de sus hijos, legítimos e ilegítimos, incluido el que tuvo con la modista Clémence Saisset, y el pequeño Rodrigo con la hermana de Domitila. A todos les dejó algo. Tenía treinta y tres años y el retrato para el que posó esos días lo mostraba con uniforme de general portugués llevando la Gran Cruz de la Legión de Honor, el pelo ondulado, las eternas patillas y una perilla, aunque también estaba más grueso e hinchado, sin ese aire juvenil que le había caracterizado.

La mañana del 25 de enero de 1832, un nutrido grupo de seguidores acompañados de algunos ministros y diputados franceses acudieron a la rue de Courcelles para un desayuno de despedida. Se congregaron más de doscientas personas, que Pedro tuvo que abandonar a las 7.45, cuando le dijeron que el carruaje estaba listo. Abrazó a su mujer y luego a su hija mayor. La pequeña Maria da Gloria se conmovió al ver a su padre, vestido con aquel uniforme rutilante, inclinarse ante ella y tomarle la mano:

—Señora, he aquí un general portugués que va a ir a defender vuestros derechos para devolveros vuestra corona.

La pequeña se abalanzó sobre él, que la apretó fuerte y largamente contra su cuerpo.

98

De París a Nantes, donde le esperaba Mendizábal. De Nantes a Belle-Isle, punto de encuentro de los voluntarios que se habían alistado. De Belle-Isle a las Azores, donde esperaba el grueso de la tropa y la flota. Bajo un cielo azul intenso, Pedro descubrió un paisaje familiar de campos verdes sembrados de olivos y naranjos y de casas blancas. Portugal en medio del Atlántico. Las montañas abruptas de aquella isla, con senderos tan estrechos que sólo se podían recorrer en burro, se alzaban al cielo. Mientras el barco fondeaba en la bahía de Ponta Delgada y los soldados, ruidosos y excitados, se peleaban por un lugar en cubierta, Pedro no perdía el tiempo: verificaba el estado de las pistolas y las espadas. Poco quedaba ya del burgués parisino: se estaba transformando en un jefe militar dispuesto a compartir con sus hombres los peligros de la guerra. Fiel a sí mismo, quería controlarlo todo, minimizar el riesgo, no dejar nada a la improvisación. La multitud que esperaba en el muelle formaba parte del campamento militar y estaba compuesta de una mezcla heteróclita de hombres: liberales fanáticos, estudiantes idealistas recién salidos de la universidad de Coimbra, escritores y poetas buscando palabras para plasmar la grandeza de aquella gesta heroica que les tocaba vivir, veteranos de las campañas peninsulares contra Napoleón, voluntarios de todos los rincones de Europa, desde *clochards* parisinos hasta hojalateros en paro, malabaristas o veterinarios, soñadores, aventureros reclutados en las calles de Londres y París y auténticas ruinas humanas que se habían alistado únicamente para poder comer. Sí, ése era su ejército, que desbordaba entusiasmo y ganas de luchar.

Empeñado en que no se le escapase el más mínimo detalle de la expedición, se metía en todo: echaba una mano a los mecánicos del arsenal, supervisaba el calafateado de los buques, observaba el montaje de las piezas de artillería y escribía notas e informes apoyando el papel sobre su rodilla. El almirante inglés confesó no haber visto nunca a un hombre tan activo. De noche, encontraba tiempo para escribir a su hijo, lo que le servía para ordenar sus ideas: «...*Es muy necesario que te hagas digno de la nación sobre la que imperas, porque el tiempo en que se respetaba a los príncipes por ser únicamente príncipes se acabó; en el siglo en que estamos, ahora que los pueblos saben cuáles son sus derechos, es menester que los príncipes sepan que son hombres y no divinidades.*»

La mayoría de los mercenarios que Pedro se encargó de entrenar eran ingleses, aunque también había un pequeño contingente de franceses, españoles, holandeses y polacos. Como era de esperar, la presencia de los ingleses en las islas provocó varios escándalos de orden público porque después de sus horas de entrenamiento se dedicaban a la bebida con auténtico frenesí. Como los irlandeses en Río, recordaba Pedro. Borrachos, acababan llamando a las puertas de los conventos. «*Nos divertíamos mucho con las monjas*», escribió el capitán Charles Shaw, segundo en la cadena de mando del batallón británico. Contaba cómo participó en una banda que fue a tocar música a un convento. «*Acabamos bailando en el locutorio, lo que no se había visto nunca antes*», añadió. Según el inglés, las monjas eran feas, sucias y descuidadas, «y escupían abominablemente». Pero eran las únicas mujeres con auténticas ganas de diversión en aquellas islas. Su fama en este sentido venía de lejos, pues ya en el siglo XVIII, el conde de Ségur, de viaje hacia América, había informado sobre la ligereza de las monjas de las Azores, las mujeres más solas y aisladas del mundo. Pedro se tomó muy en serio la emancipación de las religiosas, y firmó un decreto para que los conventos abriesen sus puertas y les permitiesen volver con sus familias. Se tomó tan en serio la suerte de aquellas monjas, que no pudo resistir los encantos de la más bella, sor Ana Augusta Peregrino, una joven clarisa de veintitrés años (tres más que su mujer), sacristana del convento de la Esperanza, que le esperaba todas las noches con el corazón en un puño. Pedro llegaba de madrugada enfundado en una amplia capa y escondiendo su rostro bajo un sombrero de ala ancha. Solo, lejos de París y de Amelia, con la perspectiva de ir a una guerra en la que quizá perdería la vida, el monarca que creía que la castidad no era virtud que debiera cultivarse volvía a caer en sus viejas costumbres.

A principios de junio de 1832, la flota invasora estaba lista: unas cincuenta naves que incluían dos fragatas, dos bergantines, tres vapores, una corbeta, tres goletas, así como un buen número de embarcaciones pequeñas muy útiles a la hora de reconocer la costa. Pero sin caballos. Los barcos estaban numerados del uno al cien; esperaban que ese truco ingenuo confundiera al enemigo. El mal tiempo, sin embargo, obligó a posponer la partida hasta finales de mes. Por fin, el día 27, entre vítores de la multitud que agitaba pañuelos y cantaba himnos marciales, convencida de que la victoria estaba al alcance de la mano, la flota con sus siete mil quinientos hombres zarpó bajo un sol radiante. En la galera *Amelia*, que arbolaba la bandera azul y blanca del movimiento liberal, viajaban Pedro y sus generales. Sus espías les habían informado de que

Miguel había concentrado el grueso de sus fuerzas en los alrededores de Lisboa, unos veinticinco mil hombres a los que esperaba añadir otros cuarenta mil, más dos mil hombres a caballo, por lo que decidieron poner rumbo al norte e intentar entrar por Oporto, que les parecía el punto más vulnerable de toda la costa. Además esa ciudad había sido tradicionalmente un bastión liberal, desde que un rey medieval expulsase a los hidalgos que no ejercían una actividad lucrativa, de modo que la influencia de la clase burguesa de comerciantes y negociantes había predominado a lo largo de los siglos. Oporto albergaba más tiendas que Lisboa y sus librerías tenían mejor fama que las de la capital. Pedro estaba seguro de que muchos de sus habitantes se unirían a sus fuerzas y que podrían transformar la ciudad en centro de operaciones.

Desembarcaron en la playa de Pampelido, doce kilómetros al norte, sin encontrar resistencia, lo que les pareció sorprendente, dada la disparidad de fuerzas. Las columnas de soldados y la artillería avanzaron despacio hacia la ciudad, encaramada en la falda de una montaña sobre el Duero, dejándose guiar por la silueta de los torreones macizos de su catedral. Los soldados no entendían ese silencio que se les antojaba hostil, y los oficiales intercambiaban miradas de consternación. Era un paseo, más que una intervención militar. Todos iban recogiendo del borde de los caminos hortensias azules y blancas que prendían en los cañones de sus rifles y bayonetas. Niños harapientos corrían descalzos entre los soldados, y algunos pescadores y vendedores ambulantes se unieron al lento desfile. Montado en un penco flaco y huesudo, Pedro, portando un estandarte al frente de sus tropas, hizo su entrada por la calle Cedofeita, que conducía directamente al centro, flanqueada de casas señoriales de granito cerradas a cal y canto. Los ricos y los nobles tenían miedo; los que no habían huido estaban encerrados en sus casas. Los campesinos, la mayoría adeptos de Miguel, se habían ido hacia el norte. Algunos eran tan ignorantes que hablaban de doña Constitución, convencidos de que se trataba de una mujer de carne y hueso. Fanatizados por la influencia del clero, no querían celebrar la llegada de ese ejército, que para ellos no era más que un puñado de masones, heréticos, judíos y extranjeros.

Poco a poco y ante el ambiente festivo que tomaba aquella invasión, fue saliendo gente a la calle, simpatizantes liberales, largamente reprimidos, que recibieron a sus libertadores con gran efusión. En su mayoría eran empleados de comercios, cajeros, estudiantes, intelectuales, trabajadores de las bodegas y todos los que siempre estaban dispuestos a aclamar al vencedor, fuese quien fuese. La plaza Nueva se fue llenando de una multitud enfervorizada que gritaba vivas al rey Pedro IV de Portugal, título que había adquirido apenas ocho días después de la muerte de su padre. Mujeres vestidas de azul y blanco se agolpaban en los miradores y los balcones mientras los hombres, abajo, recibían a Pedro con una nutrida ovación. «¡Portugueses! —les dijo—. Ha llegado el tiempo de sacudir el yugo tiránico que os oprime.... ¡Ayudadme a salvar la patria que me vio nacer! Desde aquí os ofrezco paz, reconciliación y libertad...» Sus seguidores se lanzaron a ocupar los edificios oficiales. Abrieron las puertas de las cárceles, soltaron a los prisioneros políticos —comerciantes, profesionales, curas liberales y aristócratas disidentes—, y como signo de represalia contra el régimen absolutista colgaron en la plaza pública al único verdugo de la ciudad. Los monasterios fueron convertidos en cuarteles para alojar a los constitucionalistas, a pesar de la indignación de los curas. Palmela pensó que los generales miguelistas habían perdido la cabeza al haber abandonado la ciudad de esa manera. Sin embargo, a Pedro le costaba creer que el enemigo se hubiera retirado la noche anterior sin disparar un solo tiro.

Tenía razón. El enemigo estaba ejecutando un plan: rodear Oporto, sitiarlo y atacar de manera que nadie pudiese escapar. Estaban transformando la ciudad en una jaula para poder masacrar tranquilamente a las fieras atrapadas en su interior. Pedro recibió informes de que un importante contingente de tropas absolutistas estaba desplegándose a veinte kilómetros de la ciudad y tomaba posiciones en un círculo amplio en las colinas de los alrededores. Supo entonces que habían caído en una trampa.

## 99

¿Qué hacer? No habían venido hasta aquí para mantenerse a la defensiva. Para una tropa que se creía libertadora, permanecer quieta era desmoralizante. La opción de iniciar una marcha hacia el sur era imposible porque no tenían caballería y su artillería era para distancias cortas. Así que Pedro y su Estado Mayor decidieron sondear al enemigo allá donde estuviera en los alrededores, ir a su encuentro..., mirarle a la cara. Enviaron una fuerza de cuatrocientos soldados a Braga, hacia el norte, para proclamar en camino la causa de la reina. Y una columna de reconocimiento de un millar de hombres al este, hacia Peñafiel. Sin embargo, a la entrada del pueblo se toparon con una feroz resistencia. Los absolutistas lucharon para repeler el ataque con la colaboración de los vecinos, campesinos fornidos armados de palos, picos y azadones. La primera batalla que libraron pedristas y miguelistas fue una escabechina que costó la vida a doscientos absolutistas y a un centenar de liberales. Por otro lado, los que habían ido a Braga volvieron a Oporto después de haberse topado con el mismo tipo de resistencia popular. Ambas expediciones confirmaban que al Portugal profundo poco le importaba la llegada de la reina niña y sus partidarios.

Pedro estaba ofuscado. «¿Dónde estaba ese entusiasmo del pueblo hacia su reina constitucionalista del que tanto hablaban los exiliados portugueses en París?», se preguntaba. Aquellos refugiados tomaban sus deseos por realidades. El Portugal profundo era un país atrasado, empobrecido, embrutecido por la omnipotencia del clero, traumatizado por haber perdido la gran colonia de la que había vivido durante tantos siglos y, en consecuencia, resentido contra el responsable de aquel desastre, ese príncipe liberal y masón que había traicionado a la madre patria haciéndose brasileño. ¿Cómo le iban a aclamar ahora como un héroe si ni siquiera le consideraban jefe de la casa de Braganza, sino un aventurero a la cabeza de una panda de saqueadores? Apesadumbrado, Pedro descubría que la mayoría de la población no ansiaba la libertad; que, lejos de abrazar su causa, estaban dispuestos a combatirle con saña. Sólo les interesaba seguir en la senda de la tradición nacional, en la estela marcada por su madre, seguros en su fe, sin deseos de cuestionarse la vida. El precio de haber idealizado Portugal durante tantos años lo pagaba ahora con un rosario de decepciones. Hasta le costaba entenderles por el acento tan cerrado que tenían al hablar. Había similitudes con Brasil, pero Pedro sólo veía las enormes diferencias que dividían a ambos países, ambas culturas, ambos mundos.

Miguel, por su parte, delegaba las tareas del gobierno en el anciano conde de Bastos mientras seguía dándose la gran vida. La estancia de su hermano en las Azores no le había quitado el sueño. Conociéndole, pensaba que aquella aventura sería otra quijotada de Pedro, una fantochada de la que se arrepentiría. Estaba muy seguro de su poder, de su popularidad entre el grueso de la población campesina, de la apabullante diferencia de fuerzas a su favor, de que Dios estaba de su lado, y el desembarco de aquel ejército de pacotilla no le privó de seguir dedicándose a sus placeres habituales: navegar de cabotaje en su goleta pintada de color rojo, descansar en Queluz, cazar jabalíes en Samora, marcar novillos en las fincas del Alentejo y hasta bajar al ruedo y dar algunos pases. Vivía en su burbuja de privilegios, ajeno al peligro de la invasión y a la miseria de las calles, que era terrible. En todas las iglesias había una urna con una inscripción que rezaba: «Para los gastos del Estado.» Los oficiales del ejército entregaban parte de su sueldo al gobierno para evitar la ruina de la economía.

La diferencia de carácter de ambos hermanos fue fundamental en el resultado final de aquella contienda. Pedro no era un hombre que se dejara vencer fácilmente. Al contrario, se crecía ante la adversidad y sacaba lo mejor que tenía dentro. La tragedia le hacía olvidarse de sí mismo y le reafirmaba en su voluntad casi pueril de ser un héroe. Pedro tenía ansias de gloria; Miguel, de seguir disfrutando los placeres de la vida y de ser rey.

Para Pedro y sus hombres era crucial romper el cerco enemigo. Decidieron atacar en tres frentes a la vez. Dejaron en Oporto un destacamento simbólico de sólo doscientos soldados, y el resto partió disciplinadamente. Sabían que se jugaban el todo por el todo. Era ahora o nunca. Enfrente tenían a doce mil soldados, con buena caballería pero con una artillería muy pobre. Era un ejército mal organizado, mal entrenado y peor mandado por oficiales que tenían conflictos entre ellos y que no se podían comparar con los avezados cuadros ingleses, franceses y portugueses del ejército liberal. Sin embargo, era un ejército numeroso. Se avecinaba el combate crítico, el que decidiría la supervivencia de la revolución constitucionalista en Portugal.

La batalla duró todo el día, con repetidas avanzadas y retiradas. Haciendo caso omiso del peligro de los cañonazos y del fuego de los mosquetones, Pedro se dejó llevar por el ardor guerrero, espoleó su caballo y alcanzó un montículo para seguir de cerca, catalejo en mano, el curso de la lucha. Tanto en tiempos de paz como de guerra, necesitaba estar al mando, sentir que tenía el control de la situación. Era la primera gran batalla a la que asistía, y recordó al general Hogendorp, que tantas veces le había contado los secretos estratégicos de las batallas napoleónicas. También se acordó de su hermano: las peleas de niño, en las que utilizaban esclavos como soldados, ahora se habían transformado en combates con muertos de verdad. Pero antes no sentía náuseas como ahora. El olor de la sangre mezclado con el de la pólvora de los disparos que crepitaban a su alrededor le producía arcadas. Tan absorto estaba por la evolución de la pelea, cuyo resultado era impredecible a pesar del tiempo transcurrido, que no oyó a sus generales que le conminaban a desplazarse unos metros más atrás. Permaneció en el mismo lugar hasta el atardecer, cuando los absolutistas, hartos del estancamiento de la batalla, lanzaron un ataque concentrado sobre un regimiento. En ese momento, Pedro observó por su telescopio cómo uno de sus artilleros lanzaba dos ráfagas muy precisas que reventaron la columna enemiga y después vio a los miguelistas batirse en retirada, presas del pánico. Cuando intentó responder a los gritos de júbilo de sus soldados, a Pedro se le agarrotó la garganta. Estaba entre fascinado y paralizado ante la proximidad y la cercanía de la muerte de tantos hombres.

Dueño del campo de batalla, cruzó a caballo lentamente el prado de helechos pisoteados, humeante, sembrado de cadáveres. Entre heridos y muertos, había perdido cuatrocientos sesenta hombres. El enemigo, por su parte, quizá el doble. La guerra no había hecho más que empezar y la sangría era terrible. Uno de los soldados, un portugués alistado voluntariamente en París, le comentó que en el fragor de la batalla había reconocido a un pariente suyo en las filas enemigas. Ahora estaba rebuscando entre los muertos por si lo encontraba. La guerra entre hermanos era también una guerra entre familias, entre vecinos, entre antiguos amigos. Aquella victoria, al mostrarle la determinación en la lucha de las tropas de su hermano, le dejó un regusto amargo. Sin caballería, no podía darles alcance ni conquistar nuevas posiciones, siempre estarían en desventaja. ¿Valía la pena seguir? ¿No era mejor solicitar el arbitraje de las grandes potencias para solucionar este conflicto? Fue un momento de flaqueza que desapareció nada más regresar a Oporto, cuando sintió el calor de la gente que le prodigó un segundo recibimiento triunfal.

En el consejo de guerra que celebró con sus generales y ministros, todos coincidieron en que no podrían ganar la guerra sin caballería, de modo que Pedro decidió mandar a Palmela a Londres a comprar caballos, reclutar más mercenarios y, eventualmente, obtener ayuda concreta, material, del gobierno británico. Escribió también a Amelia para pedirle que vendiese diamantes y cuadros para obtener recursos. *«Sólo un milagro nos puede salvar»*, le decía, desvelando así el fondo de su pensamiento lúcido. Mientras esperaban el resultado de todas esas gestiones, Pedro y su Estado Mayor se emplearon a fondo en fortificar la ciudad.

El ex emperador no tenía reparos en unirse a los soldados que al amanecer cavaban trincheras, amontonaban piedras y sacos de arena para resguardarse, tallaban y clavaban estacas. Si Pedro veía que alguno hacía algo mal, le quitaba la azada de las manos y él mismo terminaba el trabajo, en cuclillas y remangado. Ahora podía aplicar lo que había aprendido en el taller de carpintería de San Cristóbal cuando era casi un niño. No era raro verle junto a los soldados empujando los cañones, bajo la lluvia o bajo el sol achicharrante de agosto. Solía cruzar el Duero para supervisar las obras de fortificación de un antiguo convento de carmelitas descalzas convertido en el bastión más avanzado de sus tropas. Una mañana, una campesina vestida de negro se le acercó:

—Por favor, señor, devuélvame a mi hijo..., es gallego como yo, no tiene por qué luchar en esta guerra.

—Qué quiere, buena mujer... —le contestó Pedro—. Yo también soy hijo de una española y sin embargo aquí estoy.

Y, en efecto, allí estaba, arrancando viñedos, ordenando cavar fosos, y asegurándose que los hacían bien profundos, que el estacado camuflaba las trampas, que el lugar sería tan inexpugnable como fuera posible.

Pedro pensó que, a falta de caballería, bien podría utilizar la fuerza naval de que disponía. Mandó una fragata hacia el norte con un destacamento de trescientos hombres para intentar hacerse con un arsenal de los absolutistas, pero no lo consiguieron y regresaron cabizbajos a Oporto. Junto con el general Vila Flor, idearon entonces otra incursión, más ambiciosa. Se trataba de cruzar el Duero con cuatro mil hombres y ocho piezas de artillería para atacar en Souto Redondo. Al principio, viendo que los centinelas miguelistas se daban a la fuga, pensaron que estaban a punto de conseguir una victoria fácil, pero fue una alegría breve. Las tropas absolutistas contraatacaron y esta vez diezmaron a los liberales. Desde la azotea del palacio de Carrancas, donde residía, y gracias a su catalejo extensible de latón dorado, Pedro fue testigo de la derrota y de la desbandada de sus tropas.

Mientras Vila Flor reagrupaba el batallón para evitar la masacre total, otro general sugirió que sólo quedaba la solución de embarcar de nuevo hacia las Azores. Entre muertos, heridos y desaparecidos, habían perdido la mitad de la infantería y las ocho piezas de artillería. Una catástrofe.

A pesar de creer que la contienda estaba perdida, Pedro no dejó traslucir su inquietud. Al contrario, intentó animar a sus subordinados, disimulando con sus gestos y palabras la profunda desazón que le embargaba. Sin embargo, la ilusión de ganar aquella guerra de manera rápida y decisiva se había esfumado para siempre. Llegada la noche, escribió a su mujer para que buscase un gran general francés, de esos que habían luchado con Napoleón, que inspirase confianza a sus oficiales. Quería prescindir de Vila Flor, a quien responsabilizaba de esa derrota. También mandó un correo urgente a Palmela, en el que le contaba la situación desesperada de sus fuerzas y le pedía que averiguase si los ingleses protegerían con su marina la retirada de sus tropas hacia las Azores. La respuesta llegó unos días más tarde y fue positiva. Pero entonces, Pedro ya había cambiado de opinión. Después de un primer momento de pura desesperación, pensó que si los ingleses le evacuaban, después acabarían reconociendo al gobierno de su hermano y darían por zanjado el problema portugués. Era indignante. No, se dijo, no podía aceptar esa deshonra. Si había de perder la guerra, sería dejándose la piel y las tripas en el campo de batalla. Cualquier otra solución que no fuese restaurar a su hija en el trono sería un insulto a la memoria de su padre, a su honor, al pueblo, a la Historia. Sin contar con que era un desplante a su amigo Mendizábal, que perdería todo el dinero que sus inversores le habían confiado. Y si había alguna esperanza de ganar aquella guerra, ésta estaba en Mendizábal, que por entonces contrataba a tres mil mercenarios y quinientos caballos más para suplir las bajas de Souto Redondo. Arrepentido de haber mencionado la evacuación, Pedro volvió a escribir a Palmela diciéndole que se olvidase de todo y que ni siquiera mencionase esa idea absurda producto de un momento de desaliento. Continuarían en Oporto con el trabajo de fortificación de la ciudad, preparándose para un ataque inminente y con la mirada puesta en sus gestiones en Londres.


100


Los miguelistas no se decidían a lanzar el asalto final. Por cuestiones de rivalidad personal, sus generales dejaron pasar buenas oportunidades de hacerlo, como lo fueron las horas siguientes a la debacle de Souto Redondo. Las tropas se acostumbraron a vivir replegadas, sin luchar, pensando que los bombardeos debilitarían al enemigo hasta obligarle a rendirse. Además de equivocada, aquella estrategia salía cara: cada ronda de munición empleada costaba diez escudos, una cantidad considerable para el exangüe erario público. Por otra parte, Miguel no estaba al pie del cañón como su hermano, y esa falta de liderazgo se hacía notar entre sus filas. Ya no pasaba tiempo en su barco porque los acontecimientos exigían su atención, pero en el fondo subestimaba toda esa locura. Veía el futuro sin alterarse, sin miedo alguno. Hasta que no recibió un aviso del cardenal nuncio y de un grupo de sus cortesanos aristócratas que reclamaron su presencia para que pasase revista a su ejército, Miguel no se había dignado visitar a los soldados que estaban dispuestos a dar su vida por él, como tampoco visitó ninguno de los hospitales que atendían a los heridos. Cuando no tuvo más remedio que hablar a sus tropas, les anunció en tono profético:

—La expulsión de las huestes heréticas e infames de Oporto es inminente. La nación está a punto de ser purificada, libre al fin de los enemigos de Dios y de la religión. ¡Ha llegado el momento de castigar a los herejes!

Tanto aplomo se lo proporcionaba el plan que había concebido con sus generales, y que consistía en lanzar un asalto contundente, definitivo, el día de su onomástica, día bendito que conmemoraba la aparición del Todopoderoso ante el arcángel san Miguel. La proximidad de esa fecha en el calendario no podía ser sino una señal de la Divina Providencia, un guiño de Dios, la confirmación secreta de su inminente triunfo, de manera que nadie en Portugal dudaba de la victoria del rey. Se celebraron tedeums en todas las iglesias de la nación, algunas anticipándose a la victoria: «¡Entramos en Oporto! ¡Tedeum laudamus!», lanzó el padre Fortunato en la iglesia de los Ángeles de Lisboa frente a fieles que compartían su mismo fervor fanático.

El día señalado, sin embargo, Dios debía de estar pensando en otra cosa. Los miguelistas lanzaron al asalto un regimiento de cinco mil hombres cada uno por el este. Un grupo consiguió penetrar en la ciudad y hacerse con varias piezas de artillería, pero tras once horas de furibundos contraataques, fueron expulsados. Al final, se batieron en retirada y dejaron en las calles a más de cuatro mil soldados de las filas absolutistas, entre muertos, heridos y prisioneros. Del lado de los pedristas, hubo cien muertos y trescientos heridos graves. En el imaginario popular, Oporto se había hecho invencible. El bando de los asaltantes se hundió en la desmoralización.

El gran triunfador del día de San Miguel fue Pedro. Ya era muy popular, muy querido y respetado entre la población de la ciudad. Los soldados lo querían como a un hermano más a la hora de compartir los sufrimientos cotidianos. Sin embargo, su comportamiento aquel día lo elevó a la categoría de héroe. No sólo por acudir a la llamada de socorro de un soldado herido en la pierna, por quien arriesgó la vida cruzando la línea de fuego, rasgándose él mismo su bota para aplicar un vendaje de fortuna, sino por su energía, su valor y su presencia constantes, dando aliento a todos con dedicación y campechanía. Los oficiales caían a su lado, pero él se mantenía de pie, sereno e indiferente al nutrido fuego de artillería y de mosquetes que le dejaba sordo. Después del combate, viendo que un soldado enemigo chorreaba sangre, le atendió haciéndole un torniquete con su chaqueta y no lo abandonó hasta que contuvo la hemorragia. *«Don Pedro se comportó admirablemente, exponiéndose a la muerte más de una vez»*, escribió el duque de Palmela, que había vuelto de Londres a tiempo para participar en la batalla de San Miguel. Un oficial británico le describió como *«abierto, valiente, poseído de una gran presencia de espíritu, frugal y trabajador»*.

La reacción de los miguelistas fue estrechar el cerco, reforzar la artillería y asfixiar la ciudad. Para vengarse del desastre del día de su santo, los artilleros de Miguel mandaron a Pedro un curioso regalo de cumpleaños, el 12 de octubre de 1832: un cañonazo que reventó su dormitorio del palacio de Carrancas. Afortunadamente, no estaba en casa, sino en las trincheras, colocando lo que llamaban «globos de compresión», que eran minas cargadas con gran cantidad de pólvora susceptibles de explotar cuando el enemigo cayese en los fosos camuflados. Pedro tuvo que mudarse y lo hizo al primer piso de una casa modesta, en el n.º 395 de la rua Cedofeita.

Oporto era ahora víctima de bombardeos constantes, tanto de noche como de día. Los proyectiles agujereaban los tejados, caían en los jardines y los patios, y de noche dibujaban en el cielo estelas fosforescentes, como macabros fuegos artificiales. Algunas bombas contenían mantas empapadas en ácido sulfúrico que al impactar liberaban una densa humareda de gases asfixiantes cuyos vapores abrasaban los pulmones. A Pedro le conmovía la entereza de los ciudadanos, que reaccionaban con indiferencia a las bombas, nunca con pánico; por muy intenso que fuese el bombardeo, los hombres y las mujeres procuraban seguir con sus ocupaciones habituales. Siempre había algún vecino observando los ataques, aun a costa de arriesgar su vida. Al cabo de varios meses, los jóvenes en las calles podían adivinar por el silbido y el estruendo de la detonación el tipo de calibre de la bala de artillería, o el tipo de obús. Los muchachos corrían a examinar los fragmentos que se convertían en objetos de intercambio, como si fuesen recortables de revista.

Al igual que los demás habitantes, Pedro tampoco modificó su rutina. Vivía con y para sus hombres. Era consciente de que cada uno de ellos era un engranaje de la enorme máquina cuyo eje principal era él. Todas las mañanas visitaba a los heridos en el hospital, deteniéndose a hablar con cada uno de ellos y ofreciéndose a repartir las raciones de sopa junto a los enfermeros. Luego salía a caballo a inspeccionar las fortificaciones, y un día de niebla casi se da de bruces con un destacamento enemigo. Trotando por la ribera del río, podía oír las conversaciones que los soldados de ambos bandos intercambiaban para no aburrirse. Los miguelistas llamaban a sus enemigos «masones» y «negros» en alusión al pasado brasileño de su jefe. Los otros respondían con insultos de «esclavos», «absolutistas», «serviles» y «curillas» porque había más de mil religiosos alistados en sus filas.

—¡Menudo rey el vuestro! Cuando se sienta en una silla, puede ver todo su reino... —les oyó decir carcajeándose.

Para quien había sido emperador de un país gigantesco, aquello tenía una gracia irónica y mordaz, que arrancó a Pedro una tibia sonrisa.

La tensa espera de un ataque masivo, el hecho de estar expuesto a las balas y las bombas, la humedad y la llegada del frío hicieron mella en su salud. Sus piernas seguían hinchándose y una tos seca y persistente le impedía dormir. «*Estoy muy cansado moral y físicamente* —escribió a su hijo—. *Pero del combate que estoy librando depende el triunfo de la libertad; si ganamos, Europa será libre. Si no, el despotismo aplastará a los pueblos.*» Recordar su misión, engrandecerla, le ayudaba a resistir. También le ayudó durante una temporada una vendedora de loza de la rua da Assunção, una mujer «de buenas carnes y costumbres fáciles», como la describió un cronista local, con la que Pedro mantuvo una relación, siempre a altas horas de la noche. Quizá debido a las malas condiciones higiénicas de una ciudad asediada, el caso es que sufrió una recaída de su dolencia venérea que le dejó muy abatido, y de la que tardó en reponerse. Postrado en la cama, sudando hielo en los picos de fiebre y limpiándose la frente con el pañuelito bordado que le había dado la hija de Noémie, se refugiaba en sus recuerdos de Brasil. ¿Cómo explicarle su morriña a «la locera», como la conocían en la ciudad y que le cuidaba con auténtica devoción porque veía que Pedro estaba cada día más delgado, con el pelo encanecido y el rostro patibulario? En su lugar, optó por abrirse a su hijo. En una carta, le decía que las alucinaciones de la fiebre le ayudaban a desplegar en su mente el paisaje de San Cristóbal, y entonces las lejanas explosiones del otro lado del Duero se convertían en los gritos de los pavos reales y las guacamayas del jardín, los tiros de los miguelistas en el graznido de los cuervos, los árboles de la calle Cedofeita en los flamboyanes y los hibiscos del Campo de Santana, el olor del bacalao seco y el aceite rancio de las calles de Oporto en el sabor penetrante de la pimienta «de cheiro» de las calles de Río, los pencos descarnados de Portugal en los briosos purasangre de Leopoldina... Si cerraba los ojos, la desolación y la muerte se transformaban en vida y esperanza.

## 101

Los miguelistas modificaron su estrategia. Descartado otro asalto a Oporto, pensaron que el hambre era el arma más eficaz para acabar con la resistencia del enemigo. Para bloquear totalmente la ciudad, necesitaban cortar el acceso de los sitiados al mar. Lo consiguieron cuando, después de varios e infructuosos intentos, montaron un puesto de artillería en la desembocadura del Duero, dificultando el aprovisionamiento de Oporto, que a partir de entonces se tenía que hacer por una carretera estrecha, inundada en innumerables ocasiones y a merced de los disparos miguelistas.

En efecto, el hambre no tardó en hacer su aparición. Pedro declaró que comería la misma ración que sus soldados y se atuvo a ello religiosamente. A las pocas semanas, la tropa y los niños competían ferozmente para dar caza a caracoles, perros, gatos y ratones. Perseguían a todos esos animales llamándoles «miguelistas». Dejaron de oírse ladridos en la ciudad; desaparecieron los perros callejeros y luego les llegó el turno a los de los oficiales. Furiosos, éstos amenazaron con castigar a los que pillasen in fraganti comiéndose sus mascotas. Los soldados franceses se abalanzaban sobre los burros y los caballos enfermos o muertos que despedazaban para cortar filetes y colocarlos sobre parrillas improvisadas. Entonces el olor de la carne asada que invadía las calles recordaba tiempos mejores.

Pasaron los meses y dejó de haber madera para encender las parrillas o calentarse. Todos los árboles de Oporto fueron talados, y las casas, medio destrozadas por los bombardeos, fueron destripadas para extirpar las vigas de madera. Cuando tampoco quedaron ruinas para canibalizar, los más valientes se arriesgaban a salir al campo a recoger unos sarmientos o un par de ramas.

En noviembre de 1832, Mendizábal consiguió sortear el bloqueo miguelista y mandar desde Londres hombres, caballos y armamento, lo que insufló una buena dosis de optimismo a la maltrecha población. Seguía sin haber comida, pero había vino en abundancia. Las bodegas de la Compañía de Vinos del Alto Duero contenían dieciocho mil barricas de caldo y quinientas treinta y tres de aguardiente, un auténtico maná para el nuevo contingente de seiscientos soldados británicos, mal alimentados y con frío, que consiguió mandar Mendizábal. Los habitantes de Oporto, tan estoicos con las bombas, sentían pánico hacia esos borrachos, capaces de causar peores destrozos que las huestes miguelistas. Hubo que trasladar parte del contingente a las afueras, donde durante meses esos ingleses de piel blanca y nariz roja lucharon con gran coraje para repeler los ataques que pretendían expulsarles de su puesto artillero.

Fuertes temporales de viento y lluvia alternaban con días de densa niebla. El frío, especialmente severo en aquel invierno, unido al hambre, provocó la aparición de enfermedades. Una epidemia de cólera y otra de tifus se llevaron en pocos meses a cuatro mil personas, aunque era imposible diferenciar entre los muertos por enfermedad y los que fallecían víctimas del hambre. A principios de enero la situación era crítica: sólo quedaba racionamiento para diez días y cada soldado disponía únicamente de ochenta cartuchos. Si el mando enemigo hubiera tenido entonces la presencia de espíritu de lanzar una ofensiva, sus tropas, reforzadas por ciento cincuenta piezas de artillería desplegadas en un radio de veintidós kilómetros y que disparaban cada una cinco rondas al día, hubieran arrasado la ciudad. Sin embargo, la falta de visión, la desidia y la confianza ciega en que la victoria caería como una fruta madura con sólo esperar, les impidieron aprovechar las circunstancias favorables.

Mientras, la vida cotidiana en Oporto se convertía en un infierno. Para que la población no se alarmase ante la escasez de munición, Pedro usó un ardid: hizo que los soldados transportasen arena en toneles desde los arsenales hasta los puestos artilleros, pretendiendo hacer creer que era pólvora. Con toda su buena voluntad, un coronel escocés, viendo lo preocupado que estaba Pedro porque no sabía cómo alimentar a su ejército, le dio el curioso consejo de contratar a guerreros maoríes en Nueva Zelanda: *«Esa gente mata y se come a sus enemi-*

*gos, lo que simplificaría mucho nuestra defensa»*, le contó con la mayor seriedad del mundo.

El 9 de enero, abrigado con varias capas de ropa y recuperándose de un cólico nefrítico, Pedro escribió de nuevo a su hijo a la luz de una vela: *«Hoy hace once años que los brasileños me pidieron que permaneciese en Brasil y quién me iba a decir, a mí, que este año estaría tan lejos...»* Y en tan mal estado, pero eso se abstuvo de precisarlo. Terminaba su carta con palabras que dejaban traslucir la intensidad de su nostalgia: *«Brasil también es hijo mío, no sólo lo eres tú...»*, le decía. Cuando no estaba enfermo o inspeccionando la línea de defensa, Pedro se pasaba las horas escribiendo. Lo hacía sin cesar: a su mujer para tranquilizarla y al mismo tiempo para saber cómo iban las negociaciones de cara a contratar un regimiento de polacos, a lord Cochrane para saber si estaría dispuesto a acudir en su ayuda, a Palmela y a Mendizábal para que acelerasen las negociaciones con otro famoso almirante escocés, Charles Napier.

Una mañana, alertado por el barullo del otro lado del río donde acampaban las tropas enemigas, Pedro subió a la batería de La Victoria, en lo alto de la ciudad. Desplegó su catalejo y vio a su hermano, rodeado de hidalgos y de frailes, jaleando a sus soldados pulcramente uniformados, contentos de recibir a su jefe máximo, el señor de su reino. Sí, era Miguel, envuelto en una gruesa capa de lana azul, con una banda roja en la cintura, tocado de un tricornio, la nariz más afilada que la suya, altivo y lustroso como cuando cazaba el jaguar en las selvas de Brasil. Era él, su hermano pequeño, su antiguo compañero de juegos, su cómplice... Entonces se acordó de que, de niño, Miguel era cruel con los animales, de joven despiadado con los caballos, y luego con las personas... ¿No había dado caza a los chinos cultivadores de té como si fueran animales de feria? Con esos antecedentes, tenía su lógica que más tarde se hubiese convertido en usurpador, en parricida, se dijo Pedro. Sin embargo, al observarlo ahora, tan cerca y tan lejos a la vez, sintió un pellizco en el corazón. Tantos recuerdos. Tantas batallas infantiles..., y ahora esto. Se dio cuenta de que era la prolongación de su madre, como él lo era de su padre. ¿Hasta cuándo duraría ese enfrentamiento? ¿Cuántas generaciones de odio serían necesarias antes de poder sentarse y hablar como hermanos? Ahora era imposible, pues el vínculo de amistad fraterna se había roto. Al principio del bloqueo, el cónsul británico se había ofrecido a hacer de intermediario y negociar, si se daba el caso, un acuerdo de paz. «Nunca», había contestado Pedro, tajante. Ahora que estaba en el fondo del abismo, en el peor momento, soportando milagrosamente una situación insostenible, quizá hubiera ofrecido otra respuesta al cónsul.

—Los tengo a tiro, mi general... ¿disparo? —preguntó el artillero, que había dirigido la punta de su cañón hacia el roquedal donde estaban Miguel y sus oficiales.

Pedro le detuvo:

—No dispares —le dijo, alarmado, antes de añadir una frase que le salió del corazón—: Puedes dar a mi hermano.


102


Llegó la primavera, y el cambio de temperatura hizo menos penosa la falta de combustible. El campo se llenó de hortensias, de rosas, de camelias y geranios; la naturaleza era ajena a la locura de los hombres. Oporto había resistido el primer invierno... ¿Podría resistir otro? Nadie lo creía.

A principios de junio, Pedro recibió una visita que iba a cambiar definitivamente el curso de la guerra. Como siempre, Mendizábal aparecía in extremis para salvarle, y con él la causa liberal. En Londres, el español y el duque de Palmela, hartos de fracasar en sus gestiones para obtener apoyo oficial y desesperados por conseguir más dinero, hicieron un llamamiento urgente a personalidades y a organizaciones civiles y privadas. Fue la acción más efectiva que podían haber realizado. Sensibilizados con la causa liberal, la opinión pública y el pueblo británico respondieron con entusiasmo y generosidad. En cuatro días se reunieron ochenta mil libras en donaciones. Palmela y Mendizábal sabían que esa suma, bien empleada, podía dar un vuelco definitivo a la situación.

Disfrazados de arrieros, llegaron en mula desde la costa,

por senderos escarpados y dando un rodeo para evitar a los miguelistas. Palmela, Mendizábal y Napier se presentaron directamente en la rua Cedofeita. El británico parecía un vagabundo, no un militar victorioso. Tocado de un sombrero de fieltro de ala ancha, iba vestido con un uniforme raído de marino y llevaba una bufanda de franela gris alrededor de la cabeza y atada debajo de la mandíbula como si le doliese una muela. Sucio y desgreñado, tenía la cara hinchada porque padecía una fuerte jaqueca. ¿Ése era el gran almirante que iba a salvarles a todos de la derrota? Desengañado, Pedro le recibió huraño, pues esperaba otra cosa.

Sin embargo, pronto cambió de actitud. El inglés le recordaba a Cochrane, otro excéntrico que le sacó las castañas del fuego en Brasil. Éste era más humilde, y poseía un fino sentido de la ironía que le hacía reír. Además, sus explicaciones eran consistentes y denotaban un alto grado de experiencia. Napier y sus acompañantes habían llegado al mando de una flotilla de cinco vapores, con ciento sesenta marineros y dos batallones de mercenarios que esperaban a la altura de Foz, en la desembocadura del Duero. El alivio que sintió Pedro con la llegada de esos refuerzos duró muy poco: esos mercenarios no estaban destinados a Oporto, sino a conquistar Algarve, en el sur, y desde allí lanzar una ofensiva por tierra contra Lisboa. No sólo no desembarcarían, sino que Napier le pidió seis mil hombres más para llevar a cabo su plan.

—Hay que desviar la atención y los recursos del enemigo lejos de Oporto —dijo al terminar su exposición.

«O está loco, o es un genio», pensó Pedro.

—Lo que le ofrezco es que tomemos la ofensiva —insistió Napier—. Pero necesito una respuesta de inmediato.

Pedro no estaba acostumbrado a recibir presiones, y menos aún de desconocidos.

—No podemos dejar Oporto desguarnecida... ¿No es mejor atacar más al norte? ¿Y liberar la ciudad justo después? —propuso.

El inglés le miró fijamente con sus ojillos azules y le dijo:

—No queremos solamente Oporto, queremos Portugal entero. El grueso de la flota de vuestro hermano está en el

Tajo protegiendo Lisboa. Hay que sacarla de allí. Podemos dejar aquí un contingente mínimo para defender la ciudad. ¿Cuánto es ese mínimo? De eso tenemos que discutir...

Impresionado por la determinación del inglés y ante la falta de interés que su alternativa había despertado, Pedro pidió la opinión de Palmela, el general Vila Flor y el resto de oficiales que le asistían. ¿No eran portugueses? Pues que entre compatriotas decidiesen la mejor manera de liberar la patria... Pedro dijo que acataría la decisión de los militares, que se enzarzaron en una interminable discusión. El riesgo de dejar Oporto a la intemperie era grave e insensato. Todo dependía de la rapidez de la operación y de la desidia del enemigo. Como no acababan de ponerse de acuerdo, al final Napier se impacientó, se levantó y dijo:

—Señores, me vuelvo a Inglaterra.

Pedro estaba estupefacto ante el arrojo de aquel excéntrico personaje, que aparte de marino y mercenario, era inventor en sus ratos libres. Faltaba saber si sería igual de bueno que Cochrane. *«Al final, vamos a poder emprender algo contra el ejército enemigo...* —escribió Pedro a un amigo esa misma noche—. *Han llegado de Inglaterra cinco barcos de vapor y algunos hombres, todo gracias a Mendizábal.»* El 20 de junio de 1833, seis mil soldados que habían estando resistiendo heroicamente el asedio de Oporto abandonaron la ciudad al abrigo de la noche, en fila y a pie por los caminos que llevaban a la costa, para embarcar en los vapores de Napier. Oporto se quedaba desamparada, pero el tiempo de la resistencia pasiva había terminado. Pedro había entendido que sólo una audacia desmedida podía llevarlos a la victoria. Confiaba en Napier.

—Mientras haya pólvora, balas y algo de comer, el enemigo no entrará aquí dentro —les dijo al despedirlos.

El instinto de Pedro no solía fallar. En efecto, el plan de Napier funcionó a la perfección. Los barcos pasaron sigilosamente frente a Lisboa y siguieron navegando rumbo sur, hasta doblar el cabo San Vicente. Las tropas desembarcaron y marcharon hacia Faro, que Vila Flor ocupó sin encontrar resistencia. Al contrario, sus tropas fueron recibidas por la población con flores y repiques de campanas. Al mando de un destacamento de cuatro mil soldados, partió luego hacia Lisboa. Los anquilosados miguelistas se pusieron nerviosos y tal y como había previsto Napier, el escuadrón del Tajo salió a darles caza. El almirante les esperaba con sus vapores a la altura del cabo San Vicente. Trescientos setenta y dos cañones miguelistas contra ciento setenta y seis constitucionales. A pesar de la diferencia, después de un combate a la vieja usanza, con un cuerpo a cuerpo sangriento en la cubierta de uno de los navíos de línea de los absolutistas y que culminó con la muerte heroica de su comandante, los hombres de Napier se hicieron con la victoria. También consiguieron capturar otro navío de línea, dos fragatas y una corbeta. O sea, casi toda la flota miguelista, excepto dos corbetas y un bergantín que salieron huyendo. Si con una fuerza insignificante había conseguido derrotar toda una flota, ¿por qué no repetir la hazaña? Intrépido y decidido, el inglés puso rumbo a Lisboa con la intención de bloquear la capital. Ese mismo día, en Oporto, Pedro y los suyos repelieron con éxito varios ataques de los absolutistas que buscaban aprovechar la retirada del grueso de las tropas. Fueron dos pequeñas victorias, una en el mar y otra en tierra, que cambiaron el rumbo de la contienda.

El pánico cundió en el mando militar miguelista. Si Pedro había conseguido a Napier, ellos contrataron a un nuevo jefe para su ejército, un superviviente de las campañas napoleónicas llamado Louis Auguste de Ghaisse, conde de Bourmont, mariscal de Francia, conquistador de Argelia, absolutista redomado y con fama de hábil estratega. Presionado para obtener una victoria rápida y sabiendo lo desguarnecida que estaba Oporto, mandó a doce mil hombres al asalto de la ciudad. Sin embargo, las prisas fueron malas consejeras. Gracias a su popularidad y a su liderazgo, Pedro había conseguido galvanizar a toda la población. No le preocupaba su propia vida; estaba volcado en sus hombres, que ahora eran también tenderos, negociantes, amas de casa y hasta estudiantes... todos con armas improvisadas y mucha rabia acumulada durante los largos meses de asedio. Toda la ciudad de Oporto salió a la calle a unirse a los soldados, y todos libraron una resistencia épica durante nueve horas.

Desde la otra ribera del río, Miguel fue testigo de la hecatombe que el mariscal francés, en su precipitación, les causó. Cuando los cornetes llamaron a retirada, cuatro mil cadáveres miguelistas cubrían las calles y las plazas de la ciudad. Miguel estaba aterrorizado. Pedro había cumplido su parte del plan, que era resistir. Si Napier cumplía la suya, la victoria total sólo sería cuestión de tiempo.

## 103

Miguel ya no estaba tan seguro de sí mismo. El desastre provocado por el francés y la intervención sorpresa de Napier le desconcertaron, a él y a sus generales. Entonces pensó en una solución para acabar con esa guerra civil. Envió un emisario a solicitar una entrevista con su hermano. Volvería a decirle que aceptaba su propuesta original de casarse con Maria da Gloria. Si no podía ser rey por derecho propio, sería rey consorte, pero mantendría casi todo su poder intacto.

—¡Que se vaya al diablo! —fue la respuesta de Pedro.

La derrota del mariscal francés era sólo una parte de una otra mucho mayor. Al regresar a su cuartel general, Miguel fue informado de la peor de las noticias: Lisboa había caído. El gobernador había claudicado ante el avance de las fuerzas pedristas que, al mando del general Vila Flor, habían subido triunfalmente desde el Algarve. Con las tropas a las puertas de la capital y la flota de Napier bloqueando la salida al mar, los liberales, largamente reprimidos, habían desencadenado una insurrección en el interior de Lisboa. Abrieron las cárceles, liberaron a miles de detenidos e irrumpieron en el arsenal para desvalijarlo; luego repartieron las armas entre la población. El gobernador, seguido de una cohorte de curas, nobles y funcionarios, se había visto abocado a tomar la decisión de abandonar la ciudad. Miguel sintió que un escalofrío le recorría el espinazo; era una sensación antigua, de frustración y de rabia, que se remontaba a la niñez. ¿No era Pedro quien ganaba siempre todas las batallas infantiles en los jardines de Queluz o en los suburbios de Río? ¿Todas las carreras de carromatos? ¿No le tocaba ahora perder? ¿Dónde estaba la justicia divina? Sintiéndose desprotegido y al ver con aprensión cómo su reinado estaba en peligro, pensó en su madre. Estaba convencido de que si Carlota hubiera estado viva, con su don de mando y sus arengas electrizantes, hacía tiempo que habrían expulsado a las tropas liberales.

Al saber que la bandera azul y blanca de los constitucionalistas ondeaba en lo alto del castillo de San Jorge en Lisboa, Pedro se llevó las manos a la cabeza y, siempre sentimental, ahogó los sollozos que la emoción de aquella noticia le provocó. En poco tiempo, había pasado de candidato a morir de hambre o a caer en medio de un combate callejero, a ser el vencedor de una causa justa. De condenado a muerte a campeón de la libertad. Dios castigaba al usurpador. La justicia divina se había pronunciado, y lo había hecho a su favor, a favor de los tiempos que corrían, a favor del siglo. Pedro sintió algo parecido al éxtasis, un momento de intensa comunión con el mundo, con sus soldados, con el pueblo de Oporto, con su padre, y también consigo mismo. Un instante de felicidad pura, la satisfacción profunda de haber cumplido con su deber de buen hijo y de buen padre. Había caído del trono pero se alzaba como un héroe. Y al hacerlo, su vida encontraba un sentido.


## 104

De nuevo, la libertad. Para alguien acostumbrado a grandes cabalgadas y a inmensos paisajes, verse recluido en una ciudad sitiada había sido particularmente duro. Sin embargo, su tiempo en Oporto había llegado a su fin. *«Os dejo por algún tiempo* —les dijo en su discurso de despedida— *y me voy con la saudade más punzante de vosotros y de mis compañeros de armas.»* Una nueva nostalgia se unía a la de Brasil y la de los hijos.

Regresaba a Lisboa, la ciudad donde nació y que le dispensó una calurosa bienvenida al grito de «¡Viva Pedro IV!». La multitud era tan densa en el *Terreiro do Paço*, la plaza que había sido testigo de la salida de los grandes exploradores del pasado, que los alguaciles sacaron sus espadas y las alzaron para abrirse camino entre la gente y dar paso a Pedro.

—Envainad vuestras espadas... —les ordenó él, y acto seguido desenvainó la suya y, en uno de sus gestos teatrales que tanto le gustaban, la lanzó al agua—. ¡No más espadas contra el pueblo!

El alborozo de ese día era bien distinto a la triste agitación del día de su partida, hacía veintiséis años, una fría noche de noviembre. La noche en la que se le partió el alma al ver a su padre, en la pasarela del barco que le llevaría a Brasil, hundirse en sollozos por abandonar su reino y su pueblo a merced del enemigo. Gracias a aquella huida estratégica, a aquella decisión que había tomado don Juan, ahora él podía volver a restaurar la monarquía constitucional. Ahora le aclamaban con gritos de júbilo y alegría, aunque Pedro tampoco se hacía ilusiones: muchos de los que proferían aquellos gritos eran los mismos que seguramente hubieran aclamado a su hermano Miguel de haber salido vencedor. Sin embargo, no podía dejar de emocionarse por el alboroto, los vítores, el júbilo desatado y ampliado por el estruendo de las salvas de cañón que le saludaban desde las fortalezas y los buques fondeados, todos arbolando en sus mástiles el pabellón azul y blanco de la reina, por las explosiones de los petardos y de los fuegos artificiales. *«Fue un espectáculo deslumbrante* —escribió Napier—. *Se quemó más pólvora que en una batalla real.»*

Lo primero que hizo Pedro fue subir a Alfama, en lo alto de la ciudad, y acudir al monasterio de San Vicente de Fora, mausoleo de los soberanos portugueses, donde estaban enterrados sus antepasados. Permaneció largo rato de rodillas frente a la tumba de don Juan. «Aquí estoy, padre, para cumplir con mi promesa y vuestro deseo.» Antes de salir, garabateó una hoja de papel que colocó sobre el mármol: *«Un hijo te ha asesinado, otro te vengará»*, decía la nota.

Aquello hacía presagiar una caza de brujas, un ajuste de cuentas tan cruel como lo estaba siendo aquella guerra. Pero no fue así, porque en el fondo pudo más el poso de ternura que Pedro sentía por su hermano que las ganas de revancha.

Los miguelistas, sin el valor y el coraje que sobraba a los

pedristas, tuvieron que retirarse de Oporto. Al hacerlo, incendiaron las bodegas de la Compañía para evitar que el dinero obtenido por la venta de ese vino fuese utilizado para financiar la reconstrucción nacional prevista por los liberales. Los sufridos habitantes de Oporto vieron bolas de fuego descender en cascada hacia el río, que se tiñó de rojo. Rojo como la sangre de todos los que habían muerto resistiendo un cerco de diecinueve meses.

Miguel hizo un intento desesperado por conseguir ayuda de fuera en forma de mercenarios y generales usando el patrimonio de Carlota Joaquina. Sin embargo, no supo atraer el talento necesario para vencer. En lugar del audaz general inglés McDonnell, que le propuso un plan para retomar la iniciativa, al final optó por confiar el mando al viejo general Póvoa, el gran represor de los liberales, un hombre cansado y prudente en exceso, que decidió refugiarse en Santarém y parapetar la ciudad. Pero ni Santarém era Oporto, ni Miguel era Pedro. Las tropas liberales, enardecidas por la inercia de haber conquistado las dos ciudades más importantes del país y un rosario de pueblos, les desalojaron en una batalla que costó a los miguelistas mil cuatrocientos hombres y noventa y seis oficiales. Miguel permaneció entre sus soldados hasta el último momento, y al final tuvo que abandonar parte de su equipaje y, lo más triste para él, a su perro favorito, un dogo español que llevaba un collar de terciopelo negro con una inscripción bordada en hilo de oro: «Pertenezco al rey don Miguel I»[3] y que se convirtió en símbolo patético de la ambición de un hombre que quiso ser rey sin tener derecho a ello. En silencio y cabizbajos, preguntándose cómo era posible que sus santos les hubieran fallado, los absolutistas cruzaron el Tajo e iniciaron el éxodo. Miguel no huyó por su cuenta a un refugio seguro; al contrario, compartió la derrota con lágrimas en los ojos, cabalgando junto a sus hombres, ayudándoles a vadear riachuelos, a transportar heridos, insuflándoles el ánimo que a él le faltaba. Si su hermano se crecía ante la adversidad, él lo hizo ante la derrota. Se hizo más humano, quizá porque el

3. Citado en *Dom Pedro*, de Denise Dalbyan (Plon, 1959, París) p. 265.

sufrimiento del fracaso le hizo darse cuenta del despropósito de todo aquello. De pronto, era como si intentase recuperar el tiempo que había perdido al no estar junto a sus tropas, como si quisiese demostrar que él también era capaz de emular a su hermano, de estar a la altura, de saber comportarse como un héroe. Pero ya era tarde, y todo se confabulaba para acelerar su caída.

Como si no hubiera bastante intriga y embrollo en aquella familia dividida y en permanente conflicto, la muerte de Fernando VII en España perjudicó a Miguel al provocar un cambio radical de las alianzas. La designación de su hija Isabel, de dos años de edad, como sucesora al trono de España fue impugnada por Carlos, hermano de Fernando, que utilizaba Portugal para lanzar ataques contra la regencia española. Para acabar con ese hostigamiento, la regente en funciones, la reina María Cristina ofreció ayuda militar a Pedro y reconoció a su hija María II como reina de Portugal. Ese súbito cambio de la postura española, unido al nuevo viento de libertad que soplaba sobre la Península, hizo posible la firma de un acuerdo de paz en Évora-Monte, respaldado por Francia, Gran Bretaña y España.

Pedro supo mostrarse magnánimo y generoso en la victoria: «No penséis que respiro venganza, sangre y muerte contra vosotros —proclamó a los soldados miguelistas reunidos en un cuartel—. Yo me precio de saber olvidar las ofensas que me hacen.» Desde la altura de su conquista, impuso condiciones benevolentes. «Sólo vencía para perdonar» dijo de él un historiador. Aunque no perdonaba a su hermano, le autorizó a abandonar la ciudad de Évora con sus pertenencias, asegurándole una pensión anual de sesenta *contos*[4] a condición de que nunca pusiese los pies en Portugal ni se dedicase a actividad alguna que pudiese perturbar la tranquilidad del reino. A Carlos, su tío carnal, le quitó el derecho a entrar o permanecer en Portugal. El acuerdo también consideraba una amnistía general para el ejército miguelista, sin juicios marciales ni represalias para los soldados, quienes podían volver libremente a sus casas. Los ofi-

4. El equivalente actual sería de aproximadamente cien mil euros.

ciales tampoco perderían sus puestos. Era un acuerdo que buscaba la reconciliación, no el castigo, pero que despertó ampollas en las filas liberales. A los que habían perdido familiares en aquella guerra, los que habían sido torturados por los absolutistas, los que se habían podrido en sus cárceles durante años, aquellas condiciones no podían satisfacerles. Sintiéndose agraviados e insultados, volcaron en Pedro toda su ira y resentimiento.

Miguel embarcó en el puerto de Sines con destino a Italia a bordo de la fragata *Stag* entre gritos, insultos y abucheos de la plebe, que exigía su ejecución inmediata o su encierro a cadena perpetua. Hubiera jurado que esa gente vociferante era la misma que hacía unos meses se inclinaban a su paso y le bendecían. Así estaba hecha la política, de altibajos y de la voluntad cambiante del pueblo. Al dejar su país, tuvo un gesto de gran señor, que sorprendió a sus adversarios. No sólo hizo entrega de todas las joyas de la corona, sino que también entregó las suyas particulares. Como si hubiera querido poner una venda sobre la herida de odio, perjurio y sangre que dejaba al marcharse. Como si también, al igual que su hermano, quisiera redimirse. Nunca más volvió a Portugal.


105


La gran alegría de Pedro en aquellos días fue recibir a su mujer, a su hija Maria da Gloria y al Chalaza, que llegaron a Lisboa en el vapor *Soho* escoltado por una fragata británica. Pedro salió a su encuentro a bordo de una galera pintada de azul y blanco y propulsada por cuarenta y ocho remeros vestidos a juego. Iba acompañado de Napier y de un radiante Mendizábal, que disfrutaba de su bien merecida victoria soñando con volver a España. Corría el rumor de que la reina regente María Cristina estaba a punto de llamarle para ofrecerle un puesto de máxima responsabilidad en el nuevo gobierno liberal.

A Pedro le pareció que su hija, la joven reina que venía a ocupar el trono, había crecido mucho; vio a su mujer muy hermosa, tan rubia y elegante, vestida de rosa palo y con lágrimas como perlas que rodaban por sus mejillas. Eran lágrimas de alegría, pero también de pesar. Amelia no reconocía a su marido. No se trataba sólo de la barba que se había dejado a la moda de los liberales, sino sobre todo de las facciones tensas, el color gris de la piel, el pelo cano, los ojos hundidos. Había dejado un buen burgués parisino y se encontraba con un espectro humano, delgado, con el rostro enjuto; era un viejo de treinta y seis años. Sin embargo, era también un hombre exultante: «Esta alegría de teneros aquí es el principio de mi paga por mis sacrificios», decía, matizando que, para que la dicha fuese completa, le faltaban sus hijos de Brasil. Tenía a su alrededor a su hija mayor, por cuyos derechos había emprendido toda esa aventura, y a todos los que más quería, los que habían estado en el día a día de su lucha, ayudándole, respaldándole, animándole. El viejo Napier dijo que nunca había visto una reunión de gente más feliz en toda su vida. Siguiendo el protocolo, Amelia y la reina desembarcaron al día siguiente en medio de la pompa habitual.

Dos semanas más tarde, Pedro pensó que la mejor manera de celebrar la amnistía y el final de la guerra era asistiendo a una función de teatro. Como en Río, como en los viejos tiempos. En el San Carlos, teatro construido en homenaje a Carlota Joaquina como agradecimiento por haber dado el primer heredero a don Juan, estrenaban una obra con un título providencial: *El usurpador castigado*, de Valter Montani, un baile trágico en cinco actos. Pedro había hecho imprimir varias copias del acuerdo de paz para que fuesen distribuidas entre los espectadores.

Sin embargo, aquella paz seguía levantando clamores de indignación. La carroza que esa noche llevó a la familia real al teatro fue apedreada en el trayecto. Al llegar, les esperaba una aglomeración tumultuosa de gente y un cartel enorme mostraba las siluetas de Miguel y Pedro con una leyenda que decía: tal para cual. Esperando encontrar un ambiente más tranquilo en el interior, Pedro y su familia, protegidos por sus escoltas, se deslizaron entre el gentío y fueron directamente al palco real. Desde allí, Pedro lanzó unas copias del acuerdo de paz al patio de butacas, pero su gesto, en lugar de aplacar la ira, fue recibido por gritos, un pateo generalizado y un fuerte abucheo. Tuvo que proteger su rostro con su brazo de las monedas que algunos espectadores le lanzaron desde abajo.

—¡Canallas! —les gritó.

Era un motín en toda regla, que le recordó a las reuniones tempestuosas de la Asamblea Nacional de Río, y que confirmaba que la paz se le daba peor que la guerra. Sus escoltas pidieron a la policía que interviniese y desalojase a los cabecillas, pero los alguaciles se negaron para mostrar su solidaridad con los manifestantes. «¡Muerte a don Miguel! ¡Viva la libertad!», gritaban en la platea. Sin perder su sangre fría, Pedro se colocó al borde del palco y se dirigió al público, forzando la voz para pedirles calma. Ninguna fuerza en el mundo podía obligarle a matar a su hermano. Fatigado por el esfuerzo, temblando, su respiración pedregosa dio lugar a un ataque de tos, una tos cavernosa que retumbaba en los muros del teatro. Pedro rebuscaba en sus bolsillos afanosamente y al final encontró el pañuelito bordado de Noémie que siempre llevaba consigo. Se lo acercó a la boca justo cuando sintió regurgitar algo. Al quitárselo, vio que estaba manchado de sangre. Lentamente lo desplegó del todo y lo mostró al público, para que todos lo vieran bien. Entonces se hizo el silencio más absoluto, que duró unos segundos interminables, hasta que Pedro se volvió hacia la orquesta, se inclinó levemente y con un hilo de voz ronca, dijo: «Maestro... música.» Y el espectáculo empezó.

Su sentencia de muerte estaba escrita en la mancha de aquel pañuelo. A partir de ese día, su cuerpo se convirtió en un esclavo a quien le costaba obedecer. A la fiebre y la dificultad en respirar se añadían dolores en el pecho. El diagnóstico no dejaba lugar a dudas: era una tuberculosis, probablemente agravada por las duras condiciones de vida en Oporto. Los médicos le recomendaron sangrías y tomar las aguas. Amelia y el Chalaza le acompañaron a Caldas da Rainha, donde se sometió a un tratamiento hidroterápico con ingestión de aguas sulfurosas y baños en las termas. Al sentirse mejor, se convencía de que iniciaba su recuperación. Optimista y con ganas de vivir, se rebelaba ante la idea de que la enfermedad se adueñase de su vida. Durante un tiempo aprendió a valerse de astucias para engañar a su cuerpo, para imponerle su voluntad o ceder ante las suyas. Era como una guerra particular, hecha de pequeños avances y enormes retrocesos, de compromisos, de súbitas mejorías y ataques sorpresa.

En uno de esos momentos de remisión, recibió la visita de Antonio Carlos de Andrada, el hermano de José Bonifacio, aquel que tanto se había metido con él, y que le había llegado a pedir que abandonase el poder por «portugués». Pedro lo recibió con la mayor simpatía, como lo hubiera hecho con todo el que viniese con noticias de su familia y de aquel mundo. El antiguo adversario político venía desde Brasil y lo hacía en representación de un partido nuevo que rubricaba la restauración imperial. La delgadez y la larga barba canosa de profeta que lucía el ex emperador le impresionaron vivamente. Pedro IV de Portugal no se parecía al Pedro I que él había conocido. Se había quedado con la imagen de un hombre fibroso, capaz de cabalgar cien leguas sin detenerse para dar un discurso a una multitud. Del antiguo domador de caballos, sólo reconoció el brillo habitual en el fondo de su mirada.

—Queremos que volváis a Brasil para que el país no se desintegre —le dijo Andrada, hablando también en nombre de sus hermanos.

—Ahora queréis que vuelva, hace poco me estabais echando.

—La situación ha cambiado... Y os pido que recibáis mis más sinceras disculpas por lo pasado.

—Aceptadas, Andrada. Lo pasado, pasado está; contadme qué puedo hacer por nuestro Brasil...

Al igual que José, su hermano era un formidable orador que le hizo una descripción dramática de la situación, rogándole que salvase el trono de su hijo, el imperio que fundó, la unidad de la patria. Los gobiernos que se habían sucedido después de su partida, le dijo, no habían sido capaces de contener el desorden social. Le hizo la lista de todas las rebeliones que habían sacudido Brasil desde Pará al norte hasta Río Grande en el sur. Ahora el país entero le reclamaba. Era un discurso que a oídos de Pedro sonaba a música celestial, la realización de un sueño tan imposible que ni siquiera se lo había planteado. Una victoria... casi póstuma. Cerró los ojos y en la brevedad de un instante vio a su hijo y a sus hijas en San Cristóbal, imaginándoselos tres años mayores gracias a las descripciones del visitante. Recordó el calor a la hora de la siesta, el zureo de las palomas, los gritos de las guacamayas en el jardín y el lejano relincho de sus caballos en las cuadras... Creyó oler el aroma de los nardos que Leopoldina cultivaba en su pequeña huerta. Durante unos instantes se dejó mecer por la idea del regreso, una medicina para sus heridas del alma, la mejor que su salud podía recibir. Se dejó llevar por ese pensamiento dulce y deleitante porque mitigaba la amargura constante, insidiosa y machacona de la nostalgia, esa *saudade* que le reconcomía: «*Qué día de luto y de tristeza es éste para mí* —había escrito a su hijo en el reciente aniversario del día de su partida—. *Fue este mismo día que me vi obligado a separarme de vosotros. Y de Brasil, ese bello país donde fui criado, donde viví veintitrés años, un mes y siete días, y que adopté como mi patria*». En realidad, esa carta no la había escrito él; se la había dictado al Chalaza porque le temblaba demasiado el pulso. Pero eso no se lo dijo a Antonio Carlos.

Al abrir de nuevo los ojos, la ensoñación desapareció y la realidad tomó el relevo:

—Mi abdicación es irrevocable —le contestó.

Ante la decepción que observó en el rostro de su interlocutor, añadió una exigencia que sabía imposible de cumplir:

—...Sólo regresaría a Brasil si la Asamblea Nacional emitiese un voto solemne para que ejerza la regencia durante la minoría de edad de mi hijo.

Ambos sabían que no podría ser porque el Parlamento seguía dominado por la vieja aristocracia esclavista, adversaria de Pedro y de sus ideas. Aunque el partido por la restauración había crecido considerablemente, todavía distaba mucho de obtener la mayoría en la Asamblea. Pedro le exigió esa condición a Antonio Carlos por no darle una respuesta negativa, por deferencia a un hombre que había surcado los mares para hacerle una petición extraordinaria. Andrada se resignó y no insistió. Entendió perfectamente que su gestión había fracasado. La era de don Pedro I en Brasil había pasado y no iba a volver.

Pronto Pedro no pudo montar a caballo y tuvo que olvidarse de sus paseos, de sus visitas sorpresa a los ministerios y de sus cacerías. Sólo su fuerza de voluntad le permitía seguir con sus actividades, cada vez más reducidas. Cada vez recibía a menos ministros y por menos tiempo; dictaba menos cartas, redujo las salidas al teatro, y cuando asistía, solía irse antes del final de la representación. Su mayor alegría era recibir cartas de Brasil, sobre todo cuando iban acompañadas de una nota de su hijo, con caligrafía infantil y a veces ilegibles: «*Mi querido padre y mi señor: tengo muchas saudades de vuestra majestad imperial. Como obediente y respetuoso hijo, pido a vuestra majestad un mechón de vuestro cabello...*», le decía a principios del verano de 1834.

Como los grandes animales salvajes que sienten la cercanía de la muerte, quiso dejar el palacio de Ajuda en Lisboa y pidió a Amelia que le trasladasen a Queluz, el lugar que le había visto nacer. Desde el carruaje que le llevaba al palacio de su primera infancia, construido con el oro y los diamantes de Brasil, saludaba con la mano a los campesinos que dejaban sus aperos y se acercaban al borde la carretera para verle pasar. Ahora sonreían; tres décadas antes, el día de la partida, lloraban de rabia y de pena al ver cómo su abuela, la reina María, y su séquito eran obligados a dejar el país. El palacio ya no parecía aquel lugar dejado de la mano de Dios. Sus muros habían recobrado el color cálido y dorado de siempre, los arbustos volvían a estar delicadamente tallados, las fuentes y las estatuas parecían haber recuperado su poder simbólico. Al entrar en el recinto, no pudo evitar recordar su última noche antes de abandonarlo, la de la gran evacuación, cuando las negras del palacio empaquetaban a toda prisa ropa, juguetes, vajillas enteras, cuberterías, cuadros y antigüedades mientras él y Miguel, desorientados y excitados por aquel ambiente enrarecido, jugueteaban entre las cajas. Recordaba a su abuela, la reina María, que gritaba mientras la metían a la fuerza en una carroza: «¿Cómo se puede abandonar un reino sin combatir?» No quería irse de Queluz. ¿Quién hubiera querido abandonar aquel paraíso, con su aviario, sus jardines odoríferos, su serenidad y su opulencia? «Rápido, se acaba el tiempo», decían los capataces y ahora, de vuelta en casa veintisiete años más tarde, esa misma frase que retumbaba en su memoria adquiría otro significado para el ex emperador de Brasil. Un significado implacable.

Al cruzar los jardines, pasó delante de los extravagantes canales y piscinas, sin agua pero todavía recubiertos de bellísimos azulejos envejecidos; luego entró en el palacio y atravesó con paso débil, apoyándose en su mujer, la sala del trono con sus molduras doradas, los pasillos vacíos con techos pintados, y se instaló en el cuarto del fondo, donde su madre había muerto, donde él y sus hermanos habían nacido. Se tumbó en la cama de aquella habitación redonda, cerca del oratorio, y descansó viendo los cuadros en el techo que mostraban las hazañas del Caballero de la Triste Figura que habían mecido los mejores sueños de su infancia. Ya no tuvo fuerzas para abandonar ese lecho. Se cerraba el círculo.

Al día siguiente, convocó a su amigo el marqués de Resende y al Chalaza para ratificar el testamento que había redactado en París y aportar algunas modificaciones. Pidió que, a su muerte, su corazón fuese enviado a Oporto como muestra de agradecimiento a sus heroicos habitantes. Luego nombró tutora de todos sus hijos a su mujer Amelia, y ofreció su espada a su cuñado Augusto, que acababa de pedir la mano de su hija. No asistiría a esa boda, pero la idea le gustaba y le daba paz. Sobre todo, quiso asegurarse de que todos sus hijos recibían un trato justo y equitativo e hizo un repaso a todos los que guardaba en la memoria, uno a uno, incluyendo el más reciente, de cuya existencia se había enterado por una carta de la abadesa del convento de la Esperanza de la isla de Terceira en las Azores. De su fugaz relación con sor Ana Augusta Peregrino había nacido un retoño, y tampoco quiso que ese último hijo quedase desatendido. Dejaba bien claro que era el padre de todos, y a ninguno olvidaba. Reconocía haber sido un pésimo marido y amante, pero cuidando a los hijos esperaba compensar sus vicios de mujeriego. También dijo que no quería unos funerales pomposos, como mandaba el protocolo. Que a pesar de haber sido rey y emperador, su orgullo estaba en acabar sus días como buen soldado, y que le bastaba ser enterrado en un féretro de madera sencillo, como a cualquier comandante del ejército. Se encontraba tan débil y tenía tantos temblores que no pudo firmarlo. Tuvo que hacerlo al día siguiente, después de recibir los santos sacramentos. Su mujer le recordaría muy sereno, y es que Pedro no se amilanaba en los momentos difíciles, y en el más difícil de todos, menos aún. Hablaba de la muerte con un desapego pasmoso y gran lucidez. Qué poco le importaban ahora las ingratitudes, las crueles injusticias que le amargaron sus más bellos triunfos. Qué poco importaba ya la hipocresía de la política, las humillaciones de las traiciones, los azares de la fortuna... Ante la cercanía de la muerte, qué poco importaban las cosas vanas de la vida.

Quiso recibir a su amigo Mendizábal, que venía al frente de una comisión de liberales españoles que seguía con la idea de hacerle emperador de Iberia... ¿Qué importaba ahora ese nuevo cetro? Lo que le importaba era estrechar entre sus brazos a Mendizábal, el último de los hidalgos, el artífice de su triunfo, y darle las gracias de todo corazón. Lo que sí contaba era saber que su hija reinaba y que el país era gobernado según la Constitución redactada por él. Lo que sí contaba era que había aportado su grano de arena a la larga lucha del hombre por la libertad. Contaba el calor de la mano de Amelia en la suya, los trémulos besos de sus hijas, la presencia siempre reconfortante de su viejo amigo el Chalaza, la amistad de todos los que, en un desfile incesante, venían a decirle adiós: ayudas de campo, ministros, cortesanos, militares... A estos últimos les pidió que le trajesen un veterano de uno de los batallones que tan heroicamente había luchado en Oporto. Cuando el hombre entró en la habitación, Pedro se alzó en la cama, le hizo una señal para que se acercase y le dio un abrazo fraterno pidiéndole que transmitiese a sus camaradas el reconocimiento a tanto valor demostrado. El veterano salió llorando como un niño, diciendo que hubiera preferido morir en el campo de batalla antes que ver a su jefe en ese estado.

En el silencio de aquella habitación atravesada por los susurros de médicos, criados y religiosos, Amelia veía, impotente, cómo se extinguía la débil llama de la vida de su marido.

Era testigo de una agonía tranquila, sin sobresaltos ni grandes sufrimientos. Nadie sospechaba hasta qué punto las cosas del mundo habían dejado de interesarle. Poco a poco, dejó de luchar: las mejorías le parecían trampas, ya no quería vivir pendiente de la próxima crisis, sin fuerzas, siempre a merced de nuevos sufrimientos que eran como comparsas del mal mayor. Los medicamentos dejaron de hacer efecto y la hinchazón de sus piernas aumentó aún más por el edema. En los momentos de lucidez, le pedía a Amelia que escribiese a sus hijos a Río, o que se asegurase de que su corazón sería enviado a Oporto, o que le acercase el pañuelito bordado de oro que siempre llevaba encima para limpiarse el sudor, o simplemente para sentirlo en sus manos... Ella, enfrentada al derrumbe de sus sueños, se sentía languidecer con él. Había perdido la corona de Brasil; ahora perdía a su marido. Sería viuda a los veintidós años.

A las dos de la tarde del 22 de septiembre de 1834, mientras el sol iluminaba los campos dorados de los alrededores de Queluz, Pedro de Braganza y Borbón exhaló su último suspiro en la misma cama que le había visto nacer. *«Murió en mis brazos* —escribió Amelia a sus hijastros en Brasil— *y jamás hubo una muerte más tranquila.»*

Al son de los tambores forrados de negro, su féretro fue acompañado por una ingente y silenciosa multitud desde Queluz hasta la magnífica iglesia de San Vicente de Fora, que dominaba Lisboa. Según sus últimos deseos, fue enterrado en el panteón familiar sin el corazón, que le fue extirpado al hacerle la autopsia. También según sus deseos, se autorizó a todos, independientemente de su rango o condición, a seguir el cortejo fúnebre y asistir al funeral. «Murió el padre del pueblo», decía la gente. Se iba un príncipe desmedido, un prodigio de la naturaleza, un ser paradójico y explosivo que marcó con su vida la historia de dos continentes.

Unos días más tarde, en Oporto, una mujer vestida de negro y con el pelo cubierto de una mantilla de encaje vio acercarse, desde la tienda de porcelana y loza que regentaba en la rua da Assunção, un cortejo precedido de una multitud de vecinos. Se santiguó al paso de la carroza tirada por caballos negros y escoltada por lanceros a caballo, que transportaba en su interior una urna, colocada sobre un cojín de terciopelo granate y protegida por una caja de cristal y un dosel. Dentro de aquella urna iba el corazón del hombre que había pasado como un relámpago por su vida y que había querido con toda su alma. Su gran dolor era no haber podido arrancarle de las garras de la enfermedad. La mujer se unió al cortejo que siguió avanzando bajo la lluvia hasta la iglesia de la Lapa donde, entre cánticos, oraciones y lágrimas, la reliquia fue colocada por el obispo en la sacristía para que sirviese de inspiración a generaciones futuras de hombres y mujeres. Todos los días de su vida, aquella mujer fue a rezar en ese lugar por el eterno reposo de Pedro, cuyo corazón de emperador, le gustaba pensar para consolarse, también había latido por ella, una humilde tendera.

# EPÍLOGO

La carta de Amelia tardó un mes en llegar a Río de Janeiro. José Bonifacio se la entregó a un niño rubio de mirada melancólica, el emperador Pedro II de Brasil. En su interior encontró la mecha de pelo que le había pedido a su padre hacía tiempo para luchar contra la morriña. A continuación, el niño leyó la carta que contaba la noticia de la muerte y los detalles de la autopsia. Al terminar, estaba tan conmovido que Bonifacio le abrazó para consolarle: «Don Pedro no murió —le dijo en voz baja el anciano científico—. Sólo mueren los hombres vulgares, no los héroes... Su alma inmortal vive en el cielo.»

Quizá la necrológica más curiosa la hizo Evaristo da Veiga, el más acérrimo de sus adversarios políticos en Río, quien al recibir la noticia, tuvo la nobleza de reconocer: «*La providencia convirtió al príncipe en un poderoso instrumento de liberación. Si existimos como cuerpo de nación libre, si nuestra tierra no fue recortada en pedazos de pequeñas repúblicas enemigas, dominadas por la anarquía y el espíritu militar, se lo debemos mucho a la decisión que tomó de quedarse entre nosotros, de soltar el primer grito de nuestra independencia.*»

Pedro II afianzaría el legado de su padre. De sus progenitores heredó una inmensa popularidad que, unida a su precocidad, su carácter prudente y la excelente formación que recibió de José Bonifacio, hicieron que el Parlamento le declarase mayor de edad a los catorce años y aboliese la regencia. Los diputados esperaban que su popularidad fuese capaz de sofocar las revueltas que habían sacudido Brasil durante la década de 1830 y que habían amenazado con desmembrar el país. La situación había llegado a ser tan grave que en 1832 se consultó al Consejo de Estado sobre las medidas que debían tomarse para salvar al joven emperador en caso de que la ciudad no pudiese contener la ola de insurrecciones, o que las provincias del norte declarasen su independencia de las del sur. Resultó ser tan buen político, que su reinado duró cincuenta años. Durante ese período, *O rei filósofo* como le llamaban, sentó las bases de la industrialización del imperio, amplió la red de carreteras que su abuelo don Juan había iniciado y construyó el primer ferrocarril a vapor. Abierto a las innovaciones de la ciencia, financió el proyecto de un cable submarino de telégrafo e introdujo el teléfono. Luchó contra la pobreza y el analfabetismo mediante el establecimiento de escuelas primarias y secundarias especializadas y universidades en todo el país. Hombre políglota, se especializó en lenguas raras: hebreo, sánscrito, árabe y guaraní, el idioma indígena más hablado en el siglo XIX en Brasil. Monógamo, padre de familia ejemplar, se casó con la princesa Teresa Cristina de Borbón Dos-Sicilias, quien le dio cuatro hijos. En muchos aspectos, fue lo contrario de su padre, pero Brasil los necesitó a ambos para afianzarse, y en ese sentido fueron complementarios. Leopoldina se hubiera sentido muy orgullosa de su retoño, considerado por muchos como el arquitecto del Brasil moderno. Si fue recordado como Pedro el Magnánimo fue por sus esfuerzos a la hora de tomar medidas para poner fin a la esclavitud, algo que tanto su padre como su tutor, José Bonifacio, que murió en 1838 sin ver su sueño realizado, le habían inculcado con tanto ahínco. No les defraudó y culminó la abolición en 1888 con la liberación de setecientos mil esclavos sin ningún tipo de compensación para sus dueños. Junto a Cuba, Brasil fue el último país en abolir el comercio esclavo, y lo consiguió un monarca tolerante, enciclopédico, sumiso a la Constitución, un hombre muy hábil a la hora de resolver conflictos entre las élites del país. Toda su vida política se esforzó en construir un Estado centralizado que resistiese las presiones secesionistas, siempre fiel a la máxima de su abuelo que le había trasmitido su padre en sus cartas: *«... la unidad del, imperio, hijo mío, la unidad».* Ironía de la Historia: si lo consiguió, en gran parte fue algo que se debió a la esclavitud. Las distintas provincias tenían tanto interés en mantener el comercio humano que descartaron la idea de abandonar el imperio, porque se hubieran encontrado en desventaja y en una posición demasiado débil para luchar contra los movimientos abolicionistas promovidos por Gran Bretaña.

Otra paradoja de la Historia: el fin de la esclavitud supuso también el fin de la monarquía. La clase adinerada del imperio, irritada por la abolición, orquestó un golpe de Estado militar que derrocó al emperador. Al igual que su padre, dijo que no quería que se derramase ni una sola gota de sangre brasileña y optó por exiliarse a Francia con su familia, y Brasil se convirtió en una república. Pedro II murió el 5 de diciembre de 1891, en París, donde fue despedido en loor de multitudes en un grandioso funeral de Estado. Sus restos fueron trasladados de regreso a Brasil en 1920, y colocados en una capilla en la catedral de Petrópolis, la ciudad que había fundado en los terrenos que su padre había comprado en la parte más alta de Río de Janeiro, donde el clima era más fresco.

En Portugal, su hermana la reina María II tuvo una vida más difícil y menos gloriosa. Fue la única monarca europea que había nacido fuera del continente y también dejó el recuerdo de haber sido una buena persona, un recuerdo parecido al que había dejado su madre, Leopoldina. Un año después de la muerte de su padre, se casó con Augusto, duque de Leuchtenberg, hermano de su madrastra Amelia. Tenía quince años de edad y estaba locamente enamorada de él. Sin embargo, su felicidad fue flor de un día. Dos meses después de la boda, su marido murió de difteria. María volvió a casarse el 1 de enero de 1836 con el príncipe Fernando de Sajonia-Coburgo y Gotha, que ejerció de rey consorte. Siguiendo la estela marcada por Pedro, que antes de morir mandó expulsar órdenes y curas que habían apoyado la causa absolutista y suprimir el impuesto del diezmo que financiaba a los conventos, siguieron modernizando las leyes y las costumbres, pero siempre chocaron contra la resistencia del pueblo a cualquier reforma. La prohibición de enterrar a los muertos en las iglesias, unido a la pobreza de la posguerra liberal, provocó un levantamiento en mayo de 1846. María tuvo que destituir su gobierno y nombró otro, frente al cual estaba el duque de Palmela, que supo devolver la calma al país y que siguió con reformas en la educación y la sanidad, siempre difícilmente implementadas porque el pueblo seguía fanatizado por el clero ultraconservador y antiliberal. Maria da Gloria, al igual que su madre, era muy fértil y encadenaba un embarazo con el siguiente, a pesar de que los médicos le avisaron del peligro que suponía dar a luz cada año. «Si muero, moriré en mi puesto», les contestó ella. En 1853, la «Madraza», como se la conocía, murió como su madre, de parto, dando a luz a su decimoprimer hijo.

Al año de la muerte de Pedro, Mendizábal tuvo la oportunidad de dejar su huella en la Historia de España. Gracias a su reputación de excelente financiero y a su compromiso con las ideas liberales, la reina regente María Cristina le llamó para nombrarle ministro de Hacienda y luego primer ministro. Lo primero que hizo para organizar las finanzas del país, al igual que Pedro en Portugal, fue decretar el fin del tradicional diezmo eclesiástico. Luego promulgó la medida de mayor transcendencia de cuantas se sucedieron durante la primera mitad del siglo XIX en España, conocida como la desamortización de 1836. Inspirada en la Revolución francesa, su objeto era dinamizar la economía agrícola del país apoderándose del ingente patrimonio inmobiliario acumulado por las órdenes religiosas y vendiéndolo. De esa manera redujo la agobiante deuda pública y proporcionó al Estado medios con los que financiar la guerra civil contra los partidarios absolutistas de Carlos, el hermano de Fernando VII, que reclamaban su derecho al trono. Diputado hasta el fin de sus días, murió en Madrid en 1853.

Fiel a su amigo Pedro hasta después de la muerte, el Chalaza continuó trabajando al servicio de la casa de Braganza como secretario particular de Amelia y de su hija la princesa María Amelia. Murió en Lisboa el 30 de septiembre de 1852.

Domitila de Castro nunca acompañó a París a su hija, la condesa de Iguazú, tal y como se lo había anunciado a Pedro en una carta. Permaneció en São Paulo, dispuesta a no dejarse vencer, a que su vida no acabase a la par que su relación con Pedro. De modo que después de cinco años, volvió a casarse con un oficial del ejército brasileño, Rafael Tobias de Aguiar, uno de los grandes líderes liberales de la época, con quien tuvo cinco hijos más. La mujer del cónsul inglés, Richard Burton, que fue recibida por Domitila en la cocina de su casa de la rua do Carmo, sentada en el suelo y fumando un cigarro puro, la recordaría como *«un personaje fascinante, absolutamente encantadora, sabedora de una infinidad de cosas sobre la vida de la corte y la familia imperial, con inteligencia y conocimiento del mundo»*.

Como si la marquesa de Santos también hubiese querido redimirse de sus «faltas carnales», se convirtió, con el paso de los años, en una gran dama, activa y generosa, querida y respetada por todos. Su genio se fue erosionando, y dejó paso a la alegría de vivir que siempre la había caracterizado. Poco a poco fue desprendiéndose de su fortuna, regaló terrenos al ejército, a la municipalidad, a un orfanato, a una asociación de madres solteras, a otra de ex prostitutas... Pasó los últimos años de su vida volcada en promover actos culturales, como tertulias literarias, y en infinidad de obras de caridad. Al final de su vida, dos veces viuda, era una ruina espléndida que no quería estar sola porque, decía, los fantasmas familiares erraban por la casa, suscitando emociones del pasado que la asustaban. Rodeada de hijos, nueras y nietos, murió el 13 de noviembre de 1867, no sin antes haber perdonado las deudas a todos sus deudores y haber distribuido dinero a los pobres de la ciudad. Fue enterrada en el cementerio de la Consolación, situado en unos terrenos donados por ella a la ciudad de São Paulo. Hoy en día, se puede visitar su casa, hundida entre los rascacielos de la ciudad más poblada de América del Sur.

Recientes investigaciones parecen confirmar la teoría del envenenamiento de Juan VI. Aprovechando los trabajos de rehabilitación de la iglesia de San Vicente de Fora, donde se encuentra el panteón de los reyes de Portugal, los análisis de los restos mortales de don Juan han indicado una alta concentración de arsénico, suficiente para matarlo en pocas horas.[5]

Casi siglo y medio después de ser enterrado en el mauso-

5. Ver *Don João VI, un príncipe entre dos continentes*, de Jorge Pedreira y Fernando Dores, p. 423.

leo de los Braganza en Lisboa, los restos mortales de Pedro de Braganza y Borbón volvieron a su país de adopción para ser depositados en la cripta de piedra negra de un grandioso monumento construido en homenaje a la independencia. También fueron trasladados allí los restos de Leopoldina, así como los de Amelia. Los tres descansan para la eternidad en el monumento de Ipiranga, levantado en el lugar exacto donde Pedro lanzó el grito de «Independencia o muerte» y que hoy se encuentra a las afueras de São Paulo, una de las ciudades más grandes y prósperas del mundo, capital económica de una potencia unida y libre, tal y como fue soñada por sus creadores.

*\*\**

NOTA: Los acontecimientos aquí narrados han existido realmente. Los personajes, las situaciones y el marco histórico son reales, y su reflejo fruto de una investigación exhaustiva. He dramatizado escenas y recreado diálogos sobre la base de mi propia interpretación para contar desde dentro lo que los historiadores han contado desde fuera.

## AGRADECIMIENTOS

Quiero expresar, ante todo, mi agradecimiento a Ramón Menéndez, director de cine, guionista y viejo amigo mío, por haberme puesto sobre la pista de esta fabulosa historia. Y a mi editora, Elena Ramírez, por su ánimo, su entusiasmo y por haberme facilitado siempre el camino.

No hubiera conocido Brasil tan bien de no haber sido por mi amistad con el fotógrafo Claus Meyer, con quien recorrí el país varias veces en los años noventa. Claus ya no está entre nosotros, pero este libro es un homenaje a su amistad y un agradecimiento a su familia, Helena, Christiana e Ingo, que son en parte responsables de que me enamorase de Brasil. Sin olvidar a Ciro, por supuesto.

En São Paulo, quiero dar las gracias a Pedro Correa do Lago por los ánimos que me dio para que me embarcase en este proyecto, y también por su colaboración con su valioso material de archivo y sus contactos. Deseo expresar mi reconocimiento a Julio Bandeira por haberme guiado por el Río antiguo y haberme puesto en contacto con las librerías de viejo, auténticos tesoros escondidos en lo que queda del centro histórico, y por el regalo que me hizo, el álbum de Neukomm, que ha sido la música que me ha acompañado durante los largos días de escritura.

Mi mayor reconocimiento al historiador y amigo Manuel Lucena, especialista en Historia de América en el XIX, por haber revisado el manuscrito tan concienzudamente y haber aportado tan precisas y sutiles correcciones. Gracias también a Francisco Gómez Bellard por sus pertinentes correcciones, así como a Christian y a Patricia Boyer. Y no me olvido del doctor Ignacio Villa, nuestro buen amigo.

Gracias a Gonzalo Ortiz por sus contactos, a Zeca Seabra por su amistad, a Margarete de la librería Río Antigo, a mis amigos de Planeta do Brasil, especialmente a Cesar González y a Rogerio Alves por su colaboración en la recopilación de la documentación. Y a Laura Garrido, fiel amiga.

La investigación y la escritura de este libro me han robado muchas horas con mi familia, pero sin el apoyo, la compañía y la estabilidad que tanto mi mujer como mis hijos me han proporcionado, quizá nunca hubiera visto la luz. Gracias de corazón.

# BIBLIOGRAFÍA

—

Me siento especialmente en deuda con cuatro libros:

MACAULAY, Neil, *Dom Pedro*, Duke University Press, 1973. Una visión histórica de la época y los personajes que rodearon la vida de don Pedro.

OBERACKER, Carlos, *A Imperatriz Leopoldina*, Conselho Federal de Cultura, 1973. Un libro apasionante basado en una densa y profusa documentación.

SOUSA, Tarquinio de, *A vida de Dom Pedro I*, 3 vols., Livraria Jose Olympio, Río de Janeiro, 1952. Se trata de la obra más completa e interesante sobre don Pedro.

GOMES, Laurentino, *1808,* Planeta do Brasil, 2008. Interesantísimo, bien escrito, y mejor documentado.


Además he consultado estas otras fuentes:


*1808-1834 As maluquices do Imperador,* Geração ed., São Paulo, 2008.

ALLENDE, Isabel, *Hija de la fortuna,* Ed. Areté, 1999.

—, *Inés del alma mía,* Random House Mondadori, 2006.

AMADO, Jorge, *Teresa Batista, cansada de Guerra,* Alianza, Madrid, 1986.

BARRA, Sergio, *Entre a Corte e a cidade,* Jose Olympo ed.

BECKFORD, William, *The travel diaries of William Beckford,* Houghton Mifflin, Cambridge, 1928.

BIVAR, Rafael de, *Feitores do corpo, missionarios da mente,* Companhia das letras, São Paulo, 2004.

BUARQUE DE HOLANDA, Sergio, *Racines du Brésil,* Gallimard, París 1998.

BUSHNELL, David, y Neil MACAULAY, *El nacimiento de los países latinoamericanos*, Editorial Nerea, Guipúzcoa, 1989.

CASTRO, Ruy, *Era no tempo do Rei*, Alfaguara, Río de Janeiro, 2007.

CERVANTES, Miguel de, *Don Quijote de la Mancha*, Edición del IV centenario, Alfaguara, Madrid, 2004.

CINTRA, Assis, *D. Pedro I e o grito da independencia*. Companhia melhoramentos de São Paulo, 1921.

CORREA DA COSTA, Sergio, *Every inch a King*, Robert Hale, Londres, 1950.

CORREA DO LAGO, Pedro, *Taunay e o Brasil*, Capivara, Río de Janeiro, 2008.

—, y Julio BANDEIRA, *Debret e o Brasil*, Capivara, Río de Janeiro, 2010.

DALBYAN, Denise, *Dom Pedro*, Plon, París, 1959.

*D. João VI e se tempo*, Commissão Nacional para a comemoração dos descobrimentos portugueses.

FAUSTO, Boris, *A concise history of Brazil*, Cambridge University Press, 1959.

FERNÁNDEZ, Dominique, *L'or des tropiques*, Grasset, París 1993.

FERRO, Maria Inés, *Queluz*, Scala Books, Lisboa 1997.

GARAY DE MONGLAVE, Eugène, *Correspondence de Don Pédre Premier, empereur constitutionnel du Brésil, avec le roi du Portugal Don Jean VI, son père, durant les troubles du Brésil*, París, 1827.

GOMES, Laurentino, *1822*, Nova Fronteira, 2011.

GRAHAM, Maria, *Journal of a voyage to Brazil*, Bibliobazaar, Londres, 2007.

GUERRERO, Ana, y otros, *Historia política*, 1808-1874, Itsmo, Madrid, 2004.

HONRADO, Alexander, *D. Carlota Joaquina*, Guerra y Paz, 2006.

LIMA, Oliveira, *Dom João VI no Brasil*, Topbooks, Río de Janeiro, 2006.

*Lisboa, un olhar diferente*, Consenso, 1989.

LUCCOCK, John, *Notas sobre Río de Janeiro*, Livraria Martins, São Paulo.

LUSTOSA, Isabel, *D. Pedro I*, Companhia das Letras, São Paulo, 2006.

MALERBA, Jurandir, *A corte no exilio*, Companhia das letras, São Paulo, 2006.

MARQUESA DE SANTOS, *Ficção em doze contos*, Bom Texto, Río de Janeiro, 2003.

MARTINS, Oliveira, *Historia de Portugal*, Francisco Alves, Lisboa, 1927.

MOLL, Vera, *Meu adorado Pedro*, Bom Texto, Río de Janeiro, 2002.

MONTEIRO, Tobias, *A historia do Imperio*, Briguiet ed., Río de Janeiro, 1926.

NIZZA DA SILVA, Maria Beatriz, *Vida privada e quotidiano no Brasil*, Estampa, Lisboa, 1993.

NORTON, Luis, *A corte de Portugal no Brasil*, Companhia Editora Nacional, São Paulo, 2008.

PÉREZ GALDÓS, Benito, *La corte de Carlos IV*, Nivola, 2008.

PÉREZ REVERTE, Arturo, *Cabo Trafalgar*, Alfaguara, Madrid, 2004.

—, *El asedio*, Alfaguara, Madrid, 2010.

PRESAS, José, *Memorias secretas de Carlota Joaquina*, Irmaos Pongetti, Río de Janeiro, 1940.

RANGEL, Alberto, D. *Pedro I e a marquesa de Santos*, Arrault, Tours, 1928.

REZZUTTI, Pailo, *Titilia e o demoniao*, Geração, São Paulo, 2011.

ST. LOUIS, Regis, *Río de Janeiro*, Lonely Planet.

RUBIO, Julián María, *La infanta Carlota Joaquina y la política de España en América*, Biblioteca de Historia Hispano Americana, Madrid 1921.

RUSSELL-WOOD, A. J. R., *The Portuguese Empire, a World on the Move*, Johns Hopkins U. Press, Baltimore, 1998.

SALLES, Iza, *O coração do Rei*, Planeta do Brasil, 2008.

SCHLICHTHORST, *O Rio de Janeiro como e*, Getulio Costa, 1937.

SCHMIDT, Maria Junqueira, *A segunda imperatriz do Brasil*, Comp. Melhoramentos de São Paulo, 1927.

SCHULTZ, Kirtsen, *Tropical Versailles*, Routledge, Nueva York, 2001.

SETUBAL, Paulo, *1808-1834. As maluquices do Imperador*, Clube do Livro, 1946.

—, *1813-1829. A Marquesa de Santos*, Geração ed., São Paulo, 2009.

WILKEN, Patrick, *Empire adrift*, Bloomsbury, Londres, 2004.

YOURCENAR, Marguerite, *Mémoires d'Hadrien*, Gallimard, 1974.